Cameroun, des années de braise aux leçons de l'histoire

Vers une dynamique nouvelle

Louis-Tobie Mbida

Cameroun, des années de braise aux leçons de l'histoire

Vers une dynamique nouvelle

L'Harmattan

Etudes Africaines

Collection dirigée Denis Pryen et François Manga Akoa

5-7, rue de l'Ecole polytechnique, 75005 Paris
http://www.librairieharmattan.com
diffusion.harmattan@wanado.fr
harmattan1@wanadoo.fr
ISBN : 978-2-296-10466-2
EAN : 9782296104662

SOMMAIRE

Avant-Propos[1]

« Nous allons créer une relation nouvelle entre l'Etat et le citoyen »

Q1 : Bonjour docteur Louis Tobie Mbida et merci de bien vouloir nous accorder quelques-unes de vos précieuses minutes.

R1 :

C'est un plaisir et un devoir citoyen de répondre aux questions relatives à la vie de la Nation Camerounaise. « Mutations » est un de nos plus grands organes de presse nationaux merci pour le temps que vous me consacrez.

Q2 : Après toutes ces années que vous avez passées en exil volontaire ici en France, le président du parti des démocrates camerounais que vous êtes a, à travers des sollicitations diverses (la presse entre autres) et davantage encore au regard de votre livre vérité qui sort bientôt, décidé de rompre le long silence qu'il gardait jusque-là. Déjà pourquoi ce silence? Ensuite pourquoi avoir décidé de le rompre maintenant ?

R2 :...

J'ai pratiqué de la politique passive dans mon adolescence. Je suis entré dans une phase de politique active en 1991 avec l'avènement du multipartisme au Cameroun. J'ai été de tous les grands combats politiques entre 1991 et 1997. S'il y a une chose dont je serai toujours fier, même si personne ne veut le reconnaître, c'est que je fais partie des principaux acteurs politiques qui ont su faire éviter une guerre civile au Cameroun entre 1991 et 1997. J'ai vu des « choses graves » et j'ai assisté à des « choses toutes aussi graves » concernant la Nation camerounaise durant cette période. J'ai été tour à tour observateur, auditeur, acteur, facilitateur, négociateur, investigateur, victime, spectateur, penseur, chercheur de la chose politique camerounaise. J'ai quitté le Cameroun le 7 juillet 1997. Je ne suis pas demandeur d'asile en Europe, je ne vis pas hors du Cameroun comme réfugié politique. Mon dernier passage au Cameroun remonte à Février 2006. J'ai librement quitté le Cameroun sans aucune contrainte physique, financière ou matérielle. C'est un choix intellectuel et moral qui m'a poussé vers cet exil volontaire. J'ai tout simplement voulu éviter la banalisation de mes idéaux et la perte de ma singularité. J'ai dit non à la forfaiture environnante et à la perte de repères. Je me suis éloigné du gouffre de la bêtise entretenue par le RDPC qui tire de nombreux camerounais vers le bas dans une atmosphère afro-byzantine faite de moiteur poisseuse, sirupeuse et collante enveloppée d'un parfum de pourriture nauséabonde où a disparu toute éthique et toute rectitude.

Je suis sorti de ma phase de silence après 12 ans conformément au plan que je me suis imposé. Cette période aura été une phase de réflexion, d'observation, de recollection, d'accumulation d'énergie et de réactivation de tous mes ressorts

[1] Interview parue dans le journal camerounais *MUTATIONS*

physiques, intellectuels et mentaux. Je sors de ce silence parce que le moment est venu de le faire.

J'ai participé aux élections présidentielles de 1992, en octobre et novembre 1997, je n'étais déjà plus au Cameroun. De façon délibérée, j'ai quitté le Cameroun parce que je ne voulais plus être mêlé de près ou de loin à une réélection du Président BIYA .J'avais cru un temps que les hommes du RDPC étaient des hommes de parole. Mais j'ai compris très vite que ce n'était pas le cas. Aucune confiance n'est à accorder au RDPC et à tous ceux qui le représentent. J'ai rencontré le sommet de la hiérarchie en la personne du chef de l'Etat, je n'ai pas signé d'accords écrits avec lui, m'en tenant à la parole donnée par le chef de l'Etat en personne. Ce fut une erreur politique grave. Après mon départ du Cameroun, Monsieur Pierre Moukoko Mbondjo qui travaillait en 1997 auprès du Premier Ministre Monsieur Peter Mafany Musongué ira voir mes collaborateurs restés à Yaoundé pour obtenir mon numéro de téléphone en Allemagne Fédérale où je me trouvais. Il va m'appeler un matin, sa demande va porter sur une déclaration de soutien venant de moi au profit du candidat Biya. Voilà ce que je répondis à Moukoko Mbondjo : « Avec ou sans mon soutien les résultats sont connus d'avance, Paul BIYA sera réélu, vrai ou faux ? », « vrai » me répondra Moukoko Mbondjo, « Alors pourquoi sollicites-tu mon soutien, de là où je me trouve », Moukoko me répondis « C'est que venant de ta part une déclaration de soutien au candidat BIYA ça ferait bien. Tu n'es pas n'importe qui, ta voix compte, ton adhésion pèse lourd ». « Peter », c'est ainsi que je l'appelle depuis le collège Vogt et lui m'appelle « Bill », « Peter », à cause de vous au RDPC j'ai perdu du crédit politique, vous n'avez pas respecté votre parole vis-à-vis du peuple camerounais auprès duquel je suis allé solliciter des voix électorales, encore moins vis-à-vis du Parti des Démocrates Camerounais que je représente. Cette fois-ci il faudra des accords écrits et paraphé par le candidat Paul BIYA lui –même, as-tu mandat pour négocier un accord politique avec moi ? » « Non » sera la réponse de Moukoko Mbondjo, ensuite je lui posais la question « Le premier ministre Peter Mafany Mousongue a-t-il mandat pour négocier un accord politique avec moi et au bout de ces négociations obtiendrons nous un accord signé du candidat Biya ? Les camerounais sont aujourd'hui convaincus que je me suis laissé corrompre par vous et nous savons tous les deux que cela n'est pas exact »; «Je te comprends » me répondis Moukoko, « mais en vérité nous n'avons aucun mandat officiel du candidat Biya pour négocier avec toi.». On se dira « au revoir » par téléphone, ce fut la dernière fois que nous eûmes à nous parler Pierre Moukoko Mbondjo et moi. C'était au mois de septembre 1997.

Je n'ai pas participé non plus aux élections présidentielles de 2004. J'ai mis ces douze années à profit pour réfléchir et mûrir ma pensée politique. J'ai continué à m'instruire et à me cultiver politiquement. J'ai fait des rencontres politiques déterminantes et me suis construis un réseau relationnel important dans divers milieux. J'ai fait connaître ma pensée politique auprès de divers cercles de décision dans le monde.

Parler, pour un homme politique, est un besoin presque physique et physiologique. Un homme politique existe par la parole qui porte sa pensée et par les actes qu'il pose surtout s'il exerce le pouvoir légitime et légal accordé par le peuple souverain.

J'ai volontairement renoncé à parler pendant 12 ans. Cela pèse à un homme politique de se retenir de parler pendant 12 ans. Mais c'est une discipline que je me suis imposée dans le cadre d'une stratégie précise. Nous sommes à deux ans d'une échéance déterminante qui se réalisera en 2011. Nous avons eu le temps pendant ces 12 années de démontrer sans une seule parole que le régime RDPC a échoué. L'opposition lui a laissé le champ libre, plus aucune entrave n'a empêché ce parti et le gouvernement qui en est issu de construire le Cameroun. Nous constatons aujourd'hui, au Parti des démocrates Camerounais, qu'ils ont échoué. Seuls, sans entraves, sans embûches, sans frein d'aucune sorte, le parti au pouvoir a été incapable de faire le bonheur des camerounais au bout de 27 ans d'un règne politique sans partage. La défaite la plus humiliante pour un soldat est de se faire battre en rase campagne sur un terrain connu. Le RDPC a été battu en rase campagne sur un terrain qu'il connaissait pourtant pour l'avoir arpenté pendant 27 ans.

Les hommes au pouvoir à Yaoundé ont évoqué l'excuse du FMI et de l'ajustement structurel en 1987, ils ont évoqué l'atteinte du point d'achèvement PPTE jusqu'en 2006, désormais ils brandissent l'argutie du DSCE après l'échec du DSRP et renvoient les camerounais à l'horizon 2020 voire 2035. Ce ne sont pas des arguments mais des arguties. Au su et au vu de tout cela, ils ont malgré tout le culot de demander aux citoyens camerounais de continuer à les élire jusqu'à une date aussi lointaine que 2035. Comme le disait l'autre : « il ne faut pas prendre les camerounais pour des canards sauvages sur lesquels on a le droit de tirer à vue ». Je ne suis d'ailleurs pas le seul à poser ce constat d'échec : le gouvernement RDPC le déclare et le confirme lui-même dans le document de stratégie pour la croissance et l'emploi abrégé DSCE. Si le DSRP (Document de Stratégie pour la Réduction de la Pauvreté) d'avril 2004 a échoué ce n'est certainement pas le DSCE que réalisera ce gouvernement.

Q3 : Voilà près de 12 ans que les militants de votre parti sont comme orphelins du fait de votre absence. Résultat, ils semblent inexistants sur le terrain du débat politique et ont été assez transparents lors des consultations électorales qui se sont déroulées depuis ce temps. Indiscutablement, votre absence physique a laissé un vide que les autres partis, en tête duquel se trouve le RDPC, ont tôt fait de combler. N'éprouvez-vous pas une certaine culpabilité vis-à-vis de tous les militants qui vous ont suivi pendant des années et qui ont le sentiment d'avoir été abandonnés?

R3 : ...

Si le PDC n'a pas disparu au plus fort de la tourmente sous le président AHIDJO ce n'est certainement pas sous le président BIYA qui n'est qu'un enfant de chœur s'agissant de la répression et de l'arbitraire, qu'il disparaîtra.

La vie d'un parti politique ce sont les réunions qu'il organise en comités entre militants dans les villages, les quartiers, au niveau des arrondissements, des départements et des provinces. Sans publicité ces réunions ont continué en mon absence. La participation à une élection et l'organisation de grands meetings sur le terrain se heurtent à des handicaps financiers. Louis Tobie MBIDA, tous les militants honnêtes du PDC vous le confirmerons a toujours été le seul financier du Parti.

Lors de la re-légalisation du Parti en 1991, j'ai été confronté au problème du financement des activités du parti. Après avoir posé le problème en assemblée générale devant le Parti, les anciens du PDC, ceux qui avaient été les compagnons de route d'André Marie MBIDA vont demander à me voir en aparté. Voici ce qu'ils me diront : « fais comme faisait ton père, nous ne savons pas où il allait chercher les sous pour faire vivre le parti mais il savait comment les trouver. Alors fais pareil, débrouilles-toi ». Mon père était un homme minutieux et méticuleux, les ordinateurs personnels n'existaient pas à cette époque mais il notait tout et je savais où. J'ai cherché et j'ai retrouvé certaines traces qui laissaient croire qu'André Marie MBIDA avait de nombreux amis parmi les commerçants grecs du Cameroun, Messieurs Mavromatis, Kritikos, Hadjikantakis, Calafatas, Soukouloukos, Zonophontos etc…, ce fut d'ailleurs une des causes jamais évoquées par l'histoire officielle de son renversement politique par la France, ma mère qui était encore vivante à cette époque me l'a confirmé. Les français n'appréciaient pas que des « métèques » aient une quelconque influence dans leur pré-carré. Mais, moi Louis Tobie MBIDA, je ne connais aucun commerçant grec, je suis le seul Grec du Parti des démocrates Camerounais. Il a fallu ménager nos efforts pour nous concentrer sur l'essentiel, c'est-à-dire sur 2011 et advienne que pourra : le PDC ne soutiendra en 2011 qu'un candidat issu de ses propres rangs.

Q4 : Que répondez-vous à tous ces hauts responsables du RDPC qui font tout pour vous persuader qu'un PDC fort n'est pas une bonne chose pour leur parti, principalement au cœur de ce qu'ils considèrent comme ses bases ''naturelles''?

R4: …

Au moment où je réponds à votre question, fin 2009, on peut considérer sans risque de se tromper que le PDC, Parti des démocrates Camerounais est une tumeur maligne dans le corps politique du RDPC. Lorsque les responsables du RDPC s'en rendront compte il sera trop tard : la dissémination des métastases politiques aura envahi tout ce qu'ils considèrent comme leur base politique naturelle. Cela a toujours été leur crainte : ils avaient raison de s'en inquiéter. A force de refuser le partage du pouvoir avec nous au PDC et en refusant de modifier dans notre sens leur idéologie politique conservatrice, autocratique et anti-démocratique au profit d'une idéologie de démocratie libérale faite d'humanisme, de progrès, de générosité, de justice et de partage ils sont allés dans le mur et vont perdre le pouvoir en 2011.

Mais nous sommes des démocrates et nous leur disons qu'un RDPC dans l'opposition ne subira pas les humiliations, l'ostracisme systématique, la mise à l'écart politique et la manipulation des urnes qu'ils nous ont fait subir depuis 1992. Le président BIYA ne mourra pas en exil, il n'y aura pas de chasse aux sorcières tels que le subissent les régimes sortants au Cameroun depuis 1962.

Nous serons heureux de voir le président Paul BIYA ancien chef d'Etat du Cameroun assis sur la même tribune que le chef d'Etat en exercice à partir de 2011 ainsi que cela se déroule dans toutes les démocraties à l'exemple du Ghana, de la France ou des Etats Unis. Mais rien que d'y penser et de l'évoquer constituent au Cameroun un crime de lèse-majesté, un blasphème. Le chef de l'Etat a été sacralisé. Il n'est pas étonnant qu'il y ait une confusion entre ses fonctions institutionnelles, son rôle constitutionnel et le mythe d'Homme-Dieu dans lequel certains veulent le maintenir. Le peu que je connais de l'homme BIYA me permet d'affirmer qu'il n'en demande pas tant.

Le PDC va se battre pour que sa vision des choses se réalise. La fin de la vie d'André Marie MBIDA et celle d'Amadou AHIDJO sont des raisons suffisantes pour pousser le Président BIYA à craindre un départ programmé et annoncé.

Quand le RDPC aura constaté que le PDC a réinvesti ce qu'il considère comme ses bases politiques naturelles, il ne lui restera plus que ses yeux pour pleurer et des soins palliatifs à prodiguer sous forme de prébendes et de saupoudrage en termes de distribution de bœuf, de riz et de boissons.

Il y a 20 ans dans les années 1990, cette formule était efficace. En 2010 et 2011 les camerounais jeunes et moins jeunes qui font le même constat d'échec que nous au PDC sauront dire non à ces méthodes d'un autre temps.

Des discours récurrents comme celui de Monsieur MBASSA NDINE, Secrétaire Général du Ministère de l'Economie, de la Planification et de l'Aménagement du Territoire ne passeront plus .Monsieur MBASSA NDINE nous parle d'un « changement d'objectif, de stratégie et de méthodologie dans le pilotage de l'économie camerounaise ». Il affirme que: des PME seront créées, la promotion des technologies créatrices d'emplois et utilisatrices de matériaux locaux sera réalisée et 11 projets susceptibles de démarrer en 2010 ou en 2011 seront mis en route à savoir les constructions :

- du port en eau profonde de Kribi,
- du barrage réservoir de Lom Pangar,
- du 2ème pont sur le Wouri,

Il nous parle

- de l'installation globale de la fibre optique,
- de l'aménagement des entrées Est et Ouest de Douala,
- de l'autoroute Douala-Yaoundé,
- des adductions d'eau potable,
- du barrage hydro-électrique de Memvelé,
- de la centrale de gaz de Kribi,
- de l'achèvement de l'immeuble ministériel n°1 de Yaoundé
- et de la réhabilitation de l'immeuble ex-ONCPB.»

Ces discours programmes sont récurrents à l'approche des différentes échéances électorales. Or le constat d'échec est posé, seul sur le terrain, libre de ses mouvements et de ses décisions le RDPC a échoué.

Le secrétaire général de ce parti en déclin, M. Sadi Réné a profité de son passage à Sangmelima le 5 décembre 2009 pour déclarer : *«ceux qui, ayant volontairement choisi de s'exiler, croient pouvoir divertir et mystifier les Camerounais en distillant en boucle, sur Internet ou par d'autres canaux, notamment ceux qu'on dit aujourd'hui numériques des contre vérités sur le Cameroun et ses dirigeants. Ces gens-là ont-ils le don d'ubiquité ? Si l'on veut servir son pays, est-ce de l'étranger que l'on peut mieux le faire ? Est-ce à l'étranger que l'on trouvera meilleure tribune pour ce faire ? Ou est-ce à l'étranger que l'on doit aller chercher l'onction nécessaire ?»*

En réponse à mon ami et frère Réné Sadi, je rappelle ici que selon le Larousse divertir c'est distraire quelqu'un, c'est aussi opérer le divertissement d'un bien en le détournant, toujours selon le Larousse mystifier, c'est abuser de la crédulité de quelqu'un pour s'amuser à ses dépens, tromper en donnant de la réalité une idée séduisante mais fausse.

Monsieur Réné Sadi qui me connaît pourtant bien en privé me traite d'amuseur public et de mystificateur. Il n'a pas le courage civil et politique de prononcer mon nom. Mais hormis le divertissement et la mystification que je ne pratique pas, j'ai effectivement choisi l'exil volontaire en France, je dénonce ouvertement en boucle sur internet les faits et les méfaits du RDPC. Je dénonce la misère que subissent les camerounais du fait de l'inertie de ceux qui ont la charge des affaires publiques et je ne fais que citer à ce sujet le Chef de l'Etat Paul BIYA lui-même lors de son discours du 30 juin 2009. Je dénonce le mauvais état des infrastructures camerounaises tel que précisé dans le rapport du ministère des finances cf : *Impact sur le Budget de l'Etat de l'accord intérimaire vers l'Accord de Partenariat Economique (APE) entre l'UE et les pays de l'Afrique centrale* VOLUME I d'Août 2008. Je rappelle ce qui est consigné dans le DSCE (Document de Stratégie pour la Croissance et l'Emploi). Si mon ami et frère René Sadi l'avait lu avant de descendre à Sangmelima, le ministre Motaze et lui n'auraient pas parlé à contre sens. L'amateurisme de Monsieur Réné Sadi au poste de secrétaire général du Parti au Pouvoir me surprend. Il a paniqué et fait descendre des hommes et des femmes dans la rue pour dénoncer un document mis en circulation par une ONG française inconnue des français eux-mêmes sur-dimensionnant ainsi un évènement qui aurait pu se gérer différemment. En ce moment au lieu de faire travailler les ministres pour le bien des camerounais, ils usent leurs souliers à se répandre dans les villages soit disant pour susciter la rédaction des motions de soutien à un candidat qui n'en demande pas tant. Ils se divertissent ainsi et divertissent les camerounais.

En ce moment j'habite Macheren dans le Nord-Est de la France comme le sait René. Il sait aussi que j'arrive bientôt au Cameroun. Plutôt que de répondre sur le fond qui porte sur la gestion calamiteuse du pays depuis 27 ans, mon ami René s'insurge sur la forme de mon discours en le déformant à son gré.

Alors je lui dis ici. « René, je respecte le frère et l'intellectuel que tu es mais Je suis déçu par le système de défense que tu adoptes. Il est faible et pusillanime, il manque de classe et d'élégance. Il s'agit de se remettre en question. »

« Divertir et mystifier » dis-tu ? : ce type d'insulte est ancien. L'UC (l'Union Camerounaise) l'ancêtre du RDPC, ton parti, usait et abusait déjà de cette insulte dans les années soixante. Le mot mystifier faisait partie du vocabulaire du parti unique quand le président Ahidjo traitait ses adversaires politiques « d'apprentis sorciers ». C'est à Mbalmayo à quelques encablures à vol d'oiseau de Sangmélima qu' il déclara le 12 janvier 1964, devant des foules : « *Au sujet de votre vote contre le référendum [du 21 janvier 1960] Si les populations de Mbalmayo ou d'ailleurs avaient voté contre cette constitution, c'est parce qu'elles avaient à leur tête de mauvais bergers. J'ai compris qu'elles ont suivi de bonne foi les conseils des démagogues et des jaloux. Je n'ai jamais douté de votre sagesse. Je savais que vous finiriez par comprendre ; que vous finiriez par rejeter les démagogues, par nous rejoindre, pour que, fraternellement, nous bâtissions une nation unie, une nation prospère. Quant aux autres, que vous qualifiez à tort, à mon avis, de Démocrates - ils n'ont rien de démocrate - et que j'appelle, quant à moi, apprentis sorciers, apprentis dictateurs, je crois que c'est leur faire trop d'honneur que de parler longuement d'eux. Le peuple a compris, le peuple, surtout du Nyong-et-Sanaga, a compris. Je n'ai aucun doute à ce sujet. Depuis trois, quatre jours, je parcours ce département, j'ai vu de mes propres yeux que le peuple a compris. (...) Et comme je l'ai dit hier, je sais que les populations du Nyong-et-Sanaga et d'ailleurs, avant longtemps, rejetteront définitivement dans l'ombre, les mauvais bergers ; on n'entendra plus parler d'eux, sauf, comme je l'ai dit ailleurs, en prison, s'ils ne respectent pas les lois et règlements de la République. Oui ils parlent de dictature. Pour eux, la démocratie consiste, pour les sous-préfets, à les laisser faire des tournées de case en case et semer la subversion. (...) Nous la combattrons toujours la subversion ; l'ordre a été donné à tous les fonctionnaires d'autorité de combattre la subversion d'où qu'elle vienne. (...)* ». Cher René, ton comportement à Sangmelima l'illustre bien, on ne change pas les méthodes du Parti unique malgré le toilettage de surface qui fut réalisé le 23 mars 1985 à Bamenda en transformant l'UNC en RDPC. Alors de grâce René, débattons sur le fond et nous verrons qui de nous deux divertit le peuple par de fausses promesses et qui le mystifie depuis 27 ans par des déclarations fallacieuses.

Tu poses comme première question *: Si l'on veut servir son pays, est-ce de l'étranger que l'on peut mieux le faire ?* Cher René, je me suis battu pour le poste minimaliste et sans envergure de conseiller municipal d'Elig Mfomo et le RDPC, ton parti, a tout mis en oeuvre pour que je n'y accède pas.

Ta seconde question *: Est-ce à l'étranger que l'on trouvera meilleure tribune pour ce faire ?*

Cher Réné depuis que j'ai repris officiellement mes activités politiques, j'ai fait parvenir des déclarations et autres textes politiques à « Cameroun Tribune » aucun de mes textes n'a été publié. Mes collaborateurs à Yaoundé ont déposé des déclarations auprès de Cameroun Tribune et de la CRTV aucune n'a été publiée ou lue. « Camer.be » ne m'a jamais dit non , « Cameroun-info-net » ne m'a jamais dit non, « 20mai.net » ne m'a jamais dit non , « icicemac » ne m'a jamais dit non, « AEUD » me publie , « Kai-walaï » me publie , « cameroun 2011 » me publie , le journal « Le Jour » ne m'a jamais dit non , le journal « Mutations » ne m'a jamais dit non. Ce sont toutes des tribunes camerounaises, mêmes si elles sont numériques. Internet et le numérique sont aussi camerounais, Monsieur le Ministre.

Je te rappelle ce que tu sais déjà je suppose, on y a accès à partir du Cameroun, en d'autres termes même en vivant sur place, au pays, cela ne changerait rien, je continuerais à utiliser internet.

Ta troisième question : *Ou est-ce à l'étranger que l'on doit aller chercher l'onction nécessaire ?»*

Cher René, le chef de l'Etat et toi , tu l'accompagnes lors de chacun de ses déplacements, vous êtes en permanence à Genève ou ailleurs en Europe, qu'est-ce-que vous cherchez à l'étranger serait-ce l'onction nécessaire qui vous fait défaut au Cameroun ?

Bref Réné, je comprends que tu t'embrouilles, que je t'embrouille. Bientôt tu ne sauras plus distinguer ta gauche de ta droite, tu ne sauras plus quel jour nous sommes et où tu te trouves. En jargon médical on conclura que tu es en DTS (en Désorientation Temporo-Spatiale). Cela signifie que mon action politique porte ses fruits. C'est le but. Les uns après les autres au RDPC, au fur et à mesure, nos analyses vous rendront malade parce que le zeste de conscience qui vous reste vous interpellera et vous empêchera de dormir.

René, je ne conspire pas, je ne fais pas partie d'une conjuration. Le Parti des Démocrates Camerounais est légal, il fait des déclarations officielles et publiques, nous ne nous dissimulons pas et conformément à l'article 3 de la constitution camerounaise, nous participons à l'élaboration de l'opinion camerounaise afin de mieux la préparer au suffrage universel. Nous sommes dans notre rôle de parti d'opposition.

Le Parti des Démocrates camerounais n'avance pas masqué sous des acronymes et des pseudonymes tels que le G11 ou le groupe Brutus qui sont tous tes camarades de parti, conspirateurs de l'intérieur.

Je te rappelle que le PDC a payé le lourd tribut d'un apprentissage politique au long cours sur les bancs de l'opposition. Je vous ai laissé faire jusqu'à présent, mais bientôt vous allez comprendre que j'ai été formé à la bonne école par le meilleur.

Q5 : En 1992, après avoir été effrayé par l'amateurisme, voire les méthodes peu orthodoxes de l'opposition radicale, vous avez, de guerre lasse, soutenu la candidature du Président Paul Biya, *« en pensant à la paix et à la prospérité du Cameroun »*, c'est comme cela en tout cas que vous avez souvent justifié ce

choix. 17 ans plus tard, non seulement vous ne soutenez plus Paul Biya, mais vous lui demandez, avec doit-on le souligner, beaucoup de courtoisie et d'élégance, de se retirer dignement. Manifestement pour vous, Paul Biya n'est plus le principal garant de la paix et de la prospérité du Cameroun.

R5 :...

Malgré tout le respect que je dois au chef de l'Etat, force est de reconnaître que malgré tout l'enthousiasme qu'il a suscité à son accession à la présidence de la république en 1982, il est allé de sursis en sursis. Le Cameroun depuis 1982 attend toujours de prendre son envol. Le plus grave c'est qu'il en est conscient. Il est tout a fait lucide quand il énumère les carences du système qu'il a lui-même crée et installé. Alors au bout de 27 ans il a le droit de se retirer dans la dignité d'un départ annoncé et programmé. Le président Paul BIYA devrait éviter le combat politique de trop, vers lequel le pousse les faucons de son entourage qui ne s'estiment pas prêts à briguer dans l'immédiat le siège d'Etoudi. Il s'agit de faire « garder ce siège au chaud » pour employer ici une expression triviale pendant que certains se préparent en coulisse. Ce ne sont que des rumeurs mais des noms circulent. Certains de ces hommes auraient d'ailleurs précipité la chute de nombre de leurs camarades de parti afin de faire le vide autour d'eux. Ces luttes intestines pour le pouvoir ne devraient pas nous faire oublier l'essentiel à savoir la paix sociale, la paix civile et l'amélioration des conditions de vie des camerounais.

La question est de savoir si ces hommes issus de ce moule politique peuvent faire mieux que le maître qui les a créés. Si le Président BIYA malgré l'immense état de Grâce dont il a bénéficié comme successeur du Président AHIDJO présente aujourd'hui après 27 ans un bilan négatif, que feront les hommes qu'il a fabriqués ? Certainement pas mieux que leur maître.

Je constate avec beaucoup de regret qu'il a échoué. Je le regrette pour lui parce même sans avoir été de son parti j'ai une immense sympathie pour le chef de l'Etat, homme très affable en privé, cultivé et fin. Tous ceux qui l'ont rencontré vous le confirmeront. Mais cela n'aura pas été suffisant pour bien gérer le Cameroun au bout de 27 ans. La conclusion logique est un départ. Il s'agit alors non seulement d'un départ du Président Paul BIYA mais aussi de tout le système politique qu'il a mis en place. Les américains parlent dans ces conditions de « spull system ».

Q6 : Vous demandez au Président Paul Biya de réussir sa sortie en 2011, notamment en mettant en place un groupe d'hommes et de femmes représentatifs, indépendants et crédibles qui auront la charge d'organiser les prochaines élections. Vous rêvez ou vous pensez sincèrement que le Président Paul Biya est prêt à lâcher les rênes du pouvoir?

R6 :...Je demande au Président de la république d'aller jusqu'au bout de sa logique . En 1991 sur le perron de l'Elysée et face au monde, il déclarait vouloir entrer dans l'histoire comme celui qui a restauré la démocratie au Cameroun. Même si le Cameroun reste un immense chantier souvent faute de moyens financiers utilisés à mauvais escient, la restauration de la démocratie demeure un acte de volonté politique. Les partis politiques qui sont les premiers concernés contestent le manque d'impartialité d'Elecam. Le Président de la république ou son représentant pourraient accepter de les rencontrer et d'en discuter avec eux.

Et par ailleurs, Je ne demande pas au président BIYA de désigner les hommes et les femmes qui vont lui succéder, je lui demande tout simplement de ne pas engager d'action de rétorsion à l'aide des moyens d'Etat ou autres pour empêcher l' émergence de ces hommes et de ces femmes qui je l'espère porteront le Cameroun sur ses nouveaux fonts baptismaux dès 2011. Des documents rédigés par des camerounais, toutes tendances confondues et tous secteurs confondus, dans le privé, dans les administrations publiques sont saisissants d'intérêt. Des rapports et autres expertises, des analyses et autres propositions rédigés par des camerounaises et des camerounais inconnus du grand public sont brillants et époustouflants de qualité. On y rencontre de la fulgurance intellectuelle et mentale en provenance d'hommes et de femmes absolument inconnus du grand public. Le Cameroun regorge de ressources humaines dans le pays et hors de nos frontières, elles sont mal utilisées. Une alternance politique démocratique nous permettra de jouir de ce potentiel humain.

Nous avons suivi le chef de l'Etat lors de son allocution de fin d'année au 31 décembre 2009 voici ce que nous avons retenu : il reste un maître incontesté de la rhétorique et de la formule sobre, propre, hygiénique, chirurgicale, aseptisée, il ne choque, ne heurte et ne blesse personne. L'intention est correcte mais le doute est permis car ce discours reste une déclaration d'intention. Il est superposable à des allocutions antérieures qui n'ont pas toujours été suivies d'effet. Nous attendions son jugement sur le rendement du gouvernement qu'il a installé le 30 juin 2009. Il est resté silencieux à ce sujet. Le président de la République nous a annoncé des réalisations effectives : portant « *sur la modernisation du système scolaire et universitaire ayant abouti à la création et à la construction de nouveaux établissements primaires, secondaires et supérieurs. Des milliers d'enseignants à tous les niveaux ont été recrutés ; une allocation spéciale d'un montant de 4 108 000 000 de FCFA, pour la recherche universitaire, a été instituée.* » Il a annoncé « *le lancement en 2010 des travaux de construction du barrage hydro-électrique de Lom-Pangar, du port en eau profonde de Kribi, du barrage de Memve'ele, de la centrale à gaz naturel de Kribi, de la mini-centrale de Mekin sur le Dja, de réhabilitation et d'extension des adductions d'eau de Yaoundé, Douala et de plusieurs autres villes et localités à travers l'ensemble du territoire, de modernisation des voiries de la plupart de nos cités.En ce qui concerne le secteur minier, en 2010 des travaux de construction de la mine de cobalt, nickel, manganèse de Nkamouna, les activités d'exploitation du diamant de Mobilong et la réhabilitation du site de l'ex-Cellucam pour le démarrage des activités du technopole Edéatech seront entamés. Le processus devant aboutir à l'exploitation de la bauxite de Minim-Martap-Ngaoundal et du fer de Mballam serait en cours. Quant à l'or de Bétaré-Oya, son exploitation industrielle a démarré en 2009. Pour stimuler l'essor du monde rural, un Comice agro-pastoral sera organisé en 2010 à*

Ebolowa.Il convient également de signaler la pose de la première pierre à Olembe d'un programme de logements sociaux qui en comptera 10 000 à l'horizon 2013. Un chantier similaire devrait être prochainement lancé à Douala, dans les 8 autres chefs-lieux de régions ainsi que dans les villes universitaires.»

Au Parti des Démocrates Camerounais, nous rappelons que cette énumération était connue, on la retrouve dans le DSCE présenté le 12 novembre 2009. Monsieur MBASSA NDINE, Secrétaire Général du Ministère de l'Economie, de la Planification et de l'Aménagement du Territoire a présenté une énumération presque qu'identique le 16 décembre 2009 devant le GICAM.

Concernant l'avancée de la démocratie nous retenons *« l'annonce de la poursuite du processus démocratique qui demeurerait l'un des deux axes principaux des grandes ambitions pour le Cameroun. La mise en route d'ELECAM est signalée. Sa mission étant définie et sa direction constituée, il lui fallait étendre son réseau sur l'ensemble du territoire national. Ce processus serait en cours et pourrait nécessiter quelques réajustements. Au bout du compte, le Cameroun disposera d'un appareil électoral qui rendra incontestables les résultats des prochains scrutins »*.Au Parti des démocrates Camerounais nous souhaitons qu'effectivement le réseau d'Elecam soit étendu sur l'ensemble du territoire national, que les résultats des prochains scrutins soient incontestables et que les partis politiques soient associés aux réajustements dont parle le chef de l'Etat au sujet d'Elecam.

Q7 : En 1992, vous aviez pensé que Paul Biya était l'homme de la situation. Le temps est passé, du coup le jeune et fringuant président du PDC que vous étiez à l'époque a pris de la consistance et est devenu un homme politique accompli. Si vous pensez aujourd'hui que Paul Biya n'est plus l'homme de la situation, encore moins l'opposition vieillissante et crépusculaire, représentée par des partis comme le SDF, l'Undp, l'Udc ou encore l'Upc, estimez-vous être aujourd'hui l'alternative crédible au pouvoir déliquescent de Yaoundé, car à certains endroits, votre livre a des allures d'un programme politique d'un homme qui aspire à jouer les premiers rôles dans la marche de son pays.

R7 : ...

Je pense que le moment est venu pour tous les camerounais d'offrir au Cameroun ce qu'ils ont de meilleur en termes d'investissement personnel et d'enthousiasme, en termes de solidarité agissante et d'intelligence pour la cause de leur pays. Le Cameroun de 1952 a vu UM NYOBE Ruben intervenir à l'ONU et demander la réunification et l'indépendance du Cameroun, celui de 1957 a vu André Marie MBIDA installer l'Etat du Cameroun oriental et porter le tout premier drapeau camerounais aux tons : vert couleur de nos forêts, rouge couleur du sang des camerounais morts au contact de la colonisation et jaune couleur de l'or de la richesse du sol et du sous-sol camerounais et celui de 1960 a entendu Amadou AHIDJO proclamer l'indépendance du Cameroun.

André Marie MBIDA fut élu par ses pairs députés à l'ALCAM de 1957. Amadou

AHIDJO fut élu par ses pairs, les 111 députés de l'ALCAM, en Mars 1960. Paul BIYA sera désigné par son prédécesseur comme successeur constitutionnel le 6 novembre 1982. Le seul chef d'Etat camerounais à s'être présenté au suffrage universel multipartite est le Président BIYA. Mais à l'analyse il est à reconnaître qu'il a toujours été élu dans des circonstances particulières.

En 1992 ce fut dans la précipitation, la bousculade politique et la peur qu'il fut élu.

En 1997 l'impréparation et les dissensions d'une opposition désorganisé et peu structurée, lui ont accordé une victoire facile. En 2004 il avait devant lui un boulevard politique qu'il empruntera sans se faire prier. En 2011 pour la première fois les Camerounaises et les Camerounais auront l'opportunité de choisir leur chef d'Etat après une préparation de deux ans. Certains parlent d'élections anticipées, au PDC nous pensons que le cadre juridique et légal ne le permet pas et de surcroit le budget en cours compte tenu de la loi des finances actuelle ne le supportera pas.

Ceux qui s'accrochent à la composition d'Elecam et à la rumeur relative aux élections anticipées, que ce soit du côté du pouvoir ou de celui de l'opposition, cherchent des prétextes pour ne pas travailler sur le terrain. Le vrai travail consiste en cette période à pousser les citoyens à s'inscrire sur les listes électorales et à implanter les partis d'opposition sur l'ensemble du territoire au niveau des 10 régions, des 58 départements et des 266 arrondissements du Cameroun. Le reste n'est que diversion. Je suis convaincu que malgré la fraude si le sursaut citoyen est massif le RDPC ne pourra rien y faire. Il s'agit de travailler sans relâche pendant ces deux années qui nous restent. Il est important de nous organiser, de nous rencontrer, de nous parler, de nous concerter et de prendre des décisions adéquates pour faire aboutir une alternance au sommet de l'Etat. Les discussions de marchands de chèvres entre politiciens camerounais n'ayant abouti à rien, il faudra aller dorénavant au contact du peuple souverain et lui expliquer qui nous sommes , ce que nous voulons et comment nous allons procéder pour tirer le pays vers le haut. Ce sera pratiquement du porte à porte. Une autre différence entre 2011 et les échéances précédentes, c'est que certains partis politiques tels que le Parti des démocrates camerounais (PDC) se préparent depuis 12 ans. Il faudra compter avec nous. La question que posent les caciques du RDPC est la suivante : « MBIDA a-t-il les moyens, MBIDA a-t-il de l'argent ? ». Ils sont tellement habitués à acheter des consciences qu'ils sont convaincus que les camerounais sont tous vénaux. La machine est en marche.

Politiquement et démocratiquement, dans le respect des lois de la République, le PDC va mettre le RDPC hors d'état de continuer à nuire aux camerounais.

Louis Tobie MBIDA

Président du Parti des Démocrates Camerounais
31 décembre 2009

Première Partie : 50 ans d'Histoire

Chapitre I

Les années de braise

L'année 1956 sera un début mais pas la fin des rapports ambigus entre la France, ses anciennes colonies et autres territoires sous-tutelle. Ce fut l'année de la loi-cadre ou loi Defferre. M. Gaston Deffere est député socialiste des Bouches-du-Rhône depuis 1946 et maire de Marseille, il est convaincu que la marmite africaine est au bord de l'explosion. « *Une procédure d'urgence s'impose, que seule peut permettre une loi-cadre. Cette procédure limite le vote du Parlement aux seuls principes généraux de la loi et laisse au gouvernement la charge de fixer par décrets les modalités de leur mise en œuvre. La loi-cadre fixe au Parlement et au gouvernement des délais impératifs : tous les décrets devront être soumis avant le 1er mars 1957 au Parlement, qui sera dans l'obligation de se prononcer à leur sujet dans un délai de quatre mois* » déclare M. Deffere.

Dès le 29 février 1956, moins d'un mois après la formation du gouvernement, Gaston Defferre dépose sur le bureau de l'Assemblée nationale française un projet de loi-cadre et moins de quinze jours plus tard, le ministre s'adresse à l'Assemblée de l'Union française :

« *Trop de fois, au-delà des mers, les Français ont donné l'impression qu'ils n'étaient pas capables d'agir en temps utile ; trop souvent, nous avons été le jouet des événements... Aujourd'hui... si nous savons dominer les événements, si nous savons les devancer, alors nous pourrons rétablir [en Afrique noire] un climat de confiance et de concorde...* »

Se présentant comme une simple loi de décentralisation administrative et politique, la loi-cadre énumère en quinze articles les réformes nécessaires et les grandes lignes de leur réalisation. En premier lieu, elle institue le suffrage universel et le collège unique dans tous les territoires. Elle établit des conseils de gouvernement, composés de cinq membres élus par l'assemblée locale et de quatre fonctionnaires nommés par le gouverneur général. Ils sont « dotés d'une large compétence qui embrassera toutes les questions d'intérêt local ». Les pouvoirs des assemblées territoriales sont élargis. L'administration sera réformée afin de faciliter l'intégration et la promotion des autochtones.

Les débats parlementaires sont aussi rapides que l'avait été la démarche ministérielle. Les partisans d'une politique de réformes ont conscience de la nécessité d'une telle initiative en Afrique noire.

Le 21 mars 1956, Gaston Defferre, ministre de la France d'outre-mer, défend son projet de loi-cadre devant l'Assemblée nationale. Le texte est voté le 23 mars, mais alors que le gouvernement Mollet s'embourbe dans la guerre d'Algérie, l'argumentaire de Defferre en faveur de l'émancipation contractuelle et progressive des territoires noirs africains heurte pourtant deux tendances de l'opinion : les colonialistes, qui jugent son projet trop libérateur, et les anticolonialistes, horrifiés par le gâchis nord-africain et vietnamien, qui le trouvent trop timide et néocolonialiste. Gaston Defferre présente son projet de loi-cadre devant les députés :« *Le plan de réformes que nous propose le gouvernement constitue incontestablement un grand pas en avant dans la voie tracée par la Constitution qui rappelle — c'est une citation qui a été souvent faite à cette tribune, mais j'espère qu'aujourd'hui elle va être enfin suivie d'effet — que, « fidèle à sa mission traditionnelle, la France entend conduire les peuples dont elle a pris la charge à la liberté de s'administrer eux-mêmes et de gérer démocratiquement leurs propres affaires ».*

Je suis convaincu que c'est en grande partie parce que nous avons su accorder à ces populations les libertés qu'elles nous demandaient qu'elles sont restées calmes et fidèles à la France (applaudissements à gauche et au centre) alors qu'en Indochine et en Afrique du Nord le sang a coulé et coule encore. D'autres réformes ont été promises, sont attendues, sont nécessaires au point d'évolution où en sont arrivées les populations des territoires d'outre-mer. Ne donnons pas l'impression de n'agir qu'à demi, qu'à regret, de reprendre d'une main ce que nous accordons de l'autre. Rappelons-nous que rien n'est plus imprudent qu'une certaine forme de prudence ; sachons faire confiance à ceux dont la fidélité ne nous a jamais fait défaut et qui attendent, certes avec impatience, mais dans la paix, que le gouvernement et le Parlement français, dont leurs représentants font partie, leur accordent ce qu'ils espèrent maintenant de nous. Ne lassons pas encore une fois la confiance de ceux qui croient encore en nous

Source : *Journal officiel de la république française*,21 mars 1956.

Le 19 juin 1956, l'Assemblée nationale adopte la loi-cadre, à une très forte majorité (470 voix contre 105). La discussion est aussi aisée devant la seconde chambre, le Conseil de la République. Le 23 juin est promulguée « la loi autorisant le gouvernement à mettre en œuvre les réformes et à prendre les mesures propres à assurer l'évolution des territoires relevant du ministère de la France d'outre-mer ». La Loi cadre votée le 19 juin 1956 aboutira à l'autonomie interne du Cameroun oriental le 10 mai 1957 suivie de l'indépendance le 1er janvier 1960. André Marie MBIDA est conseiller de l'Union Française et député du Cameroun à l'Assemblée nationale Française en 1956. Voici ce que l'Assemblée Nationale Française a retenu du député André Mbida :

« En 1952, il a été élu à l'Assemblée territoriale, puis est désigné conseiller de l'Union française le 10 octobre 1953. L'année suivante, il quitte le BDC (Bloc Démocratique Camerounais) et fonde le Comité de Coordination du Cameroun (COCOCAM). À la suite des sanglants événements de mai 1955, réprimés par l'administrateur colonial Roland Pré, marqués par la dissolution des mouvements nationalistes camerounais et par l'emprisonnement massif de militants nationalistes (UPC), il mène une active campagne pour l'amnistie des prisonniers politiques. Il s'appuie aussi sur un petit bulletin ronéotypé, NKU, Le Tam-Tam.André M'Bida se présente aux élections législatives du 2 janvier 1956 dans la troisième circonscription du territoire. Comme les socialistes, il se fait le défenseur des petits, proposant, bien sûr, sur le plan économique le relèvement du prix des produits d'exportation essentiels, cacao et café, et la suppression des intermédiaires qui défavorisent les petits planteurs. Il défend encore les fonctionnaires et les chefs autochtones ou coutumiers qu'il propose de rémunérer et demande une évolution des institutions. Sans rejeter l'Union française, pour laquelle il réclame toutefois une épuration des cadres, il revendique "un acheminement progressif du Cameroun vers son autonomie, et plus tard vers son indépendance". Mais il défend aussi des valeurs catholiques. Il préconise ainsi la lutte "contre le laïcisme en général", écrivant "Je défendrai toujours l'enseignement privé et soutiendrai toujours que l'administration du territoire prenne à sa charge le traitement du personnel de cet enseignement". Il entend encore encourager la monogamie, proposant une "opposition formelle au divorce de mariages religieux". Ayant obtenu 66 386 suffrages sur 259 984 inscrits et 158 061 exprimés, il devient le premier Camerounais "natif" à être élu député à l'Assemblée nationale française par le collège de statut personnel, après avoir battu le docteur Louis-Paul Aujoulat, qui détenait le siège depuis la Libération et avait participé à plusieurs ministères de 1949 à 1955 et qu'il a qualifié durant la campagne de "nuisible intrus".

Le 31 janvier 1956, M'Bida est nommé à la Commission de la justice et de la législation et à la Commission des territoires d'outre-mer de l'Assemblée nationale. Il appartient aussi à la Commission chargée de l'étude de la réforme du titre VIII de la Constitution française, portant sur l'Union française, et est désigné pour siéger au Conseil supérieur du travail et au Comité directeur du Fonds d'investissement et de développement économique et social (FIDES) qui finance le développement en Afrique. Il voit cette délégation renouvelée le 4 octobre 1957. Son élection étant validée le 14 février 1956, il s'apparente immédiatement au groupe socialiste SFIO, où siège déjà un autre élu camerounais Jules Ninine, et travaille aux côtés de Gaston Defferre, de Gérard Jaquet et de Pierre Messmer qui rédigent la loi-cadre sur l'autonomie de l'Afrique Noire. NKU, le Tam-Tam de mars 1956 justifie son apparentement en expliquant qu'il ne peut être isolé et que la politique du groupe SFIO "paraît le moindre mal parmi toutes celles que se proposent les groupes métropolitains". Il intervient peu à l'Assemblée, participant surtout à deux grands débats, celui qui concerne la loi-cadre en mars 1956 et celui du statut du Cameroun en mars 1957.

Désigné comme président du Conseil, chef du gouvernement, du premier gouvernement du Cameroun, en mai 1957, André M'Bida met en place l'autonomie interne du pays. De passage à Paris en septembre 1957, il présente le Cameroun comme un Etat-pilote en Afrique, justifie la tutelle conservée par la France en attendant l'indépendance complète et une place à l'ONU, et annonce que cette évolution renforce l'amitié franco-camerounaise. Mais, il doit faire face à une agitation, à une crise de confiance due aux difficultés pour établir un ordre minimum, alors que la France assume encore l'essentiel de la répression, et à la montée de l'opposition. Le 16 février 1958, il est démissionné par Jean Ramadier, haut-commissaire de la République à Yaoundé, et remplacé, le 18, par Ahmadou Ahidjo qui sera par la suite Président de la République de 1960 à 1982. Le 20 février suivant, André M'Bida rompt son apparentement avec la SFIO et fonde alors à Abong-Mbang le Parti des démocrates camerounais qu'il préside jusqu'à son décès. Durant plus d'une année, il vit en exil à Conakry en Guinée. En 1960, après l'indépendance, il est élu député à l'Assemblée nationale du Cameroun »

André Marie Mbida a épousé le 15 août 1946 Marguerite Embolo. Ils auront six enfants : Thérèse Marie Ngono Mbida née le 24 octobre 1954, Louis Tobie Mbida né le 21 avril 1956, Alphonse Massi Mbida né le 26 février 1959, Paul Marie Etoga Mbida né le 20 janvier 1962, Simon Pierre Omgba Mbida né le 17 septembre 1966 et Marie Bernadette Mbono Mbida née le 25 octobre 1967.

Louis Tobie Mbida qui rappelle ici les péripéties et autres vicissitudes vécues par la famille Mbida au contact de la politique est né le 21 avril 1956 à l'hôpital la Pitié Salpêtrière à Paris 13ème, un mois après la présentation de la loi-cadre à l'assemblée nationale française. Sa mère Marguerite Embolo, épouse Mbida, est la fille de Fabien Assiguena, Grand Planteur de Cacao à Nkol-Eduma, assesseur au tribunal coutumier d'Efok et de Mbono Marie, ancienne matrone à l'hôpital de Yaoundé dans les années 1920 / 1930. Son père André Marie Mbida est le fils de Mombele Ongo Nanga chef traditionnel à Endingding et de Ngo Logu.

Louis Tobie Mbida dans les bras de sa mère Embolo Marguerite, épouse Mbida au jardin du Luxembourg à Paris. A l'époque la famille Mbida habite le 25 rue Saint Sulpice dans le 6ème arrondissement de Paris.

Louis Tobie Mbida qui naît dans l'effervescence politique de l'année 1956 est baptisé le 22 juillet 1956 à la Cathédrale Notre Dame de Paris par le cardinal Felstin archevêque de Paris, il a pour marraine Madame Jacquinot et pour parrain M. Louis Jacquinot, celui là même qui le 1er janvier 1960 représentera la France lors de l'accession du Cameroun à l'Indépendance. M. Louis Jacquinot son parrain est Docteur en droit, originaire de Gondrecourt – le – Château dans la Meuse. Il a été plusieurs fois ministre français, député de la Meuse de 1932 à 1973, président du Conseil général de la Meuse et président du comité national pour l'aménagement du territoire.

De droite à gauche André Marie Mbida, le cardinal Felstin Archevêque de Paris, le député du Cameroun d'origine antillaise Jules Ninine, M. Le ministre Louis Jacquinot, Madame Jacquinot portant le baptisé Louis Tobie Mbida dans ses bras, Madame Marguerite Mbida portant Thérèse Marie Ngono Mbida dans ses bras.

Le 10 Mai 1957 Louis Tobie a un an quand son père André Marie Mbida devient Premier chef de gouvernement et de facto premier chef d'Etat Camerounais en application de la loi-cadre votée le 19 juin 1956.

De droite à gauche à Yaoundé le 10 Mai 1957 : André Marie qui lève le tout premier drapeau camerounais, Louis Tobie Mbida tenu par son grand père ASSIGUENA Fabien, Thérèse Marie Ngono Mbida, Monsieur Claude Akono député à l'Assemblée législative et président du groupe parlementaire du PDC (Parti des Démocrates Camerounais) à l'ALCAM et Monsieur Courau membre du cabinet du premier ministre.

André Marie Mbida n'est pas l'auteur de la loi-cadre mais il a participé à son élaboration, avec ou sans lui, bonne ou mauvaise, n'importe comment elle aurait été votée et appliquée. André Marie Mbida n'est pas arrivé là par hasard non plus. Au mois de janvier 1956 il est entré au parlement français en remportant les élections devant le candidat de l'administration, le Dr Louis Paul Aujoulat qui dès 1946 représentait les intérêts des électeurs camerounais de race noire au parlement français. Il existe deux collèges : un premier collège constitué de français « blancs » qui représente et défend les intérêts de la communauté française de souche vivant au Cameroun et un second collège réservé « aux indigènes », « aux autochtones » qui sont représentés par le Dr Louis Paul Aujoulat dans le Nyong et Sanaga. Le Dr louis Paul Aujoulat lui n'est pourtant ni noir ni autochtone. Il est médecin dans l'état sous tutelle française du Cameroun. On estime jusqu'en 1955 au Cameroun que les noirs ne sont pas assez adultes pour se faire représenter au sein du parlement français par des noirs.

Grâce à une dissolution de l'Assemblée Nationale Française de 1955 de nouvelles élections législatives sont organisées en décembre 1955. André Marie Mbida décide de tenter sa chance. Nombreux sont ceux qui le lui déconseillent car le Dr Louis Paul Aujoulat a la faveur du clergé catholique indigène et européen, il est soutenu par les commerçants européens, par l'administration coloniale, par tous les colons et par la métropole. Entouré d'un noyau d'hommes déterminés, courageux, regroupés dans le COCOCAM (Comité de Coordination du Cameroun): M. Akono Claude, Adalbert Atangana et plusieurs autres de tous bords politiques, y compris de l'UPC, André Marie Mbida qui n'a pas encore son propre parti politique, va s'investir dans la campagne électorale et battre son adversaire politique Louis Paul Aujoulat. Il entre au parlement français en décembre 1955. Au Palais Bourbon, il a participé aux travaux et débats sur la loi – cadre. Au moment de désigner un premier ministre en application des textes votés le 19 juin 1956, le premier à être approché sera le député Alexandre Douala Manga Bell. L'homme est certes un politicien chevronné mais il a un comportement fantasque. M. Alexandre Douala Manga Bell a été formé comme officier de l'armée française où il a atteint le grade de capitaine, c'est un cavalier émérite. Plusieurs personnes l'ont vu entrer à cheval, droit sur sa selle jusqu'au comptoir du bar de « l'hôtel Bellevue » situé en face du Palais du Gouverneur à Yaoundé, où on l'a entendu demander, cravache au poing que l'on serve à boire à son cheval et à lui-même. Malgré sa popularité il ne passe pas. Le second qui sera approché compte tenu de son âge et de son expérience sera le député d'origine antillaise Jules Ninine. Mais effectivement il est antillais. Il ne reste donc plus que Mbida. Il a travaillé sur le texte, il dirige un groupe de députés à l'assemblée qui est dynamique, à 39 ans il est jeune et Gaston Deffere l'aime bien d'autant plus qu'il est affilié socialiste (SFIO : section française de l'internationale ouvrière) à l'assemblée nationale française. Alors ce sera Mbida qui sera pressenti, quitte à lui d'obtenir les voix de ses collègues députés de la nouvelle ALCAM.

Le Chef de Gouvernement, chef de l'Etat Camerounais en 1957, André Marie Mbida passe les troupes en revue.

Première visite officielle d'un chef d'état camerounais en France. Mbida dépose une gerbe sur la tombe du soldat inconnu sous l'Arc de triomphe à sa droite M. Pierre Messmer. Cette marque de distinction ne sera plus jamais accordée à un chef d'état camerounais après Mbida.

Madame Mbida Marguerite, Thérèse Marie et Louis Tobie à Paris en 1957.

De droite à gauche André Marie Mbida, Louis Tobie Mbida, Marguerite Mbida et Thérèse Marie Mbida le 21 avril 1958. La famille fête les 2 ans de Louis Tobie Mbida. André Marie Mbida a 41 an, il vient de démissionner, le 17 février 1958, de son poste de Chef de l'Etat et Premier de Gouvernement Camerounais.

André Marie Mbida démissionne de son Poste de Chef d'Etat, chef de gouvernement, le 17 Février 1958 et sera remplacé par son vice-premier ministre Monsieur Ahmadou Ahidjo le 18 février 1958. M. Pierre Messmer que Louis Tobie Mbida rencontre à Paris en 1997 lui dit de sa voix lente et profonde « Nous n'avons jamais compris pourquoi votre père a démissionné, les choses auraient pu s'arranger. Ce surtout, que nous n'avons pas compris et accepté c'est qu'il soit allé se réfugier en septembre 1958 chez M. Sekou Touré à Conakry. Le Général n'a pas

On se rappelle tous du discours de M. Sekou Touré le 25 Août 1958 à Conakry devant le Générale De Gaulle *« Le privilège d'un peuple pauvre est que le risque que courent ses entreprises est mince, et les dangers qu'il encourt sont moindres. Le pauvre ne peut prétendre qu'à s'enrichir et rien n'est plus naturel que de vouloir effacer toutes les inégalités et toutes les injustices. Ce besoin d'égalité et de justice nous le portons d'autant plus profondément en nous, que nous avons été plus durement soumis à l'injustice et à l'inégalité. L'analyse logique et une connaissance de plus en plus grande de nos valeurs particulières, de nos moyens potentiels, de nos possibilités réelles nous laissent cependant exempts de tout complexe et de toute crainte : nous sommes uniquement préoccupés de notre avenir et soucieux du bonheur de notre peuple. Ce bonheur peut revêtir des aspects multiples et des caractéristiques diverses selon la nature de nos aspirations, de nos désirs, selon notre état propre; il peut être aussi bien une chose unique qu'un faisceau de mille choses, toutes également indispensables à sa réalisation. Nous avons, quant à nous, un premier et indispensable besoin, celui de notre Dignité.* ***Or, il n'y a pas de Dignité sans Liberté, car tout assujettissement, toute contrainte imposée et subie dégrade celui sur qui elle pèse, lui retire une part de sa qualité d'Homme et en fait arbitrairement un être inférieur. Nous préférons la Pauvreté dans la Liberté à l'Opulence dans l'esclavage****. Ce qui est vrai pour l'Homme l'est autant pour les sociétés et les peuples..... . La Liberté, c'est le privilège de tout homme, le droit naturel de toute société ou de tout peuple, la base sur laquelle les Etats Africains s'associeront à la République Française et à d'autres Etats pour le développement de leurs valeurs et de leurs richesses communes.»*

La création du PDC, le 12 janvier 1958 à Abong-Mbang.

André Marie Mbida est entré à l'assemblée nationale française sans l'encadrement d'un parti politique structuré. Il est Premier Ministre, chef du gouvernement Camerounais, député du Nyong et Sanaga quand il décide de créer le Parti des démocrates camerounais le 12 janvier 1958 à Abong-Mbang en compagnie de :

- Monsieur Akono Claude : vice-président de l'Assemblée législative, député du Nyong et Sanaga
- Monsieur Ahanda Vincent : Ministre de l'éducation nationale, député du Nyong et Sanaga
- Monsieur Paul Amougou Nguele : vice président de la commission de l'Agriculture à l'Assemblée législative, député du Nyong et Sanaga
- Monsieur Banag Bernard: secrétaire à l'Assemblée législative, député de la Sanaga Maritime.

- Monsieur François Biyo'o Olinga : secrétaire d'Etat aux finances, député du Nyong et Sanaga.
- Monsieur Antoine Logmo : secrétaire d'Etat à l'intérieur, député de la Sanaga Maritime.
- Monsieur Jean Baptiste Mabaya : Vice Président de l'Assemblée législative député du Haut Nyong.
- Monsieur Manga Bile Blaise : membre de la commission des Finances, député du Nyong et Sanaga.
- Monsieur Marcel Marigoh Mboua : ministre du travail et des lois sociales, député du Nyong et Sanaga.
- Monsieur René Mindjos : secrétaire à l'assemblée législative, membre de la commission des finances, député du Boumba-Ngoko.
- Monsieur Gabriel Ndibo-Mbarsola : membre de la commission des grands travaux, député du Lom et Kadei.
- Monsieur Ngaba Ndzana Médard: questeur à l'assemblée législative, député du Nyong et Sanaga.
- Monsieur Pierre Ninekam : secrétaire à l'Assemblée législative, député du Haut-Nyong.
- Monsieur Germain Tsalla Mekongo : secrétaire d'Etat à la fonction publique, député du Nyong et Sanaga.
- Monsieur Joseph Yakana : membre de la commission des affaires administratives, député du Mbam.
- Le parti est enregistré sous le récépissé 3264 le 17 septembre 1958.

Les membres du comité exécutif après le congrès fondateur du 12 janvier 1958 à Abong-Mbang sont :

- Monsieur André Marie Mbida: Président Général
- Monsieur Djoumessi Mathias: Vice-Président
- Monsieur Gabriel Ndibo Mbarsola: vice-président
- Monsieur Tobie Nana: secrétaire Général
- Monsieur Yakana Joseph: secrétaire général Adjoint
- Monsieur AmougouNguele Paul: Trésorier Général
- Monsieur Manga Bile Blaise: commissaire aux comptes.

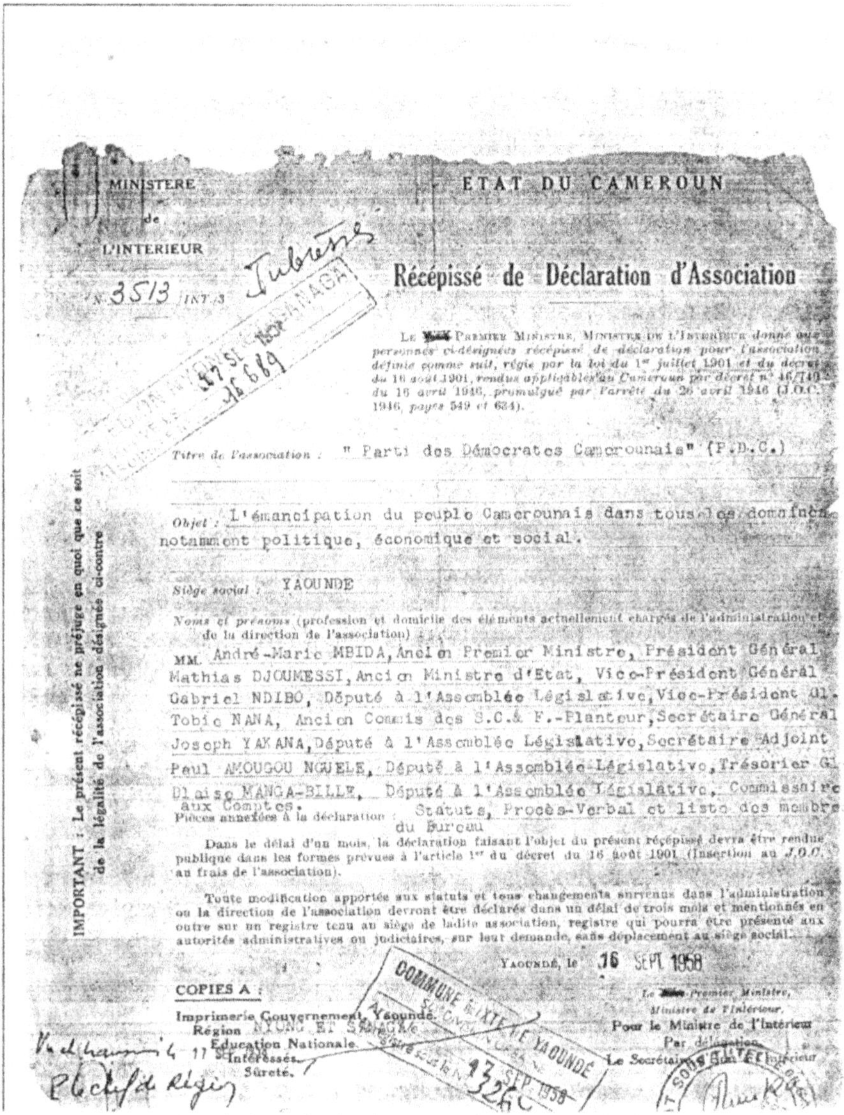

MINISTERE de L'INTERIEUR

ETAT DU CAMEROUN

N° 3513 INT/3

Récépissé de Déclaration d'Association

Le ~~Vice~~ Premier Ministre, Ministre de l'Intérieur donne aux personnes ci-désignées récépissé de déclaration pour l'association définie comme suit, régie par la loi du 1er juillet 1901 et du décret du 16 août 1901, rendus applicables au Cameroun par décret n° 46/749 du 16 avril 1946, promulgué par l'arrêté du 26 avril 1946 (J.O.C. 1946, pages 549 et 634).

Titre de l'association : " Parti des Démocrates Camerounais" (P.D.C.)

Objet : L'émancipation du peuple Camerounais dans tous les domaines notamment politique, économique et social.

Siège social : YAOUNDE

Noms et prénoms (profession et domicile des éléments actuellement chargés de l'administration et de la direction de l'association) :

MM. André-Marie MBIDA, Ancien Premier Ministre, Président Général
Mathias DJOUMESSI, Ancien Ministre d'Etat, Vice-Président Général
Gabriel NDIBO, Député à l'Assemblée Législative, Vice-Président Gl.
Tobie NANA, Ancien Commis des S.C.& F.-Planteur, Secrétaire Général
Joseph YAKANA, Député à l'Assemblée Législative, Secrétaire Adjoint
Paul AMOUGOU NGUELE, Député à l'Assemblée Législative, Trésorier Gl.
Blaise MANGA-BILLE, Député à l'Assemblée Législative, Commissaire aux Comptes.

Pièces annexées à la déclaration : Statuts, Procès-Verbal et liste des membres du Bureau

Dans le délai d'un mois, la déclaration faisant l'objet du présent récépissé devra être rendue publique dans les formes prévues à l'article 1er du décret du 16 août 1901 (Insertion au *J.O.C.* au frais de l'association).

Toute modification apportée aux statuts et tous changements survenus dans l'administration ou la direction de l'association devront être déclarés dans un délai de trois mois et mentionnés en outre sur un registre tenu au siège de ladite association, registre qui pourra être présenté aux autorités administratives ou judiciaires, sur leur demande, sans déplacement au siège social.

Yaoundé, le 16 SEPT 1958

COPIES A :

Imprimerie Gouvernement, Yaoundé.
Région NYONG ET SANAGA
Education Nationale.
Intéressés.
Sûreté.

Le ~~Vice~~ Premier Ministre, Ministre de l'Intérieur,
Pour le Ministre de l'Intérieur
Par délégation
Le Secrétaire [illegible] l'Intérieur

IMPORTANT : Le présent récépissé ne préjuge en quoi que ce soit de la légalité de l'association désignée ci-contre

Récépissé de déclaration du PDC en 1958

Le Président Ahidjo et les pleins pouvoirs

André Marie Mbida démissionne le 17 février 1958 et choisit l'exil politique à Monrovia au Libéria auprès du président Turman et ensuite à Conakry auprès de Sékou Touré. Pendant qu'André Marie Mbida est en exil à Conakry, la politique camerounaise de l'intérieur suit son cours. Le 29 octobre 1959, Monsieur Ahidjo alors Premier Ministre demande les pleins pouvoirs. Les députés de l'Ouest Cameroun, les députés démocrates du PDC (Parti des Démocrates Camerounais) des élus de la Sanaga-Maritime et du Nyong et Kellé sont les seuls à s'y opposer. Un extrait du journal des débats de l'assemblée législative nous rappelle ici le déroulement des évènements. On y retrouve le courage et l'éloquence de Monsieur Daniel Kemajou et de Monsieur le ministre Tsalla Mekongo Germain.

Un extrait du journal des débats de l'Assemblée législative illustre ici le travail de Monsieur Daniel Kemajou et du Ministre Tsalla Mekongo Germain, député démocrate à l'assemblée législative. Il s'agit de la séance du 29 octobre 1959, sont aussi intervenus Messieurs Akono Claude, Yakana Joseph et Amougou Nguele Paul.

Séance plénière du 29 octobre 1959 au matin. Le président de l'Assemblée législative était désormais Jean-Baptiste Mabaya, qui venait de remplacer Daniel Kemajou. La séance est ouverte à 9 h 35.

M. le Président Jean Baptiste Mabaya*: La discussion générale est ouverte. La parole est à M. Daniel Kemajou. (Applaudissements des démocrates camerounais).*

M. le Premier ministre Ahmadou Ahidjo: *Je veux dire un mot seulement. Je m'excuse auprès de M. Kemajou, mais avant qu'il parle, je voudrais indiquer que le gouvernement accepte le texte amendé par la commission, et je voudrais préciser que s'ouvre actuellement le débat sur la question de confiance posée par le gouvernement, afin qu'il n'y ait pas d'équivoque.*

M. Kemajou *: Le projet gouvernemental sur les pleins pouvoirs soulève de notre part plusieurs observations. Les pleins pouvoirs permettraient de lutter contre le terrorisme, sans doute par une répression purement militaire, d'élaborer le projet de Constitution hors de l'Assemblée, de préparer une loi électorale, de résoudre par des échanges de lettres les problèmes d'ordre international, d'élaborer des conventions avec la puissance tutélaire qu'est la France, et, enfin, de concentrer, entre les mains d'une seule et même personne les pouvoirs législatifs, exécutifs et judiciaire, c'est-à-dire d'instaurer une dictature, le pouvoir personnel ou, en d'autres termes, le règne du bon plaisir, de l'omnipotence policière, des camps de concentrations, des déportations, des arrestations et emprisonnements arbitraires, des exécutions sommaires, des pendaisons, des licenciements arbitraires et abusifs* *des fonctionnaires, des persécutions des étudiants dans les lycées et collèges, du chômage, de la misère noire, des injustices sur injustices, de l'exclamer etc. Voilà ce qui nous attend. Comme vous le constatez vous-mêmes, messieurs, ces projets sont foncièrement dangereux et, de ce fait, méritent d'être purement et simplement répudiés. En effet, le bilan de la situation actuelle montre que le gouvernement Ahidjo a eu les moyens de rétablir le calme dans le pays, de résoudre le problème du terrorisme, et ne l'a pas résolu, n'en ayant pas étudié les causes d'une façon suffisamment intéressée, approfondie et objective. Pour nous, l'amnistie totale et inconditionnelle dans l'ensemble du pays, la Table Ronde, où seraient conviées toutes les forces politiques du Cameroun, et la formation d'un gouvernement d'union nationale peuvent seules résoudre le drame camerounais. Quant à M. Ahidjo, la répression militaire seule suffit, et le projet de Table Ronde aboutirait, selon lui, à une assemblée de bavards. Pourtant, l'Assemblée n'a jamais gêné le gouvernement dans son action, et l'a toujours secondé quand il a été ferme aussi bien que lorsqu'il a été clément. Par ailleurs, la représentation effective des populations du pays Bassa a beaucoup contribué au calme qui règne dans cette région. En outre, la rapidité et l'efficacité d'une action gouvernementale menée sans avoir à rendre des comptes à l'Assemblée souveraine n'est pas prouvée. Jusqu'à présent, l'Assemblée a toujours su légiférer rapidement et efficacement lorsque la situation l'exigeait. Par conséquent, l'activité de notre Assemblée ne saurait être considérée comme entravant la marche du pays vers l'indépendance, mais bien au contraire, comme l'y guidant. Enfin, l'Assemblée, représentant seule le peuple, ne saurait être écartée de la discussion et de l'alabastron des projets de Constitution et de loi électorale. En fait, les conséquences réelles des pouvoirs spéciaux seraient les suivantes :*

1/- le gouvernement aurait les mains libres pour résoudre le problème du terrorisme par la répression pure et simple, risquant de pourrir définitivement la situation, et ceci dans d'autres régions que les pays Bamiléké et le Mungo.
2/- le gouvernement pourrait également procéder à sa guise au sectionnement électoral, à la répartition des sièges et à l'aménagement, au seul profit du parti de l'Union Camerounaise, UC, de toutes les dispositions de la loi électorale.

M. Akono : *Très bien !*

M. Kemajou : *M. Ahidjo préparerait ainsi en paix l'élimination des gêneurs sur la route du pouvoir. Je m'explique. Si les pleins pouvoirs étaient accordés à M. Ahidjo, une nouvelle catégorie de régime politique serait née au Cameroun, consacrant une façade démocratique officielle, derrière laquelle se dissimulerait une autocratie plus rigoureuse que la monarchie de Louis XIV ou l'empire de Pierre le Grand.*

Sur le banc des démocrates camerounais : *C'est exact !*

M. Kemajou : *Le système électoral et de savants découpages permettraient de maintenir une fiction démocratique qui ne tromperait personne, par une série de moyens simples en même temps qu'ingénieux, qui sont des entraves apportées à la propagande électorale de l'opposition jusqu'au trucage des urnes et du dépouillement, en passant par l'arrestation des candidats défavorables au gouvernement et de leurs sympathisants, les pressions directes ou indirectes sur les électeurs, les violations du secret des votes, etc., il sera appuyé par une infime minorité de citoyens, d'obtenir de confortables majorités électorales. A la limite, le système tend au régime du parti unique. Quand on sait déjà comment se déroulent les opérations électorales dans certaines régions du Cameroun, et plus particulièrement dans le Nord, il faut s'attendre au pire. On sait, par exemple, que le Lamido qui essaie de tenir tête à M. Ahidjo est menacé de destitution ou d'emprisonnement. (Protestation de M. Lamine. Applaudissements des Démocrates camerounais)*

M.Akassou : *Quand un tonneau est vide il fait du bruit.*

M. Kemajou : *On sait que le père d'un député qui n'obéit pas servilement aux ordres du Premier ministre ...*

M. Akono : *Très bien !*

M. Kemajou : *...recevra immédiatement une inspection administrative...*

Sur le banc des Démocrates camerounais : *Très bien !*

M. Kemajou : *... ou des gendarmes (Applaudissements des Démocrates camerounais).*

M. Lamine : *Vous avez attendu le 29 octobre pour dénoncer cela ?*

M. Kemajou : *Je reprends. On sait que le père d'un député qui n'obéit pas* *servilement aux ordres du Premier ministre recevra, immédiatement, une inspection administrative ou des gendarmes qui le menaceront de poursuites judiciaires ou d'emprisonnement. Vous pouvez, messieurs, à partir du présent, juger de l'avenir lorsque, le 1er novembre 1959, M. le haut-commissaire Xavier Torre viendra, ici, au nom de la France, nous mettre à la porte pour sacrer M. Ahidjo « empereur du Cameroun ». (Applaudissements des Démocrates Camerounais et des élus de la Sanaga-Maritime et du Nyong et Kelle). M. Ahidjo engagerait, pendant au moins six mois, notre pays devenu indépendant, le 1er janvier 1960, dans des accords qu'il serait seul à examiner, et seul à signer, sans contrôle possible des élus du peuple, et risquant d'obérer l'avenir du pays sur tous les plans. Politiquement, l'indépendance, la vraie indépendance que le peuple camerounais attend, ne sera qu'un leurre, la liberté, ce bien précieux pour lequel nombre de nos meilleurs fils sont morts et continueront à mourir, la liberté pour la quelle tant d'hommes, de femmes, d'enfant souffrent en exil, au maquis, dans les prisons et camps de concentration, ne sera plus que la continuation de l'oppression coloniale, l'asservissement à jamais, l'esclavage à jamais. Economiquement, ce sera la continuation de la récession, la baisse des exportations et, par là même, des recettes fiscales, réduisant le pays à la dépendance totale vis-à-vis de l'étranger auprès de qui il faudra mendier. Du point de vue social, maintien des étrangers dans de hauts postes de commandement, et plus particulièrement dans le Nord, mauvaise camerounisation des cadres, mauvaise utilisation de nos diplômés rentrés de la métropole et réduits à occuper de petits postes subalternes, travail de sape ou destruction avouée et systématique des structures traditionnelles sans rien de valable pour les remplacer, aggravation du chômage dans le pays, préparation d'un marasme durable sans critique possible des élus du peuple écartés pour six mois, multiplication des faillites de nombreuses entreprises et commerçants : mauvais départ, n'est-ce pas? Célébration des fêtes de l'indépendance, le 1er janvier 1960, sous une dictature sans dynamisme et dans le trouble des esprits. Le peuple perdra ses illusions et son enthousiasme, l'inquiétude sera confirmée, risque de préparation d'un 18 Brumaire par l'abandon du régime démocratique, qui sera suivi d'un césarisme pur et simple. La démocratie est le régime suivi au Cameroun et il lui convient parfaitement. Or, le fonctionnement normal d'une assemblée législative, est la seule véritable garantie de cette démocratie. Cette démocratie permettra l'unification réelle des deux Cameroun, alors que la dictature préparerait une scission fatale du pays. Messieurs les députés, je crois vous avoir fait toucher du doigt le danger que représente l'octroi des pleins pouvoirs. M. le Premier ministre Ahidjo veut ressembler au général de Gaulle, mais, je pense, quant à moi, que M. Ahidjo ressemble d'avantage au maréchal Pétain. En effet, pendant la dernière guerre mondiale, le maréchal Pétain n'avait obtenu les pleins pouvoirs que pour livrer la France à l'occupation allemande, donc à l'ennemi. M. Ahidjo veut, lui, nous livrer aux horreurs du colonialisme. Et quand le général de Gaulle demandait les pleins pouvoirs, il était, lui, soutenu dans son action par 80% des Français, par l'enthousiasme populaire.*

M. Akono Claude : *Exact.*

M. Kemajou : *M. Ahidjo qui est essentiellement impopulaire, demande les pouvoirs spéciaux, uniquement pour faire la guerre à ses frères camerounais et surtout compromettre à jamais l'avenir de tout un peuple. N'oubliez pas que toute concentration du pouvoir entraîne un accroissement de pouvoir. N'oubliez pas que l'autorité corrompt ceux qui l'exercent et les campe contre les citoyens.*

Une fois que M. Ahidjo sera proclamé tout puissant, rien ne pourra plus l'arrêter sur le chemin du despotisme. Il fera la pluie et le beau temps. Vous savez que lorsque les médiocres sont au pouvoir, ils sont toujours tentés d'en abuser. (Rires des Démocrates camerounais). C'est une pente inéluctable, ils sont obligés de « jouer au dur », pour prouver à eux-mêmes et aux autres une supériorité qu'ils ne possèdent pas (Applaudissements des Démocrates camerounais et des députés du Nyong et Kelle).

Le pouvoir qui n'est pas sûr de lui est forcément tyrannique (...)

M. Lamine : *Evidemment, rien n'est bon parce que ce n'est pas M. Kemajou qui décide.*

M. Kemajou : *(...) Le 1er janvier 1960, le gouvernement Franco-Ahidjo nous promet une situation politique des plus troubles, une économie savamment désorganisée, une situation sociale dramatique, des dettes partout. On peut d'ores et déjà juger de ce que sera la reddition des comptes entre le tuteur et le Cameroun devenu majeur. Messieurs, ce triste tableau renforce d'avantage notre inquiétude dans l'avenir de notre pays. Les intentions de la France ne sont pas pures. Pourtant le ministre Jacquinot déclarait à la tribune des Nations Unies que l'indépendance, c'est l'indépendance. Nous nous apercevons aujourd'hui que ce n'est pas vrai. C'est un piège à cons qu'il nous a tendu.*

M. Lamine : *Vous étiez à l'ONU, il fallait le dire là-bas (Remous et rires dans la salle).*

M. Tsalla Mekongo Germain : *(Salué par des applaudissements des membres de son groupe) M. le président, messieurs les députés, mesdames et messieurs, depuis quelque temps, l'Assemblée législative camerounaise offre au monde un spectacle* *particulièrement original : celui de voter des lois qui, au lieu d'être salutaires, c'est-à-dire d'avoir pour effet la promotion économique, le relèvement du niveau de vie des Camerounais, la protection des citoyens, la garantie des libertés démocratiques, etc, travaillent, bien au contraire, à la perdition de ce pays. C'est ainsi que, par exemple, avant de se séparer en juin dernier, elle a laissé librement en circulation la fameuse et horrible loi sur le maintien de l'ordre public, dont l'application fait tant de misères, sème la panique et détruit la population camerounaise dans les régions du Sud, de Centre et de l'Ouest du pays. (...) en d'autres termes, il est demandé aux députés de se débarrasser de leur mandat pour le confier à un seul individu qui désormais parlera et agira au nom de tous les habitants de la nation.(...) le Premier ministre vous demande de vous dessaisir de ce mandat précis que vous tenez de ces millions d'électeurs camerounais, pour lui laisser seul le soin de régler et de décider du sort de l'Etat. Il aurait été infaillible que la chose se concevrait, et non sans peine d'ailleurs. Mais, il n'en est rien. Pourquoi même concevoir une telle idée? Députés, êtes-vous tous malades, si malades qu'il vous est impossible d'assurer votre mandat complètement ? Et si oui, la punition seule aurait justifié votre décision. Etes-vous incapables de légiférer au nom du peuple ? Dites-le lui, tout simplement, sans équivoque. Avez-vous tout simplement besoin de vous reposer ?*

A cela je me permets de répondre que nous venons à peine de reprendre nos travaux depuis seize jours, après un long congé parlementaire de quatre mois. Pourquoi donc accepter de céder à un seul individu le mandat que vous détenez du peuple ? Est-ce que, si cela était fait malgré tout, vous oseriez encore vous présenter un jour devant ce peuple pour solliciter de nouveau ses suffrages et sa confiance ? (...) M. Ahidjo, grand citoyen camerounais, et puis... et puis ? Mais, pas général. Je ne doute pas qu'un jour notre Premier ministre porte les mêmes étoiles et accomplisse sinon les plus grands, du moins, les mêmes exploits, puisqu'il s'agit d'affaire de vocation. Pour le moment, je m'en tiens aux seules réalités de l'heure et conclu qu'il ne peut pas valoir De Gaulle sur ce plan personnel.

M. le Premier ministre Ahmadou Ahidjo : *Il me suffit de dépasser Mbida.*

M. Tsalla Mekongo Germain : *Vous ne valez même pas Mbida. Vous ne pouvez encore moins le dépasser !*

Akono Claude : *Vous êtes impopulaire, M. le Premier ministre...*

M. Tsalla Mekongo Germain : *Dans le domaine politique, j'ai signalé déjà que les circonstances qui ont porté le général de Gaulle au pouvoir ne sont pas les mêmes que celles qui sont actuellement connues au Cameroun. En effet, la France était menacée d'une guerre civile du fait du mauvais fonctionnement de ses institutions, du mauvais système que vous connaissez. (...) Il fallait donc sauver la situation et personne, jusque-là, n'y était arrivé. C'est alors que le peuple français fit appel à son ancien libérateur – je dis bien « le peuple français » - pour le sauver du danger d'anarchie dont il était menacé. Et cependant, bien que sollicité par le peuple lui-même, De Gaulle n'a pas abusé de sa position pour demander les pleins pouvoirs, il n'a demandé que des pouvoirs spéciaux pour mener à bien la tâche pour laquelle il avait été appelé. Au Cameroun, la situation actuelle s'est aggravée par l'action du gouvernement qui fait la sourde oreille à toutes les suggestions qui lui sont faites en vue de dénouer la crise. Le peuple demande l'amnistie totale et inconditionnelle, de nouvelles élections avant le 1er janvier 1960 sous le contrôle de l'ONU, et le rétablissement des ligues dissoutes et toutes les libertés démocratiques.Ce qui est le plus absurde, c'est qu'au moment même où le peuple camerounais ne veut plus sentir le gouvernement Ahidjo, c'est à ce moment précis que celui-ci sollicite les pleins pouvoirs...*

Dans la salle : *Pauvre peuple !*

M. Tsalla Mekongo Germain : *Avec cela, il veut se comparer à De Gaulle, à la France. Il faut être aveugle pour ne pas voir que ces mesures sont dictées à M. Ahidjo par la France, directement ou indirectement.*

M Akassou : *Ce n'est pas vrai !*

M. Tsalla Mekongo Germain : *Ainsi notre Premier ministre accepte de jouer le rôle d'un instrument entre les mains de la France pour la destruction et le malheur de son propre pays.(...) Parlant d'argent, la France, pour réaliser ses desseins, emploie à prix d'argent nos propres compatriotes qui acceptent ainsi de vendre le pays, de vendre leurs semblables, se faisant des Judas. L'écriture sainte pose cette question aux fidèles : « que sert à l'homme de gagner l'univers s'il vient à perdre son âme?» Je poserai moi aussi cette question : « que sert à un député, à un ministre, de gagner des millions de francs pour prix de son pays si, en fin de compte, il perd son âme ?» (...) Les conséquences résultant des pleins pouvoirs sollicités par M. le Premier ministre Ahidjo – mesures dictées – ont principalement pour but de lui permettre d'abord d'être en place le 1er janvier 1960 afin de signer* *avec la France toutes les conventions et tous les traités réalisant l'intégration du Cameroun dans la Communauté, sans que ces conventions et ces traités subissent la sanction de l'Assemblée législative ou nationale...*

M. Soppo Priso : *Très bien !*

M. Tsalla Mekongo Germain : *...de lui permettre ensuite de préparer une loi électorale – si elle est préparée – en son unique faveur, lui assurant toujours une majorité à l'Assemblée, de préparer une constitution qui lui assure toutes les garanties d'être président de la République, si nous en avons une, enfin d'exercer librement un pouvoir personnel, une dictature qui ne souffre d'aucun contrôle, puisque les deux pouvoirs, le législatif et l'exécutif, lui reviennent; de procéder à l'extermination des populations des départements du Centre, du Sud et de l'Ouest du pays en même temps qu'il procèdera à l'élimination de toutes les valeurs de ces localités qui refuseraient de l'applaudir, de peur de souffrir une concurrence. Voilà, chers compatriotes, le sort qui sera bientôt le vôtre, si vous en êtes avisés, nous en vivons déjà beaucoup d'exemples depuis quelque temps. Mais, qui d'entre vous ignore le sort qui a toujours été celui des dictateurs et de leurs apprentis ? Chers collègues, sachez dire non à la tyrannie, au pouvoir personnel, et ne pas vous amuser à voter ce projet de loi diabolique.*

M. Yakana : *Je vous répéterai ce que l'on dit aux sourds, que fait-on avec les sourds ? C'est qu'à chaque fois et plusieurs fois, il faut leur répéter la même chose (Applaudissements des Démocrates camerounais). La nécessité de l'octroi des pleins pouvoirs n'est démontrée ni par les événements, ni par la volonté du peuple. Le Premier ministre, dans son discours du 20 octobre, a affirmé que le gouvernement camerounais disposait de moyens efficaces pour juguler la rébellion et vaincre le terrorisme. Quant au peuple camerounais, il n'a jamais réclamé l'intervention de M. le Premier ministre Ahidjo par un mouvement spontané, comme le peuple français l'a fait le 13 mai 1958 en faveur du général de Gaulle. C'est donc la majorité que M. le Premier ministre veut exploiter pour asseoir ses desseins d'hégémonie sur tout le Cameroun. Désormais, il entend régler tout à sa guise, la loi électorale sera élaborée à son avantage, à son avantage également sera rédigé la constitution. Pour des motifs obscurs, il précipitera et noiera dans la Communauté française l'indépendance naissante du Cameroun. C'est une forme voilée mais réelle de dictature.(...) Quant à nous, nous nous refusons à vendre à un seul homme les pouvoirs que nous avons reçus de la tutelle et du peuple.(...) Le peuple veille, il saura briser ce moule et réformer à fond tout ce qui est issu d'une dictature extorquée.*

M. Akono Claude : *M. le président, messieurs les députés, à l'occasion de la discussion de ce projet de loi déposé par le gouvernement Ahidjo, tendant à obtenir le transfert en ses mains des pouvoirs législatifs que nos populations nous ont confiés, il ne serait pas superflu de répéter ici ce que je vous ai déjà dit, le 16 mai dernier, lors des débats en cette enceinte des projets sur le maintien de l'ordre public. Je m'exprimai notamment ainsi : « lorsque le chef de l'Etat aura compris que le pouvoir n'est pas l'extension d'une influence personnelle – qui dit pouvoir dit servir – et dans la démocratie, le pouvoir appartient au peuple qui le délègue à des représentants ». Or, nous constatons que le gouvernement actuel ne voudrait pas être contrôlé ni par les députés, qui ont investi son Premier ministre, ni par le peuple camerounais à qui appartient la souveraineté. Il s'agit donc d'éviter l'instauration d'un régime totalitaire et fasciste dans notre pays en ne concentrant pas entre les mains d'une seule personne, tous les pouvoirs exécutifs et législatifs, que d'ailleurs a bien séparé nettement la loi organique du 18 février 1959. On pourrait peut-être le faire sans inconvénient si le chef du gouvernement camerounais actuel jouissait de l'estime de ce peuple souverain. Or, ce dernier ne veut plus de cette équipe à la tête de l'exécutif.*

M. Amougou Nguelé Paul : *M. le Premier ministre est le chef du gouvernement camerounais, il est le premier citoyen de notre Etat, tout est entre ses mains, que cherche-t-il encore ? (Rires). (...) En ce qui concerne la constitution, je demande à M. le Premier ministre : pourquoi vous acharner à la faire en l'absence de l'Assemblée? Je sais qu'elle est déjà faite, vous l'avez en ce moment. Elle a été faite en France, sur la Côte d'Azur où vous avez passé votre congé. Il en est de même pour la loi électorale. Nous sommes au courant de tout ce qui se passe. Nous connaissons vos intentions, vous pouvez nous présenter en ce moment cette constitution et votre loi électorale.*

M. le Premier ministre Ahmadou Ahidjo : *M. le président, messieurs les députés, dans l'exposé des motifs qui accompagnent le projet de loi sur les pleins pouvoirs, le gouvernement a indiqué d'une façon claire les raisons qui l'ont poussé à solliciter de votre assemblée ces pleins pouvoirs. Aussi, je ne m'étendrai pas pour répondre aux orateurs qui ont pris la parole avant moi. Plusieurs d'entre eux ont prêté au gouvernement, et à moi spécialement, de noirs desseins. Je ne voudrais pas répondre individuellement à ces orateurs qui m'ont qualifié de dictateur ou de candidat dictateur. Mais, je retiens qu'un de ces orateurs a décrit cette dictature avec une éloquence à laquelle je me plais à rendre hommage : je vais citer M. Kemajou qui l'a dépeinte avec brio et fougue. Mais si cette éloquence confirme ce que nous savons déjà quant à sa culture et à sa vigueur, elle prouve aussi que M. Kemajou a traité d'un problème qu'il connaît très bien, car j'avais l'impression, tout à l'heure, que M. Kemajou voulait décrire à l'assemblée l'empire Bazou, à la tête duquel il se trouve ! (Vifs applaudissements sur les bancs du groupe de l'Union Camerounaise, d'Action Nationale, de l'intergroupe des non-inscrits et de M. Djoumessi). En tout cas, M. le président, messieurs, encore* *une fois le gouvernement n'a aucun noir dessein. C'est pour continuer à œuvrer, dans la mesure de nos compétences et de nos moyens, dans l'intérêt du pays, c'est pour cela uniquement que nous avons demandé ces pleins pouvoirs, en tenant compte de la situation exceptionnelle que traverse notre pays.*

On a dit et répété que tout le peuple camerounais n'était pas pour l'octroi de ces pleins pouvoirs, on a parlé de télégrammes... J'ai reçu aussi des télégrammes et des lettres de Camerounais qui sont contre ces pleins pouvoirs. J'ai reçu, comme tous les députés et les ministres, des lettres de menaces, bien sûr. Mais, je crois qu'il n'est pas bon qu'un orateur, quelle que soit sa popularité, vienne déclarer ici sans aucune preuve que toutes les populations du Cameroun sont contre ces pleins pouvoirs. Qu'il y ait des Camerounais contre ces pleins pouvoirs, c'est certain et c'est normal. Ce que nous souhaitons, ce que le gouvernement souhaite, c'est que, le jour où nous qui sommes au pouvoir, avec nos défauts et nos qualités, ne serons plus là, il y ait un gouvernement qui ne soit pas officiellement approuvé par tout le peuple sans exception, car les gouvernements apparemment approuvés par tout le peuple, l'histoire est là pour le démontrer, sont des gouvernements de dictature dont on parlait tout à l'heure.

***Ont voté pour les pleins pouvoirs** :*

MM. Aboubakary, Ahanda ancien membre du PDC , *Ahidjo, Akassou, Amaoua, Assale, Babalé, Behlé, Bétoté Akwa, Biyo'o bi Olinga* ancien membre du PDC, *Bouba, Bouhari, Champeau, Daicréo, Djafarou, Djoumessi* ancien membre du PDC, *Ekwabi Ewané, Gueimé, Guyard, Iyawa, Kakiang, Kamga, Lagarde, Lamine, Mabaya* ancien membre du PDC, *Maigari, Malam Yéro, Marigoh* ancien du PDC, *Marouf, Medou Gaston* ancien membre du PDC,*René Minjos* ancien membre du PDC, *Mohamadou, Moussa, Ndibo* ancien membre du PDC, *Nembot, Ngaba Ndzana Médard* ancien membre du PDC, *Ngayewang, Ninekan* ancien membre du PDC, *Njiné, Njoya, Ntonga, Obam, Okala, Sanda, Seidou, Sissoko, Souaibou, Talba, Taousset, Yadji.*

***Ont voté contre** :*

M. Akono Claude Membre du PDC, *Amougou Nguele Paul* Membre du PDC, *Inack, Daniel Kémajou, Lontsi, Mballa* Membre du PDC, *Mbong, Ndoudoumou* Membre du PDC, *Soppo Priso, Tsalla Mekongo, Germain* Membre du PDC, *Yakana* Membre du PDC

Se sont abstenus :

MM. Dissaké, Python

En Février 1960 André Marie Mbida rentre de Conakry : ses enfants, ses amis et ses militants sont venus l'accueillir sur l'esplanade de l'ancienne Gare centrale de Yaoundé, actuelle « Place du 20 Mai 1972 » : de droite à gauche au Premier rang Marie Roger Biloa (actuelle directrice de publication « d'Africa International »), Jacques Philippe Tsalla, Jeanne d'Arc Mekongo, Gertrude Ngono, Thérèse Marie Mbida, Louis Tobie Mbida. Au second rang un militant du PDC, Mme Pauline Adjogo, Mme Véronique Evengue épouse de M. Noah Pius, Mlle Agrippine et Mme Henriette Ebila.

Les Premiers contacts conscients avec le monde politique

Louis Tobie assiste sans le savoir, à son premier meeting politique en février 1960 à l'occasion du retour de son père au Cameroun après des mois d'exil en Guinée Conakry chez Sékou Touré. De retour au Cameroun le 26 février 1960, André Marie Mbida parvient en très peu de temps à reconquérir une audience politique nationale que treize mois d'exil à Conakry (Guinée) avaient plus ou moins atténué. Le 10 avril 1960, après avoir refait l'unité du Parti des Démocrates Camerounais, il est élu député le 10 avril 1960 dans sa circonscription. **Il obtient 23770 voix contre 0**. À la suite de ces élections, l'audience et même la popularité de Mbida sont ainsi établies au Cameroun avec une prédominance dans la région du Nyong-et-Sanaga.

Au mois de février 1960 grâce à la loi du 31 octobre 1959 les contours de la nouvelle République du Cameroun sont définis. Le vote de l'Assemblée Générale des Nations Unies autorise la levée sans conditions de la tutelle de la France sur le Cameroun. Le 29 octobre 1959 les pleins pouvoirs sont octroyés à Ahmadou Ahidjo malgré la vive opposition de Daniel Kemajou et des Démocrates Camerounais tels que Tsalla Mekongo Germain, Akono Claude et Yakana Joseph. Le gouvernement Ahidjo va organiser sans contrôle aucun et à sa guise les futures consultations électorales. Le référendum du 21 février 1960 sera une consultation électorale déterminante. Ce référendum fut pour Ahmadou Ahidjo une véritable épreuve. Le gouvernement de 1960 était entre les mains de l'Union Camerounaise créée le 2 mai 1958 à Garoua. L'Union Camerounaise impopulaire et pratiquement inconnue du reste du pays en dehors de la région du Nord, comptait peu de sympathisants dans l'ensemble du Cameroun. Outre la traditionnelle opposition de l'UPC, le gouvernement Ahidjo avait aussi en face de lui le bastion du Sud-Cameroun contrôlé par une opposition active et sévère animée par le Parti des Démocrates Camerounais (PDC) d'André Marie Mbida. Le gouvernement Ahidjo, depuis octobre 1959, avait laissé s'installer un climat conflictuel dans le pays. Au lendemain de la proclamation de l'indépendance le 1er janvier 1960, le vote du 21 février 1960 apparaissait ainsi comme un véritable test de popularité pour le gouvernement Ahidjo. Le 21 février 1960, les 1771 969 électeurs camerounais inscrits sur les listes électorales devaient se prononcer par Oui ou par Non et dire s'ils acceptaient que la première constitution du Cameroun fût calquée sur celle de la cinquième République française. A l'issue de ce vote référendaire, la véritable surprise fut provoquée par le vote du « Oui » dans le département Bamiléké. La victoire du « Oui » dans cette zone troublée par la rébellion de l'UPC marquait la percée de l'Union camerounaise dans l'Ouest du Cameroun. Toutefois, le Grand Sud-Cameroun sous l'instigation du Parti des Démocrates Camerounais (PDC) d'André Marie Mbida avait massivement voté « Non », jetant ainsi le trouble et un doute sérieux sur la valeur de la constitution de 1960.Le gouvernement Ahidjo avait gagné uniquement grâce aux suffrages du Nord Cameroun. De ce fait, le Premier Ministre Ahidjo perdait son challenge politique. Sur les vingt-et-un départements, qui correspondaient également à des circonscriptions électorales, dix émirent massivement un vote négatif et dans huit circonscriptions on enregistra un fort taux d'abstentions. Si le Premier Ministre Ahidjo admettait stoïquement le vote du « Non » dans les départements du Sud Cameroun sous l'influence des Démocrates Camerounais de l'ancien Premier Ministre André Marie Mbida, il comprenait difficilement le rejet de la constitution dans le Mungo et dans le Wouri. Par ailleurs, Ahmadou Ahidjo avait compris que le « Non » massif du peuple camerounais sanctionnait les choix politiques qui avaient été les siens depuis le 18 février 1958. Dès lors il sera légitime de se demander si Ahmadou Ahidjo pouvait dans ces conditions continuer à diriger le pays avec seulement le soutien du tiers de la population et s'il allait mettre en place la régionalisation du pouvoir comme le prévoyait la constitution. Le Cameroun indépendant va ainsi naître dans des conditions douteuses qui n'augureront rien de bon pour l'avenir de la nation camerounaise. André-Marie Mbida mettra en place l'Etat du Cameroun le 10 mai 1957 tandis que Ahmadou Ahidjo tentera de promouvoir la Nation Camerounaise dès le 1er janvier 1960. Le 10 Mai 1961 Louis Tobie assiste à sa première cérémonie officielle. Son père le tient par la main : ils vont assister au défilé marquant le 4ème anniversaire de l'autonomie interne .Le défilé est présidé par le Président Amadou Ahidjo sur la place de l'hippodrome, actuelle place de l'Hôtel de Ville à Yaoundé.

Le 29 juin 1962 à 6 ans Louis Tobie vit en direct l'arrestation d'André Marie Mbida qui sera accusé d'atteinte à la sécurité intérieure de l'Etat et emprisonné sur la base de l'ordonnance 62-OF 18 du 12 mars 1962 portant sur la répression de la subversion au Cameroun. Avec des amis politiques : Bebey Eyidi, Mayi Matip, Okala Charles et Paul Soppo Priso, ils ont crée quelques semaines auparavant le Front uni pour la démocratie et ont fait parvenir le 15 juin 1962 une Lettre Ouverte à Monsieur le Président général et à Messieurs les Membres du Comité Directeur du parti de l'Union Camerounaise. Le pouvoir UC n'apprécie pas ce regroupement de l'opposition. Le parti unique a été proposé à l'opposition, à Foumban, par le Président Ahidjo le 27 avril 1962: André Marie Mbida du PDC, Mayi Matip de l'UPC, Bebey Eyidi le Travailliste et Charles Okala le Socialiste ont répondu par la négative. Ils ne veulent pas de Parti unique au Cameroun. La réaction du chef de l'Etat Amadou Ahidjo sera de faire embastiller les quatre opposants : André Marie Mbida, Mayi Matip, Bebey Eyidi et Charles Okala. Pour interpeller ces hommes le gouvernement camerounais de 1962 leur a taillé un costume juridique sur mesure. Cette production politico-juridique est l'œuvre des conseillers techniques français en poste à Yaoundé. Une série d'ordonnances a été prise, entre autres, l'ordonnance n°62/OF/18 portant organisation de la répression de la subversion. Elle sera suivie par l'ordonnance n°62/OF/18 du 12 Décembre 1962 et la loi n°63/30 du 25 Octobre 1963 complétant l'ordonnance n°61/OF/14 du 4 Octobre 1961 fixant l'organisation judiciaire militaire de l'Etat et modifiant l'ordonnance n°62/OF/18 portant répression de la subversion au Cameroun.

A l'occasion de l'arrestation de son père en juin 1962, le jeune Louis Tobie assistera médusé à l'arrivée des militaires en tenue léopard venus tôt le matin encercler la maison de Nkol-Bikok sur l'ancienne route de Douala où la famille Mbida a trouvé refuge chez les Mvog-Betsi, oncles maternels de son épouse Marguerite Embolo et vers 8 h du matin , c'est au tour de la police, dirigée par le fringuant commissaire Paul Pondi, d'investir les lieux . M. Pondi finira sa carrière comme ambassadeur du Cameroun aux Etats Unis. Il assiste incrédule à la fouille de la maison et voit sa mère se battre physiquement avec M. Pondi et ses policiers qui tentent d'emporter des fusils de chasse au nombre de trois que M. Mbida s'était procuré avec toutes les autorisations en bonne et due forme. Ces trois fusils de chasse seront reversés au dossier de l'accusation comme preuve que Mbida préparait un soulèvement armé et aurait porté atteinte à la sécurité intérieure de l'Etat du Cameroun. Le jeune Louis Tobie sidéré verra alors sa grand-mère Mbono Marie épouse Assiguena originaire de Mvog-Betsi- Oliga emballer dans son « Kaba » les copies de la « Lettre ouverte contre le parti unique » adressée au président de l'UC par les quatre signataires Mbida, Okala, Bebey Eyidi et Mayi Matip. Elle ira déposer ces documents et trois armes de poing dont un pistolet semi-automatique de 9 mm, un calibre 7,65 et un 6,35 chez son cousin, le frère aîné de Monsieur Emah Basile, Simon Ottou habitant le quartier Etetak chez les Mvog-Betsi. Ces documents et ces trois pistolets seront dissimulés pendant plus de 10 ans chez M. Simon Ottou. Les documents ainsi dissimulés par sa grand-mère contiennent des exemplaires de la « Lettre ouverte du 15 Juin 1962 ». Il est prévu par les quatre signataires que cette « Lettre ouverte du 15 juin 1962 » soit distribuée aux camerounais mais le pouvoir UC de Monsieur Ahidjo y oppose un refus catégorique car la « Lettre ouverte du 15 juin 1962 » contient des extraits de **consignes secrètes** données et enseignées aux responsables du Parti du Président Ahmadou Ahidjo. Le gouvernement ne souhaite pas que ces consignes soient connues du grand public. C'est, entre autres, à cause de cette lettre ouverte que les quatre signataires vont se faire arrêter, incarcérer et jeter en prison le 29 juin 1962. Nous rappelons ici que lors d'un stage de formation de ses responsables politiques en 1961 l'Union Camerounaise a produit un ouvrage à leur seule intention qui a pour titre :

Premier stage de formation des responsables de l'Union Camerounaise du 1er au 6 août 1961 à Yaoundé

Voici des extraits de cet ouvrage :

à la page 17 *[citation] : « Le parti unique apparaît comme un instrument de transformation qui va faire comprendre au peuple la nécessité des réformes. Le parti devra vaincre la passivité naturelle des masses et s'avère l'instrument d'une évolution permanente. Dès lors le parti se confond avec l'administration et le gouvernement et on court le risque de voir peu à peu disparaître les libertés publiques ». etc. [Fin de citation]*

Page 104, *il est dit [citation] : « Le régime de parti unique réunit au départ tous les citoyens fidèles au Gouvernement. Il est à noter que l'adhésion au parti unique n'est jamais libre. Le régime du parti unique entraîne une concentration de pouvoir au sens le plus classique du mot, tous les organes de direction, l'édifice gouvernemental sont purement* ***factices*** *et la réalité du pouvoir sous toutes ses formes reste entre les mains des dirigeants du parti. La Guinée, à nos yeux, est le seul pays africain qui a le mieux épousé ce régime ». [Fin de citation.]*

Page 106 *[citation] : « Dans un pays très tribaliste comme le nôtre, cela empêche l'acharnement sur une tribu quelconque, ce qui risquerait de cristalliser ses ressortissants dans une opinion dangereuse. L'homme aime être confronté à une personne plutôt qu'à des forces obscures. On arrive ainsi à persuader la masse que l'ennemi véritable n'est pas tel parti ou telle tribu mais le chef de ce parti ou de cette tribu, on fait ainsi coup double. D'un côté, l'on rassure ses propres partisans convaincus d'avoir devant eux une masse aveugle conduite par un mauvais berger et qui l'abandonnera quand ses yeux s'ouvriront; de l'autre, on divise le camp adverse et en détache certains éléments. D'où cette étonnante parole d'HITLER : « Il est plus facile de combattre un ennemi visible plutôt qu'un démon invisible ». Il faut donc s'attaquer à des individus ou à de petites factions, jamais à des masses sociales ou tribales dans leur ensemble. Un bon lutteur (J'entends dans le domaine politique) est celui qui, après avoir fait l'inventaire des objectifs à atteindre dans un programme, établit un plan de guerre et ensuite un calendrier d'opération. Il s'agit de ne pas disperser ses forces, de concentrer ses tirs sur un seul but pendant une période donnée et s'arranger toujours à réduire le nombre de ses adversaires (exemple en ce moment), n'avoir qu'un seul ennemi » [Fin de citation].*

Page 107 *[citation] :« L'intransigeance politique consiste à rester fidèle à la doctrine et aux principes fondamentaux du parti, à éviter* ***des accommodements et des concessions qui vous écartent petit à petit de ces principes et livrent vos thèmes à des contradictions dangereuses .... La première condition d'une bonne intransigeance politique, c'est la répétition inlassable des thèmes principaux ..... Ne jamais reconnaître ses erreurs****, ceci est une règle évidente en la matière;* ***il ne faut jamais, en effet, se contredire; dissimuler et truquer les nouvelles favorables à l'adversaire****.*

Nous terminerons donc en disant que la meilleure façon de combattre, réside dans deux points fondamentaux :

1) *Intransigeance politique nécessaire, éviter avec obstination des concessions qui conduisent vers des erreurs parfois fatales.*
2) *La contrepropagande, c'est – à –dire une propagande combattant sans merci les thèses de l'adversaire.*

Il convient donc de retenir et de respecter scrupuleusement les règles en sept points que nous allons énoncer (étant entendu que ces sept points ne sont pas limitatifs)

1) *Répéter les thèmes de l'adversaire*

2) Attaquer les points faibles

3) Ne jamais attaquer de front la propagande adverse lorsqu'elle est puissante.

4) Attaquer et déconsidérer l'adversaire.

5) Mettre la propagande de l'adversaire en contradiction avec les faits

6) Ridiculiser l'adversaire soit en pastichant son style et son argumentation soit en répandant sur son compte des plaisanteries etc... (très goûtées par les masses)

7) Faire prédominer son climat de force. Dans une situation comme la nôtre, cela consiste à organiser des milices composées de jeunes des deux sexes. ***Ne pas hésiter à cet égard à copier les méthodes fascistes*** *: en créant des escouades,* ***sections****, compagnies, bataillons, régiments, divisions*

(cf : Allemagne)». [Fin de citation].

<u>Page 107</u> *il est dit encore [citation] : « Dans une vraie révolution dans une révolution appuyée par une idéologie, il n'y a pas de trêve négociée, il n' y a pas de compromis. Donc nécessaire est une victoire certaine ». [Fin de citation].*

En dehors de ces consignes données aux cadres de son parti politique, le président Ahidjo, chef de l'Etat qui est aussi président du Parti politique au pouvoir appelé l'UC (Union Camerounaise) déclare en conférence de presse le 11 novembre 1961 que :

« Il y a parti unique et parti unique, il y a parti unifié et parti unifié : il y a peut-être des africains qui ont tendance à adopter non seulement le système d'un parti unifié ou d'un parti unique mais aussi un parti monolithique et même un parti totalitaire. J'estime quant à moi qu'il serait dangereux ne serait ce que pour l'avenir d'adopter un tel système de parti totalitaire, système dans lequel, par la contrainte, on oblige tous les habitants d'un pays malgré leur volonté, à adhérer dans un parti.

Ceci dit, je dis tout de suite qu'il est souhaitable qu'au Cameroun, qu'il y ait un grand parti unifié, en tout cas, moi je le souhaite personnellement, un grand parti, un grand mouvement unifié qui se formerait après une entente entre les différents partis qui existent ». [Fin de citation]

Ces consignes et cette déclaration de Monsieur Ahidjo donnent ici une idée précise des intentions et des contradictions du pouvoir camerounais de 1962 et nous éclairent sur la suite de l'évolution politique au Cameroun jusqu'à ce jour en 2010.

Rappel : l'UC (Union camerounaise) regroupant les Elus du Nord-Cameroun de 1955 à l'assemblée territoriale va devenir le 1er septembre 1966 l'UNC (Union Nationale Camerounaise). Le 24 mars 1985 l'UNC devient le RDPC

(Rassemblement Démocratique du Peuple Camerounais) voir article 1er des statuts du RDPC. Il s'agit du même parti politique avec les mêmes méthodes, la même doctrine et la même vision du Cameroun et du monde.

Louis Tobie voit son père assister à tout cela : imperturbable, digne et fier. André Marie Mbida fait face à la frénésie qui accompagne tout acte de violence, à l'arrivée des militaires qui encerclent sa concession au petit matin, à l'invasion de sa demeure par des policiers, à la fouille des ses effets personnels. Son père est stoïque, avec un sourire sur le visage, calme et sans parole il observe et reste coi. On a l'impression que toute cette agitation ne le concerne pas. Quelques semaines avant, il est parti de Yaoundé à pied, jusqu'au village de Zoa-Toubsi. Accompagné de la petite Elisabeth Eliga, fille aînée de son frère cadet Mani Jacques, il va signaler à la famille au village de Zoa-Toubsi qu'il va certainement se faire incarcérer par le pouvoir à cause de ses activités politiques.

André Marie Mbida est âgé de 45 ans, il est fort, solide et en bonne santé. Il a parcouru à pied, à travers pistes et sentiers, en toute discrétion les 45 kilomètres qui séparent Yaoundé du village de ses frères à Zoa-Toubsi près d'Endinding par Obala. Tenant sa petite nièce par la main, comme un père sa fille, un chapeau à larges bords sur la tête, il passe inaperçu. Il y a des semaines qu'il est recherché. Il dort tous les deux jours dans un lieu différent, chez une personne différente. Son épouse Marguerite est allée frapper aux portes des ambassades pour que son mari ne soit pas arrêté et jeté en prison pour des motifs futiles. L'ambassade de France l'a certes reçue mais traitée avec désinvolture : « Madame Mbida vous avez voulu devenir indépendants vous l'êtes, les affaires camerounaises ne concernent plus que les seuls Camerounais désormais », lui explique-t-on. Les Américains lui répondent qu'ils ne connaissent pas encore assez bien le Cameroun pour se mêler des affaires intérieures camerounaises. L'ambassadeur du Libéria, pays où Mbida a passé quelques mois d'exil, habite juste en face de la résidence Mbida de « l'hippodrome ». Le Libérien lui suggère l'exil à Monrovia. Mbida et Turman, le président du Libéria, sont amis de longue date. Les Allemands lui proposent d'emblée l'exil en Allemagne. Mbida ne veut rien savoir, il ne supporte pas l'idée de vivre loin de son pays dans une nation dont il ne parle pas la langue. André Marie Mbida a pris sa décision : advienne que pourra, il va attendre qu'on vienne l'interpeller. Quelques mois avant, son salaire de député à l'assemble nationale du Cameroun a été suspendu. La première raison évoquée : il a demandé que le Cameroun soit administré par provinces. C'est le tollé général : « Mbida veut diviser le Cameroun » entend t- on de part et d'autre. La première cause évoquée pour le suspendre de son poste de député sera celle là : la création des provinces. En 1972 à la veille d'annoncer la création des 10 provinces, le Président Ahidjo enverra tard le soir M. Jean Akassou faire savoir à Mbida : « Mbida tu avais raison on s'était trompé, les provinces sont créées ». Mbida demandait à cette époque, en 1961 / 1962 une plus large autonomie dans le choix des représentants locaux, dans les choix économiques, dans le système de couverture sociale. Il préconisait que l'expression culturelle de chaque province soit une priorité. Un député de l'UPC régulièrement élu : Monsieur Owono Mimboe, un boulou d'Ebolowa, s'est vu refuser l'entrée à l'assemblée nationale du Cameroun de 1960. Courageusement, comme en 1955 devant le gouverneur Roland PRE et le ministre de la France d'outre-mer qui interdisent l'UPC, Mbida décide de défendre les droits de l'UPC à accéder à l'Assemblée législative Camerounaise de 1960.

Il est suspendu lui aussi de son poste de député. Il lui est interdit d'accéder à l'assemblée nationale sise à l'époque en face de l'actuel ministère des finances. Les gendarmes en faction ont ordre de tirer sur Mbida s'il s'approche seulement de l'assemblée nationale. Ses émoluments de député ne lui sont plus versés. Il s'est vu contraint de mettre en location sa belle demeure de l'hippodrome pour aller vivre très modestement à Nkol-Bikok sur l'ancienne route de Douala, dans sa belle-famille les Mvog-Betsi. Durant la même période, le Canada noue des relations diplomatiques avec le Cameroun et décide d'ouvrir une ambassade à Yaoundé. La maison de Mbida de l'hippodrome plaît aux Canadiens. Elle se situe à proximité des bureaux de l'ambassade du Canada se trouvant en face de la maison de la radio. Ils souhaitent louer la villa de Mbida pour y loger leur ambassadeur. Le chargé d'affaires, Monsieur Bellanger, veut finaliser le bail. Les canadiens sont pointus et corrects : ils font enregistrer le bail auprès des services compétents aux finances, le ministre des finances en informe le premier ministre. Le chargé d'affaires est appelé au ministère des affaires étrangères. Le ministre lui fait savoir que sur instruction du Premier Ministre Charles Assale, le gouvernement camerounais n'apprécierait pas qu'un bail soit signé entre le Canada et M. André Marie Mbida. A la suite de cette entrevue, le chargé d'Affaires est en colère : « Le Canada est un pays libre, vous n'allez pas nous imposer avec qui nous signons nos baux » fulmine-t-il. On est au bord de l'incident diplomatique. Le Canada persiste sur le choix de la villa de Mbida pour y loger son ambassadeur. Le bail est signé. Désormais Mbida est serein. Il fait enregistrer chez Maître Mboudou Ahanda une « procuration spéciale » sur ses biens au profit de son épouse Marguerite et peut partir le cœur léger affronter son destin. Cette maison située en face de l'actuel ministère des relations extérieures a aidé, nourri et protégé la famille Mbida pendant toutes les années de braise. Elle a été la bourse d'études de Thérèse, Louis Tobie, Alphonse, Paul, Simon et Bernadette .Cette maison est un symbole, elle est emblématique.

Ce 29 juin 1962 à Nkol-Bikok où habitent André Marie Mbida et sa famille, une voiture de marque « Chambord » portant le sigle CA (Corps Administratif) sur sa plaque d'immatriculation a été garée dans la cour. Les fouilles réalisées dans la maison Mbida par les hommes du commissaire Paul Pondi enfin achevées , il est demandé à André Marie Mbida de prendre place dans la belle « Chambord » noire que le gouvernement a fait avancer devant le perron pour se laisser conduire au palais de justice de Yaoundé où l'attend le juge qui va lui signifier son incarcération. Il décline cette offre et décide de marcher de Nkol-Bikok au Palais de justice de Yaoundé. André Marie Mbida veut traverser à pied la ville de Yaoundé qui l'a acclamé quand il levait le 10 Mai 1957, en face de l'actuelle

Cathédrale de Yaoundé, le tout premier drapeau camerounais. Il en a choisi les trois couleurs : le vert, couleur des forêts camerounaises, le rouge qui rappelle le sang versé par les camerounais des décennies durant au contact de la colonisation et le jaune qui évoque l'or de la richesse des sols, du sous sol camerounais ainsi que la vigueur du peuple camerounais travailleur, dynamique et résolu . André marie Mbida a choisi aussi la devise : Paix, Travail, Patrie. Il espère intimement qu'il y aura un mouvement non violent de foules car c'était la crainte secrète du Président Ahidjo. Il n'est pas sans intérêt de rappeler que le Président Ahidjo a longtemps hésité à faire emprisonner André Marie Mbida. Il a été le vice-premier ministre de Mbida. Lorsque les élus du Nord se retrouvent à l'Assemblé Représentative du Cameroun (ARCAM) d'abord et Territoriale (ATCAM) ensuite, ils sont les plus nombreux mais ne réussissent pas à faire passer leurs messages et encore moins à faire valoir leurs intérêts. Le groupe est en terme quantitatif le plus important mais ce sont les Démocrates de Mbida au nombre restreint qui se font entendre.

En resituant les circonstances dans leur contexte il est important de savoir que le décret du 25 octobre 1946 a créé l'ARCAM (Assemblée Représentative du Cameroun). L'ARCAM sera constituée de 50 membres répartis en deux groupes de 18 et 32 membres élus par deux Collèges distincts : un premier collège constitué de français de souche et un second collège constitué d'indigènes, d'autochtones, camerounais de souche. En 1952, l'ARCAM devient l'ATCAM (Assemblée Territoriale du Cameroun) dotée de 50 membres élus par un Corps électoral élargi. L'ALCAM qui est l'Assemblée Législative du Cameroun est élue au suffrage universel par un Collège Unique. Elle est créée le 23 décembre 1956 après l'adoption de la loi cadre.

Cette Assemblée a tenu sa toute première session le 10 mai 1956. A cette date, André Marie Mbida est investi comme premier Ministre, chef du Gouvernement et tout premier chef d'Etat Camerounais. L'hymne, le drapeau et la devise du Cameroun ont été adoptés le 10 Mai 1957. Les Elus du Nord de ces assemblées des années 1946 à 1956 comptent dans leurs rangs plusieurs grands dignitaires traditionnels désignés par les Lamido quand ils ne sont pas Lamido eux-mêmes. Dans le groupe peu savent, à cette époque, lire et écrire avec aisance. Le jeune député Ahidjo, soulignons-le, est un lettré du Nord qui connaît depuis 1946 les arcanes et les dédales des Assemblées françaises. Il est depuis quelques années déjà sénateur. Il a été poussé en politique à 22 ans par M. Rocaglia.

Pierre Rocaglia son mentor est né le 9 mai 1906 à Epinal dans les Vosges (France). Cet industriel, ingénieur des arts et Métiers sera élu comme Conseiller à l´ATCAM pour le Diamaré, le Logone et Chari, le Margui-Wandala, et la Bénoué. Il sera le mentor politique d'Amadou Ahidjo. Mbida et Ahidjo se connaissent, ils prennent régulièrement les mêmes avions pour se rendre à Paris assister aux rencontres parlementaires pour l'un et sénatoriales pour l'autre. Ils dînent souvent ensemble à Paris, sur les bords de la Seine en compagnie de Paul Soppo

Priso et de Charles Okala, fin gourmet qui connaît les meilleures tables de Paris. Ils ont de l'estime et du respect l'un pour l'autre. Il s'est noué entre eux une amitié et de l'estime. Derrière la maison de l'hippodrome où habite André Marie Mbida entre 1953 et 1956, les frères de Mbida : Mani Jacques, Melanga Martin et Mvogo Obama Théodore jouent régulièrement au « Songho » avec Moussa Yaya Sarkifada, le fidèle des fidèles qui suit Ahidjo dans tous ses déplacements. Pendant qu'Ahidjo et Mbida tissent leurs stratégies politiques Moussa Yaya Sarkifada attend patiemment en jouant au « Songho » et en mâchant du « Goro » en compagnie des frères de Mbida.

M. Amadou Ahidjo jeune élu du Nord.

En 1954 Ahidjo pose le problème du groupe des « Elus du Nord » à Mbida qui est influent au sein de l'assemblée et lui demande de plaider en sa faveur auprès de ces mêmes « Elus du Nord » afin qu'ils le choisissent, lui Amadou Ahidjo, comme secrétaire du groupe des « Elus du Nord ». Entre deux voyages à Paris, Mbida invite les « Elus du Nord » dans une salle au siège de la région à Djoungolo. Tous répondent présents. Mbida leur explique que s'ils veulent être efficaces dans leur travail à l'Assemblée , ils ont intérêt à choisir une personne au sein de leur groupe, capable de prendre des notes , de faire des rapports de synthèse, de rédiger des propositions à l'attention de toute l'Assemblée et de formuler des questions écrites. Il leur propose Ahidjo qu'il connaît bien et qui est à l'aise dans ce type de taches pour avoir fréquenté déjà les assemblées européennes. Il plaide pour qu' Ahidjo devienne secrétaire de leur groupe. Tous sont d'accord sauf : M. Yaya Daîrou qui est farouchement opposé à l'idée d'avoir M. Ahidjo comme secrétaire du groupe des « Elus du Nord ». Ahidjo va rencontrer aussi une vive opposition déterminée et soutenue auprès de Monsieur Mahondé, père de Mme Halimatou Haman Adama, ancien ministre, née Mahondé et de Monsieur Haman Adama qui se battra sans relâche contre Ahidjo.

De fil en aiguille M. Ahidjo devient secrétaire du groupe et peu après, tête de file des « Elus du Nord ». Quand André Marie Mbida est pressenti pour le poste de premier ministre il sollicite et obtient les voix de M. Ahidjo et des Elus du Nord pour se faire investir. Les deux se connaissent donc bien. M. Ahidjo hésite par amitié ancienne d'abord et pour éviter de se battre sur plusieurs fronts ensuite. En Sanaga-maritime c'est le maquis, dans l'ouest du Cameroun c'est la guerre ouverte. Il ne souhaite pas ouvrir un autre front dans le Nyong et Sanaga. Il temporise pour des raisons de stratégies politiques d'autant plus dans le Nord du Cameroun il ne maîtrise pas toute la situation politique car les Arabes Choa sont restés très fidèles à André Marie Mbida malgré sa démission en 1958.

Ce sont les nouveaux amis d'Ahidjo dans le Nyong et Sanaga qui le pousseront à franchir le pas. « Nous sommes du Nyong-et-Sanaga comme Mbida : prends-le et fais en ce que tu veux. Il ne se passera rien ». Ils ont eu raison. Il ne se passe rien le 29 juin 1962 à Yaoundé sauf : l'enterrement officiel de la démocratie au Cameroun qui perdure ce jour encore. Concrètement, ce qui va se passer c'est que :

- les femmes verseront des larmes en voyant passer Mbida, à pied, entouré de policiers et de « gendarmes » en armes.
- Les hommes présents sur le trajet tourneront le dos en faisant semblant de ne pas voir passer ce funeste cortège.
- Il n'y aura aucun mouvement de foule.
- Mais un Homme, seul, face à son destin : André Marie Mbida, Premier chef d'Etat Camerounais.

Le procès de ces hommes arrêtés le 29 juin 1962 va se dérouler dans des circonstances particulières. Le magistrat français saisi de ce dossier par l'Etat Camerounais n'acceptera pas de juger Mbida, Okala, Bebey Eyidi et Mayi Matip. Le Docteur Nguini Marcel un des premiers juristes camerounais subira une affectation disciplinaire dans la région à feu et à sang de l'Ouest du Cameroun en guerre, pour avoir refusé de participer au simulacre de procès organisé contre ces hommes et marquant la fin de la démocratie au Cameroun de 1962. Le magistrat français et Monsieur Marcel Nguini déclarent que le dossier contre Mbida et ses co-accusés est vide. Monsieur Michel Noutchoungoué greffier au tribunal de grande instance de Yaoundé va prendre en charge ce procès. Il est nommé magistrat à titre exceptionnel et va juger Mbida, Okala, Bebey Eyidi et Mayi Matip. Il les condamne à deux ans et demi de prison ferme. Ils font appel, la peine est majorée à trois ans de prison ferme et à deux cent cinquante mille FCFA d'amende chacun pour « atteinte à la sécurité intérieure de l'Etat du Cameroun ».

En octobre 1962 en compagnie de sa mère Louis Tobie rend visite à son père incarcéré à l'ancienne prison de Yaoundé sise à la « Vallée de la Mort ». A Yaoundé cette prison est connue sous le pseudonyme de « Nkol-Assi ». Ils vont attendre en vain que le prisonnier Mbida apparaisse. Au bout de plusieurs heures d'attente un « Gendarme », on les appelle « les goumiers » tend discrètement, d'un geste furtif, un bout de carton arraché d'une pile « Wonder » sur lequel Mme Mbida reconnait l'écriture de son époux. Il a marqué ces simples mots : « Marguerite je ne suis plus là ». A compter de cette date vont suivre des jours de pleurs et de lamentations à Nkol-Bikok sur l'ancienne route de Douala où la famille Mbida a trouvé refuge auprès des oncles maternels de Mme Mbida, les Mvog-Betsi de Yaoundé, chez M. Simon Omgba Bissogo. Monseigneur Jean Zoa fraîchement sacré archevêque de Yaoundé sera l'un des réconforts de la famille dans cette tourmente car certains affirment que Mbida, Okala, Mayi Matip et Bebey Eyidi ont tout simplement été jetés du haut d'un hélicoptère dans l'océan Atlantique au large de Douala. Madame Mbida, tous les amis, parents, militants du PDC et proches sont en pleurs car ils auraient souhaité, ne serait – ce que recevoir les corps pour les enterrer décemment. Monseigneur Zoa va se rendre auprès du Président Ahidjo et c'est ainsi que l'information parviendra à la famille par le truchement de M. Mohaman Lamine, ministre de l'intérieur, que André Marie Mbida a été déporté à la prison de Banyo au Nord du Cameroun.

André Marie Mbida en tournée

André Marie Mbida en tournée

André Marie Mbida au cours d'une cérémonie officielle à Ebolowa

Début 1962 : l'heure est à la joie, la tempête est à venir mais la famille Mbida ne se l'imagine pas encore. De droite à gauche Mme Mbida Marguerite, Louis Tobie Mbida, Alphonse Massi Mbida, André Marie Mbida, Thérèse Marie Ngono Mbida. Quelques mois après cette photo prise à Efok (Nkol-Eduma) chez M. Asiguena Fabien beau père d'André Marie Mbida M. Mbida sera incarcéré.

Mai 2003, 41 ans plus tard à Bonn en Allemagne Fédérale : De droite à gauche Thérèse Marie épouse Nkou, Alphonse Massi Mbida, Louis Tobie Mbida et Tara Massi Mbida. Des adultes heureux, bien dans leurs peaux et sans histoires montrent le chemin à la génération suivante.

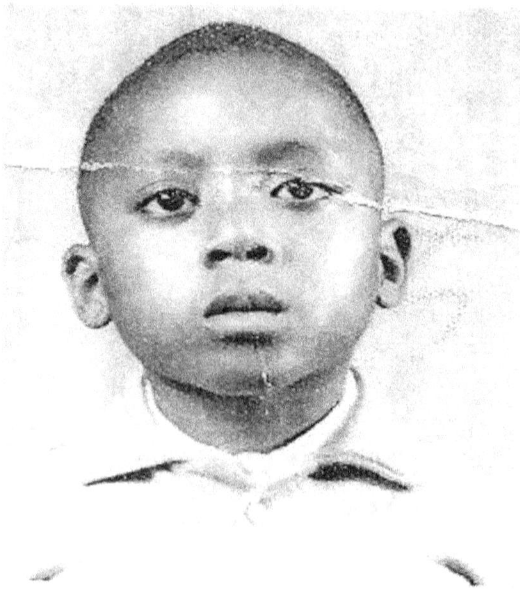

Louis Tobie Mbida à 6 ans lors de l'arrestation de son Père le 29 juin 1962. Il ne verse pas de larmes mais le moins que l'on puisse dire c'est qu'il n'est pas satisfait.

Les rebelles, fils et filles de rebelle

En 1963, Louis Tobie Mbida est âgé de 7 ans, il tient son premier discours politique devant Monseigneur Yves Plumey, évêque français de Ngaoundéré auquel sa mère et lui rendent visite à l'hôpital Central de Yaoundé où est hospitalisé ce dernier. Sa mère lui a fait apprendre par cœur des phrases qu'il prononcera devant l'évêque. Il s'agit d'obtenir que l'évêque intercède auprès des autorités camerounaises pour demander le transfert du prisonnier André Marie Mbida de Banyo où le sous préfet français Siret lui mène une existence d'enfer, vers une prison où il bénéficiera de conditions plus conformes aux droits de l'homme et du citoyen. Mbida est emprisonné dans une minuscule cellule où il ne voit pas la lumière du jour. Il n'a le droit de sortir de sa cellule qu'une fois par mois : ordre du sous-préfet Siret. M. le sous-préfet Siret l'a décidé ainsi et André Marie Mbida va intégralement le subir.

Au bout de quelques mois de prison dans des conditions d'incarcération abominables, avilissantes et inhumaines André Marie Mbida a la vue qui baisse. Les courriers qu'il adresse à son épouse sont source d'angoisse et de frayeur pour Marguerite. Quand elle reçoit le courrier de son mari elle constate qu'il n'observe plus l'alignement horizontal dans ses lettres. Il écrit en diagonale sur la feuille. Elle s'en alarme jusqu'au moment où elle se rendra à l'évidence. La vue de Mbida a drastiquement baissé, il est pratiquement aveugle. Un glaucome s'est déclaré, la rétine a commencé son décollement mais il ne le sait pas encore, il souffre d'hypertension artérielle sévère non traitée mais il ne le sait pas encore, il développe des problèmes respiratoires dus à l'humidité et à l'air vicié dans lequel il baigne en permanence, une bronchite chronique s'installe mais il ne le sait pas encore, son transit intestinal est perturbé car il est porteur d'un dolichocôlon mais il ne le sait pas encore. Après le passage de Louis Tobie et de sa mère à son chevet à l'hôpital Central de Yaoundé, Monseigneur Plumey obtiendra de l'administration que Mbida rencontre un médecin. Il sera examiné et traité par le Dr Jacques Bouzou. Il est transféré de Banyo à Ngaoundéré.

Un cousin de Madame Mbida, M. Noah Anaba Vincent, ancien cuisinier de différents Haut-commissaires de la République française au Cameroun, quitte son travail comme maître d'Hôtel à l'hôtel des députés à Yaoundé et accepte de rejoindre Mbida en prison où il servira de cuisinier à l'ancien tout Premier Chef de Gouvernement Camerounais jusqu'à la fin de sa peine de prison le 29 juin 1965. Sans l'abnégation, la loyauté et la fidélité de cet homme, André Marie Mbida serait certainement mort en prison, à des centaines de kilomètres, loin de son Sud Cameroun natal et de sa famille.

Louis Tobie Mbida à 7 ans

En 1963, sa sœur Thérèse est âgée de 9 ans, lorsqu'elle casse d'un coup d'épaule une porte dans une maison bourgeoise en face de la boulangerie « Calafatas » à Yaoundé. Les circonstances qui ont conduit Thérèse à se comporter ainsi sont simples. Ils sont invités comme chaque année, à chaque fête d'anniversaire chez les Mebenga, un couple mixte, le père est camerounais et la mère espagnole. Les deux familles se connaissent et se fréquentent depuis la France .Les enfants Mbida et Mebenga sont inscrits dans la même école à Yaoundé chez les religieuses françaises de la congrégation « du Saint Esprit », actuel collège de la Retraite. Les enfants Mebengua ne suivent pas l'actualité politique camerounaise, aucun enfant normal n'est supposé le faire d'ailleurs. Ils ne savent pas que les Mbida sont devenus infréquentables. Comme d'habitude ils invitent Thérèse et Louis Tobie à une fête d'anniversaire. Thérèse et Louis Tobie arrivent parmi les premiers à la fête. A leur arrivée, les enfants sont tous installés dans une antichambre. Mme Mebenga peu avant que le repas ne débute sépare le groupe en deux. Elle fait entrer à tour de rôle les enfants dans la salle à manger, il n'en reste plus que deux dans l'antichambre, comme par hasard : il s'agit de Louis Tobie et Thérèse. Mme Mebenga a tranquillement refermé la porte derrière elle. Thérèse et son frère attendent 10 minutes, un quart d'heure, trente minutes, en vain. C'est alors que Louis Tobie voit bondir sa grande sœur, pourtant très calme d'habitude, elle se jette de tout son poids contre la porte de la salle à manger. La porte cède.

Elle se précipite dans la pièce, passe une main nerveuse et fébrile, sur la table et jette tout par terre. D'un geste rageur elle prend son petit frère Louis Tobie par le bras, sort de la maison, claque la porte et quitte la concession des Mebenga, sans un mot. Ils vont attendre au bord de la route en face de la montée « Calafatas » qu'on vienne les chercher. La mère Mebenga, peut-être prise de remords, demande à son chauffeur de les ramener en voiture mais Thérèse dit non. Ils vont attendre au bord de la route l'heure convenue avec leur mère pour qu'on vienne les chercher. Thérèse a vécu peu de temps avant une autre scène qui va la traumatiser. On est toujours en 1963, à la sortie de la Grand Messe du Dimanche, elle aperçoit M.Kotouo et court vers lui en criant de joie « tonton Kotouo, tonton Kotouo ». Sans un mot, le visage fermé, la mine figée, M. Pierre Kotouo détache avec rage les bras d'enfants qui lui enserrent les genoux et tourne le dos à Mme Mbida et à ses enfants éberlués. M. Pierre Kotouo a fait partie des premiers membres du gouvernement camerounais du 10 mai 1957 dirigé par Mbida, il a bercé la petite Thérèse dans ses bras du temps où il était sénateur à Paris, il l'a fait sauter sur ses genoux à Yaoundé. Mais en 1963 Mbida est prisonnier politique, il est devenu « persona non grata ». Ses amis de la veille tournent le dos même à ses enfants encore en bas âge au lendemain de son arrestation. A l'école où ils sont scolarisés avec les enfants Ngaba Ndzana Médard, le beau-père de M. Urbain Olanguena Awono, l'un des fils Ngaba Ndzana porte le nom André Marie Mbida. Un jour il ne leur répond plus sur la cour de récréation quand ils l'appellent Mbida.

Son père M. Ngaba Ndzana Médard lui a fait changer de nom auprès des services de l'Etat civil. Il ne s'appelle plus Mbida André Marie, nom que lui avait donné son père à sa naissance du temps où il était député démocrate et ami politique de Mbida. Il porte désormais un autre nom : Lema André Marie. Entre temps Monsieur Ngaba Ndzana Médard a démissionné du PDC (Parti des démocrates Camerounais) il a pris la carte de l'UC (Union Camerounaise) le parti au pouvoir et est devenu Ministre dans le Gouvernement du Président Ahidjo.

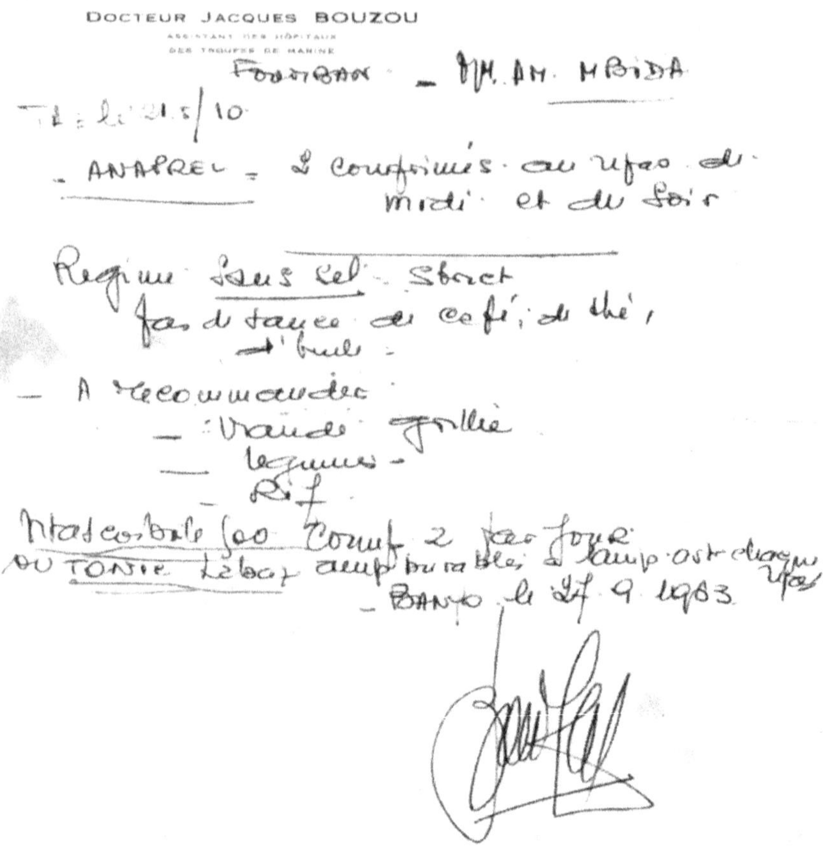

DOCTEUR JACQUES BOUZOU
ASSISTANT DES HÔPITAUX
DES TROUPES DE MARINE

L'ordonnance du Dr Jacques Bouzou quand la santé d'André Marie Mbida commence à décliner. La Tension artérielle mesurée le 27/09/1963 est de 21/5/10.

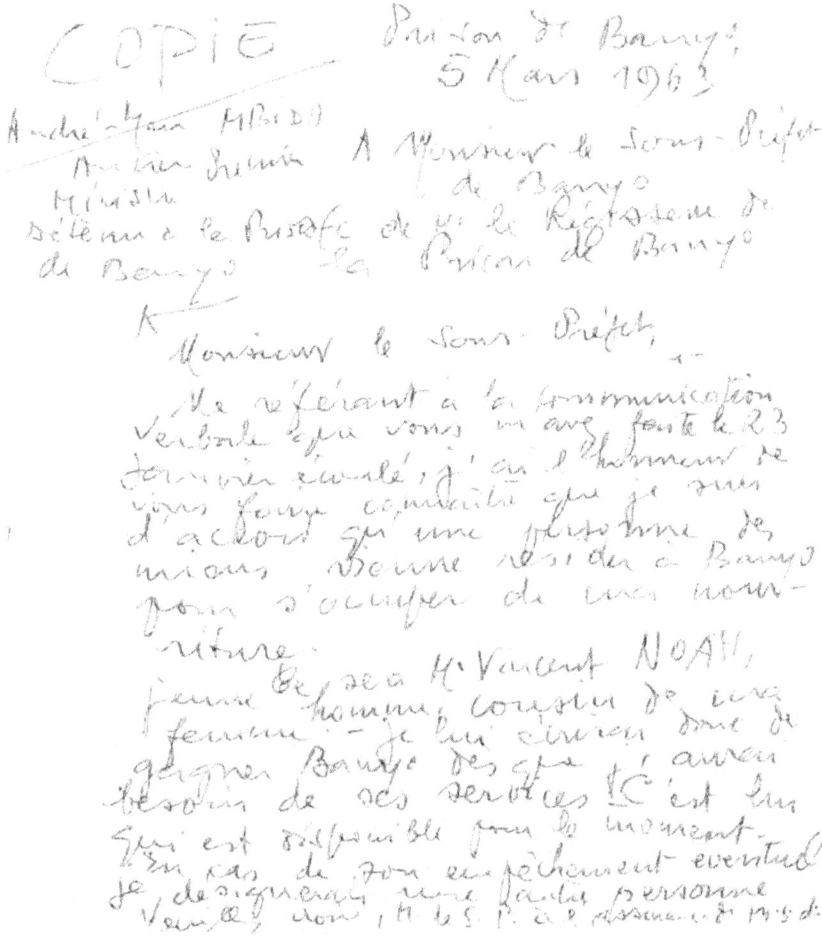
COPIE

Prison de Banyo,
5 Mars 1963

André-Marie MBIDA
Ancien Premier
Ministre
détenu à la Prison de Banyo

A Monsieur le Sous-Préfet
de Banyo
s/c de M. le Régisseur de
la Prison de Banyo

Monsieur le Sous-Préfet,

Me référant à la communication verbale que vous m'avez faite le 23 janvier écoulé, j'ai l'honneur de vous faire connaître que je suis d'accord qu'une personne des miens réside à Banyo pour s'occuper de ma nourriture.

Ce sera M. Vincent NOAH, jeune homme, cousin de ma femme. Je lui écrirai donc de gagner Banyo dès que j'aurai besoin de ses services. C'est lui qui est disponible pour le moment.

En cas de son empêchement éventuel je désignerai une autre personne.

Veuillez, vous, M. le S. P. [illegible]

La lettre de M. Mbida au sous-préfet annonçant l'arrivée de M. Noah Vincent. Sans le dévouement et l'abnégation de Monsieur Noah Vincent qui acceptera volontairement de passer avec son beau-frère le reste de sa peine de prison à Banyo et ensuite à Ngaoundéré, André Marie Mbida serait certainement mort en prison.

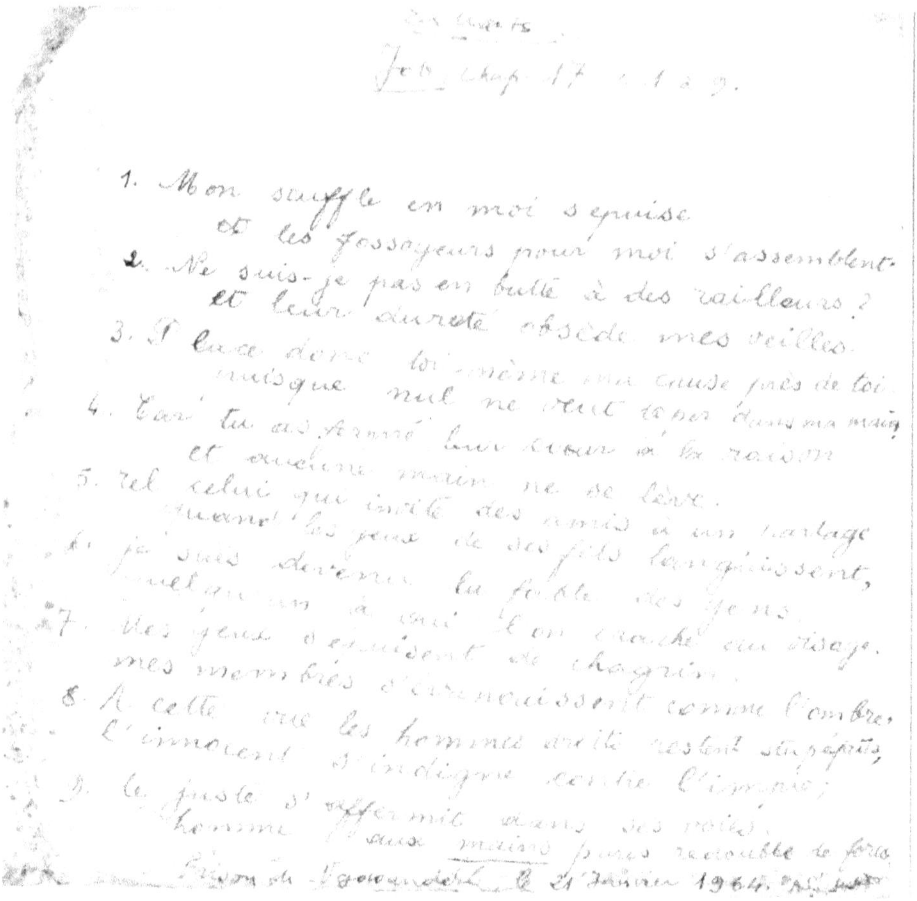
Les versets
Job chap 17 v 1 à 9.
1. Mon souffle en moi s'épuise
et les fossoyeurs pour moi s'assemblent.
2. Ne suis-je pas en butte à des railleurs ?
et leur dureté obsède mes veilles.
3. Place donc toi-même ma cause près de toi
puisque nul ne veut toper dans ma main;
4. Car tu as fermé leur cœur à la raison
et aucune main ne se lève.
5. Tel celui qui invite des amis à un partage
quand les yeux de ses fils languissent,
6. Je suis devenu la fable des gens,
quelqu'un à qui l'on crache au visage.
7. Mes yeux s'éteignent de chagrin,
mes membres s'évanouissent comme l'ombre.
8. A cette vue les hommes droits restent stupéfaits,
l'innocent s'indigne contre l'impie;
9. Le juste s'affermit dans ses voies
l'homme aux mains pures redouble de force.
Prison de Yaoundé le 21 Janvier 1964.

Extraits de livre de Job chap 19, versets 1 à 9 : André Marie Mbida recopiera de sa main ces versets qui seront son viatique en prison.

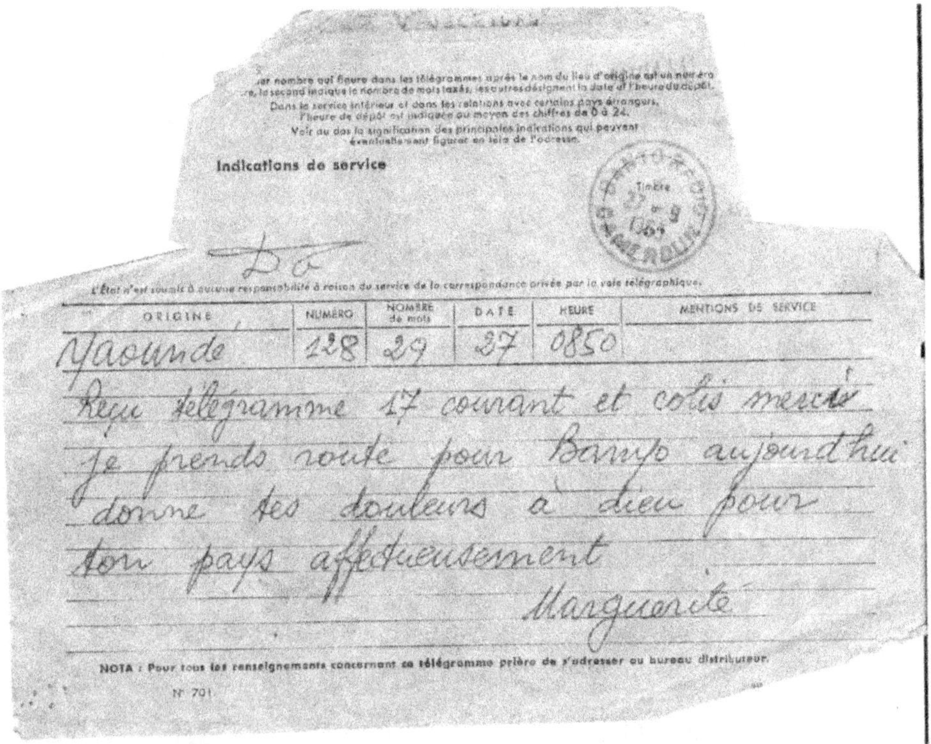

...er nombre qui figure dans les télégrammes après le nom du lieu d'origine est un numéro ..., le second indique le nombre de mots taxés, les autres désignent la date et l'heure de dépôt.
Dans le service intérieur et dans les relations avec certains pays étrangers, l'heure de dépôt est indiquée au moyen des chiffres de 0 à 24.
Voir au dos la signification des principales indications qui peuvent éventuellement figurer en tête de l'adresse.

Indications de service

Timbre 27-9 1964 ... CAMEROUN

DO

L'État n'est soumis à aucune responsabilité à raison du service de la correspondance privée par la voie télégraphique.

ORIGINE	NUMÉRO	NOMBRE de mots	DATE	HEURE	MENTIONS DE SERVICE
Yaoundé	128	29	27	0850	

Reçu télégramme 17 courant et colis merci
je prends route pour Banyo aujourd'hui
donne tes douleurs à dieu pour
ton pays affectueusement
Marguerite

NOTA : Pour tous les renseignements concernant ce télégramme prière de s'adresser au bureau distributeur.

N° 701

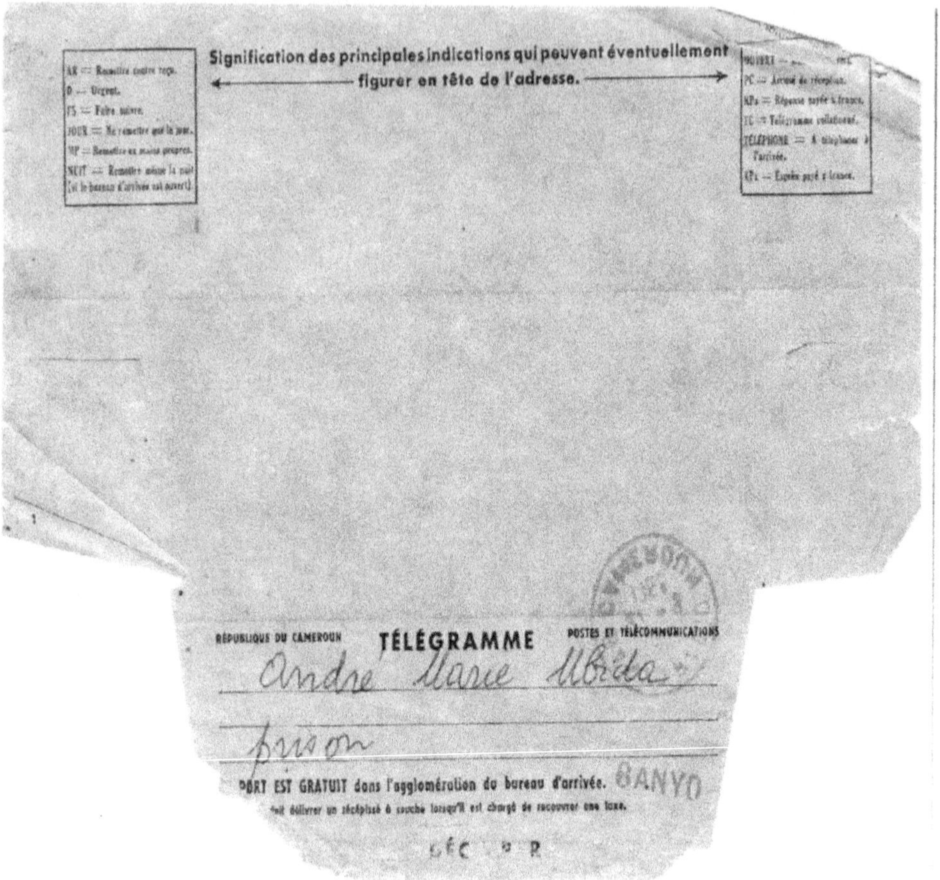
Signification des principales indications qui peuvent éventuellement
figurer en tête de l'adresse.

AR = Remettre contre reçu.
D = Urgent.
FS = Faire suivre.
JOUR = Ne remettre que le jour.
MP = Remettre en mains propres.
NUIT = Remettre même la nuit (si le bureau d'arrivée est ouvert).

PC = Accusé de réception.
RPx = Réponse payée x francs.
TC = Télégramme collationné.
TÉLÉPHONE = A téléphoner à l'arrivée.
XPx = Exprès payé x francs.

RÉPUBLIQUE DU CAMEROUN TÉLÉGRAMME POSTES ET TÉLÉCOMMUNICATIONS

André Marie Mbida

prison

PORT EST GRATUIT dans l'agglomération du bureau d'arrivée.
doit délivrer un récépissé à souche lorsqu'il est chargé de recouvrer une taxe.

BANYO

Le premier nombre qui figure dans les télégrammes après le nom du lieu d'origine est un numéro d'ordre, le second indique le nombre de mots taxés, les autres désignent la date et l'heure du dépôt.

Dans le service intérieur et dans les relations avec certains pays étrangers, l'heure de dépôt est indiquée au moyen des chiffres de 0 à 24.

Voir au dos la signification des principales indications qui peuvent éventuellement figurer en tête de l'adresse.

Indications de service

Timbre

L'État n'est soumis à aucune responsabilité à raison du service de la correspondance privée par la voie télégraphique.

ORIGINE	NUMÉRO	NOMBRE de mots	DATE	HEURE	MENTIONS DE SERVICE
Yaoundé	19	39	3	1720	

Vu télégramme affaire jugée 3 ans ferme interjette cassation plaidoirie gouzon excellent refuse visa maître stype garderai toujours sang froid commande montre passée suisse dieu te protège affectueusement attendre colis poste courage marguerite –

NOTA : Pour tous les renseignements concernant ce télégramme prière de s'adresser au bureau distributeur.

N° 701.

Signification des principales indications qui peuvent éventuellement figurer en tête de l'adresse.

RÉPUBLIQUE DU CAMEROUN — **TÉLÉGRAMME** — POSTES ET TÉLÉCOMMUNICATIONS

RP 360 francs ANDRE
MARIE MBIDA Prison

LE PORT EST GRATUIT dans l'agglomération du bureau d'arrivée. BANYO
Le facteur doit délivrer un récépissé à souche lorsqu'il est chargé de recouvrer une taxe.

Le premier nombre qui figure dans les télégrammes après le nom du lieu d'origine est un numéro d'ordre, le second indique le nombre de mots taxés, les autres désignent la date et l'heure du dépôt.
Dans le service intérieur et dans les relations avec certains pays étrangers, l'heure de dépôt est indiquée au moyen des chiffres de 0 à 24.
Voir au dos la signification des principales indications qui peuvent éventuellement figurer en tête de l'adresse.

Indications de service

L'État n'est soumis à aucune responsabilité à raison du service de la correspondance privée par la voie télégraphique.

ORIGINE	NUMÉRO	NOMBRE de mots	DATE	HEURE	MENTIONS DE SERVICE
Yaoundé	109	38	24	11.40	–

Merci pour télégramme lettre donner nom vincent moi louis tobie fera première communion après paque delphine partie Nkol pour enfants sois tranquille pas beaucoup regret attendre colis expédié 21/2 courage affectueusement –

Marguerite

NOTA : Pour tous les renseignements concernant ce télégramme prière de s'adresser au bureau distributeur.

N° 701.

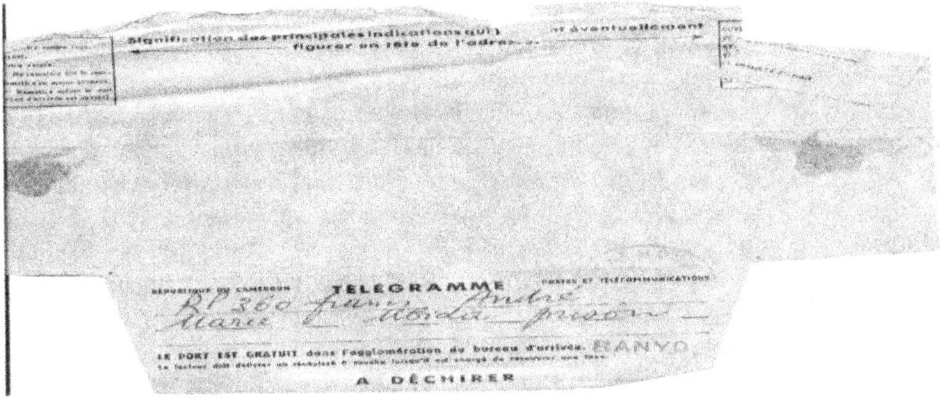

Les échanges de télégrammes entre André-Marie Mbida et son épouse Marguerite.

Les élections législatives d'avril 1964

En avril 1964 M.me Mbida âgée de 36 ans, mère de quatre enfants: Thérèse 10 ans, Louis Tobie 8 ans, Alphonse 5 ans, Paul 2 ans et épouse du prisonnier politique Mbida condamné à trois ans de prison ferme, va se présenter comme tête de liste du PDC aux élections législatives d'avril 1964. Au Cameroun dit oriental, le PDC sera le seul parti politique à avoir osé se présenter à ces élections législatives de triste mémoire. Les leaders d'opinion camerounais de cette époque sont tous soit en exil soit en prison.

« *Conformément aux dispositions transitoires de la loi constitutionnelle du 1er septembre 1961, les premières élections législatives fédérales sont organisées le 26 avril 1964 sur l'ensemble du territoire national. L'alliance UC-KNDP présente des listes uniques dans toutes les six circonscriptions électorales au Cameroun (Nord - Centre Sud - Ouest - Est - Littoral - Cameroun occidental), à l'exception du Nyong-et-Sanaga où elle fait face au PDC.* »

A ses côtés et sur la même liste, Madame Mbida Marguerite a réuni Messieurs Tsala Mekongo Germain, Amougou Nguele Paul, Akono Claude, Tchoungui Elias, Manga Bile Blaise, Nogo Eugène, Ayissi Ntsama Jean, Ze Zo'o Salomon, Max Abe, Bounoungou Antoine, Nana Tobie. Les résultats de ces élections selon des sources dignes de foi donnent une victoire massive au PDC dans ce qui s'appelle alors le Nyong et Sanaga. Cette victoire électorale leur sera confisquée au nom de l'unité nationale et du parti unique en gestation. Dans tout le Nyong et Sanaga : de

Bertoua à Abong Mbang avec des hommes comme Moud Benjamin, à Atok, à Mbalmayo fief politique de M. Amougou Nguele Paul, à Ebolowa chez M. Ntsam Zo'o de Nko'o - ovos, à Yaoundé chez M. Jean Ayissi Ntsama qui transformera Mvog-Mbi à Yaoundé en quartier « Katanga », en passant par Obala, Sa'a, Efok, Nkengue, Mebomo, Nlong-Boon, chez le chef Mvilongo Nomo Onguene, Okola, Evodoula, Okok, Esse, Nkol-Avolo les électeurs du PDC vont refuser que leur soit volée cette victoire électorale. Le gouvernement camerounais de 1964 fera descendre la gendarmerie dans les villages. A Essong, Etong Bidjoé, Endama, Endinding, Zoatoubsi, Efok, Elig Mfomo, Batchenga, Sa'a, Talla, Itaka, Nkengue, Mebomo, Evodoula, Obala, Okola, Lebamzip, Bikogo, Ngog Sa'a, Nlong Bon, Nkol-feb, Nkometou, Ezezang, Ayos, Doumé, Atok,Yokadouma, Etetak, Nkol Bisson, Nkol-Nkoumou, Lebot, Afan-Oyo, Nkol-Avolo, Mfou, Nkoa-Abang, Nkol-Messeng, Yemessoa, Nkom-Effoufoum, Mbankolo, Oliga, Ozom, Lobo, Mbalmayo, Ngomedzap, Dzeng, Minkoa-Meyoson, Mfom-Akap, Nkometou, Olembe, Ekombitié, Meven-me Mfou, Mvog-Manga, Mfou, Obobogo, Mvog-Manze on ne saurait les citer tous.

Des armes sont arrachées aux gendarmes par des populations aux mains nues. Le jeune Louis Tobie assiste effaré à l'arrivée de ces armes à Nkol Bikok. Derrière la maison principale a été construite une grande cuisine au toit à deux pentes. A l'intérieur de la cuisine le sol est retourné, des fosses sont creusées, profondes. Il voit des hommes, militants du PDC, y enterrer les armes prises aux « gendarmes ». L'atmosphère est au secret, lourd et pesant, personne ne doit le savoir. A l'école Louis Tobie ne doit surtout rien dire aux petits camarades. Ces armes enterrées de cette manière, en toute hâte, se transformeront en poussière. Louis Tobie le sait car des années plus tard quand il a fallu reprendre la chape de la cuisine de Nkol - Bikok, on a vérifié : il ne restait plus que des bouts de métaux rouillés. Les IFA (Inspecteurs Fédéraux d'Administration), Monsieur Guillaume Nseke en particulier, des préfets tels que M. Sabbal Lecco, des sous préfets tels que M. Atangana Melingui organiseront des razzias dans les villages. Pas une famille de l'ancien Nyong et Sanaga ne sera épargnée. Tous ont eu leur prisonnier politique dans les « centres de rééducation civique » de Mantoum, Tcholliré et Mokolo au nom du PDC. C'était le nom pudique que donnait l'administration camerounaise à ces ignobles « camps de concentration » : « centres de rééducation civique » de Mantoum, Tcholliré et Mokolo.

La désolation et l'absence de réactivité politique observées ce jour encore en 2010 dans les provinces du Centre, du Sud et de l'Est du Cameroun prennent leurs racines dans cette époque sinistre. Les hommes et les femmes de ces villages sont aujourd'hui encore traumatisés par ce qu'ils ont vécus en 1964. Désormais ils vont « apprendre à se tenir « politiquement correct » du « côté où se trouvent les armes ». Ce sera la devise du Chef Ndzomo Christophe d'Endingding, jusqu'à la fin de sa vie. « Un bon citoyen c'est celui qui se tient du côté de ceux qui portent les armes et les fusils de la république » .Belle leçon de démocratie africaine.

Le jeune Louis Tobie et sa sœur Thérèse vont prendre de plein fouet ces évènements à la figure car Mme Marguerite Mbida leur mère, non seulement sera très souvent absente pour cause de campagne électorale mais elle sera emprisonnée de nombreuses fois. Il découvrira durant cette période l'intérieur d'une cellule de prison au début de l'année 1964, quand sa mère au retour d'une Kermesse à Mbalmayo, organisée par le père Moll, sera interpellée et emprisonnée dans une cellule de gendarmerie de Mbalmayo. Il sera reproché à Mme Mbida d'avoir quitté le centre ville de Yaoundé pour se rendre à Mbalmayo, quarante kilomètres plus loin, sans autorisation préfectorale et sans laissez-passer. Le jeune Louis Tobie est âgé de 8 ans quand il assiste avec impuissance à la brutalité policière exercée sur sa mère. Elle résiste, ne veut pas sortir de la voiture et suivre les policiers. Elle est tirée sans ménagement de l'habitacle de l'automobile et se retrouve au sol. Elle crie sa rage, les policiers paniquent. Elle se redresse, digne, défroisse ses vêtements, laisse dépoussiérer sa robe par Mme Rufine Amana. Mme Rufine Amana est une parente de l'abbé Jean Kunu, curé de Ngo-Medzap, ami et intime de André Marie Mbida. Mme Rufine est aussi une voisine de Nkol-Bikok qui a décidé de suivre Mme Mbida partout où elle ira, presque comme dame de compagnie. Elles se dirigent vers le car Renault « Mille Kilos » communément appelé par les populations « sans-payer » qui va les conduire à la brigade de gendarmerie de Mbalmayo. Louis Tobie refuse de quitter sa mère, il est du voyage dans le car « Mille Kilos » de la gendarmerie. Mme Rufine Amana va exiger de se faire enfermer avec Mme Mbida à Mbalmayo. M. Akono Claude propriétaire et conducteur du véhicule interpellé dans lequel avait pris place Mme Mbida pourra rentrer sain et sauf, sans encombres à Yaoundé alors que Madame Mbida restera aux mains de la gendarmerie.

Il faudra les interventions conjuguées des évêques de Mbalmayo, Monseigneur Paul Etoga, et de Yaoundé, Monseigneur Jean Zoa, pour qu'elle soit enfin relâchée au bout de quatre semaines. En 1964 toujours, elle sera encore une fois interpellée à Yaoundé derrière les Brasseries du Cameroun au cours d'une réunion dans la nuit où d'anciens députés démocrates s'enfuiront devant l'arrivée inopinée des policiers, en grimpant sur le mur de clôture derrière la demeure de M. Jean Ayissi Ntsama. Le commissaire Bene Bila qui conduit les opérations évitera de justesse un carnage. On l'entendra alors crier dans la nuit à ses hommes « ne tirez pas, ne tirez pas, laisser les filer on sait qui ils sont » car les policiers avaient mis en joue ces hommes qui faisaient prestement le mur à leur arrivée, laissant derrière eux Mme Mbida, seule femme du groupe qui attendra dignement qu'on vienne la mettre aux arrêts.

« Officiellement, les Démocrates camerounais réalisent un score de 25% des suffrages exprimés (soit 129 517 suffrages contre 388 594 suffrages à la liste UC-KNPD) selon l'Administration territoriale. Le décompte parallèle des suffrages, effectué par l'hebdomadaire l'Effort camerounais dans 21 des 22 bureaux de vote, et publié dans le N° 440, attribue la victoire à la liste des Démocrates avec 174 516 suffrages exprimés contre 50 245 suffrages exprimés pour la liste UC-KNDP. L'irrédentisme des populations et des élites de cette circonscription est sanctionné le 24 juin 1964 par l'éclatement du Nyong-et-Sanaga en 5 départements pour motif

de sous-administration du département en raison de son immensité territoriale et sa densité de population:

- *Haute-Sanaga, chef –lieu : Nanga Eboko*
- *Nyong-et-Mfoumou, chef –lieu : Akonolinga*
- *Nyong-et-So'o, chef –lieu : Mbalmayo*
- *Lékié, chef –lieu : Monatélé*
- *Mefou, chef –lieu: Yaoundé*

« Le clivage irréductible entre le président Ahidjo et les Démocrates Camerounais se poursuit par des sanctions: l'ex-département du Nyong-et-Sanaga n'a plus qu'un seul représentant dans le gouvernement fédéral du 1er juillet 1964. Il faut désormais réaliser d'autorité le projet du parti unique ».

La fidélité politique des démocrates camerounais à leur chef de file André marie Mbida emprisonné le 29 juin 1962, irrite le Président fédéral Ahmadou Ahidjo qui avait réalisé, au mois de janvier 1964, une tournée considérée par les hommes du pouvoir UC comme triomphale à Mbalmayo où, il déclara le 12 janvier 1964, devant des foules : « *Au sujet de votre vote contre le référendum [du 21 janvier 1960] Si les populations de Mbalmayo ou d'ailleurs avaient voté contre cette constitution, c'est parce qu'elles avaient à leur tête de mauvais bergers. J'ai compris qu'elles ont suivi de bonne foi les conseils des démagogues et des jaloux. Je n'ai jamais douté de votre sagesse. Je savais que vous finiriez par comprendre ; que vous finiriez par rejeter les démagogues, par nous rejoindre, pour que, fraternellement, nous bâtissions une nation unie, une nation prospère. Quant aux autres, que vous qualifiez à tort, à mon avis, de Démocrates - ils n'ont rien de démocrate - et que j'appelle, quant à moi, apprentis sorciers, apprentis dictateurs, je crois que c'est leur faire trop d'honneur que de parler longuement d'eux. Le peuple a compris, le peuple, surtout du Nyong-et-Sanaga, a compris. Je n'ai aucun doute à ce sujet. Depuis trois, quatre jours, je parcours ce département, j'ai vu de mes propres yeux que le peuple a compris. (...) Et comme je l'ai dit hier, je sais que les populations du Nyong-et-Sanaga et d'ailleurs, avant longtemps, rejetteront définitivement dans l'ombre, les mauvais bergers ; on n'entendra plus parler d'eux, sauf, comme je l'ai dit ailleurs, en prison..... Oui ils parlent de dictature. Pour eux, la démocratie consiste, pour les sous-préfets, à les laisser faire des tournées de case en case et semer la subversion. (...) Nous la combattrons toujours la subversion ; l'ordre a été donné à tous les fonctionnaires d'autorité de combattre la subversion d'où qu'elle vienne. (...)* ».

Madame Mbida Marguerite l'épouse du Chef du gouvernement en 1957 suivie de ses gardes du corps.

Madame Mbida Marguerite en 1960 au volant de sa Dauphine.

Madame Mbida Marguerite, tête de liste du PDC en avril 1964 alors que son époux est en prison. De droite à gauche Alphonse Massi Mbida, Madame Mbida et devant elle Paul Etoga Mbida, Louis Tobie Mbida. Elle a été formée comme couturière à la « Chaussée d'Antin » à Paris, les vêtements que portent ses enfants, elle les a cousus elle-même malgré ses nombreuses occupations. Les temps sont difficiles pour la famille Mbida.

Madame Manga Bile Blaise et le Ministre Tsalla Mekongo Germain

Les soutiens durant ces années de tourmente

Malgré la pression que met sur elle le gouvernement camerounais et le régime du président Ahidjo, la famille Mbida n'est pas abandonnée de tous. Que ce soit durant l'incarcération du père de famille, où après, les paysans, les paysannes, cultivateurs et cultivatrices de l'ancien Nyong et Sanaga sont nombreux à leur apporter aide et assitance. Les marchands bamiléké du marché central de Yaoundé, du marché de mokolo, les bouchers haoussa et foulbé du Nord installés à Yaoundé offrent souvent gratuitement des vivres à Mme Mbida pour sa famille. André Marie Mbida emprisonné a vu ses revenus tarir. Il était député doté d'une rétribution parlemetaire mais comme prisonnier politique à Banyo, il ne perçoit plus aucune rétribution de cette nature. Il l'a prévu et a mis en location sa villa de l'hyppodrome à Yaoundé, mais le seul loyer n'est pas toujours suffisant. Heureusement, pas une semaine ne s'écoule sans que Mme Mbida ne recoive des dons en nature. Des vivres frais lui sont offerts, elle reçoit des chèvres, des cabris. Des nasses remplies de poulets lui sont livrées, des œufs frais lui parviennent. Des régimes de plantains directement cueillis des champs lui sont déposés. Nkol-Bikok où habite la famille Mbida devient un véritable magasin de vivres frais. Le régime Ahidjo a voulu mettre les Mbida à l'éteignoir mais les hommes et les femmes des campagnes, les commerçants des villes ont dit non. Le domicile de Mbida à Nkol-Bikok devient presque un lieu de pélérinage pour les cultivatrices et autres planteurs, qui après la vente du produit de leur récolte passent par Nkol-Bikok offrir ce qu'ils peuvent à Mme Mbida. Les prêtres ne sont pas en reste : Kébindé, Nkolo Barnabé, Ndzinga camarade de séminaire de Mbida, Etienne Nkodo, Vincent Menounga, André Noah de Nkol-Nkoumou, Patrice Evodo, Angoni Clément de Mfoum-assi, Jean Kounou de Ngo-Medzap, Fondjo, Essomba Frédéric camarade de séminaire de Mbida , Mvogo Christophe de la paroisse sacré-cœur de Mokolo, Simon Mpéké, Liboire Minkat, Balla Athanase futur évêque de Bafia, Ndogmo futur évêque de Nkongsamba, l'abbé Okala frère de Monseigneur, Etoga, Jean Ama futur évêque de Sangmélima, Monseigneur Etoga, Monseigneur Zoa sont présents aux côtés de la famille Mbida. Le séminariste Tonyé Bakot, futur archevêque de Yaoundé sera le répétiteur de Louis Tobie MBIDA. Les religieuses : sœur Marguerite, sœur Agathe et plusieurs autres de la congrégation des filles de Marie, sont infatiguables auprès de Madame Mbida et ses enfants qui trouvent auprès d'elles conseil, assistance et réconfort. Les carmelites d'Etoudi font des neuvaines et autres prières pour le détenu Mbida et sa famille en difficulté.

Libéré le 29 juin 1965 après trois ans de prison, André Marie Mbida est pratiquement aveugle à sa sortie de peine. Le président Ahidjo décide de se réconcilier avec Mbida : il est « évacué sanitaire » en juin 1966 et se fera soigner par le Prof Guillaumat, ophtalmologue aux Quinze Vingt à Paris. Le traitement n'est pas achevé quand M. Essama Ayi de l'ambassade du Cameroun à Paris envoie un câble au gouvernement camerounais insistant sur le fait que Mbida plutôt que de profiter de son séjour en France pour se faire soigner, organiserait des rencontres et prendrait des contacts dans les milieux politiques français pour renverser le pouvoir en place à Yaoundé. Le Cameroun suspend aussitôt son aide à Mbida. Malgré des propositions faites par des amis français de prendre un poste comme administrateur de la CFAO avec pour siège Paris, André Marie Mbida quoique désargenté va rentrer au pays. Il ne veut pas que les camerounais s'imaginent un seul instant qu'il mène bon train à Paris alors que des militants du PDC emprisonnés lors des élections législatives de 1964 souffrent à Yoko, Tcholliré, Mantoum, Mokolo et Mora.

Le retour au Cameroun en 1967 est marqué par des festivités qui vont durer plus de deux semaines. Le jeune Louis Tobie Mbida découvre l'engouement populaire, il l'avait déjà vécu en 1965 lors de la sortie de prison de son père mais en 1967 les festivités sont encore plus longues. Il partage cependant un lourd secret avec son père. Ce dernier lui a confié pour mission de toujours rester à ses côtés et de le guider discrètement à travers la foule. Son père le tient fermement mais discrètement par le bras gauche. Les populations qui sont venus nombreuses, très nombreuses, toutes à leur joie et leur enthousiasme ne doivent pas se rendre compte que André Marie Mbida, malgré son séjour médical en Europe ne voit pratiquement plus. Alors Louis Tobie guide discrètement son père à travers cette foule en liesse venue fêter le retour de France d'un Mbida guéri de sa cécité.

Louis Tobie s'est rendu compte quelques semaines auparavant que son père ne voyait plus en lui tendant un bulletin de notes dont il est fier car pour son père l'école représente tout et l'essentiel. André Marie Mbida prend le bulletin de notes à l'envers, fait semblant de le lire et demande à Louis Tobie de lire à haute voix ce qui y est écrit. Son fils l'a remarqué mais n'a rien dit. Il attend d'être seul avec son père pour lui poser la question qui lui taraude l'esprit. Il a compris que son père ne voit plus mais il souhaite que celui-ci le lui confirme ou au mieux l'infirme. Malgré son extrême sévérité avec ses enfants, Mbida leur permet de lui poser toutes les questions sur tous les sujets qui les intriguent. Louis Tobie posera donc la question à son père à propos du bulletin scolaire. Ce dernier lui avouera qu'il a perdu la vue.

Quelques semaines après cet incident, André Marie Mbida réunit ses enfants:Thérèse, Louis Tobie, Alphonse et Paul qui n'a que 5 ans en 1967 pour leur annoncer qu'il est devenu définitivement aveugle. Il demande à tous les enfants d'être de bons élèves si plus tard ils ne veulent pas avoir de difficultés dans l'existence. C'est alors qu'il interroge à tour de rôle Thérèse et Louis Tobie sur ce qu'ils souhaitent exercer plus tard comme métiers. Sans hésiter : Thérèse déclare qu'elle veut devenir traductrice-interprète, Louis Tobie annonce d'emblée à son père qu'il veut devenir médecin pour soigner ses yeux. Thérèse prendra sa retraite comme fonctionnaire internationale de l'ONU en qualité de haut cadre bilingue. Louis Tobie est médecin.

Dès cette période où il est définitivement établi qu'André Marie Mbida est aveugle, Louis Tobie Mbida va assumer d'autres rôles. André Marie Mbida ne peut se passer de lecture, il a été professeur de latin, professeur de mathématiques, il est juriste. Louis Tobie devient le lecteur de son père atteint de cécité. C'est ainsi qu'il va découvrir à 11 ans en 1967 : « La non violence de Gandhi ». Il lit ce livre à son père et ne comprend pas tout ce qui y est écrit mais son père est patient. Ils font des pauses où le père explique au fils le sens d'un mot, la subtilité d'une phrase. De la classe de sixième jusqu'en classe de terminale Louis Tobie aura ainsi lu pour son père d'abord et y prend goût pour lui-même ensuite.

Son père veut absolument qu'il lui relise « les Catilinaires » de Cicéron. Il lira entre autres toute la Bible, « la République » de Platon, Spinoza « De la réforme de l'entendement », Hegel « La raison dans l'histoire », Kant : « La critique de la raison pure », « La critique de la raison pratique », Nietzsche « Le crépuscule des idoles »; « Par-delà le bien et le mal » ; « Ecce Homo » etc », Clausewizt : « De la guerre ». Il découvre pêle-mêle « La légende des siècles » de Victor Hugo, les « Rougon Macquart » de Zola , il lit dans la collection Dalloz de son père, « le droit constitutionnel », « le code civil », « l'histoire des idées politiques », Daniel Rops « L'Eglise de la Renaissance et de la Réforme, une ère de renouveau : la réforme catholique », « l'Anthologie de la littérature française » de Georges Pompidou, il engloutit « l' Histoire Universelle en 12 volumes » de chez Larousse, « le dictionnaire de la philosophie », « le dictionnaire de la psychologie ». « Les discours de Charles De Gaulle » dont Louis Tobie est resté un grand admirateur, les discours de Winston Churchill surtout celui de Fulton Hall en 1946, le discours de Franklin Delano Roosvelt en 1933 : il les découvre durant cette période.

Bromberger : « Les 13 coup- d'état du 13 Mai 1958 », Jean Lacouture : « Cinq hommes et la France : Sékou Touré, Ho Chi Minh, Sidi Mohamed Ben Youssef, Habib Bourguiba, Ahmed Ben Bella ». Il lit le « procès de Nuremberg », il dévore Peter Abrahams dans « Je ne suis pas un homme libre » « Le déclin de l'Occident » d'Oswald Spengler, « L'Histoire de la Diplomatie » de Potiemkine. Il découvre les auteurs de la négritude de Senghor à Aimé Césaire en passant par Frantz Fanon, Cheik Hamidou Kane, Bigaro Diop, il se familiarise avec Mongo Beti « le pauvre Christ de Bomba » et Ferdinand Oyono « Le vieux nègre et la médaile » et « une vie de Boy ». Il est impressionné par Richard Wright auteur de « Black Boy » et par l'écrivain antillais René Maran. Les auteurs de la pléiade sont de la partie, de Ronsard à Montaigne. La Fontaine, Molière, Corneille et Racine sont des passages obligés depuis le collège et le lycée, tout comme « La condition humaine » de Malraux, Hemingway, Pearl Buck auteur de « Mère courage », Erich Maria Remarque auteur de « A l'ouest rien de nouveau », Bernanos etc. Jeune collégien il suit avec passion les reportages dans Paris Match sur les assassinats de Martin Luther King et Bob Kennedy. Sur Yan Pallach qui s'immole par le feu. Son père lui fait lire « L'histoire des révolutions en 1000 images ». Le jeune Louis Tobie retient de ce livre que le premier révolutionnaire de l'histoire moderne s'appelait Jésus Christ, un révolutionnaire non violent, mort aux côtés d'un Barrabas violent et sanguinaire. Jésus Christ a pourtant survécu grâce à sa pensée léguée à la postérité.

La destruction de la maison de Nkol-bikok

Le 15 mars 1968, jour de la fête de Saint Joseph, il est 6 heures du matin quand la famille Mbida à Nkol-Bikok est réveillée par des bruits insolites et inhabituels. Dans la maison, tous ont l'impression d'entendre marcher sur le toît en tôles ondulées. Les membres de la famille Mbida sortent les uns après les autres s'enquérir des causes réelles de ce raffut. Louis Tobie découvre, éberlué, incrédule, des policiers autour de la maison. Des hommes en civil les accompagnent, l'air farouche, renfrognés, ils ont tous les yeux baissés et évitent de croiser les regards des membres de la famille Mbida. Les policiers sont armés de pistolets mitralleurs. Les hommes en civil portent des masses et des massettes de maçons, des pieds de biches, des arraches clous, des scies à bois, des marteaux, des pics, des pelles et des pioches. D'autres hommes en civil sont perchés sur le toit. Ce sont effectivement leurs pas qui s'entendaient de l'intérieur de la maison. Ils sont en train d'arracher des tôles du toit de la maison où habite toute la famille Mbida. Louis Tobie, sa mère, ses frères et sœurs n'en croient pas leurs yeux. Madame Mbida les interpelle, dans une colère froide, elle leur pose la question: « Il est 6 heures du matin que faites vous sur le toit de ma maison ? »

Un des policiers portant le grade de brigadier-chef va daigner lui répondre : « Nous avons reçu l'ordre de Monsieur André Fouda, délégué du gouvernement, de détruire une partie de la maison que vous habitez car la masse de la facde principale gêne la visibilité routière. Cette anomalie serait cause de plusieurs accidents au carrefour dit « Boudon » sur l'acienne route de Douala ». Mme Mbida croit entendre une boutade grossière et de mauvais goût. Soudain lui parvient le vrombissement d'un moteur puissant, c'est une pelle mécanique « caterpillar » qui creuse la cour des Mbida, bouscoulant et arrachant tout sur son passage. Les Mbida sidérés voient tomber pans après pans les murs de la facade principale de la maison qu'ils habitent à Nkol-Bikok. La maison est éventrée en son milieu, Une chaîne de solidarité animée par des voisins du quartier de Nkol-bikok, est créée pour sortir dare-dare de cette partie de la maison, ce qui peut être sauvé.

La pelle mécanique broit, réduit en poussière, les murs, les parquets. La cour est creusée sur une profondeur de deux mètres cinquante. La maison est éventrée, la cour défoncée. C'est un champ de ruine, presque une scène de guerre qui est installée en peu de temps. Les hommes de la communauté urbaine de Yaoundé, commandités par Monsieur André Fouda quittent sans un mot la concession des Mbida, sitôt leurs actes accomplis. André Marie Mbida, Marguerite Mbida et leurs enfants n'ont jamais reçu d'explications et aucun dédommagment pour cet acte gratuit et initule de pure méchanceté et d'abus de pouvoir qui n'exprimait que la haine d'un homme contre un autre homme.

Incarcérés à domicile : La résidence surveillée

Août 1968 marque le début de la résidence surveillée : Mbida malgré ses problèmes de santé a repris ses activités politiques, il reconstitue son équipe, Tobie Nana est toujours secrétaire général du PDC. Une faction du PDC dirigée par M. Amougou Nguele Paul ancien vice-Président du PDC, ancien député et secrétaire d'état à l'agriculture a rejoint l'UNC de M. Ahidjo le 1er septembre 1966 mais Mbida ne s'est jamais rallié à l'UNC contrairement à une rumeur fermement répandue et entretenue aujourd'hui encore. Il est mis en résidence surveillée le 3 août 1968. Les populations de Nkol-Bikok, les amis, les proches et les parents ne comprendront qu'avec retard ce qui se passe. Tous ceux qui passent devant la concession ou sur la cour de Mbida à Nkol-Bikok, les entrants tout comme les sortants sont aussitôt arrêtés par la police et conduits dans une cellule au commissariat Central de Yaoundé. Ils seront ensuite transférés à la BMM (Brigade Mixte Mobile) de Kondengui où les reçoit M. Mouh Yakana. La résidence de Mbida est transformée en forteresse par les policiers du corps urbain de Yaoundé : On voit monter et descendre avec des mines de conspirateurs le Colonel Ndongo Nkoa, le commandant Aloys Messina: ils interpellent ainsi M. Melanga Martin frère de Mbida qui vient annoncer la naissance à l'hôpital Central de Yaoundé de sa fille Ada Séraphine.

Mme Nga Thérèse nurse des enfants Mbida est arrêtée alors qu'elle est enceinte de 4 mois. Elle accouchera en prison à Tcholliré. Quand sa fille née en prison aura atteint sa quatrième année, elle sera renvoyée à ses grands parents vers Sa'a. NgaThérèse ne sortira de prison que 6 ans plus tard. Messieurs Atangana Janvier et Essomba Séverin respectivement homme de maison et chauffeur de M. Mbida seront incarcérés pendant 6 ans à Kondengui sans aucun jugement. Messieurs Alena Michel blanchisseur et Ambomo Jean, homme de main, fidèle parmi les fidèles, resteront cloîtrés dans la concession Mbida de Nkol-Bikok pendant 6 ans sans mettre le nez dehors. Une partie de la concession Mbida ne sera plus désherbée pour permettre à ces hommes : Alene Michel, Tobie Nana et Ambomo Jean de rester dissimulés dans les hautes herbes. La secrétaire de Mbida, Mlle Marie Céline Nga une belle jeune femme âgée de 27 ans passera 6 ans à Mantoum. Le secrétaire particulier de Mbida : M. Ndzana Hilaire va y passer 8 ans.

Noah Hubert, Moud Benjamin, le professeur et enseignant Bounoungou Antoine, Endeme Robert: ils sont nombreux à avoir ainsi payé de leur liberté la cause de la démocratie. Durant cette période tout chauffeur de taxi qui ose prendre dans sa voiture Mme Mbida ou un des enfants Mbida est aussitôt interpellé et jeté en prison, toute « bayam-sellam » qui vend un produit au marché à Mme Mbida est interpellée et jetée en prison, Madame Mbida qui croise sa mère Mbono Marie au hasard dans Yaoundé n'a pas le droit de lui parler. Un embargo sera mis sur la famille Mbida. Les rares personnalités qui osent fréquenter les Mbida malgré les interdits sont Monseigneur Albert Ndogmo et l'abbé Fondjo qui vient annoncer à chaque occasion l'arrivée de Monseigneur à son ami Mbida. M. Sop Jean propriétaire de la station de service Total à la poste de Mokolo, permet à Mme

Mbida de mettre de l'essence dans sa voiture sans payer où alors avec de grands retards, de temps à autre il insiste pour envoyer des présents pécuniers au « Vieux ». Il déclare à qui veut l'entendre qu' « il attend, il n'a pas peur ». Le jeune Louis Tobie se rappellera toujours de l'incrédulité de son père quand se déclenchera l'affaire de la « révolution par les anges » où vont périr exécutés Messieurs Ouandié Ernest et Tadeu Gabriel surnommé « Wambo le Courant ». André Marie Mbida n'y a jamais cru, il connaissait l'homme Ndogmo et avait de l'admiration pour son intelligence, son courage et son immense culture. Monseigneur Ndogmo a été l'hôte régulier et constant à la table de Mbida. Pour André Marie Mbida il s'agissait d'une affaire montée de toutes pièces par M. Fochivé pour faire définitivement disparaître l'UPC historique dite de l'intérieur.

Les Dr Assigui Tchoungui et Zogo Massy font aussi partie des rares téméraires qui braveront les interdits et iront soigner Mbida jusque chez lui à Nkol-Bikok. Le jeune Louis Tobie sera impressionné par le courage de ces hommes qui en toutes circonstances répondront au pouvoir : « nous sommes médecins d'abord ». En 1969 le jeune Louis Tobie est invité à une surprise-party au quartier Etam Bafia de Yaoundé par un de ses camardes de classe au collège Vogt, Ondoua Jean François, la fête débute à peine quand la mère de Jean François convie Louis Tobie derrière les cuisines et lui demande en douceur mais fermement de quitter les lieux. M. Akoa le père de Jean François est inspecteur de police. « Si le « pouvoir » apprend ta présence ici, mon fils, mon mari risque de perdre son emploi. Je veux que tu t'en ailles de chez moi tout de suite ». Il subira cet ostracisme pratiqué par certains - surtout de l'ancien Nyong et Sanaga - pendant de nombreuses années.

Etonnamment le collégien Louis Tobie est adopté par Siandé Charlemagne originaire de Bafang dont les parents habitent Mokolo Elobi. Ils passent des moments de joie au domicile des parents de Siandé où le jeune Louis Tobie découvre le Manga-Mbeu traditionnel lors des grandes rencontres et tontines organisées à Mokolo Elobi par la communauté Bamiléké. Il est aussi adopté par Jacques Epouhé originaire de Nkankazok près d'Edéa et toute la famille Ndjée à la Mini Ferme de Melen. Souleymanou Iya Abdoulaye fils du ministre Yadji Abdoulaye le reçoit régulièrement chez ses parents qui habitent en face du Lac central de Yaoundé, son père est pourtant membre du gouvernement du président Ahidjo mais ils sont amis. Il est ami avec Mbarga Ndi Valentin, Emmanuel Ngon Assé, Toumoun Séverin. Takam Pascal, Nkeuleu Germain, Nguindo Richard, Albert Georges Kamanké, Kouamen Raoul, Kamkeng Pascal, Joseph Tchientcheu. Il est entièrement accepté par Mekongo Mballa Henri de Nsimeyong, Nkodo Bernard Clément, Antoine Tsoungui, Mayack Jean Paul, Bassong André, Makon Daniel, Djon Benoît. Son amitié avec Andzé Emile, Oum Gilbert Emmanuel, Boyomo Célestin, Ngorbo Ze Alphonse date de cette époque : ils n'ont pas eu peur de fréquenter le fils de Mbida.

Chez le président de la cour suprême M. Nguini Marcel, Louis Tobie Mbida et Serge Nguini sont les fils de la maison. La mère Agathe restera une amie personnelle et indéfectible de Mme Mbida à toutes les occasions. Chez Monsieur Ekassi le père de son ami Etogo Jean Claude il est aussi reçu comme le fils de la maison. En juin 1972, un dimanche sans histoire s'achève, la veille André Marie Mbida a offert à ses enfants Louis Tobie et Thérèse qui ont obtenu, l'un son BEPC et l'autre son probatoire, une belle fête où ont été conviés de nombreux camarades de classe, la résidence surveillée a pris fin comme elle a débuté sans crier gare quelques semaines auparavant. C'est ce dimanche qu'a choisi Mme Mollo Isabelle pour rendre visite à la famille Mbida. Elle insiste pour parler au père Mbida, on lui oppose un refus.

Elle revient à la charge à plusieurs reprises, alors Louis Tobie veut vraiment savoir ce qu'il y a de si important pour réveiller le « vieux » de toute urgence alors qu'il prend sa sieste. Madame Mollo Isabelle baisse les yeux, elle triture entre ses doigts un mouchoir, si rien n'y fait elle l'aura transformé en charpie en peu de temps. Elle pose la question à Louis Tobie : « quand avez-vous eu des nouvelles de votre oncle Martin Melanga pour la dernière fois ?», Louis Tobie lui répond que la famille a pris l'habitude d'écrire et d'envoyer des colis sans attendre de réponse ces quatre dernières années. « Avez-vous appris que des détenus sont revenus de Mantoum, Tcholliré et Mokolo » demande t-elle à Louis Tobie de plus en plus intrigué. « Non, nous ne le savions pas ». « Ils sont à la gendarmerie mobile mais j'ai une triste nouvelle à vous communiquer il semble qu'ils sont revenus « de là-bàs » sans Martin Melanga, il serait décédé il y a plus de deux ans ». Louis Tobie n'en croit pas ses oreilles. Dans ces conditions il est bien obligé d'aller trouver son père pour lui faire part de cette terrible nouvelle.

Depuis la fin de la résidence surveillée un nouveau chauffeur a été engagé il s'appelle Ondobo Ndzana. En sa compagnie, Louis Tobie va à la rencontre des détenus du PDC en transit à la « Gendarmerie mobile » située en face du Lycée Général Leclerc de Yaoundé. Quand ils arrivent à la gendarmerie, les hommes du PDC sont là : Tina Athanase, Tsalla Mbessa, Siméon Noah, David Onguene et bien d'autres.

Louis Tobie croise à cette occasion un militant de l'UPC en prison depuis mars 1960 il s'agit de M. Owono Mimboe Joseph. Le premier moment est à la joie des retrouvailles, c'est alors que les détenus déclarent qu'ils rentrent tous « de là-bas » en relative bonne santé. Ils regrettent juste une chose : que « Martin » soit « resté là-bas ». Louis Tobie n'en croit toujours pas ses oreilles. L'information de Mme Mollo Isabelle « Bayam Sellam » au marché de Mokolo se confirme. Il pose des questions, on lui répond : son oncle Martin Melanga, simple commerçant de petite envergure au marché central de Yaoundé qui vendait des « Bifaga » (du poisson fumé) et n'avait jamais fait de politique, se serait noyé à Tcholliré mais on ne savait pas trop dans quelles circonstances. Monseigneur Albert Ndogmo aurait fait un scandale face aux explications peu claires sur cette mort suspecte. Il va organiser lui-même les obsèques de Melanga Martin en prison puisque l'administration camerounaise ne veut, ni ne souhaite avertir Mbida à Yaoundé.

André Marie Mbida est effrondré. Ils sont trois dans la voiture qui prend la route du village de Zoa-Toubsi près d'Endiding. Louis Tobie, le chauffeur Ondobo Ndzana et le père Mbida ne disent pas un mot durant le trajet. Arrivés à Zoa-Toubsi, au-delà de la surprise et d'une certaine crainte, les séries d'arrestations au contact de Mbida sont encore fraîches dans les mémoires, l'accueil est chaleureux. André Marie Mbida demande aux anciens du village de se rassembler : son demi-frère et aîné Barthélémy Obama est présent, son cousin Obama à Bella catéchiste du village est présent, Marcus Ombede, Ongolo à Bella, Beyegue Obama sont présents. Dans la salle un comité restreint de quelques personnes est réuni.

Mbida annonce la nouvelle de la mort de son frère. Il est décidé que le catéchiste Obama Bella sera le porte-parole qui informera Mme Geneviève Mballa, l'épouse que son mari est décédé depuis deux ans à Tcholliré. Mme Geneviève Mballa est introduite dans la salle et le décès de son époux lui est annoncé. Le cri strident que pousse la veuve est déchirant. C'est alors que le jeune Louis Tobie voit et entend pour la première et dernière fois pleurer son père. André Marie Mbida pousse le cri de l'animal blessé : il est terrassé. Mais Il verra aussi son père esquisser un pas de danse une seule fois dans sa vie : ce fut à Zoa-toubsi, le jour où Monseigneur Adalbert Ndzana, évêque de Mbalmayo, fut ordonné prêtre.

Après des obsèques en l'absence du corps du défunt Martin Melanga, Mbida remonte à Yaoundé. Il dicte à Louis Tobie un courrier manuscrit à remettre au Ministre de l'administration territoriale de cette époque M. Victor Ayissi Mvodo. Les trois questions posées par Mbida sont les suivantes :

Premièrement : « l'administration camerounaise que vous représentez peut-elle me confirmer que mon frère Melanga Martin interpellé le 3 août 1968 et incarcéré sans jugement, sans chef d'accusation connu est bien mort à Tcholliré ? »

Seconde question : « pourquoi n'en avons-nous pas été informés si le décès est avéré ?»

Troisièmement : « nous demandons que nous soit remise la dépouille mortelle de Martin Melanga afin qu'une sépulture décente lui soit accordée ».

Muni d'un cahier de transmission Louis Tobie Mbida âgé de 16 ans va se rendre au Ministère de l'administration Territoriale. Son père lui a demandé, voire exigé qu'il ramène la signature personnelle du Ministre comme décharge sur le cahier de transmission. Au secrétariat de M. Ayissi Mvodo il est mal reçu. Une secrétaire pleine de morgue et d'arrogance demande à Louis Tobie de déposer ce courrier sur sa table de travail et de quitter les lieux en lui montrant la porte du revers de la main. Louis Tobie précise à la secrétaire que son père a exigé d'avoir la signature du ministre sur le cahier de transmission. Le ton monte. Le garde du corps s'interpose et menace. Le ministre derrière sa porte capitonnée prend conscience du chahut, passe la tête par la porte, il lui est expliqué ce qui se passe .Un sourire au coin des lèvres, il fait entrer le jeune Louis Tobie dans son bureau et signe dans le cahier de transmission. Le ministre et Louis Tobie après s'être serrés la main se quittent sans un mot. André Marie Mbida est décédé le 2 mai 1980. Il n'a jamais reçu de réponse à ce courrier. Un autre des frères de Mbida, M.Mvogo Théodore cultivateur et cueilleur de vin de palme au village de Zoa-Toubsi, quoique n'ayant jamais fait de politique sera incarcéré pendant six ans au « centre de rééducation civique de Mantoum ». M. Obama Barthélémy, âgé de 17 ans aux moments des faits, passa six ans de détention pour le seul fait d'être le fils de Mani Jacques, le cadet de Mbida sur lequel on ne réussira pas à mettre la main. Mani se réfugiera chez les « kolo-be-Nkoé », une tribu amie.

A la sortie de prison du jeune Barthélémy Obama, André Marie Mbida ira personnellement voir M. Issa Bakary délégué à la gendarmerie qui intégrera Barthélémy Obama comme gendarme. Barthélémy aura été tour à tour commandant de brigade dans diverses provinces de la république du Cameroun jusqu'à sa retraite. Elouna François, fils de Melanga Martin, a pris sa retraite comme brigadier dans la police camerounaise. Ada séraphine est aujourd'hui mère de famille elle a épousé le fils du Prof. Eno Belinga.

André Marie Mbida et des amis français

Louis Tobie Mbida et Mme Betsama Régine grande Leader d'opinion dans les départements du Mfoundi et de la Lekié ancienne détenue politique de Mantoum

Les populations sont en fête autour de Mbida

Louis Tobie Mbida devient très tôt féru de lecture grâce à son père

De droite à gauche : Le ministre Etogo Jean Claude, Louis Tobie Mbida, Alphonse Massi Mbida , Maître Ebanga Ewodo chez Louis Tobie Mbida en août 2006 à PARIS

De droite à gauche: Maître Ebanga Ewodo, Madame Amombo Nicole, Alphonse Massi Mbida, le ministre Etogo Jean Claude et Christiane Mbida, août 2006 à PARIS.

Monsieur Jacques Benjamin Epouhé, l'ami de toujours

Chapitre II

Les années d'études

En 1976 après son baccalauréat D les parents Mbida décident d'envoyer leur fils étudier en Allemagne Fédérale. Louis Tobie malgré toutes les péripéties et les vicissitudes de son enfance a passé son baccalauréat D en 1976.

Avec ses frères, aujourd'hui encore, ils sont étonnés d'avoir pu faire des études car compte tenu des obstacles à franchir il n'était pas évident qu'ils en arrivent là. Son frère Alphonse avait 9 ans en 1968, il n'oubliera jamais les longs trajets sous le soleil de Yaoundé, parfois sous la pluie que Louis Tobie et lui avaient à couvrir, pour porter dans de larges paniers en osier leur nourriture quotidienne aux hommes et femmes du PDC emprisonnés à la BMM de Kondengui. Cela va durer des mois jusqu'à leur déportation à Mantoum, Tcholliré et Mokolo. Ils réalisaient ce trajet à pied parce que les chauffeurs de taxi de Yaoundé les connaissaient déjà et ne les prenaient plus dans leurs voitures. De temps à autre il leur était recommandé de changer d'itinéraires par sécurité. Ils ont testé, toujours à pied, le trajet Nkol Bikok, Nkol-Ewoé, Kondengui, le trajet Nkol-Bikok, Olezoa, Mvog-Mbi, Kondengui, etc. La pénibilité restait toujours la même. Alphonse était alors âgé de 9 ans et Louis Tobie de 12 ans.

Après le baccalauréat, André Marie Mbida est convaincu que son fils Louis Tobie n'obtiendra pas de passeport des services concernés. Accompagnée de Louis Tobie Madame Mbida Marguerite va rencontrer M. Mbarga Nguele directeur de l'Emi-Immigration de cette époque et frère cadet de M.Amougou Nguele Paul ancien député démocrate et ancien vice président du PDC. M. Mbarga Nguele sera franc et honnête avec Mme Mbida. Il lui répond : « Madame Mbida cette affaire n'est pas de mon ressort elle est politique, si le pouvoir apprend que j'ai donné un passeport à votre fils, sachant les relations anciennes qui nous lient, je risque d'avoir de sérieux problèmes. Tout ce que je peux faire pour vous, c'est arranger une rencontre avec M. Mbgwa Samuel, délégué général à la Sûreté Nationale ». Louis Tobie et sa mère vont rencontrer un Mbgwa Samuel très jovial mais qui va leur préciser qu'il leur donne quatre jours pour tout organiser « avant que les choses ne s'ébruitent ». Madame Mbida peu préparée à un départ aussi précipité va solliciter une bamiléké gérante de tontine : il s'agit de Mme Elobo, infirmière à l'hôpital de la Caisse Nationale de Prévoyance Sociale (CNPS) à Essos. Madame Elobo acceptera de lui avancer de l'argent pour l'achat d'un billet d'avion. L'association « Bengon-Be-Mvokani » lui remettra 110 000 FCFA (cent dix mille FCFA) de plus . Louis Tobie quitte ainsi le Cameroun en février 1977 avec 110 000 FCFA (cent dix mille FCFA) en poche pour l'Allemagne Fédérale. Le jour du départ est arrivé : Son père le met à genoux, lui pose ses deux mains sur la tête, murmure des phrases latines et prononce des bénédictions en Beti et en Français. Il dit alors à son fils « lèves toi et marches droit devant toi, ne te retournes plus car c'est devant toi que ça se passe, toujours devant, droit devant». On est le 14 février 1977 et c'est la dernière fois que Louis Tobie Mbida verra son père vivant.

Louis Tobie quitte le domicile familial de Nkol-Bikok au petit matin pour l'aéroport de Yaoundé où il prendra son vol pour l'Allemagne Fédérale via Paris. En Allemagne il sait ce qui est attendu de lui. Il veut devenir médecin il doit réussir dans ses études. Il s'attelle à la tâche et obtient en 1986 son diplôme d'Etat Allemand de médecine. En 1980 alors qu'il est encore étudiant il reçoit un appel téléphonique de sa sœur Thérèse qui est à Paris, Thérèse lui annonce que sa mère va l'appeler du Cameroun. En trois ans il n'a pas entendu une seule fois la voix de sa mère. Le téléphone n'est pas accessible à tous les Camerounais de cette époque surtout pas aux Mbida. Dans la salle de séjour de la maison d'étudiants où il occupe une chambre à Homburg Saar, le téléphone sonne le 20 avril 1980 c'est sa mère qui lui explique que son père est gravement malade. Il est dans le coma à l'hôpital Central de Yaoundé. A Yaoundé elle se bat pour obtenir l'évacuation sanitaire de son mari, elle a peu d'argent. Elle réussit à introduire un dossier auprès des ministres concernés M. Fokam Kamga ministre de la santé qui hésite et M. Ntang Gilbert ministre des finances qui l'évite. La situation médicale est pressante. Mbida est dans le coma.

Un premier départ est prévu pour le mardi. Mais le ministre Ntang, que Mme Mbida essaye de joindre, jusque tard dans la nuit refuse de signer les documents. M. Ntang Gilbert estime que l'Etat du Cameroun ne peut aider à l'évacuation de Mbida qu'à hauteur de 50 %. Mme Mbida accompagnée de M. Germain Tsalla Mekongo ancien ministre démocrate au volant de sa Renault 4L attend en vain devant le portail du ministre jusque tard dans la nuit. Le lendemain c'est M. Zoa Oloa Emmanuel alors secrétaire général au Ministère des finances qui va prendre en mains propres le dossier d'évacuation de Mbida. Bravant tous les interdits réels ou supposés, faisant fi de tous les tabous et autre ostracisme contre Mbida, il va obtenir une évacuation à 100 %. Le vol est retardé d'un jour parce que le Dr Niat désigné par M. Fokam Kamga comme médecin accompagnateur n'est pas prêt. Le Dr Niat a assisté la veille à l'inauguration de « La Saladière » nouveau Snack-bar de Yaoundé, il est fatigué déclare-t-il. Il demande qu'on attende. Le problème du billet d'avion de Mme Mbida va se poser car le ministre Ntang Gilbert a refusé de la prendre en charge. Alphonse Massi Mbida, le troisième des enfants d'André Marie Mbida a 21 ans. Il vient de percevoir son premier salaire comme agent du FONADER à Yaoundé où M. Mvomo l'a engagé. Il remet à sa mère 190 000 FCFA (cent quatre vingt dix mille FCFA), soit tout son salaire du mois. M. Tsalla Mekongo Germain va ajouter 25 000 FCA. L'argent est ainsi réuni pour l'achat du billet d'avion de Mme Mbida.

Le Dr Niat est enfin prêt, M. Emmanuel Zoa Oloa a pu faire obtenir une prise en charge à 100%, Mme Mbida a obtenu son billet d'avion grâce à son fils Alphonse Massi Mbida et à M. Tsalla Mekongo Germain. Le vol quitte Yaoundé, Alphonse Massi Mbida, M. Tsalla Mekongo Germain et le reste de la famille à Yaoundé voient décoller l'avion : à son bord M. et Mme Mbida. Une escale est prévue à Douala, les passagers changent d'avion. Mme Mbida Marguerite qui n'est certes pas infirmière veut absolument rester aux côtés de son époux. On insiste pour qu'elle se retire elle s'y oppose. Il est fait appel à une personne qu'elle connaît bien : M. Azegue, chef d'escale Camair à Douala. M. Azegue va se présenter en personne et effectivement Mme Mbida sait qui il est: il a épousé la fille d'un voisin de Nkol-Bikok : « Maman viens avec moi te reposer un instant, M. André est pris en charge par le Dr Niat, il n'y a aucune inquiétude à avoir » lui affirme M. Azegue avec insistance. Mme Mbida est entraînée vers un salon de l'aéroport. Elle s'y est à peine assise quand elle entend décoller un avion. Le vol est parti sans elle, son époux André Marie Mbida aveugle et dans le coma s'envole sans elle vers Paris. Elle aura beau hurler et crier : c'est fait. Ce n'est que trois jours plus tard qu'elle arrive enfin à Paris via Bruxelles par la « Sabena ». La « Camair » a refusé de l'embarquer. A Orly à la descente d'avion, Louis Tobie et sa sœur Thérèse attendent leur père. Sont présents à leurs côtés M. Emah Ottou, frère cadet de M. Emah Basile, un de leurs oncles chez les Mvog-Betsi, pharmacien et homme politique camerounais, M. Paul Onomo militant très actif du PDC, ancien officier de l'armée française qui décide de rejoindre le Cameroun après les Indépendances, il est fait prisonnier à son retour au Cameroun en 1966 et interné à Yoko. Sont aussi là parmi eux M. Ekodo Fabien, M. Etaba Ayissi, M. Fouda Benoah, Mme Aligui Jeanne et plusieurs autres.

L'avion se pose sur le Tarmac d'Orly, il n'y pas de Toboggan, de loin on voit descendre les passagers les uns après les autres. Louis Tobie et sa sœur Thérèse ont beau scruter et observer, ils n'aperçoivent pas le brancard de leur père malade. Les ambulanciers français sont là qui attendent aussi. Ils commencent à s'impatienter. C'est alors qu'on leur désigne au loin un homme vêtu d'un imperméable de couleur « Kaki », cet homme serait le Dr Niat médecin accompagnateur. Ils vont vers lui, angoissés mais pleins d'espoir et lui demandent ce qu'il en est de leur père. Le Dr Niat se met en colère et leur répond d'une voix agacée qu'il a des colis à remettre à sa famille de Paris d'abord c'est après qu'il « s'occupera de tout ça ».

M. Niat est d'une extrême désinvolture. Il ne prend pas la peine de monter dans l'ambulance qui conduit André Marie Mbida à l'hôpital. D'ailleurs la destination finale il ne la connaissait pas, ce sont les ambulanciers français qui informent Louis Tobie Mbida et sa sœur. André Marie Mbida est admis à l'hôpital La Pitié Salpêtrière. Louis Tobie se présente à la chef de clinique dans la pièce où a été déposé son père, seul sur un brancard. Il est étudiant en médecine en Allemagne fédérale. Il a beau secouer son père qu'il a vu pour la dernière fois conscient et orienté trois ans auparavant : « Papa, Papa, Papa » mais André Marie Mbida est dans le coma. Il ne répond pas. La chef de clinique lui dit la vérité. Elle est scandalisée par les conditions de transport du malade et l'absence de conditionnement médical adéquat qui ont marqué le transfert médical de Mbida du Cameroun sur la France. Elle demande à Louis Tobie des informations médicales qu'il ne peut lui fournir. Le Dr Niat aurait peut-être pu le faire mais il n'est pas là. Le dossier médical qu'elle tient entre ses mains est léger. Aucun compte rendu de la prise en charge durant le transport ne se trouve dans le dossier.

André Marie Mbida est alors hospitalisé sur un lit de réanimation au service de neurologie du Professeur Pertuiset à la Pitié Salpêtrière. Quand Louis Tobie arrive le lendemain, rendre visite à son père le praticien hospitalier qui le reçoit est hors de lui. « Vous ne réalisez donc pas d'ionogrammes sanguins en Afrique ? regardez vous-même les taux de potassium, de glycémie et de créatinine, il s'agit d'un coma hyperosmolaire et le patient nous arrive avec une perfusion de glucose 5% de 1000 cc , c'est inadmissible». Louis Tobie est confus mais explique au médecin qu'il n'est que le fils, étudiant en médecine certes mais pas le médecin accompagnateur. Le médecin désigné pour le transfert a été brièvement aperçu à l'aéroport la veille. M. Niat a disparu depuis lors.

André Marie Mbida meurt à l'hôpital La Pitié Salpêtrière le 2 mai 1980 vers 3 heures du matin. Il est âgé de 62 ans.

Louis Tobie est chargé par la famille d'expédier un télégramme à l'attention du Président de la République, M. Ahmadou Ahidjo annonçant ce décès. A Yaoundé Alphonse Massi Mbida qui s'y trouve reçoit l'information tôt le matin de M.Olinga Rodolphe, son oncle maternel, qui travaille comme receveur à INTELCAM. Il appelle lui-même Paris pour avoir confirmation, Dans l'après-midi vers 14 h, Alphonse Massi Mbida se présente au cabinet de M. Victor Ayissi Mvodo, ministre de l'administration territoriale. La secrétaire qui est l'épouse de M. Jules Atangana le reçoit avec courtoisie. Il est annoncé auprès du ministre. Il attend assis à côté de l'ambassadeur du Niger dont l'audience est prévue de longue date déjà avec M. Ayissi Mvodo. Le nigerien parti, Alphonse est reçu. Le ministre l'apostrophe d'emblée : « alors ce n'est qu'à cette heure-ci que vous venez m'annoncer le décès de votre père ? »

Alphonse lui répond : « M. le ministre vous et moi savons que l'ambassade de France à Yaoundé et celle du Cameroun à Paris vous l'ont déjà annoncé, le but de ma venue ici est de savoir si l'Etat a prévu quelque chose de particulier, il s'agit en d'autres termes d'accorder nos violons à cette occasion ». M. Victor Ayissi Mvodo invite alors Alphonse à prendre place un peu à l'écart, tout en restant dans son bureau. Le ministre le fait assoir dans un angle de la pièce occupé par une table de travail. Alphonse l'entend parler : « Bonjour Excellence, j'ai dans mon bureau le fils Mbida venu m'annoncer le décès de son père ». Alphonse a compris qu'il s'agit d'une conversation avec le chef de l'Etat. Le Président Ahidjo semble demander à M. Victor Ayissi Mvodo lequel des fils Mbida se trouve dans son bureau. Le ministre se tourne vers Alphonse « vous êtes lequel des fils ? », « Je suis Alphonse » répond ce dernier. « Il s'agit d'Alphonse, Excellence ». Il s'ensuivra alors de nombreux « « oui Excellence, oui Excellence », au bout d'un certain nombre de « oui Excellence ». M. Victor Ayissi Mvodo raccroche le téléphone et fait savoir à Alphonse que « le Président Ahidjo a décidé d'organiser des obsèques officielles à Mbida. Le jour de son enterrement sera journée de deuil national au Cameroun ». Alphonse demande au ministre s'il peut se présenter à la radio nationale passer un communiqué d'avis de décès au nom de la famille. « Aucune objection », lui déclare le ministre. Il sort du bureau de M. Victor Ayissi Mvodo et en compagnie de Belinga Claude, fils du député Nogo Eugène, au volant d'une Renault 4L, ils arrivent à la maison de la radio à Yaoundé et se dirigent vers le bureau des communiqués. Le journaliste Jean Marcel Tamba, toujours très affable les reçoit et sur le ton de la confidence leur fait savoir que la radio nationale a été informée du décès de M. André Marie Mbida tôt dans la matinée mais que consigne a été donnée par M. Victor Ayissi Mvodo de tenir secrète cette information. Il est à noter que le président Ahidjo doit prêter serment deux jours plus tard.

A Yaoundé à l'annonce du décès, les principaux hauts fonctionnaires de l'administration centrale originaires de la Lékié, les députés de l'UNC, les grands commerçants : Théodore. Bella, Ndongo Essomba Jean Bernard et tous ceux qui se considèrent comme « hauts dignitaires de la Lékié » vont se réunir chez M. Charles Onana Awana, ministre originaire de la Lékié. Ce dernier ouvre le débat en ces termes : « Mo Haoussa a kar na'a ... » traduction, « Le Haoussa a dit que .... Il m'a demandé de vous réunir afin que vous lui expliquiez comment vous voulez enterrer votre frère ». Au cours de la réunion M. Jean Tsanga, ancien trésorier payeur à Douala, ancien directeur de cabinet d'André Marie Mbida en 1957-58, appelle Paris du domicile de M. Onana Awana Charles. Il présente ses condoléances à Mme Mbida et s'informe sur la suite pratique des évènements. Mme Mbida lui répond que la dernière volonté de Mbida est de se faire enterrer chez son beau- père Assiguena Fabien à Nkol-Eduma près d'Efok en attendant que puisse lui être donnée un jour, une sépulture définitive. Jean Tsanga pousse un cri de rage. Il n'est pas d'accord. « Chez les Betis les choses ne peuvent pas se passer ainsi » déclare-t-il. « Un homme », dit-il, « et qui plus est un vrai chef tel que l'aura été Mbida ne peut pas se faire enterrer sur les terres dont est originaire son épouse ».

Il tend le combiné de téléphone à M. Onana Awana Charles : il n'est pas d'accord non plus. Dans le studio qu'habite Thérèse Marie Mbida à la Place d'Italie à Paris, en présence de M. André Tsalla Messi et de l'abbé Angoni Clément, une joute téléphonique va s'engager entre Mme Mbida et le domicile de M. Onana Awana Charles à Yaoundé. Madame Mbida déclare à M .Onana Awana Charles que les dernières volontés de son mari seront appliquées et respectées et que, mort le 2 mai 1980, elle veut descendre au Cameroun le 8 mai 1980 afin que Mbida soit enterré le 10 mai 1980, date anniversaire du jour où il a levé le tout premier drapeau camerounais. En entendant ces propos à l'autre bout du fil à Yaoundé, M. Charles Onana Awana va répondre avec colère et véhémence en Eton à Mme Mbida : « Lemog dzé yi Politik nga'a » traduction « alors ça devient quoi, de la politique ? ». Question absurde quant on sait que toute la vie de Mbida aura été essentiellement vouée et consacrée à la politique.

Le ministre Charles Onana Awana fait saisir M. Mvogo Ambroise « son frère du village », consul du Cameroun à Paris qui en parle à M. Bakoto, ambassadeur du Cameroun à Paris. Les deux hommes vont demander à rencontrer Mme Mbida, Louis Tobie Mbida et Thérèse Marie pour obtenir que la date du 08 mai comme date de levée du corps à Paris soit changée. Le Professeur Melone Thomas qui se trouve à Paris durant cette période vient assister et réconforter la famille Mbida : il est ulcéré par toutes ces « magouilles » et fidèle à lui-même, homme sans peur et sans reproche : il le dit tout haut. Contrainte et forcée la famille Mbida se verra imposer une date pour le retour du corps au Cameroun.

La dépouille mortelle de Mbida n'arrive à Yaoundé que le 11Mai 1980 au soir. La foule est nombreuse, immense, compacte, de l'aéroport de Yaoundé jusqu'à Mbankolo où se déroulera la veillée funèbre. La famille avait prévu une messe à la cathédrale de « Notre dame des Victoieres » de Yaoundé avant l'inhumation à Efok. La messe à la Cathédrale de Yaoundé est interdite par le gouvernement car c'est en face de la cathédrale de Yaoundé que le 10 mai 1957, André Marie Mbida leva le tout premier drapeau camerounais. On craint des émeutes dans la ville, si le corps de Mbida est exposé à la cathédrale de Yaoundé, souffle t-on aux Mbida. M. le colonel Ndongo Nkoa, policier, commandant du corps urbain de Yaoundé viendra le signifier personnellement à la famille Mbida. Le corps est acheminé vers Efok le lendemain en mi-journée avec interdiction formelle de s'arrêter où que ce soit d'autre en dehors de la mission catholique d'Efok. Il reste pourtant des résistances concernant le lieu de l'inhumation. Quelques jours avant, Alphonse âgé de 21 ans a rencontré M. Sadou Daoudou, ministre de la défense chargé par le Président Ahidjo de représenter le gouvernement aux obsèques de Mbida. Dans le bureau de M. Sadou Daoudou, les choses ont failli se gâter, parce qu'Alphonse a demandé au ministre, de laisser le processus d'inhumation se dérouler, tel que son père l'avait exprimé dans ses dernières volontés. M. Sadou Daoudou hésite Alphonse insiste. Et le ministre de lui dire : « Vous êtes venu dans mon bureau pour m'agresser ? », « Absolument pas, M. le ministre» lui répond Alphonse.

A son arrivée à Yaoundé, Louis Tobie Mbida est convié au domicile d'Athanase Eteme Oloa désigné comme porte-parole du groupe des « élites de la Lékié ». M. Eteme demande à Louis Tobie son avis sur tous ces évènements et souhaite obtenir son accord sur un certain nombre de dispositions prises ou à venir. Louis Tobie écoute le groupe constitué de quelques « dignitaires Eton » et leur pose juste une question essentielle :

« Vous, prétendus dignitaires de la Lékié, revendiquez aujourd'hui d'appliquer la coutume et la tradition à l'occasion de l'inhumation de Mbida. Qu'avez-vous fait pour lui de son vivant ? Son décès n'est pas survenu brutalement à la suite d'un accident. Sa mort n'est pas une surprise. Vous avez abandonné l'Homme à son sort, il est mort à petit feu depuis Banyo. Le décès constaté ce jour n'est que l'aboutissement d'un processus long, douloureux et pénible. La décrépitude était visible, la fin inéluctable. Du vivant de Mbida, ceux parmi vous qui croisaient Mme Mbida au marché ou ailleurs lui demandaient : « Alors comment va « Feu l'homme », « Idzon e Mot », d'autres disaient « Comment va celui qui fut ?». Vous n'osiiez même plus prononcer son nom en public. Tous, vous trembliiez de peur de prononcer le nom de Mbida, craignant le retour de bâton d'Ahidjo. Il est étonnant que sur commande, parce que le même Ahidjo, chef de l'Etat l'exige, que vous vous retrouviiez à réfléchir sur la meilleure des manières d'enterrer Mbida. Vous êtes en train de vouloir l'enterrer vivant et il a toujours dit que si on l'enterrait vivant, même de la tombe, il continuera à parler et à dénoncer l'absence de démocratie au Cameroun, la dictature, l'injustice, l'arbitraire, les inégalités, l'abus de pouvoir, la corruption, la cooptation, le népotisme et la gabegie, il ne cessera jamais de revendiquer l'amélioration des conditions de vie des camerounais. Où est donc passée votre dignité d'hommes, qu'est devenue votre fierté de Beti « seigneurs de la forêt » que vous êtes supposés être ? Les traditions Bantous recommandent la générosité, la solidarité et l'entraide entre les hommes, verser le sang de l'autre est un péché grave dans les traditions Beti. On parle alors de « Tso'o ». Vous avez d'une manière ou d'une autre versé le sang de Mbida. Je ne vous reconnais par conséquent aucun droit à l'organisation de ses obsèques ». Le seul à se lever pour répondre sera M. T. Bella, brouillon et superficiel comme il l'aura été toute sa vie : « Mbida s'est abandonné tout seul en restant un éternel opposant ! Ce n'est pas nous qui l'avons abandonné !» déclara-t-il.

Louis Tobie Mbida arrive d'Allemagne Fédérale où il est étudiant, boursier du DAAD, il a cinq jours pour assister au deuil de son père. Pour la construction du caveau qui recevra la dépouille mortelle d'André Marie Mbida rien n'est prévu. Alors, il ira voir M. Sollo Lucien, délégué du gouvernement auprès de la commune urbaine de Yaoundé. Monsieur Lucien Sollo est le père de Jean William Sollo un des « grands frères » de Louis Tobie Mbida, Solange Sollo est une amie et camarade de collège de Thérèse et Louis Tobie, ils ont révisé ensemble lors de la préparation du baccalauréat. Louis Tobie va rencontrer le père Lucien Sollo qui sans aucune hésitation lui signe un bon à présenter à la GTE (Grand Travaux de l'Est) sis à Etoudi. Il se présente avec le bon du délégué Sollo et obtient deux camions de gravier, du sable et du ciment qui seront déposés par les poids lourds de la GTE pour construire le caveau d'André Marie Mbida. Entre temps le groupe des dignitaires de la Lékié, vexé par le refus des Mbida de se soumettre à leur volonté, fait pression auprès du Président Ahidjo pour que ce deuil soit ramené à sa plus simple expression. Pour les dignitaires de la Lékié, Mbida ne mérite pas autant d'égards car il a été toute sa vie un opposant au régime. Il ne restera plus que les obsèques officielles sans journée de deuil national.

Un peloton de gendarmerie dirigé par Messieurs Angouang, aujourd'hui Général et le commandant Ngono rendra les derniers hommages à Mbida à Efok. Louis Tobie Mbida y prononcera un discours où il soulignera que son « père a eu des adversaires politiques mais pas d'ennemis car la haine devrait être exclue du champ politique et de tous les rapports humains »

De droite à guache: M. le ministre Emmanuel Zoa Oloa, M. le ministre Antar Gassagay, M. le ministre Joseph Mbede.

De droite à gauche Thérèse Marie Mbida Nkou, Madame Tsalla Messi, Monsieur le ministre André Tsalla Messi, Alphonse Massi Mbida en 2005 chez Louis Tobie Mbida à Paris.

De droite à gauche M. le ministre Charles Onana Awana, Louis Tobie Mbida, M. le ministre Tsalla Mekongo Germain, M. le Professeur Martien Towa chez Louis Tobie Mbida à la Clinique Mbida (Yaoundé).

CHAPITRE III

Madame Anne Aymone Giscard d'Estaing

En 1980, Louis Tobie Mbida est étudiant en Allemagne Fédérale, à son retour en Europe après l'enterrement de son père au Cameroun, il écrit à Mme Anne Aymone Giscard d'Estaing. Sa mère est malade, ses frères et sœurs sont jeunes, il est étudiant et sa sœur Thérèse aussi. Madame Mbida Marguerite a failli, quatre mois après le décès de son mari, mourir d'une crise hypertensive à Yaoundé. Louis Tobie Mbida a eu sa mère au téléphone, elle lui a rapporté des scènes qu'elle a mal vécues. Après l'agitation ayant entouré les obsèques officielles d'André Marie Mbida, les choses ont repris leur cours normal. En décidant d'offrir des obsèques officielles à Mbida, le président Ahmadou Ahidjo avait implicitement sifflé la mi-temps dans le jeu des vexations et autres provocations permanentes et gratuites infligées aux Mbida. Les humiliations et la mise à l'écart habituelle s'arrêteront le temps des obsèques de Mbida - et encore. André Marie Mbida enterré, le rythme normal de la mise à l'écart a recommencé. L'ostracisme est revenu. Les Mbida sont de nouveau « persona non grata » au Cameroun.

Madame Mbida attend un taxi au bord de la route sous le soleil de midi, en plein centre ville de Yaoundé, des voitures ralentissent à son niveau, plusieurs souvent seuls dans leurs véhicules, avec ou sans chauffeurs baissent la vitre, lui font un signe de la main : « Alors Madame Mbida ça va ? » et redémarrent en rigolant et en s'esclaffant. Personne ne lui propose de la déposer jusqu'à sa destination. Elle en a marre et en a parlé à Louis Tobie. Après la mort de son mari, elle a des difficultés pour percevoir sa pension de veuve d'ancien premier ministre auprès du Trésor Public à Yaoundé. Elle décide de rencontrer le ministre de la justice, Monsieur Gilbert Andze Tsoungui, principal ministre de la région du Centre dans le gouvernement Ahidjo de cette époque. Il habite, lui a-t-on expliqué, derière la résidence du Premier Ministre. Elle est à pied, il fait chaud, il est presque midi, elle est malade, elle a gravi en soufflant et en respirant avec difficultés, la colline qui mène jusqu'à la résidence du ministre. Arrivée devant le portail, elle l'a vu passer assis derrière son garde du corps dans son véhicule de fonction. Le ministre l'a aperçue mais lui fait répondre par un de ses agents, qu'il n'a pas le temps de la rencontrer.

On lui demande au niveau du portail de la résidence du ministre, si elle n'a pas besoin d'un verre d'eau puisqu'elle est en sueur. Madame Mbida Marguerite quitte les lieux sans un mot. En insistant, elle rencontrera M. Gilbert Andze Tsoungui quelques jours plus tard à son bureau. Madame Mbida est venue le voir pour une intervention auprès du Trésor Public afin d'accélérer la procédure de payement de sa pension de veuve. M. Gilbert Andzé Tsoungui ne réglera pas son problème auprès du trésor mais lui déclarera: « Madame Mbida, je comprends vos difficultés financières, votre époux n'a mis que neuf mois aux affaires. C'est insuffisant pour se préparer et amasser quelque chose pour le futur ». La réponse de M. Gilbert

Andze Tsoungui en 1980 déjà, il y a 30 ans est révélatrice et symptomatique de la mentalité des « hommes du pouvoir » au Cameroun. Cette phrase prononcée par M. Andze Tsoungui Gilbert en 1980, peu de temps après la mort de son époux, Madame Mbida Marguerite n'a jamais pu l'oublier et elle n'a jamais accepté que le fait d'être « aux affaires » soit synonyme d'enrichissement personnel.

Son mari en démissionnant de son poste le 17 février 1958 avait abandonné les fonds secrets du Chef de l'Etat camerounais de 1958 qu'il gardait à domicile. Monsieur Courau un de ses collaborateurs français aura beau insister : « Monsieur Mbida, c'est argent est à vous, il a déjà été défalqué du budget » mais Mbida va catégoriquement refuser de toucher à cet argent. « C'est l'argent de l'Etat, il est désormais à Ahidjo » va répondre Mbida. La rencontre avec M. Gilbert Andze, s'ajoutant à toutes ces personnes qui la narguent, c'est vrai, elle en a vu d'autres et des pires mais elle ne supporte plus toutes ces vexations, ces provocations et autres humiliations gratuites. Ces scènes lui ont fait mal. Elle en a parlé à son fils qui est étudiant en médecine en Allemagne Fédérale. Louis Tobie a compris : se morfondre seul dans son coin à attendre une solution hypothétique sans en référer à ceux qui en ont les moyens et le pouvoir d'agir est contre – productif : c'est une attitude de fausse fierté qui peut provoquer plus de mal que de bien. Quand il faut venir en aide aux siens, Il faut s'engager à fond. Il faut agir. Il écrit donc à Mme Anne Aymone Giscard d'Estaing, son époux est chef d'Etat de la France de 1981. Il n'a pas de réponse.

Au bout d'un mois d'attente, d'une cabine téléphonique sur la rue Oskar-Orth, face à la maison d'étudiant où il loge à Homburg – Saar, Louis Tobie Mbida demande le numéro de téléphone de l'Elysée aux renseignements internationaux. L'opératrice hésite. Louis Tobie persiste. Elle le met en relation avec son chef hiérarchique et obtient le numéro de téléphone du standard du Palais de l'Elysée. Il appelle : une voix d'homme lui répond. Il explique son problème : « j'ai fait parvenir il y a plus de quatre semaines un courrier à l'attention de Madame Anne Aymone Giscard d'Estaing, je sais que le courrier est arrivé à l'Elysée puisque j'ai en main l'accusé de réception de la poste. Je souhaite juste savoir quelle est la suite qui a été réservée à ma requête ».

L'homme, après l'avoir écouté attentivement, le met en relation avec un autre poste. Cette fois, c'est une voix de femme qui lui répond. Louis Tobie recommence son laïus. La dame à l'autre bout du fil l'écoute, demande des précisions et le met en relation avec une seconde femm. La voix semble venir de très loin. Il ne sait pas à qui il s'adresse mais cette seconde dame lui recommande d'expédier de nouveau le même courrier par la poste. Louis Tobie Mbida qui débute bientôt ses vacances d'hiver à la faculté de médecine de Homburg Saar, décide de se rendre en personne à l'Elysée, déposer son courrier au lieu de le poster. Quand il arrive à Paris, il explique à sa sœur sa démarche. Thérèse n'y croit pas. « Ces gens ont leurs problèmes, nous sommes en février 1981, la campagne de Giscard contre Mitterand est en cours. Tu es complètement fou.»

Deux jours après son arrivée à Paris, on est un lundi, Louis Tobie met son plus beau costume et jette sur ses frêles épaules d'étudiant de 24 ans, un manteau. Il prend place dans un taxi à la Place d'Italie qui le conduit jusqu'à la rue du Faubourg Saint Honoré. Le chauffeur de taxi hésite à le déposer en face de l'entrée principale du Palais de l'Elysée. En bougonnant, il le dépose plus loin. Louis Tobie Mbida revient sur ses pas et se présente résolument à la guérite des gardes Républicains en faction à l'Elysée. Il leur explique qu'il a un courrier à faire parvenir au secrétariat de Mme Anne Aymone Giscard d'Estaing. Un policier lui tend lá main « c'est très bien remettez nous le courrier ». Louis Tobie a appris de son père qu'un courrier important auprès d'une administration ne se dépose que contre décharge. Il a prévu un cahier de transmission. C'est tout ce qu'il avait d'ailleurs dans sa sacoche ce jour là : un cahier de transmission et le courrier adressé à Mme Anne Aymone Giscard d'Estaing.

Il fait décharger le courrier par un des policiers de la guérite et quitte les lieux. Le courrier a été déposé un lundi de février 1981. Le jeudi, trois jours après: le téléphone sonne, Thérèse est chez elle. C'est elle qui décroche : « Ici le Palais de l'Elysée .... », Thérèse lâche le combiné qui lui tombe des mains. Avec un regard teinté d'incrédulité et de surprise, elle ramasse le combiné et le tend à son frère. « Je crois que c'est pour toi, c'est le Palais de l'Elysée ». Louis Tobie prend le téléphone et se présente. A l'autre bout du fil c'est une voix d'homme qui lui parle.

« Je suis Martin Kirsch, chargé des affaires africaines à l'Elysée, vous avez fait parvenir un courrier à Mme Anne Aymone Giscard d'Estaing, elle m'a demandé de vous recevoir, quand peut-on se voir ». « Demain matin si vous voulez Monsieur Kirsch », « Alors à demain matin M. Mbida ». Lorsque Louis Tobie Mbida arrive cette fois-là à l'Elysée, il est attendu et conduit à l'intérieur du Palais jusqu'au bureau de M. Martin Kirsch.

« En quoi pouvons nous vous aider M. Mbida, nous savons que votre père vient de décéder et que votre mère est malade. Avez-vous besoin d'argent ? ». « Je vous remercie de m'avoir reçu si vite, M. Kirsch. Je ne suis pas venu vous demander de l'argent. Je souhaite trois choses : que ma mère qui est malade soit soignée dans les conditions adéquates en France, que mes frères et sœurs Alphonse, Simon et Bernadette encore aujourd'hui au Cameroun nous rejoignent en Europe. Que tous puissent bénéficier de bourses d'Etudes, c'est aussi le cas de Paul l'un de mes frères qui se trouvent déjà à Paris. Je ne demande rien pour moi j'ai une bourse d'études du DAAD qui m'a été octroyée par l'Allemagne Fédérale, ma sœur Thérèse fait des études et travaille comme secrétaire juridique ». Martin Kirsch fronce les sourcils : « Justement à ce sujet, nous ne comprenons pas ce que vous êtes allé faire en Allemagne », « J'ai bénéficié d'une bourse d'études avantageuse » lui répond Louis Tobie Mbida. « Nous aurions aussi pu vous en donner une en France » rétorque M. Kirsch. Ils ont compris tous les deux qu'il s'agit d'un sujet délicat et ne vont pas plus loin, d'ailleurs ce n'est pas le but de la rencontre.

Peu après cette rencontre, Mme Mbida est arrivée à Paris : l'Elysée a demandé qu'elle soit reçue en sa qualité de veuve d'ancien député au Palais Bourbon par le président de l'assemblée nationale Française : M. Jacques Chaban Delmas. Louis Tobie Mbida rentre en Allemagne poursuivre ses études de médecine. Paul et

Thérèse qui sont à Paris vont accompagner leur mère au Palais Bourbon rencontrer M. Jacques Chaban Delmas, président de l'assemblée nationale. Elle est reçue avec une grande amabilité et beaucoup de respect par le Président de l'Assemblée Nationale française. Les choses vont aller très vite à partir de cet instant. Un grand appartement est mis à la disposition de la famille Mbida. Les pensions de veuves d'ancien député et conseiller de l'Union française sont revalorisées à la hausse avec un rappel d'annuités. Les plus jeunes des enfants, Simon et Bernadette, arrivent du Cameroun : Simon débute sa classe de quatrième et Bernadette sa classe de cinquième.

ASSEMBLÉE NATIONALE

PRÉSIDENCE

LE CHEF DU CABINET 021151

BD/mdc

RÉPUBLIQUE FRANÇAISE

LIBERTÉ - EGALITÉ - FRATERNITÉ

PARIS, LE 26 MARS 1981

Madame,

Monsieur Martin KIRCH, Conseiller technique à la Présidence de la République, a informé le Président Jacques CHABAN-DELMAS de vos difficiles conditions actuelles de logement.

Je serais heureux de pouvoir vous rencontrer afin d'étudier avec vous votre situation et de vous faire part des possibilités d'action du Secrétariat Général de la Questure de l'Assemblée Nationale à ce propos.

Mon Secrétariat, au 705-30-10 -Poste 285, est à votre disposition pour déterminer si vous le désirez la date et l'heure d'un rendez-vous.

En espérant pouvoir vous aider à trouver une solution convenable, je vous prie, Madame, d'agréer l'expression de mes hommages respectueux.

Bertrand DURUFLÉ

Madame M'BIDA
36, Avenue d'Italie
75013 - P A R I S

PRÉSIDENCE
DE LA
RÉPUBLIQUE

Paris, le 16 avril 1981

Madame,

Vous aviez écrit à Madame GISCARD d'ESTAING pour lui signaler votre situation précaire à Paris .

J'ai, personnellement, reçu, à la demande de Madame GISCARD d'ESTAING, l'un de vos fils et je suis intervenu auprès du Secrétariat général de la questure de l'Assemblée nationale, afin que le problème de votre logement puisse être réglé .

Par ailleurs, à la suite de notre entretien téléphonique, j'ai eu des assurances de la Préfecture de police, en ce qui concerne l'obtention de votre carte de séjour .

Si d'autres problème se posaient à vous, votre interlocuteur naturel pourrait être, en raison des fonctions antérieurement assumées par votre mari, M. DURUI Chef du Cabinet du Président de l'Assemblée nationale .

Veuillez agréer, Madame, les assurances de ma considération distinguée .

Martin KIRSCH.

Madame M'BIDA
36, avenue d'Italie
75013 PARIS

Ces deux courriers illustrent une chose : tant que d'anciens responsables africains, leurs épouses, leurs descendants, tant que de jeunes africains anonymes, des femmes africaines inconnues seront obligés d'aller chercher la paix et la stabilité socio-économique en Europe et aux Etats Unis, l'Afrique ne pourra pas se dire indépendante et ne connaîtra pas de véritable essor. Les causes et les responsables de cette situation tant en Afrique qu'en Europe devraient être identifiés. A toutes les époques et sous tous les cieux, les hommes ont toujours ressenti le besoin d'aller chercher ailleurs ce qu'ils ne trouvaient pas chez eux. Les

Américains, les Australiens, les Néo-zélandais, les Sud-africains ne pourraient pas dire le contraire. Cela est légitime et humain mais le cas de l'Afrique mérite qu'on réfléchisse à des solutions afin que les Africains deviennent à leur tour des hommes et des femmes qui voyagent en courts séjours pour leur plaisir, pour des échanges universitaires, commerciaux, professionnels, pour le sport, les arts et la culture. On rencontre aujourd'hui plus d'anciens chefs d'Etats africains, d'anciens ministres africains sur les bords de la Seine ou de la Tamise que sur ceux de la Sanaga, du Congo, du Nil, du Niger ou de la Bénoué. C'est insultant et désolant pour l'Afrique!

L'Afrique des immigrés et des sans papiers appartiendra au passé quand son triste présent politique sera dépassé.

Louis Tobie Mbida en tire une leçon pour la vie

- se battre pour améliorer les conditions de vie de ceux dont on a la charge ou qui sollicitent d'être à notre charge est un devoir physique, moral et mental.
- Ne jamais céder tant qu'on n'a pas tout essayé.
- Il s'en veut de n'avoir pas tout essayé pour son père parce qu'en tant qu'étudiant il se croyait faible et insignifiant.
- Avoir confiance en soi même.
- Espérer et croire jusqu'au bout.
- Ne jamais baisser les bras, se battre avec la tête toujours, toujours se battre pour les causes bonnes et justes
- Aller à la recherche et à la rencontre d'hommes et des femmes de bonne volonté.
- Mme Anne Aymone Giscard d'Estaing en reste un exemple : une très Grande Dame, discrète qui ne crie pas sur les toits tout ce qu'elle fait pour les autres.

Madame Anne Aymone Giscard d'Estaing

Les élections Présidentielles de 1981 en France s'achèvent par le départ du Président Valéry Giscard d'Estaing et l'arrivée des socialistes avec Monsieur François Miterrand. A l'Assemblée Nationale Française, le changement de Majorité va lui aussi provoquer le départ de Monsieur Jacques Chaban Delmas. Malgré tous ces bouleversements politiques et personnels, le Président Chaban invite Madame Mbida et l'introduit personnellement auprès du nouveau président de l'Assemblée Nationale Française, Monsieur Louis Mermaz qui désignera un questeur ayant à charge le dossier individuel de Madame Mbida. Ses enfants et elle-même seront convenablement logés par l'Assemblée Nationale Française, les soins médicaux les meilleurs leurs seront prodigués et tous les enfants bénéficieront de bourses d'étude confortables. La famille Mbida va cependant connaître en 1985 une autre grande douleur: le décès de Paul Etoga Mbida âgé de 23 ans, brillant étudiant en Mathématiques à l'Université de Jussieu Paris 5.

Chapitre IV

Le retour au Cameroun

Un an avant son retour au Cameroun, il vient de terminer ses études mais se trouve encore en Allemagne Fédérale au 1er septembre 1986. Le président Paul Biya réalise un voyage officiel à cette date en Allemagne Fédérale. Quelques Camerounais ayant étudié en Allemagne sont invités à rencontrer le Président Biya. Initialement, Louis Tobie Mbida n'en fait pas partie. Alors un des diplomates de l'ambassade du Cameroun à Bonn, Monsieur Mbarga, se demande pourquoi Louis Tobie Mbida n'a pas été invité à cette rencontre. Il envoie un câble à Yaoundé pour obtenir l'accord d'inviter Louis Tobie Mbida. Il y aurait eu des réticences et finalement Monsieur Mbarga qui insiste obtient que Louis Tobie Mbida fasse partie du groupe de Camerounais vivant en Allemagne invités à rencontrer le chef de l'Etat Paul Biya.

En fait de rencontre, un camerounais du nom d'Edimo sera choisi pour lire un texte de bienvenue au Président de la République et ce sera tout. Louis Tobie Mbida s'est douté que la rencontre allait se dérouler ainsi. Il a donc préparé un courrier manuscrit qu'il remet à Monsieur Joseph Marcel Ndi, un des grands journalistes Camerounais de cette époque qui est du voyage en lui demandant de faire parvenir ce courrier au chef de l'Etat. De nombreuses personnes se disant bien introduites ont fait savoir à Louis Tobie Mbida que son retour au Cameroun, malgré le changement au sommet de l'Etat, poserait des problèmes au pouvoir en place. Tel fonctionne le Cameroun sur la base de rumeurs permanentes caractérisant les systèmes politiques opaques. Louis Tobie Mbida ne comprend pas pourquoi. Son père André Marie Mbida est mort 6 ans plus tôt, le président Amadou Ahidjo n'est plus aux affaires, que peut-il avoir fait de mal au Cameroun pour ne pas avoir le droit de rentrer au pays? Il rédige un courrier dans ce sens et reçoit, toujours en Allemagne, un courrier signé de Monsieur René Sadi qui lui explique qu'il n'en est rien, il peut à tout moment revenir au Cameroun. En 1987, Louis Tobie Mbida a terminé ses études en Allemagne fédérale. Encouragé par sa mère. Il décide de rentrer au Cameroun et commence aussitôt à exercer comme médecin à Nkol-Eduma. Il crée à Nkol – Eduma, près d'Efok, sa première structure médicale qui prend rapidement un essor remarquable. Monsieur Jean Nkuete, secrétaire Général à la Présidence de la République lui signe un agrément lui permettant de s'installer comme médecin en clientèle Privée et il décide en 1989 de s'installer à Yaoundé. Il a demandé un crédit à la BCD (Banque camerounaise de développement) pour s'installer comme médecin en clientèle privée. Le Directeur de la Banque : M. Valère Abanda Metogo le reçoit avec cordialité mais le crédit tarde à venir et Monsieur Abanda Metogo lui répond : « ne t'en fais pas si ça traîne, petit frère, même s'il vient avec retard, l'argent est bon à tout moment». Abanda Metogo, confie alors Louis-Tobie Mbida au Directeur du crédit M. Clovis Abogsso. M. Abogsso, après étude du dossier, déclare à Louis-

Tobie Mbida que la somme demandée soit : 56 000 000 FCFA (cinquante six millions de Francs CFA) n'est pas « une bonne somme ».

Louis-Tobie veut savoir pourquoi, alors M. Clovis Abogsso lui répond que « le chiffre cinquante est un chiffre fatidique ». Il lui demande de ramener arbitrairement sans autre explication, la somme demandée à 48 000 000 FCFA. Bref après une année de tribulations et autres tergiversations, la demande de crédit de Louis-Tobie Mbida, n'aboutira pas. Louis-Tobie Mbida lancera sa clinique sur fonds propres en 1989. En 1987, année de son retour au Cameroun, pendant qu'il exerce au village de Nkol-Eduma un groupe de démocrates, militants très anciens du PDC : Messieurs Ngoumou Joseph, Bounoungou Antoine, Tsoungui Enygue Samson, Bikelé Ekani Gaston, Moud Benjamin et d'autres, va faire le déplacement jusqu'au village pour lui rappeler qu'il a des « obligations vis – à – vis du peuple ». Ils attendent de lui qu'il s'engage politiquement. Louis Tobie Mbida écoute, reste poli mais ne réagit pas aux sollicitations politiques clairement formulées par les anciens compagnons de route de son père. En 1990 le Cameroun tout comme de nombreux autres pays africains après le discours de la Baule commence à frétiller politiquement. Au Cameroun, l'assemblée nationale décide de voter une série de lois appelées « lois sur les libertés ».

Encore une fois les anciens démocrates reviennent à la charge. Cette fois-ci, ils ont avec eux l'ancien des anciens : M. Adalbert Atangana magistrat à la retraite qui faisait déjà partie du COCOCAM, le comité de coordination qui avait aidé à faire élire Mbida en 1955 contre M. Louis Paul Aujoulat. Louis Tobie Mbida est à la tête d'une clinique qui marche plutôt bien. Il a des contrats: avec « Diwydag », constructeur de l'aéroport de Yaoundé Nsimalen, dirigé par des allemands, avec le Crédit Agricole dirigé par un allemand, avec « Scannwater » dirigé par des suédois germanophones car ayant étudié en Allemagne, il obtient facilement des contrats auprès des sociétés allemandes installées au Cameroun. Il a connu le feu de la politique dans sa prime jeunesse, il estime qu'il a assez donné, il veut quelques années de paix personnelle, il tergiverse. Il propose un compromis aux anciens : il financera un certain nombre d'actions ponctuelles, il voyagera discrètement à travers le monde à ses frais et représentera le PDC partout où ils seront invités.
M. Adalbert Atangana et toute l'équipe des anciens du PDC lui signent une procuration à cet effet.

A la fin de l'année 1990, il est invité à un colloque par l'Université de Wiesbaden en Allemagne Fédérale. Il en profite pour se rendre à Bonn et présenter le PDC aux cadres de la CDU et du SPD. Au passage, toujours en 1990, accompagné de M. Jacques Bimaï, il rencontre le président de la chambre de commerce de Frankfurt. A son retour au Cameroun il rend compte aux anciens. Début 1991 les « 20 lois sur les libertés au Cameroun » sont votées. L'affaire Yondo Black et Ekané Anicet qui avaient revendiqué le retour au multipartisme par une action en justice bien avant la promulgation des lois sur les libertés est toute fraîche. M. Dicka Akwa fait savoir qu'il va faire légaliser l'UPC. M. Eboua Samuel annonce la résurrection de l'UNC avec pour nouveau sigle l'UNDP. Les anciens démocrates se tournent de nouveau vers Louis Tobie Mbida.

Ils estiment que ce serait une honte que d'autres formations politiques soient Re - légalisées et que le PDC ne le soit pas. Louis Tobie au plus profond de lui-même sait qu'ils ont raison. Il se demande juste si le moment est venu de le faire. Il organise des réunions à Mbankolo, entouré de plusieurs jeunes cadres de bonne volonté : Messieurs Ze Ondoua, Mvogo Athanase, Pierre Monayong, l'Abbé Jacques Philippe Tsalla pour ne citer que ceux là, afin de réactiver le PDC. Le travail s'organise, les tâches se précisent et les rôles vont se distribuer. Le dossier de demande de légalisation du PDC est prêt, conformément aux termes des lois sur les libertés de 1990. Un groupe constitué de Messieurs Tsoungui Samson, Bounoungou Antoine, Bikele Ekani Gaston est désigné pour déposer le dossier de demande de relégalisation aux services du gouverneur de la province du Centre. Ils se présentent au secrétariat de M. le Gouverneur Namvu. Cet homme est un géant de la forêt de par sa taille et sa corpulence. Le groupe désigné pour déposer le dossier en revient ventre à terre, hors d'haleine. Les services de la province sont à quelques mètres de la clinique où exerce Louis Tobie Mbida. Le groupe s'engouffre dans le bureau de Louis Tobie, ils donnent l'impression d'avoir rencontré le diable en personne. Ils prononcent un seul mot en Beti devant Louis Tobie Mbida : « Ndugru ! » traduction « Il a fait très chaud là-bas !».

M. Ekané Anicet Président du MANIDEM. En1989 avec M. Yondo Black, ils oseront du temps du parti unique, porter plainte contre l'Etat camerounais pour revendiquer le retour à la démocratie et au multipartisme.

Maître Yondo Black

Chapitre V

L'entrée dans la politique active

Louis Tobie Mbida a compris qu'il va falloir s'occuper lui-même du dossier de relégalisation du Parti des Démocrates Camerounais (PDC). C'est ce que lui demande avec insistance le groupe des anciens militants et responsables démocrates, compagnons de route d'André Marie Mbida. Ils lui affirment que lui, fils de Mbida, médecin, a une raison sociale qu'ils n'ont pas. Ils sont fonctionnaires retraités des catégories B ou C, sans moyens financiers. Une réunion est convoquée, le comité exécutif du PDC est réorganisé, après un vote à l'unanimité, il y est inscrit le nom de Louis Tobie Mbida comme président national du PDC. A partir de cet instant le processus va s'accélérer. Louis Tobie Mbida se présente au secrétariat de M. Namvou accompagné d'un groupe de personnes décidées. Après un échange vif mais clair au secrétariat du Gouverneur de la Province du Centre, ils sont reçus par M. Namvou et un récépissé de dépôt de dossier de demande de légalisation du PDC leur est remis.

Contrairement à une rumeur communément répandue, Louis Tobie Mbida ne s'est pas accaparé du Parti des démocrates Camerounais. En mémoire de tous ceux qui ont lutté pour les idées du PDC, pour la justice sociale, l'amélioration des conditions de vie des camerounais et l'essor d'une vraie démocratie participative, il a accepté de reprendre en toute connaissance de cause un fardeau très lourd à porter. Dès cet instant de février 1991, Il n'y aura plus qu'à attendre que l'administration suive son cours et que le PDC soit de nouveau officialisé le 05 avril 1991. Peu avant, les anciens du PDC ont reçu, en janvier 1991, une invitation du Parlement Européen. Par conséquent, conformément aux accords passés en décembre 1990 entre les anciens du PDC et Louis Tobie Mbida, c'est à Louis Tobie de payer son billet d'avion et de se présenter à cette rencontre au nom du PDC. La rencontre a lieu à Dakar au Sénégal, elle est présidée par M. Abdou Diouf et organisée par le Parlement Européen. Un représentant du NED (National Endovement for Democracy), Monsieur Paul Nathanson, est présent dans la salle.

Louis Tobie Mbida arrive dans la nuit de dimanche à Dakar. Pendant que la majeure partie des conférenciers se répandent dans les bars de l'hôtel Teranga et dans les boîtes de nuit de la ville de Dakar, Louis Tobie Mbida se penche sur le programme de la rencontre et rédige un exposé en rapport avec les thèmes consignés dans le programme. Le lundi quand débute la conférence, après les discours d'usage et l'ouverture solennelle par M. le Président Abdou Diouf, les délégations se retrouvent pour les débats en commission. Les thèmes portent sur « la démocratisation en Afrique, ses progrès et ses freins ». Un tour de table est organisé pays par pays. Le représentant officiel du Cameroun est M. le député Mballa du RDPC, en réalité le PDC ne devrait même pas être dans la salle puisque nous sommes en mars 1991 et que le PDC n'a pas encore été relégalisé. Le député du RDPC, Monsieur Mballa, frère du Général Semengue, quand c'est au tour du Cameroun de prendre la parole, se tourne vers Louis Tobie Mbida et lui demande en Beti «A fils Ye o bo foa dzom nga'a ? a dzo daan...»

Traduction «Fils aurais tu préparé un papier ..... pour nous, le Cameroun ?». Louis Tobie Mbida présente donc l'exposé rédigé la veille sur le processus de démocratisation en Afrique.

Le député Mballa à gauche sur l'image, Louis Tobie Mbida et M. Foumonyoh à Dakar les 25 et 26 Mars 1991.

A la suite de cette présentation le représentant du National Endovement For Democracy, l'américain Paul Nathanson, le représentant de la république du Cap Vert, le représentant du Parlement Européen, le Maire de Dakar le colone M. Mamadou DIOP, vont solliciter une copie de cet exposé. L'exposé de Louis Tobie Mbida est manuscrit. Le Maire de Dakar M. Diop le fera saisir dans son secrétariat. Le texte sera remis à tous ceux qui le désirent. C'est à la suite de cet exposé que le représentant du NED invitera Louis Tobie Mbida aux Etats Unis, pour un périple politique de prise de contact réalisé en août 1991. A Dakar en compagnie d'un journaliste du « journal l'Opinion », M. Lembe, porteur d'un pli pour Mme Germaine Ahidjo de la part de M. Eboua Samuel, Louis Tobie Mbida se rend à la Résidence de Madame Ahidjo à Dakar. Il est reçu par une des filles de Mme Ahidjo mais Mme Germaine Ahidjo est absente.

Le Président Amadou Ahidjo aux dernières années de son mandat.

En compagnie du même journaliste, il est reçu chez M. Abdoulaye Wade. La maison de Wade est simple, petite vue de l'extérieur, mais apparait comme une belle et grande demeure cossue quand on y pénètre. On a l'impression d'être dans une demeure du 16ème Arrondissement de Paris. Wade, l'homme est sûr de lui, il a de la verve, il a une immense culture. Son cheval de bataille du moment c'est une économie africaine intégrée. Il remet à Louis Tobie Mbida une copie dédicacée de son ouvrage « Economie de l'Ouest Africain : unité et croissance ». Wade est à cette date l'opposant le plus connu du Sénégal et l'homme politique le plus médiatique de toute l'Afrique Subsaharienne après Nelson Mandela. Il n'est plus jeune mais il est sûr de lui, il a de l'allant sans être fougueux. Il affirme à M.Lembe du journal l'Opinion et à Louis Tobie Mbida « qu'il va y arriver ». Il en est sûr. A l'entendre M. Lembe et Louis Tobie Mbida le pensent aussi. Louis Tobie Mbida profite de son passage à Dakar pour aller s'incliner devant la tombe du Président Amadou Ahidjo du côté de Dakar Yoff. C'est au cours de ce voyage qu'il fera en mars 1991, la connaissance de Mlle Christiane Bembe, fille de l'ambassadeur du Congo Brazzaville au Sénégal. Ils se marient le 22 juillet 1995 à Yaoundé. De fil en aiguille grâce à cette intervention où il s'est fait remarquer, Louis Tobie Mbida est invité en mai 1991 par la « Friedrich Ebert Sttiftung » à Cotonou (Bénin) où il participe à une conférence internationale sur la démocratie en Afrique présidée par le Président Soglo. Il prend des contacts et représente le Cameroun à Cotonou sans se montrer partisan. Entre le début de l'année 1991 et le mois d'août 1991 les partis politiques camerounais vont être actifs, très actifs. Il y a eu la rencontre de la « coordination de l'opposition » au Foyer de Marins de Douala » au premier trimestre 1991. Des propositions de durcissement des actions sont faites par les uns et les autres. Certains vont jusqu'à proposer que la Centrale Electrique d'Edéa soit dynamitée ou mise en panne par tous les moyens possibles, que le Port autonome de Douala soit bloqué, pourquoi ne pas faire couler un bateau ? suggèrent certains, le port serait ainsi hors d'usage et impraticable. Les villes mortes sont devenues l'emblème de l'opposition dite radicale. La police et la gendarmerie restent cantonnées dans les casernes. La ville de Douala ressemble à une ville fantôme.

Il existe partout des barrages filtrants où vous contrôlent des militants de l'UPC portant un Tee-shirt rouge sang, barré d'un crabe sur la poitrine. Des pneus brûlent à tous les grands carrefours. L'atmosphère est surchauffée, à la moindre étincelle, au moindre regard torve, au moindre mot de travers, tout peut s'embraser. Des hommes aux yeux injectés de sang filtrent qui peut entrer au « Foyer des marins de Douala » et qui n'y a pas droit. Quand Louis Tobie Mbida arrive enfin devant la porte d'entrée du « Foyer des marins », l'accès lui est refusé : il est considéré comme une « Taupe du RDPC ». Louis Tobie Mbida est accompagné de quatre personnes, autour d'eux un attroupement se forme. On voit des hommes agiter le poing, se taper sur la poitrine comme des gorilles, en menaçant du doigt Louis Tobie MBIDA et son groupe. Certains sont armés de gourdins, les uns portent ostensiblement des poignards à la ceinture tandis que plusieurs autres vocifèrent et leur crient des insultes au visage. Le vieux Bounoungou Antoine, vice-président du PDC qui est du voyage dit à Louis Tobie Mbida en Beti : « Ndugru, Abe, bia zu duguena a dza, Ongola ». Traduction : « c'est chaud, c'est mauvais, on ferait mieux de rentrer au village, à Yaoundé ». Louis Tobie Mbida leur demande de garder leur calme et fait appeler Hameni Bieleu qui était venu à la Clinique Mbida à Yaoundé quelques jours plus tôt, lui demander de participer à cette rencontre de l'opposition à Douala. Hameni Bieleu demande aux vigiles de laisser entrer Louis Tobie Mbida dans la salle. La rencontre est présidée par Monsieur Noucti Tchokwago. Des tables ont été installées formant une figure rectangulaire. Louis Tobie Mbida se retrouve dans la salle, il est assis entre le ministre Adamou Ndam Njoya et le Dr Victorin Hameni Bieleu. La conférence débute, une motion d'ordre est introduite. Un débat sur l'ordre du jour est demandé, il dure deux heures. Ensuite arrive la prise de parole des partis politiques ou chaque Leader présente son parti et doit répondre tout de suite, sans hésitation, à deux questions sans nuances :

- 1- poursuite des villes mortes oui ou non,
- 2 - conférence nationale souveraine immédiate oui ou non

Les associations au nombre de 26 sont présentes dans la salle. Au moment de voter les résolutions de la conférence de l'opposition de Douala il est précisé que la voix d'un représentant de parti politique vaut celle d'un représentant d'association. Il se murmure dans la salle que le SDF et l'UPC bien implantés dans la ville de Douala ont démultiplié le nombre d'associations à leur obédience en prévision des votes des résolutions. Bel exemple de démocratie ! Un seul homme s'exprime au nom du SDF, c'est Maître Bernard Muna, affable, souriant, poli, cultivé. Vers minuit Louis Tobie Mbida se retrouve à prendre dans la salle réservée à cet effet, un café. Il aperçoit dans un coin un homme habillé d'un costume bleu dans lequel il ne semble pas à l'aise et pour cause, le costume est étriqué, l'homme est renfrogné, il a le regard sombre, il est petit de taille et ne parle à personne. Louis Tobie Mbida entend alors quelqu'un aller vers cet homme renfrogné et l'interpeller : « Ni John.... ». La conférence nationale souveraine est la seule et unique revendication durant ces débats. Les débats de la coordination ne sont pas préparés par les experts au sein des partis et encore moins entre les partis politiques de l'opposition. Le seul vrai opposant est celui qui crie le plus fort en faisant de la surenchère. La situation est ubuesque et burlesque mais il ne faut surtout pas le dire.

Louis Tobie Mbida ose t-il dire que sans analyse froide de l'état des lieux, sans stratégie bien pensée, bien élaborée et sans structures couvrant l'ensemble du territoire national, le combat politique engagé ne peut aboutir, on ne l'écoute pas. Bien au contraire, Louis Tobie Mbida est de la province du Centre, il est Beti, Paul Biya est de la province du Sud , il est Boulou, Beti et Boulou c'est du pareil au même : « bonnet blanc, blanc bonnet ». Il ne peut y avoir d'opposant chez les Beti affirment les grands ténors de l'opposition radicale. Monsieur Bounoungou Antoine, vice- président du PDC, enseignant, vieux démocrate qui a été prisonnier politique durant des années à Mantoum, a représenté le PDC à la rencontre de Bamenda qui a précédé celle de Douala. Il a failli se faire lyncher à Bamenda quand on a su de quelle région il était originaire au Cameroun. Ce fut la première erreur d'analyse grave de l'opposition camerounaise dès 1991. Le Cameroun en paye aujourd'hui encore le prix, dix neuf après, en 2010. Louis Tobie Mbida est dans la salle de conférence du « Foyer des Marins », il va se permettre de dire à visage découvert non à la politique de la terre brûlée que veulent pratiquer certains. Il est traité de « Taupe » du pouvoir par ceux qui ne pensent pas comme lui : bel exemple de démocratie pour des partis d'opposition.

Christiane Bembe dont Louis Tobie Mbida fait la connaissance au cours d'un voyage à Dakar au Sénégal en 1991.

M. le Ministre Christian Gilbert Bembet ambassadeur du Congo Brazzaville au Sénégal en 1991 quand il rencontre à Dakar sa fille Christiane.

Louis Tobie Mbida Président du PDC (Parti des démocrates Camerounais) sera présent au Foyer des Marins de Douala lors de la rencontre de la coordination de l'opposition en Mars 1991.

Pourtant, il y a dans la salle des hommes jeunes, intelligents et brillants : Maître Tchoungang, M. Djeukam Tchameni, la colère brouille les analyses. On est dans la revendication d'actions immédiates. Tout appel à la réflexion, à la négociation et au dialogue est considéré comme une trahison. L'opposition est sociologiquement la plus forte, la plus représentative du Cameroun profond mais ses méthodes maladroites, lourdes et brutales font peur à ce même Cameroun profond.

- Louis Tobie Mbida ne fait que preuve de bon sens et travaille sur la base d'une analyse politique rigoureuse. D'aucun affirme avec arrogance que « le pouvoir est dans la rue, il n'y a qu'à se baisser pour le ramasser. »
- De nombreux anciens ministres de la république : Messieurs Eboua Samuel, Adamou Ndam Njoya, Augustin Fréderic Kodock, M. Noucti Tchokwago ancien président de la chambre de commerce ne font rien pour calmer cette excitation stérile, malsaine et non productive.
- Louis Tobie Mbida leur demande, à eux qui connaissent l'Etat pour l'avoir pratiqué de l'intérieur s'ils sont capables d'être plus violents que l'Etat ?

- Il leur rappelle Max Weber : « l'Etat a le monopôle de la violence légitime »

- Sachant qu'ils ne seront jamais plus violents que l'Etat, alors :
  - o pourquoi choisir la violence comme seul moyen d'action,
  - o pourquoi provoquer un affrontement physique, un choc inégal entre les populations, les forces armées et la police qui ne se soldera que par des coups et des blessures ainsi que la désolation des populations impliquées.

Une seconde rencontre de la « coordination de l'opposition » se tient à Yaoundé deux semaines plus tard. La préparation de la rencontre se déroule chez M. Dicka Akwa à Essos.

- Tous les grands Ténors de l'opposition camerounaise de 1991 sont là.
- Il n'y pas d'issues aux débats. La nuit est longue mais aucune décision commune importante ne sort de cette séance préparatoire nocturne.
- La réunion publique va se tenir non loin du CEPER à Yaoundé.
- La résolution est prise de marcher sur le Palais d'Etoudi car les partis de l'opposition radicale exigent toujours une Conférence Nationale souveraine que le Président Biya leur refuse.
- Le PDC par la voix de Louis Tobie Mbida plaide pour la négociation, le dialogue et recommande d'éviter l'affrontement.
- Dicka Akwa rappelle aux uns et autres que le parti qu'il représente, l'UPC, a fait la guerre et qu'ils sont prêts à recommencer.

Le PDC ne veut participer à aucune violence, Louis Tobie Mbida le dit et le répète.

- Il se désolidarise officiellement de la « coordination de l'opposition » dès le lendemain.
- Il rend visite à Jean Jacques Ekindi qui a pris une suite à l'hôtel Meumi de Yaoundé.
- Jean Jacques Ekindi ne dirige pas encore de parti légalisé. Il ne sait pas vraiment s'il va créer un parti politique ou pas. Il est courtisé par tous : par le RDPC avec qui il n'a pas encore complètement rompu en sa qualité de Président de la section départementale du RDPC du Wouri, par Ni John Fru Ndi qui le connaît du temps où lui-même Fru Ndi était président de la section départementale du RDPC de la Mezam, par Samuel Eboua qui a le vent en poupe avec sa nouvelle UNDP, résurgence de l'UNC, par Dicka Akwa le grand cousin du village qui réactive l'UPC qu' a connue Ekindi dans sa jeunesse.
- Ekindi a flirté avec l'opposition radicale mais son intelligence refuse l'adhésion à des thèses où la violence et l'affrontement sont les seuls moteurs.
- Louis Tobie Mbida a beaucoup de respect pour Jean Jacques Ekindi, le polytechnicien qui a fait rêver de nombreux jeunes camerounais

pendant ses années de collège. Les péripéties politiques de Jean Jacques Ekindi avec le pouvoir précédent lui sont connues.

- Louis Tobie Mbida lui propose donc de prendre la tête d'un mouvement comprenant des partis politiques capables de présenter des projets politiques viables qui sauront préserver la cohésion nationale et la paix civile.
- Ekindi Jean jacques l'écoute attentivement et argumente : l'idée le séduit mais il exige que M. Gervais Mendo Ze lui accorde une heure d'antenne en direct à la CRTV.
- Louis Tobie Mbida répond que cela est impossible, il a le sentiment que Jean Jacques Ekindi cherche un prétexte pour ne pas aller dans son sens. Mais non, Jean Jacques pense vraiment ce qu'il dit.
- Dans la salle déjà, au CEPER, on a pu comprendre par ses interventions qu'il n'est pas d'accord avec la stratégie de l'affrontement.

M. Jean Jacques Ekindi Ingénieur polytechnicien et homme politique camerounais membre du Parlement camerounais.

Louis Tobie Mbida par honnêteté intellectuelle prend attache avec M. Fame Ndongo, chargé de la communication à la Présidence de la Républiqe. Ils se connaissent car avant de poursuivre ses études au collège de la retraite, Jacques Fame Ndongo, comme Louis Tobie Mbida, a été élève au collège Vogt de Yaoundé. Celui-ci va en parler à M. Gervais Mendo Ze. La réponse est négative « cela n'est pas possible, Jean Jacques Ekindi n'aura pas « l'antenne en direct » pendant une heure ».

- Louis Tobie Mbida se dirige alors vers l'hôtel Hilton où est descendu M. Noucti Tchokwago et lui demande de se désolidariser à son tour du groupe des partis politiques prônant la violence.

- Sous l'instigation de Louis Tobie Mbida, l'ORD est créée (Opposition Républicaine et démocratique).
- Dans le groupe on retrouve Messieurs Nseth Guillaume Apollinaire et Bedzigui Célestin qui vont adhérer tout de suite à l'idée.
- M. Noucti Tchokwago a été approché mais il hésite,
- Jean Jacques Ekindi continue à exiger une heure pleine en direct sur les antennes de la CRTV, si on veut qu'il rejoigne le groupe.
- A l'hôtel Meumi, Louis Tobie Mbida va passer de longs moments à essayer de le convaincre: sans succès.
- M. Woungly Massaga, Ateba Ngoa, Koumbin Bilitk, Bohin Bohin,
- Antar Gassagay et plusieurs autres vont se joindre au groupe.

De gauche à droite M. le Professeur Martien Towa, Madame et Monsieur Woungly Massaga à Mbankolo chez Louis Tobie Mbida.

Entre temps, les déclarations intempestives de M. Dicka Akwa qui menace de mettre le pays à feu et à sang, retentissent dans les oreilles des camerounais.

- Certains y accordent foi et prennent peur, surtout dans la province du Centre.
- Des groupes d'auto-défense sont créés par M. Manda Fils à Yaoundé.
- Deux intellectuels camerounais de renom, professeurs d'université : M. Hubert Mono Ndzana et M. Sindjoum Pokam se battent par articles de journaux interposés et déclinent toutes les variantes de l'ethnocentrisme. Durant cette période de surchauffe physique et mentale le Cameroun avance à marches forcées vers la confrontation entre Beti et Anglophones-Bamiléké.

- D'autres veulent se battre et faire barrage avec tous les moyens d'Etat disponibles.
- Ceux qui connaissent vraiment Dicka Akwa et la situation interne de l'opposition camerounaise savent que c'est du « Bluff » car Dicka n'a ni les moyens ni les hommes pour mettre à exécution sa menace.
- Un noyau dur du RDPC pense qu'il ne faut courir aucun risque. La riposte s'organise musclée, dure.

Le groupe des durs, « Les faucons du RDPC », celui des gardiens du temple du RDPC de cette époque invite Louis Tobie Mbida à Etoug-Ebe en présence de M. Oyie Nzie, professeur d'université, intellectuel camerounais pourtant très affable, secrétaire général adjoint du RDPC. On le met en garde : « dis à tes amis Dicka et à tous les autres que s'ils continuent, les choses vont très mal se passer personne n'y gagnera rien ». Le message est clair.

- A l'ambassade de France le diplomate français Daniel Yves Taupenas a invité Louis Tobie Mbida à le rencontrer rapidement. « Je tiens à vous rappeler une chose : la clôture d'enceinte d'un palais présidentiel est un symbole inviolable. Si on y touche cela veut dire que l'on peut tout aussi bien sauter par-dessus le mur d'enceinte, en d'autres termes cela signifie que le pouvoir en place a été renversé. « Ils » vont se défendre ».
- Il faut faire vite mais Dicka Akwa est de retour à Douala.
- Il est question qu'il revienne sur ses déclarations. Louis Tobie Mbida arrive chez Adamou Ndam Njoya à Essos et lui explique la situation.
- « Si tel que décidé au CEPER, l'opposition radicale fait marcher la foule sur le Palais d'Etoudi et comme exigé par certains, munie d'outils divers, alors le pouvoir va se défendre, du sang sera versé inutilement ».
- Adamou Ndam Njoya qui est écouté par les principaux leaders de l'opposition radicale réussira à faire changer cette marche d'affrontement contre le Palais d'Etoudi en marche pacifique dans le centre ville de Yaoundé.
- L'ORD rencontre alors M. Sadou Hayatou, Premier Ministre.
- Des propositions concrètes pour relancer le débat politique sont élaborées.

Le débat politique camerounais à peine restauré, grâce aux lois sur les libertés de décembre 1990, s'enlise déjà sur des positions figées.

- L'opposition radicale veut une conférence nationale souveraine.
- Le président Paul Biya a fait quelques semaines auparavant des déclarations qui ont heurté les Camerounais. « Je suis le meilleur élève de la démocratie et je ne rencontrerai pas de dirigeants de l'opposition tant

qu'ils ne seront pas passés devant les urnes » déclare t-il sur le perron de l'Elysée après une entrevue avec le président français François Mitterand en 1991.

- Louis Tobie Mbida est désigné comme porte parle de l'ORD. Il demande au Premier Ministre de plaider pour que le chef de l'Etat accepte de rencontrer les dirigeants des partis politiques légalisés.
- Le président de la République M. Paul Biya a déclaré que la « conférence nationale souveraine est sans objet ». Sur ce point aussi Louis Tobie Mbida demande qu'on change de formulation mais qu'il y ait une rencontre entre l'Etat, la société civile et les partis politiques.

Son Excellence Monsieur Paul Biya Président de la République du Cameroun

Au mois de juillet 1991 le Président Paul Biya accepte de recevoir les Partis politiques. La majeure partie, voire tous les partis politiques de l'opposition radicale refusent de rencontrer le chef de l'Etat à moins d'être reçus tous en groupe.

- Louis Tobie Mbida décide d'aller au Palais de l'Unité à Etoudi.
- Il est reçu le 19 juillet 1991par le chef de l'Etat, le Président Paul Biya.
- Le président Biya s'adresse à lui en ces termes « Monsieur le Président, je vous félicite d'avoir eu le courage de reprendre le flambeau politique allumé par votre père que j'ai très bien connu. Bon nombre de camerounais dont les parents ont fait de la politique n'ont pas eu le même courage que vous, je vous en félicite ».
- La réponse de Louis Tobie Mbida : « je vous remercie Excellence, d'avoir répondu positivement à notre demande de rencontrer les dirigeants de partis politiques. Cela nous permet de vous exposer nos soucis majeurs. Pour moi qui ai vécu les affres des élections législatives d'avril 1964 étant enfant, le souci majeur de mon parti le PDC est de savoir que les élections législatives qui ne sauraient tarder seront libres, transparentes et démocratiques, que la refonte des listes électorales sera assurée par tous les intervenants aux élections, que les sous-préfets et préfets n'assumeront plus seuls la gestion des élections au Cameroun. 1964 a traumatisé les camerounais. Aidez nous à réaliser des élections libres et justes.
- En dehors des élections, le premier ministre M. Hayatou a du vous parler de notre projet de réunir les partis politiques, la société civile et l'Etat car même au sein de nos tribus, dans nos villages, il est de coutume de faire asseoir les familles pour vider en public un certain nombre de pesanteurs avant de repartir sur une base nouvelle »
- Le Président Biya intervient : « Vous voulez parler d'une sorte de séance expiatoire publique d'où les uns et les autres repartent ensuite purifiés »
- Louis Tobie sent poindre dans ces propos l'ancien séminariste Paul Biya.
- Louis Tobie Mbida enchaîne : « C'est presque de cela qu'il s'agit, Excellence ».
- Louis Tobie pose au chef de l'Etat le problème de la révision constitutionnelle, celui de la pauvreté, de la justice sociale et de la redistribution des richesses, il évoque la question de l'expatriation des fonds, il insiste sur une rencontre tripartite en remplacement de la conférence nationale souveraine, il pose le problème de la révision du statut de la fonction publique face à la corruption qui gangrenait déjà le pays en 1991, celui de la communication sociale et de l'accès aux médias, il plaide auprès du chef de l'Etat la question de la démocratie participative et de la réconciliation nationale.
- C'est alors que le Président Biya lui pose la question qui est sa préoccupation majeure du moment : « que faut – il pour mettre un terme aux villes mortes qui sévissent en ce moment dans le pays immobilisant l'économie nationale et détruisant des emplois, quel est le problème ».
- Louis Tobie Mbida répond : « Sauf votre respect, le problème c'est

vous Excellence : les villes mortes sont la conséquence directe des disparités économiques et sociales que vous avez laissées s'instaurer dans notre pays. C'est pourquoi un certain nombre de Camerounais qui vous ont fait confiance à votre accession au pouvoir en 1982 exigent désormais votre départ ».

- Le président Biya sans apparemment se vexer lui répond « Quand j'ai nommé Messieurs Nomo Ongolo, Andze Tsoungui et Ntsama Etienne c'était pour remédier à cet état de chose, à ces disparités comme vous le dites mais que voulez-vous les résultats se font attendre ». Le reste de l'entretien portera ensuite sur des banalités où Louis Tobie Mbida parle de sa clinique et de son travail de médecin.
- Au moment de se quitter le chef de l'Etat déclare de but en blanc : « Ils veulent tous que je parte mais je souhaite au moins laisser la Maison en ordre avant de partir ».

C'était le 19 juillet 1991. Dix neuf ans après la maison n'est toujours pas en ordre.

Les partis dits de l'opposition radicale vont refuser le dialogue et pratiqueront ce qui sera qualifié par tous comme « politique de la chaise vide ». Cette méthode aura été sans effet puisque 19 ans après rien n'a bougé, bien au contraire, l'opposition radicale semble aujourd'hui très affaiblie et sans ressources politiques. En 2010, 19 ans après :

- L'enthousiasme des populations s'est dissipé,
- l'engagement s'est émoussé,
- la combattivité a disparu,
- l'espérance s'est éteinte.

En Août 1991, Louis Tobie Mbida réalise un voyage politique aux Etats Unis.

- Il est reçu par M. Jesse Jackson et le « National Rainbow Coalition », il rencontre les démocrates américains et le responsable du NDI (National Democratic Institute), il a une entrevue avec les républicains américains et particulièrement avec le responsable du NRI (National Republican Institute), M. Jo Buckner qui lui remet un mot pour rencontrer le Maire de Paris de l'époque M. Jacques Chirac.
- A Washington au « State Departement » Il est reçu par M. l'ambassadeur Pringle qui lui fait rencontrer la chef du service Afrique et le chef du Bureau Cameroun au ministère américain des affaires étrangères.
- Il rencontre la responsable de l'USAID pour l'Afrique.
- Il rencontre M. Thurgood Marshall Junior premier collaborateur de M. Ted Kennedy.

- Louis Tobie Mbida parle, argumente, explique sans se montrer partisan. Il sait que son rôle n'est pas de s'exprimer comme militant du PDC mais comme camerounais tout court.
- Il présente aux américains l'idée d'une rencontre où l'état, la société civile et les partis politiques pourront débattre autour d'un certain nombre de sujets déterminants mais nécessaires pour un nouveau départ politique dans le pays et le cheminement vers la démocratie.
- Il est évident pour Louis Tobie Mbida que seule la démocratie peut promouvoir une économie génératrice des richesses indispensables à la réalisation d'une politique sociale crédible.
- Les américains ont entendu d'autres sons de cloche.
- Il leur a été dit que si la conférence nationale souveraine n'avait pas lieu, le Cameroun serait mis à feu et à sang car le besoin de justice des camerounais passerait par un tribunal populaire qui jugerait les responsables du pouvoir.
- Il leur a été dit qu'il existe deux Cameroun, deux types de camerounais : le Cameroun utile qui travaille dur et produit des richesses face à un Cameroun fainéant et paresseux qui consomme et dilapide les biens de la Nation.
- Louis Tobie Mbida écoute, explique patiemment et démontre aux américains qu'on ne peut pas balkaniser la misère, que toute les souffrances se valent, que les douleurs du paysan du Centre, du Sud ou de l'Est du Cameroun valent celles du paysan de l'Ouest, du Nord-ouest, du Sud-ouest, de l'Adamaoua , de l'Extrême-nord , du Nord ou du Littoral.
- Il insiste auprès de tous les responsables politiques américains qu'il croise au cours de ce voyage, pour dire qu'il faut éviter la politique du pire et de l'affrontement.
- Dans le Washington Post qui signale son passage il est présenté comme un homme politique camerounais qui veut privilégier le dialogue politique et la néglociation par opposition à la rupture et à l'affrontement directs.
- Il est reçu par les cadres africains de la Banque Mondiale et du Fond Monétaire International où il expose encore une fois ses idées.

Louis Tobie Mbida gardera de son séjour à Washington le souvenir d'un camerounais très simple et fort sympathique avec qui il va converser pendant des heures sur des sujets historiques et politiques divers mais d'une grande profondeur. C'est vers la fin de cet entretien qui se déroule devant une tasse de café et ensuite en déambulant dans les rues de Washington qu'il apprend que son interlocuteur n'est autre que M. Achille Mbembe qui a tenu à venir saluer un frère de passage dans la ville.

- Louis Tobie a lu les articles de M. Achille Mbembe dont la qualité et la rigueur intellectuelles sont impressionnantes mais ne l'ayant jamais vu en photo il a passé de longs moments avec cet homme courtois, ne levant jamais la voix, portant une calvitie naissante et des lunettes discrètes sans savoir qui il était.

Par la qualité de ses interventions durant leur entretien il comprend de qui il s'agit.

M. Achille Mbembe intellectuel camerounais installé à Johannesburg en Afrique du sud. Enseignant d'Histoire et de Sciences politiques à l'université du Witwatersrand.

Un extrait de la pensée d'Achille Mbembe

Du reste, à mes yeux, l'avenir des Africains est entre leurs mains et leurs mains seules. Peu importe, à la limite, ce qui s'est déroulé dans le passé et que personne, dans tous les cas, ne peut ni effacer, ni faire revenir à la vie. L'Afrique se sauvera par ses propres forces ou elle périra. Personne ne la sauvera à sa place, et c'est bien ainsi. Après avoir fait valoir que le rapport entre l'Afrique et la France devait être repensé dans le cadre plus large d'une véritable politique africaine du monde, j'ai plaidé en faveur d'un paradigme minimaliste. Ce dernier reposerait sur deux principes.

***Le premier** est que l'Afrique ne doit rien attendre de la France. En retour, que la France s'abstienne (dans le sens d'abstinence) au maximum d'exercer chez nous la sorte de « pouvoir de nuisance » qu'elle n'a cessé de manifester depuis la fin des colonisations directes.*

***Le deuxième** principe est que par rapport à la France comme d'ailleurs dans les rapports avec le reste du monde, les Africains s'efforcent de cultiver l'autonomie morale. Sans cette indépendance morale, ils seront toujours exposés à la corruption et leur liberté de jugement et d'action sera toujours hypothéquée. J'ai ensuite rappelé que la dimension purement commerciale des rapports entre la France et l'Afrique ne pouvait guère être occultée. On ne peut pas raisonner comme si, pour les firmes françaises, le Continent n'était qu'une terre de misère et de désolation - et donc, d'abord, un objet d'interventions humanitaires. Citant les chiffres du Ministère français des finances, j'ai montré que dans des domaines aussi variés que l'extraction des minerais (pétrole, bauxite, phosphates, uranium, or, diamant), les transports, l'eau, l'exploitation du bois, les ventes d'armes, l'agro-alimentaire, l'Afrique représentait encore une importante source de profits pour la France.*

Anti-intellectualisme

C'est une critique que j'entends beaucoup ces jours-ci et qui, souvent, me surprend. Il en est de même de celle qui consiste à croire qu'il n'est d'engagement politique authentique de la part d'un intellectuel africain que la voie des armes et de la violence, ou la création d'un parti révolutionnaire de masse. On loue les vertus de la violence pour la violence en oubliant qu'il n'y a pas de luttes sociales véritables sans production consciente d'un capital d'intelligence critique et sans une transformation des schèmes de pensée qui autorisent précisément la domination. On veut nous convaincre qu'à trop connaître et à trop réfléchir, on perd son temps. Comment s'étonner dès lors que démunis de mémoire et de culture, beaucoup finissent souvent par opter pour ce qui les abrutit toujours plus et par valider des choix dont ils ignorent les causes et les conséquences ? Certes, si tant est que l'objectif est de gripper les rouages de la domination, alors les réflexions théoriques ne doivent pas tourner à vide, dans l'incantation, fût-elle prophétique. Mais la transformation effective du monde dans lequel nous vivons ne peut se faire sans un renouvellement de la pensée critique. On l'a vu à plusieurs reprises en Afrique au cours du dernier quart du XXe siècle : une radicalité uniquement centrée sur elle-même, instrumentale et cynique, ou encore l'exaltation spontanéiste d'explosions populaires sans débouchés – tout cela, très souvent, a mené droit à l'impasse. Si les Africains veulent s'en sortir, il leur faudra développer une conception relativement large du rôle de la critique et de l'intellectualité. On ne peut plus, de nos jours, opposer critique dûment informée et transformation sociale. La critique dûment informée – et donc qui repose sur un ensemble de connaissances - est absolument indispensable pour toute lutte émancipatrice. Pour le reste, il existe diverses figures de l'intellectuel. Mais, autant que je puisse en juger, ce qui caractérise un intellectuel, c'est avant tout sa liberté de parole et de pensée.

Cet intellectuel né au Cameroun en 1957 fait partie des maîtres à penser du siècle nouveau. Les Camerounais, jeunes et moins jeunes gagneraient à mieux le connaître en le lisant et en l'étudiant. Quand Louis Tobie Mbida était lycéen, les programmes scolaires imposaient comme auteurs : André Malraux, Hemingway, Sartre, Camus, Zola, Victor Hugo, Mongo Beti et Ferdinand Oyono. Il serait peut-être temps d'ajouter Achille Mbembe l'un des plus éminents théoriciens de la « pensée postcoloniale » à cette liste d'auteurs au programme.

Après Washington, Louis Tobie Mbida est invité à intervenir à Orlando (Florida) devant le « National Black Caucus » de l'année 1991.

- Il est reçu à Atlanta (Georgia) par M. Andrew Young, il visite le Martin Luther King mémorial et rencontre les représentants les plus influents de la communauté noire d'Atlanta.
- Il passera une soirée avec M. Evander Hollyfield et un groupe de Basketteurs noirs américains de cette période.
- Sur l'invitation du fils John Ngu Foncha il rencontre dans un amphithéâtre d'Atlanta des étudiants camerounais.
- En septembre 1991, Louis Tobie Mbida est sur le chemin du retour pour le Cameroun, il s'arrête à Paris. Il donne une interview à Mme Catherine Simon du journal le « Monde » qui présente dans son journal l'idée de la rencontre entre Camerounais souhaitée par l'ORD.
- Il a reçu une lettre de recommandation de républicains américains pour rencontrer M. Chirac, maire de Paris mais la date la plus rapprochée pour une entrevue avec M. Chirac n'est pas commode pour Louis Tobie Mbida. Il rentre au Cameroun début septembre 1991.
- Les pourparlers reprennent avec le Premier Ministre Sadou Hayatou.

Chapitre V

La rencontre Tripartite

Deux camerounais de la même génération que Louis Tobie Mbida, même s'ils ne sont pas du même parti travaillent avec lui pour faire aboutir un consensus politique : il s'agit de Messieurs Jacques Fame Ndongo et Pierre Moukoko Mbondjo. Ces deux hommes seront de véritables chevilles ouvrières au moment où il s'est agi de trouver des solutions pour que le Cameroun, au bord de l'explosion ne s'embrase.

M. le ministre Pierre Moukoko Mbondjo

M. Moukoko Mbondjo sera toujours prêt à écouter, à réfléchir aux voies et moyens pour faire avancer le dialogue et préparer les rencontres politiques au sommet, il sera l'architecte de la rencontre Tripartite d'octobre 1991 à Yaoundé. Il lui manque cependant une juste analyse du passé politique camerounais dans son ensemble ce qui altèrera bien sûr son jugement sur le présent politique camerounais. Il a cependant une culture académique riche et sérieuse dont il saura faire usage auprès du Premier Ministre Sadou Hayatou. M. Jacques Fame Ndongo sera le lien initial entre les partis politiques et le Premier Ministre Sadou Hayatou. Cette entremise va aboutir aux rencontres entre le chef de l'Etat et les partis politiques. Le Fame Ndongo de cette époque laisse à Louis Tobie Mbida le souvenir d'un homme qui sait arrondir les angles, homme de parole, loyal, efficace, intellectuellement honnête et discret.

Monsieur le Ministre Jacques Fame Ndongo

Toutes ces négociations vont aboutir à la rencontre Tripartite où l'Etat, la société civile et les partis politiques légalisés vont débattre et tenter de trouver un consensus. Sur la table où se dirige la conférence on retrouve le Premier Ministre et une ou deux personnalités représentant le gouvernement entre autres M. Mbella Mbappe. Les débuts de la conférence sont ardus. Certains partis politiques de l'opposition radicale ne veulent pas y assister. Avec patience on réussit à faire venir dans la salle de conférence Messieurs Adamou Ndam Njoya, Hameni Bieleu et Ni John Fru Ndi.

Dès le départ, très responsable, l'UNDP est présente dans la salle en grande délégation. Pendant cette période où le Cameroun est au bord de l'explosion un homme va garder son sang-froid : M. Sadou Hayatou, Premier Ministre, chef du gouvernement. Il gère cette rencontre avec brio. L'homme a de la classe, il est aimable, fin, subtil et discret. C'est le Prince, le vrai « Yerima» de Garoua. Il reçoit tout le monde avec politesse et gentillesse. Il est à l'écoute, il cherche des solutions pour éviter que le Cameroun ne sombre dans le chaos. Il a fait inviter tous les grands chefs traditionnels du Grand Nord, ceux de l'Ouest, du Nord Ouest et du Sud Ouest, les anciens ministres encore en vie, les anciens vice-présidents de la république. Il est là, le Lamido de Rey Bouba et tous les autres Lamido du Nord Cameroun. Plusieurs camerounais qui n'ont jamais vu de Lamidos vont les voir de près à la Tripartite. Il a fait venir tous les chefs traditionnels de l'Ouest, du Littoral, du Nord Ouest et du Sud Ouest. Le chef Bamiléké Njitak Ngompe est présent. L'ancien Vice- Président de la République du Cameroun M. Salomon Tandeng Muna est dans la salle. Le « groupe des huit » des assemblées des années 1955 à 1960 est dans la salle : en la personne de M. Paul Soppo Priso, M. Ekwabi Ewane, M. Charles Assale. La rencontre débute, le président Biya a quitté le Cameroun pour un court séjour à l'étranger. Dans la salle, le Docteur Victorin Hameni Bieleu s'est fait attendre pendant deux ou trois jours mais quand il arrive enfin dans l'enceinte du palais des congrès qui accueille cet auguste assemblée, la température monte, le ton change, les choses se gâtent.

M. Hameni Bieleu exige que les décisions prises par la Tripartite aient force de loi. Il veut pratiquement une constituante. Dans la salle M. Paul Soppo Priso vieux renard de la politique a compris, il emboîte le pas à Hameni. Le père Tandeng Muna fait pareil. M. Kadji De Fosso que les camerounais connaissaient essentiellement comme grand commerçant sort de ses gonds. Il accuse pêle-mêle : l'Etat, le Gouvernement et le RDPC. Il veut que les choses changent et vite. Il est d'accord avec M. Hameni Bieleu même s'il n'utilise pas le même vocabulaire que lui. Normal : Hameni est docteur en sciences politiques et le vieux Kadji ne l'est pas. Pour calmer le vieux Kadji De Fosso, on le menace de mise en demeure et de règlement immédiat de tous ses arriérés d'impôts. Il s'en fout ce n'est pas son problème. Alors si l'argent n'intéresse plus le vieux Kadji De Fosso c'est que la situation est grave. Le père Tandeng Muna est tellement en colère qu'il fait un malaise dans la salle. C'est la panique !

Monsieur Kadji De Fosso industriel camerounais

Un frémissement commence à courir dans la salle. Le vent de panique n'est pas loin. M. Bollo Roger, colonel de l'armée camerounaise et aide de camp du chef de l'Etat est présent dans la salle. En civil de petite taille il passe presque inaperçu. Derrière ses lunettes noires qui ne le quittent jamais, même en pleine nuit : il est « l'œil de Moscou ». Il ne dit rien mais prend notes. La température monte, Hameni Bieleu, Paul Soppo Priso, Kadji De Fosso, le père Tandeng Muna ont « foutu le bordel », alors Bollo Roger « la carpe » s'approche de certains et leur demande discrètement « ne pensez vous pas qu'il faut rappeler le Patron ?». Paul Biya, son patron, est toujours à l'étranger. Il a transformé le court séjour en long séjour. Monsieur Emah Basile, membre du Comité Central du RDPC, délégué du Gouvernement auprès de la Commune urbaine de Yaoundé est dans la salle: inquiet. Une rencontre secrète devant réunir les seuls RDPCistes Beti de la Tripartite est prévue après 21 h à l'Hôtel de ville de Yaoundé, au dernier moment quelqu'un se ravise dans le groupe et on demande à Louis Tobie Mbida du PDC de se joindre au groupe.

Monsieur Basile Emah Délégué du Gouvernement à Yaoundé en 1991

On apprend que le Général Asso n'y est pas allé par quatre chemins il a positionné l'armée sur deux cercles : si le premier cercle de défense lâche le second ne cèdera pas, en tous cas c'est ce qui est prévu. On connaît le général Asso Emane, bel homme, très mondain, fier de sa personne, il fait semblant de n'aimer que la fête, les belles femmes, les belles tenues militaires, les beaux costumes et les belles voitures mais c'est un dur, un sauvage quand on le provoque il peut devenir dangereux. Certains commencent à penser sérieusement à quitter discrètement le pays, très discrètement. On consulte les livres de géographie des écoliers pour identifier le chemin le plus court entre Yaoundé et la frontière la plus proche. C'est tout et n'importe quoi dans le microcosme politico-commercial de Yaoundé en tout cas au sein de celui qui craint de perdre quelque chose si les équilibres sont rompus. A 21 h le Délégué Emah Basile débute la séance restreinte en ces termes « Abé, keu bidim, amala ...»

Traduction « la situation est grave, c'est une catastrophe : ..... Sadou Hayatou veut prendre le pouvoir, il maîtrise tout, dans la salle on n'écoute plus que lui, il suffit qu'il cède devant les revendications des Hameni et autres et nous sommes morts, finis. Ils sont tous devenus fous là-dedans. Le Président Biya a dit non à la conférence nationale souveraine. Ce qui est en train de se préparer risque de devenir encore pire si l'idée de transformer cette assemblée en constituante est adoptée d'autant plus que l'assemblée sortante issue du Parti Unique est en train de s'auto-dissoudre. Nous n'avons pas de participants Beti de la génération des Tandeng Muna, Soppo Priso et Kadji De Fosso pour argumenter contre eux ». M. Clément Oboufegue, inamovible Directeur général de la SNEC sera l'un des premiers à prendre la parole « Emah vobegui, Ndunda, Essobog...» Traduction : « Emah calmes toi c'est aux Beti de revendiquer une conférence nationale souveraine en premier car en réalité, « bii soa à foa bi dzoo » traduction d'une locution courante beti « nous venons, nous disons », les Beti n'ont bénéficié de rien depuis l'accession au pouvoir de Paul Biya ».

Le délégue répond «Tegue Oboufegue yi ba kat kobo nala ?» traduction «non Oboufegue on ne parle pas ainsi». Monseigneur Jérôme Owono Mimboe qui est présent dans la salle fera la remarque que la réunion se tient dans une salle au 1er étage côté route de l'hôtel de Ville de Yaoundé, endroit public ouvert à tous les regards. L'évêque suggère à M. Emah Basile d'organiser ces rencontres à son domicile car il n'apprécie pas la tournure que prennent les évènements, il est camerounais et homme d'Eglise. Il n'accepte pas les propos qui se tiennent de part et d'autre. Tous les participants au nombre de quinze se retrouvent chez M. Emah Basile à Etetak. Une personne est désignée pour aller s'entretenir avec Hayatou. Ce sera le délégué Emah Basile lui-même. L'esprit de la Tripartite est remodelé dès cet instant. L'adoption par le vote des résolutions de la Tripartite sera enterrée dès ce moment.

Le consensus devient le maître mot de cette conférence. Les partis politiques demandent que sur la table où se dirigent les débats, aux côtés de M. Sadou Hayatou un représentant des partis politiques et un autre de la société civile soient présents : Louis Tobie Mbida est désigné par les partis politiques et Madame Nicole Claire Ndoko représentera la société civile. Ce qui est resté de la tripartite c'est une loi électorale qui a cours aujourd'hui encore au Cameroun. La majorité relative est adoptée. La commission qui va travailler sur la loi électorale est dirigée par le ministre Eyebe Ayissi Henri on y retrouve M. Njitak Ngompe, M. Issa Tchirouma, M. Bipoum Woum, M. le vice-président du SDF, Louis Tobie Mbida rapporteur de la commission, M. Ayissi Mvodo Victor et bien d'autres en font partie. Cette loi n'est pas parfaite mais elle sera l'œuvre de la tripartite. Toutes les autres recommandations faites lors de cette rencontre déterminante resteront lettre morte. Il sera suggéré une véritable décentralisation, une refonte de la constitution répondant aux besoins politiques, économiques et sociaux d'un pays moderne et démocratique.

Le « grand débat » sur la constitution qui aurait du suivre la Tripartite se transformera par la voix de M. Augustin Kontchou Koumeni « en large débat » et aboutira à une « rencontre en comité restreint » dans une salle exigüe de l'immeuble Etoile, siège du Premier Ministre qui fera naître la constitution étriquée et corsetée de 1996, revue et corrigée par le Président Biya en avril 2008. En janvier 1992 Louis Tobie Mbida participe comme candidat à ses premières élections législatives. Une réunion discrète s'est tenue à Bastos au domicile d'une camerounaise d'environ 55 ans qui vit à cheval entre Yaoundé et Paris. Sont présents dans la salle M. Njoh Mouelle, M. Oyie Nzie, respectivement secrétaire général et secrétaire général adjoint du RDPC et en civil le Général Pierre Semengué. Il est demandé par M. Njoh Mouelle à Louis Tobie Mbida de ne pas présenter de candidats dans les zones dites sensibles pour le RDPC.

Louis Tobie Mbida est surpris par la démarche et refuse. Il répond à M. Njoh Mouelle que le PDC se présentera partout où il compte des militants. Le PDC obtient officiellement 57 000 voix. Il n'a droit à aucun député selon l'administration territoriale. Monsieur Achidi Achu qui en a eu 3000 entre à l'assemblée nationale et se voit confier le poste de Premier Ministre. M. Sadou Hayatou militant du RDPC, artisan de la paix, est remercié car l'UNDP a raflé tous les postes de députés dans le Grand Nord. Louis Tobie Mbida respecte la paix républicaine et s'incline devant ce verdict inique. Une bataille est perdue mais la lutte continue. Pour enfoncer le clou, le RDPC organise une campagne de dénigrement, de déstabilisation et de désinformation contre la personne de Louis Tobie Mbida. Le bruit est répandu par le RDPC que Louis Tobie Mbida a vendu les voix des électeurs. La technique permettant de vendre des voix électorales est connue des seuls détracteurs de Louis Tobie Mbida. Il est important de rappeler ici en insistant que Louis Tobie Mbida n'a jamais vendu de voix. Il ne faut jamais oublier que les résultats de législatives de 1992 dans département de la Lékie furent les derniers de toutes les circonscriptions électorales à être communiqués certainement parce que l'administration territoriale avait eu à prendre tout son temps pour chercher et trouver les voies et moyens de fausser les résultats de cette élection. Tout comme cela s'était déroulé aux législatives de 1964 avec Mme Mbida Marguerite, l'administration territoriale n'a pas demandé à Louis Tobie Mbida son autorisation pour lui voler cette victoire politique.

L'administration territoriale a tout simplement confisqué au PDC sa victoire. Le RDPC n'a jamais accepté et n'acceptera jamais que dans les provinces du Centre, du Sud et de l'Est une force politique différente s'installe et se développe, sauf si le peuple lui-même par un sursaut démocratique massif ne se libère de cet étau. Les populations des provinces du Centre, du Sud et de l'Est du Cameroun sont otage d'un système politique et d'un parti politique qui les utilisent sans leur consentement à des fins personnelles ne servant que les intérêts d'un groupe particulier d'Hommes et de Femmes qui ont perdu toute notion de morale et de partage. Seules comptent pour ces Hommes là : la domination des autres, l'accumulation de richesses mal acquises et le déni de toute expression politique libre en mesure de provoquer une véritable alternance gage d'une amélioration des conditions de vie des populations camerounaises.

Chapitre V

Le Groupe de Mbankolo

D'autres échéances politiques sont en gestation pour la fin de l'année 1992. Face à l'émiettement des forces politiques en présence, Louis Tobie Mbida reprend son bâton de pèlerin et réunit à Mbankolo de nombreux partis politiques. Le groupe de Mbankolo est né. Grâce aux journalistes : Jean Materne Ndi, Anne Marthe Mvoto «d'Africa Number One», Jean Marie Essomba, Jessie Atogho, Epsi Ngum, etc… de la CRTV, Isaac Njifakue de RFI, Louis Paul Edzimbi de Cameroun tribune, Séverin Tchounkeu de la Nouvelle Expression, Pius Njawe et M. Touna du Messager, M. Ombe Ndzana de Génération, Jean Baptiste Sippa …. On ne saurait les citer tous, le groupe de Mbankolo se fait connaître dans le pays et hors de nos frontières. Il s'agit pour le groupe de Mbankolo de choisir librement et démocratiquement un candidat entre Paul Biya, Ni John Fru Ndi, Bello Bouba Maïgari et Adamou Ndam Njoya.

M. Le Ministre Bello Bouba Maïgari Président de L'UNDP

Des contacts sont établis avec les partis politiques concernés. « Il faut, quel que soit le cas, un candidat unique à tous nos partis » c'est le maître mot de Louis Tobie Mbida. L'UNDP et le RDPC vont réagir rapidement. Mais le discours de Bello Bouba Maïgari président de l'UNDP n'est pas ouvert, de nombreuses zones d'ombres persistent dans son projet qui inquiètent et angoissent ceux qui l'écoutent. Louis Tobie Mbida qui a été reçu avec beaucoup d'amitié par Bello Bouba Maïgari à Garoua lors du congrès de l'UNDP au « Ribadoux » lui en parle mais Bello semble ne pas prendre ces avertissements au sérieux. M.Adamou Ndam Njoya va se présenter devant le groupe de Mbankolo mais là non plus, en dehors de ses références tournant autour de ses qualités de rigueur quand il était ministre de l'éducation nationale il y a peu de choses à retenir de son discours et de son projet politiques. Il parle d'une période de transition dont personne ne comprend ni l'intérêt ni l'agencement. Le discours est nébuleux. L'homme paraît timide quand il parle. Tous respectent sa probité mais il n'emporte pas l'adhésion. Adamou Ndam Njoya mérite le respect de tous mais il est aérien, trop aérien.

M. Adamou Ndam Njoya

Le RDPC, pragmatique, a compris les enjeux que représente le groupe de Mbankolo. Ce parti va envoyer au contact du groupe M. Owona Grégoire. Mais Owona Grégoire n'est pas un politique, c'est un commerçant de la pire espèce : il est faux, menteur, hâbleur, tordu, roublard, vicieux et pervers, il a du commencer par voler des bonbons quand il était môme cet homme. Un tel concentré de malfaisance et de nuisance ne peut partir que de très loin. Bref c'est un pauvre type. Il ne croit qu'à la richesse de l'argent ainsi que des biens matériels alors que la vraie richesse est dans le respect des valeurs universelles d'honnêteté, de probité, de dignité, de solidarité, de partage, de respect de l'autre, de soi-même et de la vie. Le groupe de Mbankolo ne sait pas encore qui est Grégoire Owona, il va le découvrir.

Le groupe de Mbankolo a eu à peine une première entrevue avec Grégoire Owona que déjà ce dernier annonce des contre-vérités sur les ondes et les journaux de la place. Il déclare à qui veut l'entendre que la majorité présidentielle est née à Mbankolo, que des accords ont été signés avec les partis concernés. Les militants n'en croient pas leurs oreilles. Louis Tobie Mbida leur a tellement parlé de la démocratie participative qu'ils sont convaincus qu'on s'y achemine, que l'aboutissement est proche. Tous sont convaincus que le système accepte enfin de partager le pouvoir. Les autres leaders auxquels la porte n'a pas été fermée malgré les écueils signalés sont convaincus que des accords ont effectivement été signés entre le groupe de Mbankolo et le RDPC. M. Ni John Fru Ndi envoie malgré tout comme émissaire M. Hameni Bieleu qui vient proposer une profusion de postes ministériels aux uns et autres. Le groupe souhaite rencontrer Monsieur Fru Ndi en personne. M. Fru Ndi hésite à se déplacer jusqu'à Mbankolo tels que l'ont fait M. Bello Bouba Maïgari et M. Adamou Ndam Njoya. Il est annoncé à Etoug-Ebe. Le groupe l'attend toute une nuit mais il ne vient pas. Le groupe de Mbankolo lui fait savoir qu'il est prêt à le rencontrer partout où il le souahitera au Cameroun. Cette rencontre n'aura pas lieu. L'arrogance de Fru Ndi qui n'est pas encore chef d'Etat dérange et inquiète. Il perd définitivement son crédit chez la majeure partie de ceux qui auraient pu croire en lui à cette occasion. C'est alors qu'au sein des partis politiques réunis à Mbankolo la base est interrogée à son tour.

Louis Tobie Mbida en entretien dans son salon chez lui en Moselle au mois d'avril 2009.

La majorité va au candidat Biya. Louis Tobie Mbida va rencontrer les hommes du pouvoir pour finaliser en bonne et due forme les accords politiques. Défilent tour à tour à Mbankolo : M. Fame Ndongo, des représentants personnels de M. Joseph Charles Ndoumba, Pierre Moukoko Mbondjo, Owona Grégoire et Rémy Ze Meka mais cet homme, Remy Ze Meka est psycho-rigide. Au-delà des discours d'intention rien ne se concrétise de la part du RDPC. Les élections présidentielles ne sont plus qu'à deux semaines, M. Grégoire Owona arrive à Mbankolo avec une mine de conspirateur, il chuchote : «ça y est, on y va, on vous attend au comité central pour signer la plate forme commune de gouvernement».

Arrivé au Comité Central, dans la salle, Louis Tobie Mbida est entouré de ses camarades du PDC : M. Ayissi Kouna Engelbert et quelques autres car les groupes ont été scindés en deux. Le PDC est reçu par Messieurs Owona Grégoire et Pierre Moukoko Mbondjo tandis que Antar Gassagay, Ateba Ngoa et d'autres seront reçus par M. Mbella Mbappe chez les pères bénédictins au Mont Fébé, quelques jours plus tard. C'est une erreur de stratégie de la part du groupe de Mbankolo, Louis Tobie Mbida le reconnaît aujourd'hui encore. Au début de la rencontre au Comité central du RDPC M. Grégoire Owona qui a reçu le document du PDC des semaines auparavant fait semblant de le découvrir sur le moment. Il lit et relit le document portant la plate forme commune tel que rédigé par le PDC en silence, au bout d'un instant il déclare qu'il a des consignes à prendre en « Haut lieu ». On est dimanche il n'y a pas de circulation abondante. La rencontre a débuté vers 9h30 du matin. Il est 10h15 minutes quand Owona Grégoire quitte la salle. A 11h30 il n'est pas de retour, à 12h30 il n'est toujours pas de retour, à 13 H 30 min. M. Moukoko Mbondjo qui est resté attendre avec le groupe montre des signes d'inquiétude. Louis Tobie déclare à son groupe qu'il s'agit d'un acte important : ils vont attendre encore jusqu'à 14h30 et quitter les lieux.

En partant du Palais des Congrès, Louis Tobie Mbida se dirige tout droit au Lac où habite le premier ministre. Achidi Achu et Louis Tobie Mbida se retirent dans le bureau privé du premier ministre. Louis Tobie Mbida exprime son étonnement par rapport au comportement de M. Owona Grégoire. M. Achidi Achu explique à Louis Tobie Mbida qu'il a reçu pour seule consigne du Chef de l'Etat de signer un accord qu'avec un seul parti politique : l'UPC de M. Kodock. Louis Tobie Mbida quoique sans accords écrits estime avoir un contrat moral, les militants du PDC ont demandé de voter pour le Président Biya. Alors ils vont battre campagne pour faire élire le président Paul Biya. Après la proclamation des résultats des Elections Présidentielles de 1992, de nombreux camerounais s'attendent à retrouver Louis Tobie Mbida au gouvernement. Il n'en est rien. En décembre 1993 Louis Tobie Mbida a croisé Grégoire Owona chez M. James Onobiono au cours de sa traditionnelle et grandiose fête de fin d'année. Il lui pose la question : « Grégoire, je ne t'en veux pas, je souhaite tout simplement comprendre ce qui s'est passé, tu nous a laissé seuls mon équipe et moi dans un bureau du comité central, depuis lors, je n'ai plus eu aucune nouvelle de toi ». Grégoire Owona est gêné mais n'ayant pas d'autre issue il répond : « Un Louis Tobie Mbida puissant, à la tête d'un PDC fort, c'est la mort assurée du RDPC qui prend ses racines dans les provinces du Centre, du Sud et de l'Est exactement là où le Parti des démocrates Camerounais prit naissance dans l'ancien Nyong et Sanaga des années 50 ».

Louis Tobie Mbida le savait, puisque en 1991 au cours d'une rencontre discrète à la cité verte chez Madame Tina Nkoa Simone, ayant précédé la légalisation du PDC, M. Joseph Owona le lui avait déjà signifié. La rencontre à la Cité verte, chez

Madame Tina Nkoa Simone, haut fonctionnaire du ministère des finances, rencontre organisée à la demande de Monsieur le Ministre Joseph Owona, avait pour but de demander à Louis Tobie Mbida de ne pas faire légaliser le PDC. Si le PDC renaît le RDPC est mort car partout ailleurs dans le pays, les sous-préfets et les préfets, les hommes d'affaires à l'affût de marchés d'Etat et les fonctionnaires véreux ayant quelque chose à se reprocher sont les seuls vrais représentants de ce parti. Un envoyé personnel de M. Joseph Charles Ndoumba secrétaire général du RDPC se présente au domicile de Louis Tobie Mbida à Mbankolo et lui fait savoir qu'analyse faite, le RDPC pense que ce qu'essaye de faire Louis Tobie Mbida, en philosophie c'est de « l'entrisme ». Intégrer les lieux pour les transformer et se les approprier de l'intérieur. Le message est clair, les masques tombent. Les seuls qui ne veulent pas comprendre quelles sont les véritables relations politiques entre Louis Tobie Mbida et le RDPC sont les représentants de l'opposition dite radicale et les populations mal informées sur les enjeux politiques réels au Cameroun.

A la mort de sa mère en 1993, l'essentiel des membres de la famille Mbida vit en France. Le chef de l'Etat Paul Biya lui fait remettre par M. Laurent Esso une somme d'argent suffisante pour payer des billets d'avion à ses frères et sœurs, leurs épouses et leurs enfants. L'Assemblée Nationale Française prendra elle aussi en charge les frais des obsèques de Madame Mbida veuve de l'Ancien Député Conseiller de l'Union Française André Marie Mbida. La première couronne de fleurs qui sera déposée sera celle du Président de la République Paul Biya. Louis Tobie sait faire la différence entre l'homme Biya : généreux, chaleureux et attentif en privé et l'homme politique Biya qui refuse tout partage du pouvoir et se ferme aux idées de progrès, de gestion moderne d'une nation ambitieuse dotée de richesses humaines immenses et physiques diverses.

En 1982 lorsque le Président Paul Biya accède au pouvoir les Camerounais dans leur immense majorité sont prêts à le suivre aussi loin que possible. En 1992 la bataille est rude mais l'histoire retiendra qu'il sera élu par une majorité relative. Pendant que la fête de l'élection de Monsieur le Président Biya bat son plein à l'extérieur, dans son bureau de travail à Mbankolo, Louis Tobie Mbida reçoit la visite d'un policier des RG (renseignements généraux). Le policier s'est présenté, il a montré sa carte. « Monsieur le Président du PDC, que pensez vous réellement de l'élection présidentielle qui vient de s'achever et quelles sont vos suggestions pour les années à venir ? » Louis Tobie Mbida répond : « Ayant participé à la campagne pour l'élection du président Paul Biya, sur le plan pratique, je suis satisfait que le candidat choisi par le PDC ait été élu. Ayant été élu grâce aux voix de plusieurs partis politiques, il est attendu de lui qu'il s'ouvre à toutes les formations politiques et qu'il propose une ouverture tout aussi bien à Messieurs Fru Ndi, Bello et Ndam Njoya qui ont été ses adversaires quitte à ce que ces derniers déclinent son offre. J'ajoute que pour un candidat élu au suffrage universel direct, il a été très mal élu puisqu'il n'a pas atteint les 50 % des suffrages exprimées.

L'objectif politique devrait donc être dans les années à venir, de ne pas laisser la seule primauté politique au RDPC mais d'appliquer une véritable démocratie participative où la culture du débat contradictoire mais constructif pourra se développer, en d'autres termes il faudra élargir la plate forme politique camerounaise à d'autres qui ne sont pas du RDPC dans un véritable esprit de collaboration et de dialogue ».

Au lendemain de ces élections présidentielles de 1992 l'agitation est importante dans l'Ouest du pays, dans le littoral, dans le Nord Ouest et une bonne partie du Sud Ouest. Les populations ne sont pas satisfaites. Le SDF n'est pas satisfait. Il y a des mouvements de protestations virulents, véhéments. Le gouvernement s'interroge sur les actions à mener pour ramener le calme. Monsieur Ni John Fru Ndi a décidé de proclamer unilatéralement à Douala sa victoire comme véritable candidat élu.

Monsieur Pius Njawé éminent journaliste et leader d'opinion camerounais. Il a fait la prison pour sa liberté d'opinion.

Le 30 mai 2009, la deuxième édition du prix Moumié se célébrait à Genève en Suisse. Le directeur de publication du quotidien privé camerounais Le Messager était présent. Un extrait de l'interview de Monsieur Pius Njawe le 30 mai 2009 à Genève en Suisse : *« Vous parlez d'opposition quelle opposition ? Je suis de ceux qui croient aujourd'hui qu'à quelque chose malheur est bon parce que, je ne suis pas sûr que si Fru Ndi avait joui de sa victoire [en 1992] le Cameroun existerait encore sur la carte. Fru Ndi, on a découvert finalement que ce n'est pas un démocrate du tout »*

A Yaoundé, siège des institutions de la République, on n'est pas d'accord. Le

SDF fait courir le bruit que les américains le soutiennent et que les « choses » vont se passer comme aux Philippines où l'Amérique a imposé le candidat de l'opposition contre Marcos. Le SDF affirme à qui veut l'entendre, que Mme Frances Cook, ambassadeur des Etats Unis au Cameroun est à Bamenda pour soutenir Ni John Fru Ndi. Louis Tobie Mbida connaît bien Mme Frances Cook. Il a souvent assisté à des soirées agréables où il a rencontré et souvent discuté avec un jeune cadre, fringuant ingénieur qui travaille dans le pétrole : il s'appelle Marafa Hamidou Yaya. Il arrive à Bastos, sonne chez Mme Frances Cook : elle est chez elle, à la maison. Que dit-on ? Où est la vérité ? Cette affaire sent le « bluff ». Pendant ce temps le ministre Booh Booh, ministre des relations extérieures est poussé par les « faucons du RDPC » à faire une déclaration où il fustige l'ingérence dans les affaires intérieures de l'Etat souverain du Cameroun par des puissances étrangères d'autant plus que la France a déjà félicité le président Biya et que les Américains se font attendre.

Au cours de cette période trouble qui succède aux résultats des élections de 1992, M.Andze Nestor, fils du ministre de l'administration territoriale, arrive à Mbankolo accompagné de M. Samuel Mvondo Ayolo, diplomate qui affirme à tous, qu'il est le neveu direct du chef de l'Etat Paul Biya. Nestor Andze s'adresse à Louis Tobie Mbida. « Bill - c'est le petit nom de Louis Tobie Mbida, pour ceux qui le connaissent depuis le collège Vogt - Sam et moi sommes passés te voir pour te demander de déclencher une action contre l'ambassade des Etats-Unis à Yaoundé, nous savons que tu as de nombreux militants qui t'écoutent à Yaoundé et dans les environs. Tu sais ...... comme en Iran du temps de Carter ». Louis Tobie Mbida écoute Nestor Andzé et Mvodo Ayolo, il se dit que les deux doivent délirer. Non : ils sont sérieux ! Alors Louis Tobie Mbida qui sait être direct et sans ambages dans ce type de situations répond à Nestor Andze : « Nestor tu es un négociant en produits divers. Je te connais. Ce type d'initiatives tu ne peux pas les prendre seul. Ce serait trop lourd pour tes petites épaules. Qui t'envoie, qui t'a poussé à le faire ? » Nestor est confus. Louis Tobie Mbida insiste. « C'est le « Vieux » répond Nestor comme un enfant pris en faute, traduction c'est son père M. Gilbert Andze Tsoungui ministre de l'administration territoriale. Il est 21 h. Louis Tobie Mbida fait appeler son chauffeur et son garde du corps. Dans un autre véhicule Eloundou Dracula et l'équipe de sécurité du PDC suivent. Ils arrivent à Nkol-Ondom, résidence du ministre Andze Tsoungui. Le ministre est un « couche tard ». Il entre d'emblée dans le vif du sujet : « Monsieur le ministre je veux que vous sachiez que lorsque vous avez un sujet sérieux à débattre avec moi, j'appécierai que vous évitiez de m'envoyer votre fils Nestor, c'est un ami, c'est un frère mais ce n'est pas à lui de gérer ce type de problèmes. Est-il vrai que vous avez demandé que j'investisse avec mes militants les locaux de l'ambassade américaine à Yaoundé ? ». Le ministre Andze baisse le regard, il est nerveux. Dans un souffle et en balbutiant, il répond : « Il faut que tu ailles voir Titus, il sait de quoi il s'agit ». Louis Tobie Mbida n'y croit pas. Il quitte avec son équipe la résidence du ministre Andze. Il est presque 23 heures quand il arrive chez M. Edzoa Titus, conseiller spécial du chef de l'Etat, habitant le quartier Bastos.

Il explique la situation à Edzoa Titus qui pousse un cri de rage d'abord et éclate de rires ensuite : « Gilbert est un pauvre bonhomme sans courage, il ne sait pas assumer ses conneries. Je n'ai jamais rien dit de tel ». Dès le lendemain matin Louis Tobie Mbida appelle Daniel Yves Taupenas, diplomate de l'ambassade de France à Yaoundé pour assurer ses arrières car il sait que sitôt qu'une rumeur se met à circuler, il est difficile de la rattraper. Il est d'ailleurs possible que l'opération soit montée à son insu et qu'elle lui soit imputée. Louis Tobie Mbida est allé rencontrer aussi M. Noldecke, ambassadeur d'Allemagne au Cameroun, à son domicile à Bastos et lui a tout expliqué.

- *De gauche à droite S.E M. Noldecke Ambassadeur de la république d'Allemagne Fédérale au Cameroun, M. Assiguana Fabien et Louis Tobie Mbida à Mbankolo.*

Il sait de source sûre que certaines « casses » et autres actions violentes ont été réalisées à Douala par des hommes proches du pouvoir. Ces actions ont ensuite été mises sur le compte de l'opposition dite radicale. Andze Tsoungui est un homme de l'ombre qui emploie des méthodes de deuxième bureau, il faut se méfier de lui. Il explique la situation à M. Taupenas qui est sidéré « Non, mais ou avez-vous la tête, vous autres Camerounais. On ne touche pas aux américains, jamais, ils sont forts, dangereux et efficaces, ces gens là. Ils deviennent fous quand on touche à leurs intérêts. Si vous osez seulement monter une opération contre eux, quel que soit l'endroit où vous irez vous dissimuler, ils vous rattraperont toujours ». Louis Tobie Mbida répond « Justement M. Taupenas connaissant les usages diplomatiques des ambassades occidentales à Yaoundé, je souhaite que vous expliquiez aux américains au cas où l'histoire s'ébruiterait que je n'y suis pour rien dans cette affaire ».

Chapitre VI

Dans la tourmente du Nord-Ouest Cameroun

Entre-temps Louis Tobie Mbida aura à gérer l'affaire Tita Fomekong. Cet homme originaire de Bamenda a passé presque deux semaines à Mbankolo chez lui. Il a fait partie du groupe de Mbankolo. Avant de quitter Yaoundé il a longtemps hésité à rentrer à Bamenda. Il insiste auprès du premier ministre Achidi Achu qui octroie aux partis politiques de la majorité présidentielle un budget pour battre campagne. Tita Fomekong veut qu'on lui remette plus que les quatre cent mille francs (400 000 FCFA) qu'il a reçus pour aller battre campagne dans le Nord Ouest. Il explique que ses militants ne le croiront jamais. Personne ne croira qu'il n'a reçu que cette somme là pour aller battre campagne contre le SDF à Bamenda. Il a peur. Il déclare à Louis Tobie Mbida qu'il va se faire tuer. Louis Tobie Mbida reçoit trois semaines après les élections présidentielles de 1992 un appel téléphonique qui lui annonce le décès d'Aladji Tita Fomenkong. Le vice-président de M. Aladji Tita Fomenkong, Monsieur Epee Samuel, arrive peu après à Yaoundé et lui présente les photos du corps calciné.

Il a été brûlé vif par ses militants qui ont mis le feu à sa maison et bloqué les issues pour qu'il ne puisse pas s'échapper. Louis Tobie arrive « au Lac », résidence du Premier Ministre et en parle avec Achidi Achu qui est ulcéré mais il est trop tard : c'est à temps qu'il aurait fallu agir. Pendant que se déroulent ces évènements, la ville de Bamenda est sous état de siège. Monsieur Ni John Fru Ndi qui menaçait de se déclarer Président Elu est mis en résidence surveillée à « Ntarikon » son quartier de Bamenda. Le colonel de gendarmerie Pom et ses hommes ont bouclé la ville. Dans la concession de Fru Ndi se trouvaient presque deux cents personnes au moment où la gendarmerie a encerclé les lieux. Il se murmure que les conditions d'hygiène sont affreuses dans la concession, compte tenu du nombre de personnes qui y sont retenues contre leur gré, ils n'ont presque plus de quoi manger, pratiquement plus à boire. Bamenda est en état de siège. Le premier Ministre Achidi Achu affrète un avion militaire dans lequel vont prendre place Mme Yao Aïssatou, M. Koloko Levis du comité central du RDPC, l'ancien ministre Ngu, frère d'Anomah, et Louis Tobie Mbida. Le vol n'est pas long jusqu'à Bamenda. A leur arrivée chaque membre de la délégation prend place dans un immense 4x4. Louis Tobie Mbida est coincé entre deux gendarmes, trois gendarmes sont assis à l'avant, un au volant et deux sur le siège passager, trois autres gendarmes ont pris place à l'arrière. Mme Yao Aïssatou, M. Koloko Levis, M. Ngu sont entourés de la même manière, chacun dans son 4X4. Le but officiel de ce périple chaotique dans un « Caribou » de l'armée de l'air camerounaise est d'aller assister aux obsèques de M. Tita Fomenkong mais en réalité il s'agit aussi de comprendre ce qui se passe sur le terrain dans le Nord-Ouest et d'en discuter au retour à Yaoundé. Ceux qui statutairement, de par leurs fonctions officielles, auraient du faire ce voyage ne veulent pas y aller. Trop dangereux. Les quatre ici désignés ont accepté de courir le risque d'aller à Bamenda, au cœur de la fournaise, d'où les gendarmes qui les escortent à chaque pas.

La délégation va visiter des écoles incendiées, des immeubles administratifs détruits, des hôtels défoncés. La ville de Bamenda semble avoir été dévastée par une guerre. Après l'enterrement d'Aladji Tita Fomenkong, la délégation se retrouve au siège de la province où les reçoit le gouverneur Luc René Bell. Il n'y pas d'explications logiques à ce déploiement démesuré des forces. Il est rapporté discrètement à Louis Tobie Mbida que l'ancien Vice-président de la république du Cameroun, celui la même qui signa avec le président Amadou Ahidjo la réunification du Cameroun anglais avec le Cameroun français, le 1 er octobre 1961, a été molesté et serait lui aussi assigné à résidence. A « Upper Station » dans les services du gouverneur de la province, Louis Tobie Mbida est indigné « pourquoi John Ngu Foncha, l'homme est vieux et fatigué nous lui devons du respect ».

- *John Ngu Foncha né le 21 juin 1916 à Bamenda est mort le 10 April 1999. Il est avec le Président Amadou Ahidjo l'artisan de la réunification du Cameroun le 1er octobre 1961 et sera le premier vice président de la République du Cameroun.*

Aucune explication claire et cohérente n'est donnée concernant le mauvais traitement subi par le vice président Foncha mais promesse est faite qu'il sera laissé tranquille et sera correctement traité dorénavant. La délégation passe par Santa, on leur montre les maisons du premier ministre Achidi Achu et de Ni John Fru Ndi. Les deux maisons sont à quelques mètres l'une de l'autre. En d'autres termes M. Fru Ndi et M.Achidi Achu sont du même village, de la même famille. Louis Tobie Mbida est surpris mais se rappelle que c'est la technique du combat politique cynique à la camerounaise « on prend le frère pour combattre son frère ».

A son retour à Yaoundé il en parle à M. Simon Achidi Achu. Trois semaines après son retour de Bamenda Louis Tobie Mbida reçoit à Mbankolo, tard dans la nuit la visite de M. Victorin Hameni Bieleu. Ce dernier lui dit : « Louis Tobie va voir tes amis, la situation de Ni John devient intenable à Bamenda, pour des raisons sanitaires, il faut faire quelque chose ». Louis Tobie rend de nouveau visite au Premier Ministre « quel que soit le cas, Excellence, vous êtes tous les deux de Santa faites quelque pour mettre un terme à cette situation ...». Les hommes de Ni John sont alors conduits de Bamenda à Kodengui-Yaounde. Quelques jours plus tard Hameni Bieleu rend de nouveau visite à Louis Tobie Mbida. Hameni déclare : « demandes à tes amis d'être un peu plus sérieux, ils ont entassé dans de minuscules cellules 137 personnes. Ce n'est pas sérieux ... ». Louis Tobie Mbida se présente de nouveau chez M. Achidi Achu « Excellence, faites tout ce qui est en votre pouvoir pour sortir de cette affaire par le haut .... ». Les militants du SDF vont progressivement recouvrer la liberté peu de temps après.

M. Ni John Fru Ndi Président du SDF

Louis Tobie Mbida aura été tour à tour : pour le pouvoir « l'ami de ceux de l'opposition radicale» et pour l'opposition radicale «l'ami des hommes du pouvoir».

Louis Tobie Mbida est tout simplement un homme d'ouverture dont le vœux le plus cher est que tous les camerounais puissent travailler ensemble main dans la main tout en conservant leurs particularités politiques propres pour un Cameroun prospère où tous les camerounais respirent et jouissent d'une amélioration véritable de leurs conditions de vie. Il est important que se développe au Cameroun la culture de la contradiction, de la tolérance, de la paix et du respect de l'autre. Mais le Président de la République, Monsieur Paul Biya, ne choisira que des hommes qui lui doivent tout et refusera toujours à ses côtés des hommes indépendants qui ne lui doivent rien. Le Chef de l'Etat choisira des hommes d'appareil, des technocrates surtout, pas ou peu de politiques : le but est d'assurer la primauté de l'Etat non pas de laisser des ministres faire de la politique. C'est l'explication peu convaincante que l'entourage du chef de l'Etat essaye de donner à ceux qui s'interrogent sur cette composition gouvernementale qui aurait du célébrer la réconciliation nationale. A partir de cet instant le RDPC va se comporter comme une secte religieuse il y aura ceux qui sont avec le RDPC et l'axe du mal qui ne porte pas le sigle de la « flamme du RDPC ». La majorité présidentielle dès l'annonce de sa création ne sera qu'une coquille vide.

Le RDPC va officiellement présenter un certain nombre d'hommes politiques comme ses alliés dans le but de les discréditer auprès des autres opposants et de la population en général tout en donnant des consignes à ses cadres et à ses militants de combattre ces mêmes hommes dits de la majorité présidentielle avec la dernière énergie. Louis Tobie Mbida fera partie des cibles désignées et privilégiées du pouvoir RDPC. Le président Paul Biya va hésiter un instant sur le cas Louis Tobie Mbida mais un groupe de dignitaires de la Lékié ayant à leur tête le chef supérieur Ndzomo Christophe, M. Prosper Mbassi, M. Théodore Bella et bien d'autres va exiger d'être reçu au plus vite au lendemain des élections de 1992. Ils seront reçus à Mvomeka. « A Nti Président ... » traduction « Monsieur le président... si vous faites l'erreur d'associer à quelque action gouvernementale que ce soit Louis-Tobie Mbida alors vous êtes mort. Louis Tobie Mbida ne veut qu'une chose : vous renverser et quand on sait tout ce que nous, particulièrement avons fait subir à son père nous sommes en droit de nous inquiéter. Alors qu'allons nous devenir dans tout ça, Vous n'allez pas nous livrer en pâture à cet homme ». Au nom de la primauté de l'Etat-RDPC : le débat démocratique sera sacrifié, la réconciliation nationale ratée. La primauté de l'Etat n'a aucun sens si elle s'exerce contre les intérêts bien compris des citoyens, seuls véritables détenteurs de la souveraineté nationale. En démocratie ce sont les citoyens qui donnent aux gouvernants leur pouvoir. Un pouvoir exercé sans l'assentiment de la majorité d'une nation est inefficace. L'essentiel de ce pouvoir ne sera alors utilisé par de tels dirigeants que pour se maintenir en place. L'énergie dépensée pour se maintenir au pouvoir contre le désir des citoyens est une force en moins dans l'effort de progrès et de construction nationale exigés au quotidien dans une nation comme le Cameroun en cours de développement.

En 1995 Louis Tobie Mbida épouse Christiane Laure Bembe d'origine congolaise. Ils se sont rencontrés à Dakar au Sénégal au cours d'une conférence sur la démocratie organisée par le parlement Européen. Le mariage sera célébré par son ami de toujours, avec lequel il a grandi, M. l'abbé Jacques Philippe Tsalla, à la cathédrale de Yaoundé, le 22 juillet 1995. La veille du mariage, Louis Tobie Mbida reçoit un coup de fil de l'aide de camp du Président de la République Paul Biya, le capitaine Fouda. Sur un ton badin, ce dernier lui dit : « le Président m'a demandé de te poser la question : comment peux tu te marier sans le tenir informé ? Il présente à ton épouse et à toi tous ses vœux de bonheur ». Il a quelque chose pour vous. Pour l'instant nous sommes attendus à Libreville où une rencontre est prévue avec le Président Chirac ». Quelques jours plus tard en juillet 1995, il est reçu par Monsieur Belinga Eboutou qui lui remet une enveloppe en guise de cadeau de mariage du Chef de l'Etat Paul Biya au couple Louis Tobie et Christiane Mbida. Louis Tobie et Christiane Mbida apprécient la marque d'attention. Ils recevront aussi : cinq boeufs de Monsieur Sadou Hayatou et un mixeur de cuisine de Monsieur Andzé Tsoungui qui tombera en panne au premier usage. Il sait que ses rapports avec l'homme Biya sont particuliers, complexes voire ambigus. A Monatéle, pendant la campagne pour les présidentielles de 1992, Paul Biya lui a expliqué sa rencontre avec André marie Mbida. Alors qu'il est élève en classe de seconde au petit séminaire d'Edéa : les pères missionnaires décident de le renvoyer. « Que vais-je devenir » leur demande Paul Biya ?, « Nous te proposons un poste d'enseignant dans une de nos écoles ». Lui répondent les prêtres. Le jeune Paul Biya a d'autres ambitions. Il veut poursuivre ses études, il est jeune, ne cherche pas de travail et l'argent ne l'intéresse pas. Il a entendu parler du député Mbida qui habite, vers le milieu des années cinquante, en face de l'actuel ministère de la communication. Il se présente une première fois au domicile de M. André Marie Mbida, on lui répond qu'il est en session parlementaire à Paris. A son retour à Yaoundé André Marie Mbida le reçoit. Paul Biya pose son problème : « Je veux continuer mes études et je ne sais comment faire». Mbida comprend ce jeune homme. André Marie Mbida est un homme d'action, il n'a pas de temps à perdre. Dès le lendemain matin, Il invite Paul Biya à prendre place à l'arrière de sa camionnette « pick-up » rouge. Arrivé au Lycée Général Leclerc de Yaoundé, Il rencontre le proviseur qui lui répond que les classes sont pleines et qu'il ne peut accepter ce jeunehomme. Mbida et le Proviseur se connaissent depuis 1944 du temps où André Marie Mbida était directeur de l'école de Balessing dans la Menoua près de Dschang. Des années plus tôt André Marie Mbida qui a été renvoyé du grand séminaire de Mvolyé, le 9 septembre 1943, a travaillé comme maître auxiliaire et directeur de l'école de Balessing .Malgré son départ du séminaire, il a gardé ses habitudes chrétiennes et assiste tous les dimanches à la messe à Dschang. Il est obligé de quitter Balessing le samedi pour arriver à pied à Dschang le dimanche. L'inspecteur d'académie n'apprécie pas ce comportement. Il convoque Mbida et le tance vertement « comment peux-tu te permettre, tous les samedis, de fermer l'école et d'aller à Dschang toutes les fins de semaines, sans autorisation ? ». Galeazzi, Inspecteur d'académie le menace : « si tu recommences, tu es mis à la porte et viré ». Mbida n'accepte pas qu'on lui parle ainsi. Il a déjà eu des soucis avec Monseigneur Graffin qui l'a renvoyé du grand séminaire pour insubordination, que Galeazzi s'y mette aussi: il n'est pas d'accord. Mbida se fâche il « casse la gueule » à son inspecteur d'académie. Il est renvoyé et perd son poste d'enseignant à Balessing. Galeazzi et Bedoussac sont amis, Français et enseignants tous les deux. Certains des élèves de Mbida se rappellent encore de cette époque où André Marie Mbida fut enseignant dans l'Ouest du Cameroun à Balessing près de Dschang. Au moins deux de ses anciens élèves seront ministres de la République du Cameroun, Messieurs Jean Nkuete et Paul Dontsop. En d'autres termes Bedoussac et Mbida sont de vielles connaissances mais les rapports de force ont changé. Au refus du proviseur de ne pas admettre Biya en classe de première au Lycée Général Leclerc, Mbida va passer outre. «Monsieur le Proviseur puisque vous affirmez que vos classes sont pleines, je veux le constater moi-même ». Ils montent les escaliers quatre à quatre : Mbida, le proviseur, suivis de Paul Biya. Les classes sont effectivement pleines. Mbida entre dans une classe de Première se dirige vers le premier banc venu, s'y assoit en poussant d'un grand coup de hanche un élève, se remet debout et dit « Biya, assieds toi là ». Les élèves vont se retrouver à trois sur un banc de deux places. C'est ainsi que Paul Biya entre au Lycée Général Leclerc, passe son baccalauréat. La suite nous la connaissons. Ce récit, Louis Tobie Mbida va l'entendre de la bouche même de Paul Biya en octobre 1992 dans la résidence du préfet de Monatéle. Alors tout cela rend les rapports entre André Marie Mbida, Paul Biya et Louis Tobie Mbida étranges et ambigus.

De gauche à droite M. Noah Boniface, Louis Tobie Mbida, Mme Marie Sylvangui, belle tante de Louis Tobie Mbida, l'abbé Jacques Philippe Tsalla, Mme Germaine Bambi et l'abbé Ekobena ancien camarade au collège Vogt de Louis Tobie Mbida

CHAPITRE IX

Les Tribulations d'Elig-Mfomo

L'année 1996 sera celle des élections municipales. Antar Gassagay et Louis Tobie Mbida se sont connus au foyer des marins de Douala lors d'une rencontre de la coordination de l'opposition en 1991. Ils sont devenus amis. Antar l'a emmené jusque chez lui à l'extrême Nord du Cameroun. Ils ont été ensemble jusqu'à Guidigis et Moulvoudaye. En 1996 Antar est secrétaire d'Etat à l'administration territoriale. Ils briguent tous les deux des postes de conseillers municipaux dans leurs circonscriptions électorales respectives.

Louis Tobie Mbida et son ami le ministre Antar Gassagay

En 1996 Louis Tobie Mbida qui finance sa campagne électorale aux municipales de 1996, encore une fois grâce aux ressources de sa clinique, décide de ne pas se disperser. Il ne présente qu'une seule et unique liste à Elig Mfomo. Il apprend que Bedzigui Célestin a décidé de présenter une liste de candidats à Elig Mfomo en dehors de celle qu'il organise à Monatele où il est tête de liste. Louis Tobie Mbida et Bedzigui Célestin se connaissent. Ils ont pour ami commun Antar Gassagay. Ils décident de se retrouver à Mbankolo. Louis Tobie Mbida devant Antar Gassagay comme médiateur et témoin demande à Bedzigui de ne pas présenter de liste à

Elig-Mfomo. Le PDC qui compte pourtant des militants à Monatele ne présentera aucune liste à Monatele, bien au contraire Louis Tobie Mbida a donné consigne à tous les militants du PDC de battre campagne pour Célestin Bedzigui à Monatéle. Bedzigui reste évasif, il n'est pas clair dans ses propos. Peu de temps avant les élections municipales, Bedzigui annonce son mariage avec une jeune dame originaire d'Elig-Mfomo et pour cette raison il se sentirait moralement obligé de présenter une liste à Elig-Mfomo. Nul ne comprend le rapport entre les deux : le mariage et la liste de candidats mais en tout cas c'est l'explication que donne M. Bedzigui.

Louis Tobie Mbida a battu campagne dans chaque village de l'arrondissement d'Elig-Mfomo. Les villages de l'arrondissement sont au nombre de 29. Il a installé des chambres du PDC dans chacun de ces villages. Il a choisi un homme dans chacun de ces villages. Il a désigné des scrutateurs dans chacun de ces villages. Il a organisé à ses frais des séminaires de formation de scrutateurs à Mbankolo. Le jour du vote il a loué 29 véhicules « Opep » pour établir un lien permanent avec la centrale du PDC qu'il gère personnellement à Elig-Mfomo. Cette fois ci. Le PDC va veiller au grain. Il n'est pas question qu'il perde les élections municipales d'Elig-Mfomo. Des mois avant il est allé en Allemagne rencontrer M. Umlcke, maire de Homburg Saar où il a fait ses études. Il souhaite un jumelage entre Elig-Mfomo et Homburg. Le Maire Umlcke lui propose autre chose. « On te connaît, tu es devenu adulte dans cette ville. Si tu gagnes les élections municipales d'Elig-Mfomo, la moitié des recettes du Match de début de saison du FC Homburg seront offertes à d'Elig-Mfomo pour lancer ton action dans cet arrondissement ». Sachant que le FC Homburg fait partie de la première division de football Allemande, cette proposition n'est pas négligeable. Louis Tobie le sait mais il ne peut le signaler durant sa campagne. Il veut faire d'Elig-Mfomo un exemple, un modèle de développement dans cet océan de médiocrité. Les « Komillitonen » tous les amis et « camarades de fac en Allemagne » ont été réactivés. Ils attendent avec impatience. Au soir des résultats, une urne a disparu, deux ou trois autres urnes n'arrivent toujours pas à la sous-préfecture. On a vu disparaître, sanglée sur le porte bagage d'une moto, une autre urne. La tension monte. La colère gronde, les passions vont se déchainer sous peu. Tous les ingrédients d'un soulèvement populaire sont réunis. Elig-Mfomo est mûr pour l'affrontement. On voit arriver M. Atangana Nga qui fait partie de la liste du RDPC dirigée par le Professeur Martien Towa. Il a l'air suspect cet homme. A un moment donné, on aperçoit un de ses hommes essayant de disparaître encore avec une autre urne. Les militants du PDC lui courent après. Une certaine confusion commence à s'installer devant la sous-préfecture. Vers minuit avec seulement une partie des urnes collectées, à la demande pressante du Sous-Préfet et du Commandant de brigade un décompte partiel des voix électorales va débuter.

Dans la salle, M. Noah Polycarpe, M. Noah Boniface et M. Noah Donatien les « hommes de confiance de Louis Tobie Mbida » sont là. Le décompte contradictoire est lancé. Pendant de longues minutes le PDC a une longueur d'avance sur le RDPC tout d'un coup quand débute le dépouillement des dernières urnes arrivées avec retard, la tendance s'inverse. Le décompte final en face du sous-préfet Abanda donne une majorité relative au RDPC de 44, 2 %, le PDC à 40 % le parti de Bedzigui à fait 12% et celui d'Abe Narcisse environ 4%. Louis Tobie Mbida, exactement comme avec Bedzigui a pris la peine de parler à Abe Narcisse avant ces élections, mais ni l'un ni l'autre qui savaient pourtant n'avoir absolument aucune chance de l'emporter à Elig-Mfomo, vont tout faire pour maintenir leurs listes dans cette circonscription.

De Gauche à droite, M. Bohin Bohin, M Kyriakides, M. Antar Gassagay, Mme Mbida Christiane, Louis Tobie Mbida, M. Abe Narcisse, M. Minyangadou vice-président du PDC, M. le Prof Martien Towa.

Louis Tobie Mbida a compris. Il n'y a qu'à suivre le regard. Elig-Mfomo n'aura de toute son histoire jamais vu autant de 4x4 et de grosses cylindrées allemandes. Ils sont tous là : encore lui Grégoire Owona secrétaire général adjoint du Parti au pouvoir, Ndongo Essomba Jean Bernard président du Groupe Parlementaire du RDPC, Olanguena Awono Urbain, Paul Omgba, Joseph Tsanga Abanda, Eyebe Ayissi Henri. Sitôt que Louis Tobie Mbida et sa caravane d'« OPEP » quittent un village, les pontes du RDPC l'investissent en se moquant de lui au passage et de ses vieux véhicules qui tombent régulièrement en panne.

Pour le RDPC et les membres du comité central du RDPC il n'est pas question de laisser le PDC et Louis Tobie Mbida accéder au moindre poste politique. Même le poste minimaliste de conseiller municipal dans l'arrondissement d'Elig-Mfomo, contrée perdue au fin fond de la forêt camerounaise devient un enjeu politique de taille, « un joyau politique » à protéger et à conserver par tous les moyens par le RDPC, ses caciques et ses dirigeants quand Louis Tobie Mbida s'y intéresse politiquement. Tout est mis en oeuvre pour que l'engagement politique de Louis Tobie Mbida ne débouche sur aucun poste politique en mesure de lui donner l'opportunité de mettre en pratique le projet de société qu'il défend dans le respect des valeurs qui l'animent. Après 1992 où Louis Tobie Mbida a pourtant été un allié véritable lors de l'élection du président Paul Biya, toutes les énergies se mobiliseront pour empêcher le même Louis Tobie Mbida d'accéder au moindre poste électif quatre ans plus tard en 1996. Tout est mis en oeuvre avec la dernière énergie pour empêcher l'élection de Louis Tobie Mbida, fusse au poste, en principe sans envergure, de conseiller municipal d'Elig-Mfomo.

Elig-Mfomo se trouve au fond du trou de la terre Camerounaise, au beau milieu de nulle part. Cette contrée du Cameroun va voir son « cours politique» flamber en 1996, pour retomber au plus bas au lendemain des élections municipales. Aujourd'hui 14 ans après, en 2010, les hommes, les femmes, les enfants et les viellards d'Elig-Mfomo sont toujours la proie de la misère, de la désolation, de l'abandon et de l'immense oubli de l'Etat-RDPC. La lutte est systématique, acharnée, violente et sans quartier de la part du RDPC quand il s'agit de combattre Louis Tobie Mbida. Pourquoi un tel acharnement, que craignent t-ils ? Seul le RDPC et ceux qui le dirigent le savent.

Un homme politique d'opposition au Cameroun est par définition un « clown », un « bouffon », un « amuseur public », un « troubadour » et un « farfelu ». Les hommes sérieux qui ont de la considération pour eux-mêmes, leurs familles, leurs proches et leurs amis s'abstiennent de faire de la politique d'opposition. C'est ainsi que sont perçus les opposants au Cameroun. S'opposer au RDPC et à son chef le Président Biya c'est se RIDICULISER. Soit on risque de se faire emprisonner comme M. Edzoa Titus affirment plusieurs, soit on risque sa vie déclarent certains. C'est en tout cas ce que toutes les personnes bien introduites font savoir aux opposants Camerounais. Triste pays mais c'est le nôtre. Nous continuerons à l'aimer. Nous nous battrons pour lui, quelles que soient les menaces réelles ou supposées.

Ce sont les moyens matériels de David PDC contre RDPC Goliath.

Le vin et la bière coulent à flots dans les Meeting du RDPC.

On y mange du Bœuf, des troupeaux entiers y sont égorgés.

On y mange du riz, des rizières complètes y sont répandues.

Louis Tobie Mbida essoufflé par cette course aux moyens matériels a demandé à ses collaborateurs, de ne plus offrir que dix-mille FCFA symboliques par étape et par village. Une fois, ils sont d'ailleurs descendus à cinq mille FCFA au cours d'une étape en fin de parcours. Scandale. On se moque de Louis Tobie Mbida.

Qu'a-t-il déjà réalisé, celui là ? Le PDC a décidé d'offrir un seul grand repas à ses militants au dernier jour de la campagne en plein centre d'Elig-Mfomo. Le RDPC l'a appris. Ce jour là tous les caciques du RDPC sont présents. Ils ont décidé de réaliser un contre-meeting le même jour, à la même heure, en face de la résidence du sous-préfet dans l'espoir de contrecarrer le meeting du PDC. Mais le rassemblement du RDPC est maigre, triste, sans couleurs et sans enthousiasme. Louis Tobie Mbida s'est levé suivi des militants du PDC, nombreux à Elig-Mfomo ils se dirigent vers le regroupement clairsemé du RDPC. Certains RDPCistes semblent prendre peur. Mais Urbain OlanguenaL Awono est là, il sait que Louis Tobie est venu vers eux pour leur souhaiter par courtoisie la bienvenue. La politique n'est pas une bataille rangée. Ils en rient tous les deux, se serrent la main et chacun retourne à son Meeting. Louis Tobie Mbida est dans son fief à Elig-Mfomo, il va y passer la nuit. Les RDPCistes en face, avant qu'il ne fasse nuit sont remontés dans leurs limousines et berlines financées par l'argent du contribuable. Ils ont quitté les lieux en vitesse. Ce comportement est révélateur. Il illustre la superficialité et le manque d'ancrage politique des cadres et caciques de ce parti.

De gauche à droite : M. Aimé Bambi, M. Olanguena Awono Urbain, M. Louis Tobie Mbida et Mme Pauline Ndongo Essomba tante directe de Louis Tobie Mbida

Louis Tobie Mbida et les scrutateurs du PDC ont surpris des cars entiers d'électeurs venus de Yaoundé, portant des noms inconnus dans les villages de l'arrondissement d'Elig-Mfomo il fait saisir ces listes électorales fictives par son équipe. Il est allé se reposer au village d'Elot-Kos quand des clameurs en provenance du centre d'Elig-Mfomo lui parviennent. Les populations ont été informés que selon le premier décompte des voix, le PDC serait battu aux municipales de 1996 à Elig-Mfomo. Louis Tobie revient sur ELig-Mfomo centre. Des groupes de jeunes sont en train de préparer des cocktails Molotov. Il est surpris qu'à Elig Mfomo on en connaisse seulement l'usage. Il les appelle dans un coin « Ne faites pas cela, un feu est vite allumé, l'éteindre est plus difficile ». Les femmes, les jeunes et les moins jeunes sont intenables. Ils veulent tous en découdre. Les gendarmes d'Elig Mfomo sont au nombre de six. Ils font mine de mettre la population en joue. La maîtresse de l'un d'entre eux, une fille du village a déjà fait circuler l'information : « ces armes non seulement ne fonctionnent pas mais en plus elles ne sont pas chargées ». En apprenant cela les hommes et les femmes d'Elig-Mfomo se lâchent. Le sous-préfet Abanda est rentré chez lui, il en revient habillé en grande tenue. Quand on l'aperçoit dans la nuit, après un premier instant d'incrédulité et de stupéfaction, un jeune lui arrache de la tête sa casquette de sous-préfet, ornée de feuilles d'or et la jette au loin. Abanda veut affronter seul la foule. Un homme l'apostrophe en Eton : « Abanda dze de ndoum nga'a? » traduction « Abanda tu veux te battre ? » Et Abanda sous-préfet de la République de répondre « Oowé » .Traduction : « Oui ».

Louis Tobie Mbida assiste alors à une scène ubuesque et burlesque où le sous-préfet de la République, retire sa veste saharienne kaki pour se battre à mains nues et torse nu avec un citoyen. Louis Tobie Mbida a suivi de loin la scène et demande à Noah Boniface d'aller calmer le sous-préfet et son pugiliste. Entre temps Abanda est en sous-vêtement, il vocifère, vitupère et profère des menaces à la cantonade. « Vous allez voir ! Vous allez voir ce que vous allez voir ! Vous ne savez pas qui je suis. » hurle-t-il à l'attention de Monsieur Noah Polycarpe, président du comité d'arrondissement du PDC d'Elig-Mfomo. Effectivement, ce que ne savent pas les populations d'Elig-Mfomo, c'est que Monsieur Abanda n'est autre que le petit cousin du village de Monsieur Gilbert Andze Tsoungui Ministre de l'administration territoriale.

La résistance s'organise, des hommes arrivent par groupes des villages environnants. Plusieurs affirment que les choses ne se passeront pas comme en 1964. Le PDC explique au sous-préfet qu'il n'est plus un « interlocuteur valable » : il a perdu sa crédibilité et s'est ridiculisé devant les citoyens de la République. Le PDC exige désormais la présence du Préfet en personne à Elig-Mfomo. Un câble est transmis à Monatéle à cet effet. Peu avant 10 heures du matin arrivent deux camions militaires remplis d'hommes. Les uns portent la tenue marron de la gendarmerie camerounaise, d'autres sont habillés comme des gardes prisonnie. Ils sont 60 hommes. Alors le commandant de compagnie lance à l'adresse des hommes et des femmes présents : « libérez la voie et l'espace publics ». Pas un geste, personne ne bouge. Butée et silencieuse la foule l'observe. Il le dit encore une fois, puis deux fois. On le voit faire manœuvrer ses hommes face aux citoyens. Louis Tobie s'avance entre les habitants d'elif-Mfomo et les hommes en tenue. Il s'adresse au capitaine : « Je vous rappelle que les armes que vous portez sont les nôtres. Elles ont été achetées par l'Etat du Cameroun pour la nation camerounaise que nous représentons ici à l'aide de nos impôts. Si vous avez un mandat pour interpeller une seule des personnes ici présente, montrez le moi ». Un flottement s'installe, le représentant du préfet de Monatéle s'avance vers Louis Tobie Mbida. « Monsieur le Président, J'ai été mandaté par le ministre de l'administration territoriale pour vous écouter et trouver avec vous une solution. Que pouvons nous faire ?». « Nous avons demandé de discuter avec le préfet lui-même pas avec son représentant » lui répond Louis Tobie Mbida.

« Je suis le premier adjoint préfectoral » répond le fonctionnaire. Alors Louis Tobie Mbida lui dit : « Qu'à cela ne tienne. Le PDC portera plainte auprès de la juridiction compétente pour fraude électorale massive et abusive. Nous avons besoin comme preuves, des fausses listes électorales qui ont permis la supercherie ». Le représentant du Préfet a compris. Il se concerte avec le sous-préfet. Les listes seront photocopiées devant témoins, estampillées aux cachets de la sous-préfecture, signées par le sous-préfet et remise à Louis Tobie Mbida. Les uns et les autres se serrent la main. L'incident est clos sur le moment. Louis Tobie Mbida et son équipe quitte Elig-Mfomo et s'ébranlent vers Yaoundé. Ils prennent le temps de mettre en forme leur plainte et de la rédiger en respectant le jargon juridique adéquat. Dès le lendemain, Louis Tobie Mbida et son équipe du PDC vont se présenter au Palais de justice de Yaoundé pour déposer plainte. Les locaux du ministère de l'administration territoriale sont en face du Palais de justice. Après le dépôt de la plainte, Louis Tobie Mbida accompagné de M. Louis Paul Enouga se signale au secrétariat de M. Gilbert Andze Tsoungui.

L'attente n'est pas longue et le Ministre le reçoit tout de suite. « Akiée, on m'a appelé ce matin il semble que c'était chaud à Elig-Mfomo » déclare le ministre Andze en éclatant d'un tonitruant rire inimitable, gras et grossier. Louis Tobie Mbida l'a laissé parler « Monsieur le ministre je sors de ce pas de la Cour suprême où j'ai officiellement déposé le recours du PDC. Je voulais vous en informer moi-même. Nous avons été victimes de fraudes massives, ce n'est pas juste, les choses ne peuvent pas continuer ainsi ». Devant Louis Tobie Mbida, Andze Tsoungui prend son téléphone et forme un numéro. De sa voix tonitruante, Louis Tobie Mbida l'entend parler : « Bonjour Excellence, oui Excellence dans l'ensemble tout s'est bien passé Excellence. Il n'y a qu'Augustin Fréderic Kodock qui m'a saisi et qui se plaint que son parti, l'UPC, ait été victime d'abus, j'ai aussi dans mon bureau en ce moment Louis Tobie Mbida qui m'exprime son vif mécontentement car il estime que le PDC aussi a été victime de malversations ». La conversation va se poursuivre par des « oui Excellence, bien sûr Excellence, très bien Excellence ». Visiblement satisfait de lui-même, Andze Tsoungui va se tourner vers Louis Tobie Mbida et lui déclarer qu'il vient de rendre compte « au Patron » de tout cela. Il dit alors à Louis Tobie Mbida « Je comprends ta colère tout cela a du te coûter cher. Combien penses-tu avoir dépensé. « Je n'ai pas de chiffre exact, mais j'en suis à plus de quinze millions de FCFA de dépenses dans l'arrondissement d'Elig-Mfomo pour cette campagne, j'ai sorti cet argent de ma cagnotte personnelle ». Le reste de la conversation va tourner sur des banalités. Les résultats ne sont pas encore officiels mais Andze n'a rien dit concernant la revendication de Louis Tobie Mbida sur le fond. A son retour à Mbankolo, Louis Tobie Mbida continue à recevoir des militants, à réfléchir sur des actions immédiates à mener, quand le téléphone sonne. C'est Enouga Louis Paul à ses côtés qui décroche. A l'autre bout du fil, Antoine Marie Ngono, grand journaliste de la CRTV, parle à Louis Paul Enouga. Voilà ce qu'il lui dit in extenso « Le ministre Eyebe Ayissi Henri vient de m'appeler pour me dire qu'Andze Tsoungui a remis quinze millions de FCFA à Louis Tobie Mbida comme frais de campagne électorale. Confirmez-vous cette information ? ». Louis Tobie Mbida est sidéré. Il appelle Emile Andze : ils sont entrés le même jour au collège Vogt, ils sont amis. Il explique toute cette histoire à Emile Andze qui ne trouve pas grand-chose à dire, bien sûr. L'un est un ami l'autre est son père. Au moment où tout cela se déroule Thérèse Marie Mbida qui ne fait pas de politique mais qui est venue saluer son frère qu'elle n'a pas vu depuis plusieurs jours assiste à cette scène. Elle est en colère. Au volant de son véhicule, en compagnie de l'épouse de Louis Tobie Mbida, Christiane, elles démarrent en trombe et arrivent à Nkol-Ondom. Thérèse et Christiane vont aller clamer devant Andze Tsoungui leur indignation par rapport à ce type de comportement. Un aîné qui ment, sans vergogne, sans scrupules ce sera la marque de cette époque trouble et l'indice de fonctionnement de ce système.

Mme Mbida Marguerite est décédée le 28 juin 1993 à 64 ans, la dernière personnalité qu'elle aura eu à rencontrer sera M. Gilbert Andze Tsoungui, au mois de mai 1993. M. Andze Tsoungui la reçoit à Nkol Ondom et Mme Mbida lui pose une seule et unique question : « Moan à Bo wo dze ? Yi wa Yi na wa woé nga'a ». Traduction « Que t-a-t-il donc fait, mon fils, pourquoi cherches-tu à le tuer ? ». Elle est morte sans avoir obtenu de réponse à ses questions. La cour suprême et par la voix du juge Atangana va se déclarer incompétente à porter un jugement sur cette affaire malgré les preuves de fraudes présentées par le PDC.

CHAPITRE X

L'affaire Edzoa Titus

En janvier 1997 Louis Tobie Mbida assiste au mariage de M. Noah Ndongo Adolphe son cousin. Louis Tobie Mbida est assis avec les mariés, sur la table d'honneur entre le ministre Edzoa Titus et la première épouse de M. Ndongo Essomba Jean Bernard dont le beau-fils se marie. Edzoa et lui ne se sont plus souvent vus ces douze derniers mois. M. Titus Edzoa lui dit : « Louis Tobie il faut qu'on se rencontre. J'ai des choses à te dire. Tout cela ne vaut plus la peine ».

Louis Tobie Mbida entend alors de la bouche d'Edzoa Titus, membre du gouvernement en place, les critiques les plus acerbes contre le système. Les propos de Titus Edzoa lui rappellent ceux de M. Garga Haman Adji, ministre courtisé par le pouvoir en 1991 / 1992 qui lui annonce alors qu'ils se croisent aux obsèques de Mme Jeanne Irène Biya à Mvomeka qu'il va quitter le gouvernement parce qu'il ne supporte plus le système.

De droite à gauche: M. le ministre Garga Haman Adji, Louis Tobie Mbida, Christiane Mbida.

Deux mois après cette rencontre fortuite chez M.Ndongo Essomba, Edzoa Titus va démissionner avec fracas du gouvernement. Il annonce sa candidature pour les présidentielles de 1997. Il donne des interviews et menace de tout déballer.

Dans le gouvernement, ses amis de la veille n'apprécient pas. Antar Gassagay arrive tard un soir à Mbankolo : « Mbida, va voir ton ami Titus demande lui de se calmer ». Antar montre à Louis Tobie Mbida des lettres confidentielles de mise en garde que les services concernés ont adressées à M.Titus Edzoa. Un notaire de la place que Titus Edzoa et Louis Tobie Mbida connaissent en commun est mis à contribution pour porter des messages à Edzoa. Louis Tobie photocopie à l'attention de Titus le courrier que le préfet du Mfoundi, M. Ngo'o Mebe avait adressé à André Marie Mbida en 1962 pour lui signifier qu'il avait enfreint l'ordonnance 62-OF18 du 12 mars 1962 portant organisation de la répression de la subversion au Cameroun. La dame qui joue le rôle de relais entre Louis Tobie Mbida et le professeur Edzoa vient lui expliquer que le Professeur est serein, il est sûr de lui et reste convaincu qu'on ne lui fera rien du tout. Antar Gassagay revient à la charge : « vas dire à ton ami Titus qu'il devrait arrêter ses menaces sinon les choses vont mal se terminer ».

De gauche à droite : M. le ministre Antar Gassagay, Louis Tobie Mbida, Christiane Mbida.

Cette fois Louis Tobie Mbida décide de prendre le taureau par les cornes. Accompagné d'une équipe restreinte il arrive chez Titus. On aperçoit au loin quelques policiers en faction. Ils ont l'air nerveux mais les visiteurs ont le droit d'entrer et de sortir de chez Edzoa sans empêchement. Louis Tobie Mbida rencontre Edzoa Titus : « Professeur es-tu prêt a te lancer dans la bagarre ? Qu'as-tu prévu exactement ? ». Titus lui répond qu'il a aidé de très nombreuses personnes du temps où il était aux affaires. Le Professeur Titus Edzoa affirmeque ceux qui lui sont redevables de services rendus sont légion. Il a nommé et fait nommer des hommes dans la police, dans l'armée. Il a aidé des hommes d'affaires à obtenir d'importants marchés d'Etat. Alors il attend à juste titre un retour d'ascenseur. Il signale que des pans entiers de la ville de Yaoundé, des quartiers entiers sont prêts à prendre sa défense, si on touche seulement à un seul des cheveux de sa tête. Louis Tobie Mbida lui fait remarquer en regardant la calvitie évoluant sur la tête du Professeur, qu'en fait de cheveux il ne lui en reste plus beaucoup. Ils en rient tous les deux mais redevenant sérieux Louis Tobie Mbida l'interroge, il veut savoir et comprendre la démarche de Titus.

Au bout de longs moments de discussions, Louis Tobie Mbida est effaré. Il constate que Titus Edzoa est animé d'une immense colère certes, son émotion est profonde c'est indéniable, sa détermination à vouloir en découdre avec Paul Biya est sincère et l'homme Edzoa sait être implacable, ce n'est pas un faible, Louis Tobie Mbida le sait. Mais chez Titus Edzoa le projet est politiquement inexistant, le concept intellectuellement absent et le financement concrètement inexistant. Titus Edzoa n'a pas mûri de projet politique, il est animé d'une grande colère et rempli d'un immense dédain. Son mépris et son dégoût pour Paul Biya dont il aura été le collaborateur et l'ami pendant des années s'expriment : « Je connais l'homme, n'arrête-t-il pas de répéter, je ne peux plus continuer de cette manière. Il n'y a rien derrière tout cela, que du vent ». Alors encore une fois Louis Tobie Mbida raconte l'expérience et le grand moment de solitude de son père qui traversa seul la ville de Yaoundé sans que personne ne lève le petit doigt le 29 juin 1962.

Le tombeau des morts est dans le cœur des vivants mais entre temps les morts sont bien morts. Edzoa apporte une réponse surprenante : « Je compte sur vous tous pour me soutenir le moment venu, je sais que ça va marcher. Alors il parle de nouveau du Chef de l'Etat Paul Biya « Je connais l'homme de l'intérieur, il est faible». Louis Tobie Mbida de lui répondre : « Professeur si selon les rumeurs qui circulent tu as mis de l'argent de côté c'est le moment de commencer à t'en servir, premièrement en achetant des billets d'avion pour ta famille et toi. Si tu as des contacts hors de nos frontières, réactives-les. Va te mettre au vert ». Titus Edzoa va rester silencieux un instant et lever la tête, un sourire triste sur les lèvres. Il répond : « Mais justement : je n'ai rien ». Louis Tobie Mbida réitère sa question, « Professeur, là on ne se ment plus, n'as-tu vraiment rien ? »

« Tu peux me croire, je n'ai rien. Je n'ai pas un pactole caché quelque part tel qu'on l'entend dire partout ».

Et Louis Tobie Mbida d'ajouter : « J'insiste Professeur il faut que tu partes avant que le filet ne se referme sur toi ».

Titus sourit, il a l'air triste : « Louis Tobie, je n'en ai pas les moyens ».

Une semaine plus tard Louis Tobie Mbida revient d'une réunion le soir vers 19 heures. Garé devant son portail à Mbankolo une camionnette blanche attend tous feux éteints. Il en descend un jeune homme qui lui dit tout ému : « le Professeur souhaite vous parler de toute urgence ». Louis Tobie Mbida avant de ressortir se signale auprès de son épouse Christiane qui lui confirme que le domicile de Titus a appelé de nombreuses fois à Mbankolo. Sans plus attendre il arrive chez Titus.

Devant le portail des policiers en tenue de combat jouent aux cartes. Il se présente aux policiers qui jettent négligemment un coup d'œil sur ca carte d'identité : « On vous connaît M. le Président mais nous regrettons de ne pas pouvoir vous laisser entrer », lui répondent les policiers. « Auprès de qui peut-on obtenir l'autorisation de communiquer avec M. Edzoa ? », demande Louis Tobie Mbida. « Seuls le Délégué à la sûreté M. Luc Loe et éventuellement le préfet du Mfoundi M. Edgar Alain Mebe Ngo peuvent vous accorder cette autorisation ».

Louis Tobie Mbida ne sait pas où habite Luc Loe à Yaoundé. Il se dirige au siège de la délégation générale à la sûreté de Yaoundé. Les hommes en faction hésitent à lui dire où demeure le délégué Luc Loe. Finalement il obtient l'information. Il se rappelle que les policiers lui ont précisé que le préfet aussi pourrait lui permettre de rencontrer Edzoa.

Louis Tobie Mbida a tous les numéros de téléphone de Mebe Ngo Alain, ils se connaissent depuis le collège Vogt. Il appelle Mebe sur son portable, sans suite. Il s'arrête chez Mebe à la montée de Bastos, on lui indique que Mebe est chez Emile Andze. Il appelle chez Emile : « Alain est-il chez toi ?». Ils se parlent mais il est tard. Un rendez-vous est pris avec Alain Mebe Ngo pour le lendemain matin. Louis Tobie Mbida lui explique que Titus a demandé à le rencontrer mais l'entrée lui a été refusée. Alain Mebe est honnête : « Bill comme tu t'en doutes cette affaire n'est pas à mon niveau, elle n'est même pas de mon ressort. Elle est politique, j'applique, j'exécute c'est tout ». Plus question de rencontrer Titus Edozoa. Deux jours plus tard, on est le 4 juillet 1997, le téléphone sonne encore une fois à Mbankolo ; cette fois-ci, Louis Tobie Mbida est à la maison. Au téléphone c'est Edzoa Titus : « ils sont venus me prendre, je veux que tu viennes de toute urgence sinon je ne bouge pas d'ici ». Louis Tobie Mbida fonce à Bastos mais le cordon de sécurité est infranchissable. On aperçoit au loin des véhicules Renault break blancs tous neufs, ici et là en dehors des hommes des commandos spéciaux de la police camerounaises habillées en noirs et lourdement armés, on aperçoit des Européens de race blanche portant des tenues d'officiers de la police camerounaise. Un hélicoptère survole la scène. On est pourtant en plein jour mais Louis Tobie Mbida croit rêver. On se croirait au cinéma. C'est « Règlement de compte à O.K Corral » de John Sturges « remake à la camerounaise » sauf que Paul Biya n'est pas Wyatt Earp, que le Cameroun n'est pas Dodge City et que Edzoa Titus n'est certainement pas Ike Clanton.

La situation est dantesque. Louis Tobie Mbida rentre à Mbankolo, forme le Numéro de téléphone de Monseigneur Zoa : l'archevêque de Yaoundé. Monseigneur Zoa décroche et Louis Tobie Mbida entre directement dans le vif du sujet : « Monseigneur, je vous appelle au sujet de Titus Edzoa. Il est en train de se faire arrêter et ne veut pas quitter les lieux si je ne me présente pas. Je suis médecin, mon devoir est de répondre quelles que soient mes opinions sur la situation. Je ne peux pas non plus forcer les barrages de la police. »

M. Edzoa Titus, chirurgien des Hôpitaux, Professeur de médecine, ancien secrétaire général à la présidence de la République du Cameroun, plusieurs fois ministre, prisonnier depuis 12 ans. Ancien ami et intime du chef de l'Etat le Président Paul Biya.

Monseigneur Zoa écoute attentivement et répond de sa voix toujours posée, lente et suave : « Mon fils l'affaire Edzoa est purement politique, dans le cas d'Atangana Thierry je suis en train de négocier. Le jeune Atangana Thierry étant malade il y a un aspect caritatif et social sur lequel je peux intervenir. Je suis d'ailleurs en pourparler avec l'ambassade de France à ce sujet. Malheureusement pour M. Edzoa je ne peux rien faire c'est purement politique. » Louis Tobie Mbida pense que Monsieur Edzoa Titus s'est trompé dans l'analyse de la personnalité du Président Paul Biya.

Paul Biya n'est pas un faible, il a, comme chef, des méthodes de commandement singulières. Mais l'homme a de la poigne, il est froid et méthodique, il a su briser le putsch de 1984, il a éteint les années de braise au début des années 90. L'analyse nous permet aujourd'hui d'affirmer deux choses : la capacité d'écoute du Chef de l'Etat s'est épuisée et sa volonté de comprendre les Camerounais s'est dissipée. Le Chef de l'Etat Paul Biya, 27 ans après, est toujours au pouvoir. Le Professeur

Edzoa Titus, douze ans après, est toujours en prison et il se dit d'ailleurs qu'on lui cherche de nouveaux chefs d'accusation pour prolonger son incarcération au-delà des 15 ans qui lui avaient déjà été signifiés. Si cela est vrai alors c'est tout simplement honteux !

Les élections législatives de mai 1997

Les élections législatives de mai 1997 se sont déroulées pareilles aux précédentes. Le PDC courageusement se porte candidat. Le vagabondage électoral, la révision artisanale des listes électorales, le bourrage des urnes ont produit le même effet. Le pouvoir a tout gagné et l'opposition a tout perdu. Pour le PDC le succès électoral encore une fois n'est pas au rendez-vous.

CHAPITRE XI

Le départ pour un exil volontaire

Après les élections législatives tronquées du 17 mai 1997 au Cameroun, Louis Tobie Mbida décide de quitter la scène politique nationale camerounaise et de se mettre en réserve de la République. Il refuse de sombrer dans la banalité, l'insipidité, la forfaiture, la perte de repères, la dissipation des idéaux et la dilution de sa singularité voulues et programmées par le pouvoir RDPC en place. Louis Tobie Mbida réactive ses contacts universitaires en Europe, il se présente à l'ambassade d'Allemagne, l'ambassadeur lui accorde immédiatement un visa long séjour pour l'Allemagne. Son épouse obtient un visa de circulation « Schengen » d'un an renouvelable et il s'envole du Cameroun le 7 juillet 1997. Il porte une valise dans laquelle il a entassé trois costumes, des chemises et du linge de corps. Il a jeté en bandoulière sur l'épaule, un grand sac de voyage dans lequel il a mis des documents et ses diplômes. Quand il arrive à l'aéroport de Frankfurt les amis allemands sont là qui l'attendent. Il a laissé derrière lui sa belle et jeune épouse Christiane. IL a abandonné le confort douillet d'une villa de 14 chambres à Mbankolo, chauffeurs et garde du corps, berlines allemandes, 38 collaborateurs, une clinique, une école de formation d'infirmières, une concession à Yaoundé dotée d'un beau jardin verdoyant où il vivait entouré d'une maisonnée le mettant à l'aise en satisfaisant à ses moindres désirs. Il arrive un mercredi à Homburg Saar et commence dès le jeudi à travailler au sein des cliniques universitaires de la Sarre. Il est aujourd'hui médecin en Moselle à quelques kilomètres de la frontière franco-germanique.

Chaque semaine depuis douze ans il reçoit un rapport circonstancié sur le Cameroun politique, économique, culturel et social. Le PDC est inscrit au plus profond de lui, le Cameroun reste son sujet de préoccupation essentiel.

Louis Tobie Mbida a quitté le Cameroun le 7 juillet 1997 à sa droite on aperçoit son plus proche collaborateur M. Noah Boniface.

Chapitre XII

Discussions et débats

Le Cameroun est un pays d'Afrique Centrale qui mérite mieux que ce qu'il a subi au cours de ces cinquante dernières années. Les indépendances africaines connaîtront bientôt le demi-siècle. L'heure d'un bilan honnête et sans complaisance a sonné. Le souhait est que tous ces affrontements inutiles et contre-productifs cessent dans la fraternité retrouvée d'un peuple qui réapprend à se parler, à vivre ensemble et à respirer ensemble. Louis Tobie Mbida rappelle ce qu'il a vécu, il n'intervient pas en donneur de leçons mais veut faire partager son expérience en rapport avec les années de braise de son enfance et ses rencontres de diverses natures en tant qu'homme politique camerounais depuis 1990. Il souhaite que la confrontation des idées ne soit plus jamais transformée au Cameroun en affrontement physique où les émotions et les passions prennent le pas sur l'analyse en se substituant à la réflexion à et la raison. Il s'agit de demander aux camerounais de privilégier la confrontation des idées à l'affrontement entre les hommes.

De la douleur et du sang versé au nom de leur liberté d'expression, au nom de leurs opinions et de leurs choix politiques, au nom de la défense de leur pays, les Camerounais de tous les bords politiques, de toutes les classes sociales et de toutes les religions en ont connu .

Les exécutions massives à Yaoundé des Chefs Traditionnels Eton, Ewondo, Bane, Mvelé vers 1900 du temps des allemands est une date dont il faut se rappeler. Parmi ces chefs le fameux Mani Ewondo dont les descendants seront le Professeur Etoundi, M. Etoundi « Kiki » et l'acteur franco- camerounais Gérard Essomba.

Ces exécutions donneront à un quartier de Yaoundé le nom qu'il porte aujourd'hui encore : « Etoa-Meki » : c'est-à-dire la « Mare de sang ». Les exécutions de chefs se faisaient par décapitations il y eut tellement de sang versé à cette date à Yaoundé que le lieu de ces supplices sera appelé par les populations Etoa-Meki : « la Mare de sang ».

L'exécution de Rudolf Manga Bell par les Allemands en 1914

L'exécution de Ngosso Din par les allemands en 1914

L'exécution de Martin Paul Samba par les allemands le 8 août 1914

La déportation peu avant les années 1930 du Sultan Njoya de Foumban à Yaoundé.

Les exécutions massives de Chefs traditionnels Douala et Bassa en 1941par les Français.

Le tir au canon sur des militants de l'UPC en face de l'hôpital central de Yaoundé du temps du Gouverneur Rolland Pre en 1955

L'assassinat du Dr. Delangue en 1957

La mort par fusillade de Ruben Um Nyobe le 13 septembre 1958

L'assassinat en 1959 du Dr. Félix Rolland Moumie

Les tueries au quartier Congo de Douala en 1959.

Le maquis en Sanaga Maritime dans les années 60

Le train de la mort en 1961.

La guerre en Pays Bamiléké peu avant et après l'indépendance du Cameroun.

L'arrestation en 1962 d'André-Marie Mbida, Charles Okala, Bebey Eyidi et Mayi Matip.

L'exécution du Chef Baham Kamdem Niyin a lieu en 1962. Monsieur Kamdem Niyin restera dans l'histoire de la république du Cameroun comme l'un des plus jeunes ministres de la république du Cameroun. Il est ministre de la santé à 23 ans en 1960, arrêté dans son bureau de ministre il sera conduit directement dans l'ouest Cameroun où il sera exécuté en place publique en 1962.

La mort par fusillade du premier Docteur en Sciences Economiques Camerounais M. Ossende Afana fusillé à Moloundou en 1966.

Les déportations massives vers Mantoum, Tcholiré et Mokolo des militants du PDC (Parti des Démocrates Camerounais après les élections d'avril 1964).

Les actions coercitives de l'Etat du Cameroun contre les populations de Tombel en 1967-1968

La mise en résidence surveillée d'André Marie Mbida et sa famille en 1968

L'exécution sur la place publique d'Ouandie Ernest, Takala Célestin, Wambo Le courant en 1971.

L'emprisonnement et le bannissement de Monseigneur Albert Ndogmo en 1971.

1984 sera l'année du Putsch et sera suivi par des exécutions.

La mort des militants du SDF en 1991

1991 sera marqué par les villes mortes.

La mise en résidence surveillée de M. Ni John Fru Ndi et l'arrestation des militants du SDF en 1992

Février 2008 aura vu tomber des Camerounais dans ce qui sera entré désormais dans l'histoire du Cameroun comme « Les émeutes de la faim de 2008 au Cameroun ». Il est possible et même certain d'avoir omis ici de nombreuses dates mais les évènements énumérés plus haut illustrent bien que le sang et la douleur ont jalonné l'Histoire du Cameroun.

L'attitude de certains camerounais qui pour des motivations absolument incompréhensibles veulent établir la liste des bons et celles des mauvais Camerounais dans l'Histoire de notre pays est une attitude dangereuse et tendancieuse qui ne va pas dans le sens d'une construction et d'une cohésion nationales véritables. La démocratie est l'acceptation d'une culture de la contradiction. Qu'aujourd'hui 50 ans après les indépendances, des Camerounais en soient encore à pratiquer une dérive catégorielle où la stigmatisation des uns par les autres reste le moteur essentiel du débat politique, est un outrage à la démocratie et une insulte au bon sens. Que ceux qui vénèrent Um Nyobe se croient obligés de détester les partisans d'André Marie Mbida tout en pointant un doigt accusateur sur ceux qui ont suivi Ahidjo n'est pas correct. Que les partisans d'André Marie Mbida se considèrent aujourd'hui encore comme des victimes qui demanderaient réparation au Président Ahidjo et à son système Politique est absurde.

M. Ruben Um Nyobe n'appartient plus aujourd'hui à son ethnie d'origine les Bassa, encore moins à son parti politique l'UPC et certainement pas à une opposition de l'affrontement systématique. M. Ruben Um Nyobe fait partie du patrimoine commun à tous les camerounais, tout comme André Marie Mbida et Amadou Ahidjo et comme le sera un jour le Président Biya. Porter un nom célèbre est un lourd héritage car le nom célèbre peut se porter de diverses manières. Il peut se porter à la boutonnière comme une fleur, en médaillon sur le torse, en écusson sur le bras, sur des épaulettes comme des galons, en bandoulière comme une arme, sur les épaules comme un fardeau ou au bout d'une hampe comme un étendard. Quel que soit le cas : c'est ce qu'on en fait pour et avec les autres qui est essentiel.

Nous avons le droit de nous remémorer le passé mais notre devoir est de regarder droit devant nous afin de construire ensemble un Cameroun nouveau débarrassé de ses pesanteurs. Les protagonistes de l'Histoire de l'indépendance sont tous aujourd'hui décédés. Pourquoi faut-il que nous leurs fils, leurs filles, nous croyions obligés de conserver des chapelles ardentes de la haine, des autels de l'affrontement, des bûchers de la colère, sur lesquels nous brûlons des cierges de la revanche dans une soif inextinguible de vengeance. La politique est une religion. Ce qui fait la force des grandes religions à l'exemple de l'islamisme, du christianisme, du bouddhisme, du confucianisme, de toutes les religions dites révélées c'est essentiellement l'amour du prochain. Nos sociétés, les sociétés Africaines et en particulier la société Camerounaise ne seront jamais de grandes sociétés tant que les valeurs de solidarité, de générosité, d'entraide, de partage, d'échange, d'honnêteté et de pardon n'y auront pas été restaurées.

Le Cameroun a besoin de se réapproprier les valeurs éthiques qui ont fait dans l'Histoire des peuples, la force des grandes Nations.

Rudolf Douala Manga Bell

M. Rudolf Manga Bell

M. Ngosso Din secrétaire de Douala Manga Bell

M. Martin Paul Samba

Dr Félix Moumie

M. Ruben Um Nyobe

M. Ossende Afana 1930 – 15 mars 1966

M. Ernest Ouandie 1924 – 15 janvier 1971

Oui : pour le devoir de mémoire
Non : à la revanche et à la culture de la haine.
Louis Tobie Mbida n'est pas seul à partager ce crédo. M. le Ministre Issa Tchiroma est du même avis.

Issa Tchiroma Bakary : Je n'ai pas de rancune

Comment avez-vous vécu "votre 6 Avril " ?

Douala était déserte ce jour-là .La ville était morose, inquiète. Après avoir déposé mes enfants au Petit Joss, l'école publique de Bonanjo, je rejoignais mon bureau à la Régifercam. Les armes étaient disposées en échafaud dans la cour de la radio à Bonanjo. On pouvait conclure que quelque chose se passait. Un ami aussi éperdu que moi me questionne sur ce qui se passait. Je n'en savais pas plus que lui. Je répondis que les Camerounais sont réputés pacifiques, que je ne comprenais pas qu'on entre dans des turbulences violentes. Je fis un tour à Deido Plage où j'habitais. La morosité était généralisée. Aucune information fiable ne circulait dans le sens Douala-Yaoundé et inversement. Je retournais à mon bureau à la Régi où je travaillais comme chargé d'études

Jusque là, vous n'aviez aucune inquiétude, pourtant vous serez arrêt

C'est le 16 avril que les éléments de la gendarmerie et police, après m'avoir pris en filature, m'interceptent à l'entrée de mon bureau, sur ordre du délégué provincial à la Sûreté, le Commissaire Pierre Minlo Medjo Entre le 9 avril et le jour de mon interpellation, soit exactement 6 jours, mon bureau avait été fouillé 9 fois et ma résidence autant de fois. Tous les matelas de la maison avaient été éventés, le plafond lacéré. Mes enfants étaient traumatisés. Il aura fallu beaucoup de temps pour que ces enfants s'en remettent de leur traumatisme. Je fus conduit directement à l'aéroport de Douala pour Yaoundé. A la passerelle, les militaires m'attendaient armes au point. Les instructions leur avaient été données que j'étais " un élément très dangereux qu'il fallait surveiller de près". A la direction de la police judiciaire où je suis conduit, on avait pris le soin d'évacuer une cellule de malfrats pour m'y loger seul parce que, disait-on, j'étais dangereux ! Je garde de cette cellule le souvenir le plus exécrable de ma vie : une pièce de 3 mètres carrés sans lumière et sans aération. Il n'y avait pas de toilettes. Les détenus faisaient tout sur place ; ils s'asseyaient ou se couchaient sur leurs excréments et sur leurs urines. J'avais passé 3 jours dans cette cellule, dans ces mêmes conditions, qu'on ne souhaiterait pas à son pire ennemi. On me sort de là pour la prison de Kondengui.Je partage le quartier avec Marafat Hamidou Yaya, Marcel Niat Njifenji, Issa Bakari, Dakolé Daïssala, Garga Haman Adji, Amadou Bello, Bobo Hamatoucour. Victor Ayissi Mvodo sera relaxé à la minute même où j'entrais en cellule .Je le croise, le surprends en train de réajuster sa cravate. On se regarde sans se dire un mot, alors qu'on se connaissait parfaitement. Nous étions en train d'entrer dans une nouvelle vie incertaine. La vie carcérale est particulière ; elle vous transforme et fait de vous un autre homme que celui que vous avez été au moment où vous l'engagiez. Marcel Niat Njifenji m'avait demandé de lire pour lui la bible. Tout ce que je faisais à la prison de Kondengui c'était de lire ce livre sacré pour mon compagnon d'infortune .En quelques semaines j'avais parcouru ce livre de la première à la dernière page. On m'en redemandait encore.

Vous êtes envoyé à la prison de Yoko…

Effectivement. J'y passerai plus de 6 ans de ma vie, jusqu'à mon élargissement en fin 1990. Tout commence au tribunal militaire de Yaoundé, où je suis présenté pour répondre aux chefs d'accusation suivants : assassinat, tentative d'assassinat, destruction des biens publics, apologie du crime. Mon avocat, Me Yondo Black tentera de démonter tout cela en vain. Le verdict était dit d'avance. Le reste n'était que des formalités qu'il fallait remplir. Le colonel Valdès, en sa qualité de commissaire du gouvernement, devait assumer ce rôle pas plaisant de prouver ma culpabilité. Sa tâche ne fut pas aisée. Lorsque je suis présenté au colonel Enanga, président du tribunal militaire, il eu cette réaction exclamative : " Pourquoi vous m'amenez ce monsieur?". Yoko est un bagne au sens pur du terme. Ce sont les Allemands qui avaient construit cette maison carcérale au début du XXème siècle. Non seulement aucune amélioration architecturale n'a été apportée à cette prison, mais l'édifice est dépassé dans toutes les formes. Il y avait aussi le dépaysement qu'il fallait subir et supporter. Cela va durer plus de 6 ans

Vous recouvrez la liberté en 1990…

C'est effectivement à la fin de cette année-là que je serai liberé. Le 17 janvier 1991, le président de la République signe l'armistice en faveur de tous ceux qui étaient concernés par les évènements du 6 Avril 1984. Mais certaines personnes bloquent la mise en application de cette loi pour de raisons inavouables. Je prends mes responsabilités et j'organise une manifestation baptisée "La marche de Garoua ". Il s'agissait d'une grande manifestation pacifique devant attirer l'attention des pouvoirs publics sur la volonté de certains de freiner le retour à la normale de la vie politique. Au terme de cette manifestation, je fus interpellé et jeté en prison une nouvelle fois. Lorsque les populations du grand nord apprennent que je suis incarcéré, de bouche à oreille, l'information circule selon quoi si je ne suis pas libéré aussitôt, on allait égorger tous les fonctionnaires méridionaux en poste dans le septentrion. Connaissant la détermination des ressortissants de cette partie du pays, il fallait prendre l'information très au sérieux. J'avais apprécié la promptitude et la vision avec lesquelles Edgar Alain Mebe Ngo'o, alors secrétaire général de la province du Nord, avait agit en saisissant les autorités de Yaoundé sur la gravité de la situation. Il avait obtenu l'accord de Yaoundé pour que je sois aussitôt remis en liberté. Ce qui fut fait et la tension baissa.

Votre entrée au gouvernement en 1992 en qualité de ministre des Transports, était une réparation ou une reconnaissance de vos compétences ?

Je voudrais vous rappeler que je suis ingénieur des matériaux et de construction formé dans une des meilleures écoles françaises, avec option "le chemin de fer". Lorsque quelqu'un qui a ce profil dirige un département gouvernemental en charge des transports, cela ne saurait être ni une usurpation, ni un cadeau immérité. Je voudrais vous dire, en passant, que si vous allez au ministère des Transports, mes traces sont restées visibles là-bas. J'ai posé des actes utiles qui font encore entrer de l'argent dans les caisses de l'Etat à ce jour. Au plan politique, étant étudiant, j'ai dirigé la section de France de l'Union nationale du Cameroun (Unc). Ce n'est pas rien. Surtout à ce moment là où la contestation estudiantine était au plus fort. Il fallait encadrer les étudiants camerounais ; on le faisait avec un succès certain. Au plan humain, j'ai subit des humiliations, des frustrations, des souffrances physiques et morales. Je n'ai pas de rancune ; je voudrais seulement que ce qui m'était arrivé n'arrive plus à personne dans notre pays. Le président m'a appelé au gouvernement ; je l'ai servi, avec bonheur. Aujourd'hui encore, je soutiens son action. Je voudrais qu'il réussisse pour le bonheur du Cameroun. Nous avons le devoir de conduire ce pays vers le bonheur en restant dans la paix. Un penseur français a dit que "l'Homme est un apprenti, la douleur est son maître. Nul ne se connaît tant qu'il n'a pas souffert." Je fais mienne cette pensée. J'ai souffert et je me connais. Je peux l'affirmer sans gène. Je voudrais aussi partager cette réflexion avec tout le monde : L'humiliation permet à quelqu'un de découvrir l'humilité, et c'est elle - l'humilité- qui conduit vers la grandeur. Plus on est grand, plus on devrait être humble. Cela devrait être la règle. Le monde se porterait mieux. Le 6 Avril est un épisode douloureux qu'il faut transcender. Il fait partie de l'histoire de notre pays, et l'histoire, elle, est faite des joies, des pleures et de sang. L'essentiel étant d'avancer.

« Plus jamais ça » est la principale pensée qui devrait animer désormais les camerounais après tout ce qui précède.
C'est la pensée qui anime Louis Tobie Mbida : « Plus jamais ça »

Il est important de dire désormais :

- Non au mensonge comme système politique régissant toute une nation
- Non à l'ostracisme politique et social
- Non à l'exclusion politique systématique
- Non à l'acharnement pour des raisons politiques contre un homme et toute sa famille
- Non aux procès politiques sans jugements.
- Non aux centres de rééducation et aux camps de concentration
- Non à ceux qui se réjouissent du malheur des autres
- Non à la haine
- Non à l'absence de statut de l'opposition au Cameroun
- Non à la confiscation du pouvoir politique par des oligarques
- Non à la confiscation du processus électoral par un parti-état.
- Non à la misère intellectuelle et mentale dans laquelle les gouvernants anti-démocratiques maintiennent leur peuple
- Non à la misère et la pauvreté matérielle et physique dans laquelle sont maintenues les populations

Mais de dire oui :

- Au retour de la dépouille mortelle du Président Ahidjo aux frais de l'état avec tous les honneurs qui lui sont dus et à l'organisation des obsèques nationales avec journée de Deuil national.
- A l'élaboration d'un code d'honneur qui engage l'Etat du Cameroun à respecter la retraite des anciens chefs d'Etat qui pourront passer leurs jours au Cameroun sans que ni eux ni leurs familles ne soient inquiétés.
- Aux procès équitables des hommes politiques et autres dignitaires emprisonnés en ce moment au Cameroun.
- A la mise en place d'une commission crédible et indépendante chargée d'organiser les prochaines élections au Cameroun.
- A une nation camerounaise ambitieuse dont la vocation et les efforts seront désormais de compter parmi

les grandes nations.

- Oui Pour Devenir une nation fameuse par les actions réalisées et non par les exactions commises.

- Louis Tobie Mbida pense qu'aujourd'hui malgré les modifications constitutionnelles réalisées au Cameroun augurant d'un nouveau mandat brigué par le Président Paul Biya, les camerounais sauront trouver en eux-mêmes les ressources pour un sursaut démocratique déterminant.
- Louis Tobie Mbida rappelle que si le Président Paul Biya a su réussir son entrée sur la scène politique nationale en 1982 il est tout aussi important qu'il sache réussir sa sortie en 2011.
- Le meilleur présent que son excellence le Président Paul Biya puisse offrir à son peuple est :
  - La mise en place d'un groupe d'hommes et de femmes représentatifs, indépendants et crédibles qui auront la charge d'organiser les prochaines élections, prélude d'un nouveau départ pour cette nation camerounaise qu'il aura dirigée pendant 27 ans.

Un groupe interne au RDPC s'est fait appeler le G11. Ce groupe a crée la confusion en pratiquant ce que la nation camerounaise férue de football connaît bien : le CAFOUILLAGE. Quand on cafouille on reçoit des coups dans la mêlée.

Dans le cafouillage les coups peuvent provenir des joueurs du camp adverse ou de ceux de son propre camp

Messieurs Siyam Siwe, Zacheus Forjindam, Atangana Mebara, Abah Abah Polycarpe, Olanguena Awono Urbain, Pierre Désiré Engo ont été du RDPC et restent militants de ce parti. Ils n'ont pas jugé nécessaire de se désolidariser du parti au pouvoir, peut-être par crainte de plomber leur dossier judiciaire. Ils devraient clarifier leur position et mettre un terme au CAFOUILLAGE qu'ils ont provoqué.

Ces hommes du RDPC dont le devoir était de servir la République, ont décidé de se servir de l'Etat mais la Nation Camerounaise devrait éviter de faire d'eux des martyrs. En droit tout mis en accusation est présumé innocent tant qu'aucun jugement n'a été prononcé contre lui. Le Cameroun devrait accorder un procès rapide, transparent et équitable à ces hommes. S'ils sont coupables qu'ils soient punis sans exagération. S'ils sont innocents qu'on les libère et que le pays passe à autre chose. Du temps de Néron, dans la Rome antique, « Panem et circenses » la politique du « Pain et des Jeux » a été pratiquée. Le Cameroun n'est pas Rome, le peuple camerounais n'est pas la plèbe romaine et le chef d'Etat camerounais Monsieur Paul Biya n'est pas Néron. Louis Tobie Mbida s'est laissé dire par un camerounais bien introduit que la population Camerounaise serait seule responsable de ce qui lui arrive parce qu'elle accepte de subir sans réagir le poids d'un système politique corrompu, désabusé et dépassé. La population camerounaise selon la même source, n'aurait que quatre préoccupations majeures : manger, boire, jouir de la vie et trouver de l'argent pour scolariser ses enfants.

La population camerounaise serait devenue amorphe, léthargique et sans énergie, elle ne s'intéresserait plus à la politique car il n'existerait plus aucun Camerounais capable de relever le défi de l'alternance politique.

Louis Tobie Mbida dit que cela est inexact.

Selon la même source avec ou sans trucage électoral l'actuel chef de l'Etat, le président Paul Biya remporterait les prochaines échéances de 2011. Alors dans ce cas on est en droit de s'interroger pourquoi dépenser l'argent des contribuables pour organiser des élections au Cameroun si les résultats sont connus d'avance. La même source fait savoir à Louis Tobie Mbida que l'alternance politique au Cameroun ne se réalisera que si l'actuel chef d'Etat décide de quitter de son plein gré le pouvoir. En d'autres termes le pouvoir politique au Cameroun ne peut se recevoir que sur un « plateau d'argent » et l'alternance politique ne sera toujours qu'un jeu feutré interne entre hommes du sérail selon la mode opératoire Ahidjo-Biya. Cela porte à croire que le Cameroun est une entreprise, une société d'actions à responsabilité limitée dirigée par un conseil d'administration qui voterait en comité restreint son président directeur général.

Cela est inexact.

Le Cameroun n'est ni une entreprise commerciale, ni une SARL et le chef d'Etat Camerounais n'est pas le président directeur général de l'entreprise Cameroun dont le conseil d'administration serait composé de quelques oligarques camerounais doublés d'actionnaires se trouvant à Londres, Paris ou New-York. Alors Louis Tobie Mbida de concert avec de nombreux Camerounais dit :

« Nous refusons cela ».

« Nous refusons l'insulte qui est faite aux Camerounais quand on affirme haut et fort qu'ils sont un peuple amorphe qui ne s'intéresse plus qu'à manger, boire, jouir de la vie et chercher les frais de scolarité pour ses enfants. »

CHAPITRE XIII

Les ingrédients et le socle du pouvoir du Président Paul Biya

Les politologues nous rappellent que le pouvoir a pour socle la persuasion et la coercition. La persuasion étant le moyen le plus démocratique de diriger une nation, l'usage de la force publique ne reste qu'une exception. La persuasion selon certains penseurs politiques repose sur la conviction, le dialogue, la négociation ou la ruse. La ruse étant déjà une attitude à la limite de l'immoralité. Un bon démocrate devrait éviter d'être immoral. L'usage de la force publique ne doit se réaliser qu'en application de la loi dans le respect de la hiérarchie des normes juridiques. L'usage de la force publique ne devrait intervenir que pour contraindre ceux qui ne respectent pas les lois de la République et cela doit être prouvé. L'usage de la force publique est gradué. Lorsque on fait intervenir la force publique contre son propre peuple il faut une traçabilité permettant de savoir qui est intervenu, quand et où, contre qui et pourquoi. Il est nécessaire de savoir quels sont les moyens qui ont été mis en œuvre et quelle est la graduation des moyens coercitifs disponibles, utilisés conformément aux textes de la république. Le maintien de l'ordre n'est pas une guerre où les armes à feu peuvent être utilisées sans autre forme de procès.

Il n'est pas certain que l'attitude du Chef de l'Etat lors des émeutes de la faim de février 2008 au Cameroun ait eu à respecter cette démarche. Il n'a pas essayé de persuader les jeunes et les moins jeunes qui étaient descendus dans la rue et aujourd'hui encore l'Etat du Cameroun s'acharne à vouloir faire condamner un Lambo Sandjo Pierre Roger artiste connu sous le pseudonyme de Lapiro de Mbanga en oubliant que les idées et les textes des chansons ne s'emprisonnent pas. Les pensées traversent sans aucun problème les barrières des prisons, sortent des geôles et des cellules et continuent avec plus de vigueur leur chemin à travers les hommes. Dans un discours au ton agressif et belliqueux, le Président Paul Biya a tout de suite sévi en février 2008 et fait intervenir la force publique contre des camerounais jeunes et sans expérience. Cela n'est pas bien.

Le Président Biya ne persuade plus. Il utilise donc le dernier outil de pouvoir qui reste à sa disposition à savoir : la coercition. Il a créé ou laissé créer un autre outil de pouvoir : la corruptiEn d'autres termes le pouvoir au Cameroun repose aujourd'hui sur la contrainte, donc la peur physique des citoyens face au pouvoir et sur la corruption c'est-à-dire l'exploitation de l'immoralité de certains et de la misère de plusieurs. La précarité et la misère sont organisées dans le pays pour entretenir et maintenir directement ou indirectement la corruption et l'insécurité dans le rapport à l'autre et dans la nation. Les relations entre citoyens deviennent ainsi des relations de méfiance d'abord et de défiance ensuite. Dans cette atmosphère, les conditions d'un sursaut populaire contre un régime politique insatisfaisant ne sont pas faciles à réunir. Le feu couve pourtant sous la braise et tous les camerounais le savent. Les forces de l'ordre que le Président Biya utilise contre son propre peuple devraient se méfier d'intervenir dans le processus d'expression de la volonté populaire. Le Cameroun n'est pas isolé du reste du monde. Le TPI, le tribunal pénal international, est ouvert à tous. Des accords internationaux ont été signés par le Cameroun à cet effet. Deux grands dignitaires Camerounais Monsieur Belinga Eboutou et Monsieur Esso Laurent y ont dignement représenté le Cameroun. Aucun africain ne s'est senti fier de voir arriver à la cour internationale de Justice de La Haye Monsieur John Taylor et Monsieur Bemba, menottes aux poings. Tous les gendarmes, militaires et policiers ayant commis des exactions et des abus au Rwanda, en ex-Yougoslavie sont aujourd'hui soit incarcérés en Hollande, soit en fuite et contraints de vivre comme des bêtes traquées.

Alors, que cet argument qui consiste à dire, sitôt qu'il est question au Cameroun d'exprimer ses idées et de se battre pour un Cameroun meilleur : « on va vous tuer, on va vous mettre en prison », que cet argument cesse. Les forces armées et polices camerounaises devront laisser la démocratie s'exprimer et s'exercer librement parce qu'aujourd'hui au Cameroun la peur reste le seul obstacle qui retient de nombreux Camerounais souhaitant exprimer et voir changer les choses dans la république. Les forces armées et polices camerounaises ne peuvent pas devenir le bras armé d'un pouvoir finissant. Ce n'est pas leur rôle. Quels que soient les sévices subis par certains citoyens dans la nation, il restera toujours plus de quinze millions de camerounais dont les clameurs monteront des profondeurs et qui porteront plainte contre leurs bourreaux auprès du tribunal pénal international de La Haye.

Aujourd'hui les Camerounais et les Camerounaises, les jeunes et les moins jeunes n'en veulent plus. Ce n'est pourtant pas faute d'avoir essayé d'aider l'homme Biya, le chef de l'Etat Paul Biya aura été acclamé à son accession à la magistrature suprême comme nul autre avant lui en 1982, les camerounais l'ont soutenu en 1983, plusieurs étaient prêts, spontanément, à prendre les armes pour le défendre lors du Putsch de 1984, les camerounais l'ont suivi quand il hésitait en 1987 au moment de rejoindre le FMI, il a été aidé en 1992 alors que le Cameroun était au bord de l'explosion, Louis-Tobie Mbida fait partie de ces hommes et femmes qui sans être du même parti politique que Paul Biya l'ont soutenu en 1992 en pensant à la Paix et à la prospérité du Cameroun . Mais ce n'est plus possible de continuer à le soutenir.

Après 27 ans d'un régime sans partage mais aussi sans succès et face à l'immense misère, à la désespérance, à la perte des valeurs qui se sont installées au Cameroun il n'est plus possible de continuer à soutenir le Président Paul Biya. Le pays tourne en roue libre, livré à lui-même, en dehors des coups qu'assène le Président Biya à quelques hommes qu'il a fabriqués, quand il sent son régime menacé, il ne gère plus le Cameroun. Certains qui ont un langage moins châtié disent que : « il s'en fout, ce n'est plus son problème ! » Pour emprunter des termes au foot-ball que les camerounais connaissent bien.

Louis Tobie Mbida déclare qu'il faut :

« Siffler la fin du match, car malgré le temps réglementaire, malgré les prolongations et les tirs au but, le capitaine de l'équipe du Cameroun le Président Paul Biya et ses coéquipiers en place depuis 1982 ont perdu, ils doivent quitter le terrain parce qu'ils n'ont pas remporté le match contre la misère, ils ont perdu contre l'insécurité, ils ont perdu contre l'injustice, ils ont perdu contre la corruption, ils ont perdu contre la couverture maladie, ils ont perdu contre l'école et l'université gratuites, ils ont perdu contre l'industrialisation du pays, ils ont perdu contre la bonne gestion du pétrole camerounais, ils ont perdu contre la bonne gouvernance, ils ont perdu contre le sens des responsabilités, ils ont perdu contre la liberté du vote, ils ont perdu contre l'organisation des élections libres et démocratiques, ils ont perdu contre le chômage des femmes, ils ont perdu contre le chômage des jeunes et des moins jeunes, ils ont perdu contre la recherche scientifique et technique, ils ont perdu contre les innovations, ils ont perdu contre la protection et l'essor des arts et de la culture camerounaises, ils ont perdu contre les richesses culturelles d'un Cameroun pluriel, ils ont perdu contre le juste prix des matières de base dont la vente nourrit nos populations, ils ont perdu contre la diversification des produits de rente et de la terre chez nos paysans, ils ont perdu contre le développement du sport au Cameroun, ils ont perdu contre le commerce extérieur, ils ont perdu contre la vie chère et la maîtrise des coûts de la vie, ils ont perdu contre la réconciliation nationale, ils ont perdu contre le bon usage des ressources humaines et des compétences camerounaises, ils ont perdu contre la citoyenneté, ils ont perdu contre l'amélioration des conditions de vie dans nos campagnes et nos villes, ils ont perdu contre l'économie rurale, ils ont perdu contre la construction du réseau routier et autoroutier camerounais, ils ont perdu contre le développement, ils ont perdu contre l'aménagement du territoire, ils ont perdu contre l'électrification du Cameroun, ils ont perdu contre les adductions en eau potable à travers tout le Cameroun, ils ont perdu contre le développement du tourisme au Cameroun, ils ont perdu contre le prestige et l'image du Cameroun dans le monde, ils ont perdu contre les intérêts du Cameroun auprès des autres Nations, ils ont perdu contre toutes les mesures sociales nécessaires qui auraient pu adoucir la misère des camerounais, ils ont perdu contre la démocratie, ils ont perdu tous les grands matchs de leur carrière mais ils ont gagné le match de l'enrichissement personnel, ils ont gagné le match de la corruption, ils ont gagné le match de la cooptation et du népotisme, ils ont gagné le match de l'immoralité, ils ont gagné le match de la méchanceté gratuite, ils ont gagné le match de l'insouciance, ils ont gagné le match de l'ostracisme, ils ont gagné le match de l'exclusion, ils ont gagné le match de la mise à l'écart de la majeure partie des camerounais de bonne volonté, ils ont gagné le match du mépris et de l'arrogance.

Même Roger Milla l'un des meilleurs joueurs mondiaux a fini par prendre sa retraite. Mais au Cameroun, le président Paul Biya qui ne compte pas, qui n'a jamais compté et qui ne comptera plus jamais parmi les meilleurs chefs d'Etat d'Afrique refuse de prendre sa retraite à moins que ce ne soit ceux qui sont autour de lui et qui profitent de cette situation qui le poussent à se maintenir en place.

Ces hommes et femmes qui profitent du régime du Président Paul Biya ont une apparence, il s'agit de quelques hauts fonctionnaires anciens ou récents, à la retraite ou encore en activité, de quelques dignitaires et assimilés, de certains directeurs généraux de sociétés d'Etat, de quelques commerçants, de certains intellectuels plutôt malhonnêtes et affamés. Ces hommes et femmes ainsi identifiés représentent en exagérant trois cent mille Camerounais sur seize millions soit 0,01875 %. Statistiquement et sociologiquement ils ne sont pas représentatifs du Cameroun profond et ne peuvent pas tenir en otage toute une nation et tout son peuple.

Cela ne devrait plus être permis.

Les camerounais sont ainsi, chaque jour, agressés. Ils subissent la violence d'un régime politique qui n'a pas su rendre le pays prospère malgré la fertilité de son sol, la richesse de son sous-sol et l'immense majorité de ses jeunes et de ses femmes qui constituent une ressource humaine riche, dynamique et variée ne demandant qu'à travailler et à s'investir sur de grands chantiers nationaux malheureusement absents . Les jeunes sont les plus nombreux dans le Cameroun de 2009, les femmes représentent plus de 50 % de la population camerounaise de 2009. Ces deux groupes : les jeunes et les femmes n'ont que deux alternatives se taire en subissant leur mise à l'écart ou accepter l'humiliation de la précarité organisée par le régime du Président Biya et ses corollaires.

Nos femmes sont « sollicitées » à donner ce qu'elles ont de plus cher et de plus intime pour obtenir le minimum de l'Etat-nation machiste RDPC. Elles s'inventent aujourd'hui des modes opératoires ignominieux pour sortir de la misère. Les sites de « Rencontre internet » et les « cousines de Suisse » se multiplient. Il se raconte durant les soirées entre camerounais que de nombreuses camerounaises épousent des européens et présentent à ces époux venus de loin leur propres maris camerounais comme des cousins, des amis et des proches. L'immoralité devient la règle, la bêtise n'est plus une exception. Cela n'est pas bien.

Nous sommes agressés par le régime du Président Biya. L'agresseur c'est le régime du Président Paul Biya mais nous devons éviter de tomber dans le piège qui consiste à se laisser provoquer en silence, sournoisement et discrètement. Celui qui agresse sournoisement et en silence est le premier à crier le plus fort quand la personne agressée crie enfin sa rage et sa colère en disant « stop je ne veux plus subir en silence l'injustice et la violence». D'agressé on est alors présenté comme agresseur par simple manipulation de l'opinion juste pour avoir décidé de dire tout haut « Non, il y a en a marre, trop c'est trop ! »

Le Cameroun du Président Ahidjo fut un Cameroun politiquement dur, arbitraire et sévère. Le Cameroun du président Biya est un Cameroun politiquement nul mais de surcroît immoral et indigne dans le choix de ses valeurs qui sont essentiellement matérielles. Il s'agit de la voiture de Monsieur, de la voiture de Madame, de la voiture des enfants, de la maison en ville , de la maison à la campagne, des maîtresses et des enfants illégitimes, des voyages en Europe, de préférence en première classe, des costumes et vêtements de marques pour soi-même, Madame et les gosses, des cotisations lors des descentes du RDPC sur le terrain, des cotisations lors des deuils, des mariages et autres cérémonies où sont sollicitées les « élites » des différentes régions.Quand on sait ce que gagne en moyenne un cadre camerounais , un fonctionnaire, un secrétaire d'état, un ministre, un directeur général au Cameroun, il est vite établi que malgré les frais de missions et autres avantages, un camerounais normal ne peut tenir ce train de vie que certains utilisent comme outil de pouvoir et signe extérieur de puissance, sans détourner des fonds d'une caisse quelconque d'une manière ou d'une autre.

Par conséquent ce n'est pas Abah Abah Polycarpe, Jean Marie Atangana Mebara, Urbain Olanguena Awono, Siyam Siwe, Mendouga Jérôme, Forjindam Zacheus, Ngamo, Atangana Bengono, Otele, Mounchippou, Edou, Edzoa Titus qu'il aurait fallu mettre seuls en prison.

Le Président Biya devrait prendre le décret de mettre en prison tous les ministres de tous les gouvernements qu'il a constitués depuis 1982, tous les directeurs généraux qu'il a nommés depuis 1982, tous les hauts dignitaires de l'Etat, tous les grands hommes d'affaires qui alimentent les caisses de son parti politique, s'il veut être juste à l'égard des têtes d'affiche citées plus haut, emprisonnées par mesure d'annonce pour donner du « Pain et des Jeux » aux Camerounais alors que les vrais problèmes sont ailleurs , il devrait reconsidérer cette politique de l'esbroufe menée contre une poignée de boucs émissaires. Il faut arrêter de prendre « tous » les Camerounais pour des idiots. Nous sommes prêts à aider le Président Paul Biya à rédiger le « décret politique » qui permettra de mettre en prison le Cameroun de l'arrogance, de l'indifférence, de l'insouciance, de l'incompétence, de la morgue, de la désinvolture, de l'immoralité et du mépris. Car le plus grave c'est que non contents de vivre au-dessus de leur moyens avec des ressources qui ne sont pas les leurs, ces hommes se permettent de se croire plus intelligents, plus brillants, plus « malins », plus puissants que ceux qui ont opté de ne pas se comporter comme eux. Nous savons aussi que si le Président de la République Monsieur Paul Biya signait ce décret général de mise en examen de ces hommes, il sonnerait le glas de l'ossature de son propre parti et des structures relais qui le font plus ou moins bien fonctionner dans le triste Cameroun de 2009. Cela n'est pas bien et il faut y mettre un terme.

Nous, Camerounais de 2009, devrions être la réponse du temps aux questions du passé. Nous les fils et les filles, petits fils et petites filles, d'hommes et de femmes qui se sont battus pour que le Cameroun soit autonome, indépendant, libre et prospère, avons le devoir de dénoncer cet état de choses. Nous avons l'obligation de nous organiser pour qu'arrive enfin l'alternance démocratique. Nous sommes les descendants de tous ces hommes et de toutes ces femmes qui se sont battus pour que leur dignité bafouée par les colons et la colonisation leur soit restituée. Nous ne devrions pas, compte tenu de ce passé récent qui date de cinquante ans, accepter de subir de la part d'une poignée de nos frères camerounais ce que nos parents ont refusé de la part des nations colonisatrices, à savoir : l'arrogance, la violence, l'insouciance, l'injustice, l'arbitraire, la désinvolture, le mépris de notre dignité et le refus de prendre en considération nos valeurs fondamentales issues d'une

Afrique lointaine. Le combat politique et non violent mené en ces termes et dans ces conditions est une cause juste et légitime.

Seconde partie : Mon projet pour le Cameroun

Chapitre XIV

La Dynamique Nouvelle

La colonisation a installé la notion-justifiée en soi mais devenue par l'usage péjorative - de l'indigène, de l'autochtone, bref du colonisé. Le Cameroun indépendant a initié, consacré et pratique aujourd'hui encore deux désignations:«les populations » et « les administrés ». Le projet politique à venir et la Dynamique Nouvelle devront créer un nouvel Homme au Cameroun : « le citoyen camerounais ». Etre citoyen est le contenu et la substance de tout un programme. Dans un pays où les hommes et les femmes ont été tour à tour : des indigènes, des autochtones, des colonisés et des administrés, devenir citoyen est un aboutissement, signe d'une maturation politique. Les communiqués officiels camerounais parlent aujourd'hui encore « de la mise en place des populations avant l'arrivée du sous-préfet, du préfet, du gouverneur, du ministre ou du président de la république ». Du temps de la colonisation on précisait que « les autochtones et les indigènes étaient venus nombreux acclamer le gouverneur de la République Française au Cameroun, le chef de région ou le chef de subdivision ». Il est temps de faire des camerounais des CITOYENS car :

- Le citoyen est porteur de la souveraineté nationale
- Le citoyen est fier de sa nation
- Le citoyen est comptable de la dignité nationale
- Le citoyen est garant de l'honnêteté républicaine
- Le citoyen est l'unité de la mémoire collective
- Le citoyen est la mesure de la solidarité nationale
- Le citoyen est le socle de la nation
- Le citoyen illustre l'indice de liberté de la nation
- Le citoyen veille aux intérêts de la nation
- Le citoyen assure le prestige de la nation
- Le citoyen croit en la république
- Le citoyen opère des choix libres en toute indépendance
- Le citoyen confère librement en son âme et conscience une parcelle de sa souveraineté à ceux qui le représentent grâce au vote libre et démocratique
- Le citoyen est porteur du pouvoir de la république
- Le citoyen a des droits mais aussi des devoirs
- Le citoyen protège l'intégrité morale de la nation et de l'Etat organique qui en émane.
- Le citoyen contrôle l'Etat et ceux qui le gouvernent
- L'Etat est au service du citoyen
- L'Etat est le protecteur du citoyen
- L'Etat est l'arbitre entre les citoyens

- Si le citoyen a le droit de faire des choix et d'être partisan l'Etat n'est pas, ne doit pas et ne peut pas être partisan.

- Les citoyens sont égaux dans leurs besoins mais sont différents dans leurs désirs.

- L'Etat subvient aux besoins de tous les citoyens mais ne doit et ne peut assouvir leurs désirs. « Devenir citoyen » tel devra être désormais l'objectif de chaque camerounais.

Les administrateurs de colonies français ont été remplacés par des administrateurs civils camerounais. Si à quelques mots près les désignations se sont modifiées, l'esprit, les méthodes et les objectifs des administrateurs sont restés les mêmes.

Pour les administrateurs civils du Cameroun, les camerounais ne sont que des « administrés » ou des « populations », ainsi que naguère ils ne furent que des « colonisés », « des autochtones » et « des indigènes ». C'est dans le mot que résident le sens et la quintessence d'une pensée. Le langage comme structure et structuration de la pensée prend ici toute sa dimension, ni DELEUZE ni DERRIDA ne nous contrediront. Aux Grands Administrateurs la gloire, les ors, les lambris, les velours, l'aisance, le confort, les honneurs et le prestige de la République et aux

Simples Administrés les obligations, le labeur, les charges, les ingratitudes, les brimades, la honte, les humiliations, l'avilissement, l'incertitude, les carences, la misère, les maladies, la faim et l'infamie pour des siècles et des siècles, ainsi soit-il! Et il leur est demandé en plus de rendre grâce à Biya. Il est temps que cela change et que le camerounais devienne enfin CITOYEN.

L'Etat colonial fut imposé au colonisé, il a exercé sur le colonisé une violence qui aura été matérielle et physique autant que mentale, intellectuelle, culturelle et morale. L'Etat Nouveau du Cameroun indépendant de ces cinquantes dernières années s'est construit sur un schéma identique en réitérant les mêmes abus et en perpétrant les mêmes erreurs. Cela ne saurait se perpétuer. Il s'est ainsi formé un couple antinomique évoluant dans une opposition permanente, une suspicion perfide et une confrontation sourde parfois ouverte entre l'Etat et les colonisés ou l'Etat et les administrés. La nouvelle dynamique devra créer un couple nouveau, un binôme deprogrès et de promotion.

Il s'agit du couple ETAT – CITOYEN qui s'illustrera par la relation que chaque citoyen développera avec sa MAIRIE et sa MUNICIPALITE. Et c'est exprès qu'ici nous ne disons pas Commune mais Mairie et Municipalité car le terme Commune porte en lui les germes d'une confusion historique et idéologique que nous ne souhaitons pas inscrire dans ce contexte. Nombreux sont les Camerounais aujourd'hui qui sont absolument inconnus de l'Etat et inexistants comme citoyens Camerounais car :

- n'étant en possession d'aucun acte de naissance pour n'avoir jamais pu en établir un.
- n'étant en possession d'aucun certificat de scolarité pour n'avoir jamais été scolarisés.

- n'étant en possession d'aucun carnet de santé pour n'avoir jamais été soignés dans un circuit officiel de santé.
- n'étant en possession d'aucun bulletin de salaire car n'ayant jamais occupé un emploi formel et conventionnel.
- n'étant en possession d'aucune carte d'affiliation à une quelconque caisse de retraite pour n'avoir jamais cotisé nulle part
- n'étant en possession d'aucun titre de propriété car ne sachant pas quels sont les procédures administratives et légales pour y accéder.
- n'étant en possession d'aucune carte nationale d'identité car n'en ayant jamais eu le besoin et l'usage.
- n'étant en possession d'aucune carte d'électeur car n'ayant jamais pu se faire inscrire sur une liste électorale.
- n'étant en possession ni d'une adresse, ni d'une boîte postale, ni d'un numéro de téléphone.
- n'étant en possession d'aucun numéro de compte bancaire.
- n'étant en possession d'aucun acte de mariage.
- n'étant en possession d'aucun livret de famille.
- n'étant en possession d'aucun acte de décès d'un seul de leurs parents

Le paradigme nouveau devra être :

De construire et de développer le Cameroun en le pensant de la base vers le sommet de la pyramide socio-politique, socio-économique et socioculturelle et non en sens inverse. Il va s'agir de mettre un terme à une centralisation des processus de prise de décision dans l'Etat qui créent et maintiennent une distance entre ceux qui gouvernent au centre et les citoyens qui évoluent en périphérie. La dynamique Nouvelle sera de concevoir :

- Une MAIRIE comme lieu de l'inscription citoyenne ou du « baptême citoyen ».
- La MAIRIE devra devenir le socle d'une administration enfin proche du citoyen et au service du citoyen.
- Le CITOYEN naîtra à la vie citoyenne dans la mairie de sa municipalité.
- La naissance à la vie citoyenne devra être marquée par une séance solennelle d'enregistrement en MAIRIE.
- La MAIRIE sera le lieu où s'apprend la vie associative.
- La MAIRIE devra être le lieu où se débattent les projets tant collectifs qu'individuels mais d'intérêt certain pour la municipalité.
- La MAIRIE devra être le lieu où éclosent les initiatives privées
- La MAIRIE devra être le lieu qui promeut des projets par des financements et le mécénat.
- La MAIRIE devra être le lieu où s'apprend le parlementarisme.

- La MAIRIE devra être le lieu où s'apprend la gestion d'un budget public
- La MAIRIE devra être le lieu où commence l'apprentissage de l'aménagement du territoire.
- LaMAIRIE devra être le lieu où s'apprend la protection de la vie et de la nature.
- La MAIRIE devra être le lieu d'exercice de la solidarité citoyenne et du partage républicain.
- La MAIRIE devra découvrir un autre ton et un vocabulaire différent pour s'adresser aux citoyens en mettant fin à l'impératif des courriers administratifs désuets et abusifs.
- La MAIRIE devra accompagner chaque citoyen durant les trois moments essentiels que sont la naissance, la vie et la mort.
- Le CAMEROUN des MAIRIES prospères et dynamiques sera le CAMEROUN des CITOYENS dignes et satisfaits.

Atteindre cet objectif ne sera possible que lorsque l'aboutissement d'une carrière administrative ne s'achèvera pas impérativement par l'accession à un poste politique ou l'octroi d'un titre politique. En faisant des administrateurs et autres commis de l'Etat juges et parties il s'est crée une confusion des genres préjudiciable à la réalisation de grands chantiers nationaux. Un homme politique est un homme de conviction qui opère des choix engageant sa vie et tout son être. Il répond de ses actes et devient ainsi responsable devant la nation et ses différents organes. L'homme politique assume ses choix, il est capable de les expliquer et de les faire partager. L'homme politique est un homme d'ouverture et de dialogue. Il s'efforce de convaincre et de persuader. Il crée la confiance, restaure l'espoir. Il entraîne par la puissance de sa conviction et son enthousiasme ceux qui hésitent à s'engager sur le vaste chantier de la nation et de l'édification de la république.

Il n'impose pas ses idées et ses convictions par la force. Il sait respecter et écouter l'autre. Il sait faire usage de la concertation. Il s'informe et possède suffisamment d'humilité pour s'associer le concours d'experts dans les divers domaines de compétence couvrant les différents secteurs d'activité d'un monde en perpétuel mouvement intellectuel et culturel. Il donne un sens à sa propre vie et apporte un sens à la vie de plusieurs autres. Il est porteur d'un message, il produit des idées et les fait connaître. Un homme politique agit en respectant les normes, il travaille selon un code de déontologie démocratique et fait usage de pratiques acceptées et tolérées par la majorité dans un souci permanent de paix sociale et de concorde.

Le Cameroun des administrateurs civils a confisqué le pouvoir politique et prône la seule primauté de l'Etat. Non seulement la primauté de l'Etat n'est pas une fin en soi mais en plus l'administrateur civil n'est, par définition, porteur d'aucun message politique.

Quand on confie la politique de la Nation à des administrateurs civils et à de Grands Commis de l'Etat il en résulte une inertie destructrice ravageuse qui fait le malheur de la République. Pour mettre en marche une armée de citoyens il faut des hommes et des femmes animés du feu sacré de la foi en la Démocratie, en la

République, en la Citoyenneté et en la Nation. Seuls ceux là qui portent en eux le feu sacré de la Démocratie, de la République, de la citoyenneté et de la Nation pourront et sauront mobiliser les citoyens qui construiront le Cameroun des Grands Desseins. Ne restons pas prisonniers du passé parce que nous avons peur de l'avenir. « Le Cameroun c'est le Cameroun disent certains ? » :

- Alors nous leur répondons que :
- Si le Cameroun est ce qu'il est, cela ne veut pas dire qu'il est aujourd'hui ce qu'il devrait être.
- Si chaque Camerounais accepte de changer alors c'est le Cameroun tout entier qui changera.
- Chaque Camerounais devrait se poser la question de savoir s'il fait partie du problème ou de la solution aux problèmes de la nation.
- Nous sommes aujourd'hui convaincus que le Président Paul Biya et son parti politique font partie du problème camerounais et non pas de la solution aux problèmes qui se posent au Cameroun de 2009.
- En d'autres termes le Président Paul Biya n'est plus la solution il est plutôt un problème.
- Les hommes et les femmes qui estiment à raison qu'un changement est nécessaire à la tête de l'état du Cameroun et que le Président Paul Biya pour diverses raisons ne peut plus diriger le Cameroun, devraient commencer à s'organiser et à faire connaître dans le pays et hors du pays leur position. Ces hommes devraient faire clairement leur choix et quitter ouvertement le RDPC car :

Le RDPC a vécu.

- Fondamentalement, le RDPC est commercialement efficace mais politiquement nul et incompétent.
- Le Cameroun politique qui se prépare doit faire peau neuve.
- Le Cameroun à venir sonne déjà aux Portes de la Nation : il a besoin d'une femme ou d'un **Homme différent entouré de toutes les camerounaises et de tous les camerounais de bonne volonté sans exclusive**, anciens du RDPC ou non, anciens du SDF ou non , anciens de l'UNDP ou non, anciens de l'UPC ou non, ancien du MANIDEM d'Ekane Anicet ou pas, amis de Mbouamassok ou pas, anciens de l'UDC ou non, anciens de l'UFDC de Victorin Hameni Bieleu ou non, anciens du PDC de Louis Tobie Mbida ou non, anciens du MP de Jean Jacques Ekindi ou pas, de l'ADD de Garga Haman Adji ou pas, de la Nationale d'Abel Eyinga ou non, hommes et femmes de tous les bords politiques, socio-culturels ou religieux sont nécessaires pour accompagner le Cameroun nouveau sur ses fonts baptismaux.
- La contribution de tous est sollicitée : celle des jeunes des universités et des cités, celle des professionnels de la communication, celle des intellectuels, des sportifs, des artistes, des ouvriers de nos rares usines, des salariés du secteur privé, des fonctionnaires, des étudiants hors de nos frontières, des transporteurs, des commerçants petits et grands, des « bayam sellam » et des « sauveteurs », celle des chômeurs des villes, celles des paysans de nos villages.

- En ces temps troubles que connaît la République il est important de demander aux forces armées et polices camerounaises de rester neutres et de laisser la volonté populaire s'exprimer en application des usages républicains et démocratiques.

- Il est important de rappeler aux fonctionnaires camerounais et particulièrement aux préfets et aux sous préfet que leur devoir de réserve, de loyauté vis-à-vis du pouvoir légitime prend sa source dans des élections libres et démocratiques.

- Au-delà de leur qualité de fonctionnaires de l'Etat ils sont citoyens camerounais d'abord.

- Il s'agit d'un sursaut national pour faire du Cameroun pas seulement la chose publique « res publica » de tous les camerounais mais vraiment la « cause commune à tous les camerounais ».

- A force d'exclure les camerounais du vrai débat politique par des élections tronquées et un choix de personnalités en charge de grands dossiers de la nation selon des critères invariables de cooptation,

- Le Président Paul Biya en est arrivé à ec que que désormais très peu de camerounais se sentent concernés par le Cameroun. Il faut que cela change.

- Le chef de l'Etat Paul Biya n'écoute plus les Camerounais, il n'essaye plus de les comprendre.

- Les camerounais en sont arrivés à une situation absurde : ils font «tout» pour plaire à Paul Biya afin d'accéder à un poste ou recevoir une gratification mais il y a longtemps que Paul Biya ne fait « plus rien » pour plaire aux Camerounais.

- Le Chef de l'Etat Paul Biya ne se soucie plus de plaire aux Camerounais il est convaincu que tout opposant est forfait d'avance.

- Le système en place a réussi à faire croire au peuple Camerounais qu'en dehors de l'actuel chef d'Etat il n'y a plus personne pour présider aux destinées des camerounais et qu'aucun autre parti politique ne peut se prévaloir d'être un parti de gouvernement.

- Cela n'est pas vrai.

- Il faut le dire et l'expliquer aux camerounais.

- Le président Paul Biya et le RDPC sont convaincus d'être devenus politiquement invulnérables et incontournables. Cela est inexact.

- La démocratie est la seule voie claire, transparente, digne et noble pour accéder au pouvoir, il est temps de demander au peuple d'accorder ce pouvoir au candidat de son choix.

- C'est à ce prix là et à ce prix là seulement que l'espérance qui augure des lendemains meilleurs et la confiance qui rassure seront restaurées dans le pays et au-delà de nos frontières. Telle est la pensée la plus profonde de Louis Tobie quand il apporte une réponse à ces différents sujets.

Le Président de la République Son Excellence Paul Biya et sa famille autour du Pape Benoît XVI

Toujours se rappeler qu'un chef d'état est d'abord un homme, autour de cet homme existe une famille, que les notions de fautes et de punitions collectives sont une aberration et une ineptie absolues. Il existe au Cameroun une fâcheuse et déplorable tendance consistant à tenir à l'écart les descendants de ceux qui ont été politiquement actifs dans l'opposition quelle que soit l'époque. Voila pourquoi il est important de rappeler que le principe chrétien du péché originel n'est pas universel. Il est inopérant en droit.

- On ne peut condamner « ad vitam aeterman » les fils pour des fautes supposées commises par leur père.
- On ne peut demander non plus à un fils de renier son père pour se faire accepter au sein de la société des vivants en ne lui laissant pour seules alternatives que la disparition ou le silence.
- Cette forme d'ostracisme primitif et primaire exprime un obscurantisme archaïque et désuet dont nos sociétés n'ont besoin ni au présent ni dans le futur.

Il s'agit désormais de créer ou de recréer le Cameroun des valeurs éthiques, des valeurs de solidarité, de partage, d'écoute, d'entraide, de respect, de tolérance, de paix, le Cameroun de la fraternité retrouvée, d'une confiance en soi et en l'autre rénovée.

Chapitre XV

Analyses et Perspectives

Les camerounais dans leur immense majorité ont accueilli avec enthousiasme, espoir et confiance l'accession du Président Paul Biya à la magistrature suprême en novembre 1982. Afin de respecter les usages républicains, une élection du Chef de l'Etat au suffrage universel sera organisée peu après la succession constitutionnelle entre le Président Amadou Ahidjo et le Président Biya. Le Cameroun subit en avril 1984 la première tentative de coup d'Etat de son histoire. L'adhésion du Cameroun au plan d'ajustement structurel proposé et contrôlé par le FMI et la Banque Mondiale sera une autre étape marquante de la fin des années 1980 dans la Nation. La chute du mur de Berlin et le discours de la Baule mettant en place une conditionnalité nouvelle liant le développement économique à la pratique de la démocratie imprimeront des marques profondes dans les tissus tant économiques que sociaux du pays dès 1990. Le retour au multipartisme et les premières élections de 1992 se pratiqueront au forceps avec le concert de douleurs, de souffrances et de déchirements que peuvent entraîner des évènements de cette nature, réalisés dans des conditions aussi surprenantes tant pour le pouvoir que pour l'opposition qui révèlera à cette occasion ses différents visages. On reconnaîtra assez tôt au cours de ces mois et années d'effervescence, les aventuriers de la politique, les impatients et les haineux qui au risque de mettre à feu et à sang la nation, essayeront par tous les moyens de mettre le feu à l'Edifice National afin d'en récupérer les cendres au détriment de tout un peuple, de son Histoire, de son passé, de son futur proche ou lointain. On verra apparaître ceux qui ont toujours eu foi en la légalité républicaine, qui croient au jeu démocratique et aux règles républicaines, qui sont convaincus que les institutions républicaines sont supérieures aux intérêts particuliers et partisans. Les diverses consultations électorales tant présidentielles et législatives que municipales n'ont pas permis de démontrer aux électeurs camerounais l'apport positif du multipartisme et la preuve qu'un processus de démocratisation peut changer positivement une Nation. Ce que retiendront les populations reste une image tronquée d'une campagne électorale et de ce que peut être une confrontation politique. La démonstration et l'étalage de biens matériels éclipseront le débat d'idées et les programmes politiques de fond. A la satisfaction superficielle de besoins artificiels immédiats, succèderont le vide thématique politique etéthique. L'opposition restera dans son rôle et ses discours tandis que le gouvernement ne saura pas toujours prendre les mesures attendues de ceux qui ont la charge de la gestion quotidienne de la chose publique et des affaires de l'Etat. La frilosité et la crainte de mal faire caractérisant de nombreux responsables de départements ministériels et autres décideurs politiques ont eu des conséquences graves et sont la cause d'une absence de réalisations et de mise en application d'une politique dynamique et courageuse dans l'intérêt du pays. Cela s'appelle « l'inertie politique». L'enrichissement personnel semble être la seule action d'envergure engagée par un certain nombre de ces gouvernants. La conséquence de cet état de chose, est qu'aujourd'hui une frange importante de la population camerounaise croit fermement que seul compte l'enrichissement personnel rapide n'obéissant à aucune norme éthique dans l'irrespect des règles sociales et des usages de l'Etat Républicain. La responsabilité politique et le sens des responsabilités tout court sont des valeurs absentes au sein de la classe dirigeante camerounaise. Les gouvernants ne se sentent pas responsables de leurs actes, ils n'ont pas à répondre devant le peuple puisque l'issue des élections est connue d'avance. Leur seule crainte est de déplaire au Prince, le chef de l'Etat Paul Biya. Ces hommes n'ont aucune notion de leur responsabilité devant le peuple qu'ils sont supposés servir. Voilà pourquoi ils ne font aucun effort pour faire mieux et toujours mieux pour satisfaire les camerounais. Cette situation a provoqué un désengagement humain dont la conséquence est un frein au développement économique et social, l'autre corollaire étant l'absence de réalisation de Grands Projets et des Grandes Ambitions légitimes dans toute une Nation. Le PPTE a crée au sein des populations camerounaises une attente à la limite du mythe. Ce mythe est à la mesure du degré de misère des uns et proportionnel à la pauvreté de plusieurs autres.

Au-delà de cette exploitation presque religieuse qu'une partie de la population a pratiqué autour du PPTE, il se pose une question de pédagogie qui se rencontre aussi dans de grands pays tels que la France, l'Allemagne ou la Grande-Bretagne quant aux grands dossiers économiques qui préoccupent les Etats au cours de leur évolution. Les démagogues sont présents et les pédagogues absents dans les rangs du pouvoir Camerounais de 2009.

En résumé, depuis 1982, il apparaît que le Pouvoir n'a pas pu déployer de politique cohérente dont la puissance et l'efficacité auraient pu venir à bout des problèmes majeurs qui se posent à la Nation.

A cause :

- d'une succession constitutionnelle en 1982
- d'un putsch en 1984,
- de l'organisation d'une élection présidentielle en 1986,
- du plan d'ajustement structurel dès 1988,
- du multipartisme à partir de 1990,
- de la rencontre tripartite en 1991,
- de l'organisation des élections multipartites en 1992
- des élections municipales en 1996
- des législatives en 1997,
- des municipales et législatives en 2001,
- d'une élection présidentielle en 2004,
- de l'attente du point d'achèvement du PPTE en 2006.

A cause de tout ce qui précède, il a toujours été demandé aux Camerounais depuis 1982 d'attendre que les conditions soient réunies pour un vrai départ. Ces différentes dates qui jalonnent la vie politique de toute Nation moderne semblent avoir été un frein à la réalisation de nombreuses attentes des camerounais. Le Cameroun est par conséquent un pays en sursis qui a vécu de sursis en sursis depuis 1982. La dernière décennie qui aurait dû voir émerger des idées fortes portées par des hommes ambitieux animés par le sens supérieur de la Nation, du

Prestige et de l'Intérêt National a vu s'installer et croître une génération d'hommes dont la principale motivation sera individuelle et personnelle au détriment de l'ensemble de tout un pays. Ce qui est grave et désolant, c'est qu'un nombre important de ces hommes sans ambitions politiques véritables pour la Nation et son peuple se réclame du parti au pouvoir et de son chef, alors qu'ils ne se sentent concernés ni par le système, ni par les méthodes pratiquées par ce dernier. Ce tableau qui paraît déjà sombre ne peut cependant pas occulter certains éléments essentiels :

Premièrement : le Chef de l'Etat Camerounais Paul Biya veut conserver seul et sans partage le pouvoir.

Deuxièmement : Il a décidé de rester seul possesseur de toutes les capacités politiques dans la nation.

Troisièmement : Il est seul à agir dans le cadre de ce que les anglo-saxons appellent « The decision making process », le seul et unique à intervenir dans le processus de prise de décision.

Quatrièmement : Il veut être le seul à détenir une autorité morale suffisante génératrice de changements politiques déterminants dans la Nation. Mais Après 27 ans : la crédibilité altérée et déficiente du Chef de l'Etat pour cause de résultats insuffisants tant sur le plan National qu'International, ne lui permet plus aujourd'hui de proposer, d'impulser, de provoquer, de promouvoir, d'impacter et de susciter à lui tout seul un changement politique en profondeur capable de créer une Dynamique Nouvelle dans la Nation.

L'intérêt d'une Dynamique Nouvelle est de restaurer la confiance, de susciter l'espoir, de maintenir la cohésion et la paix sociales dans la Nation. Les Camerounais bien informés et tous les observateurs internationaux bien avisés sont d'accord pour reconnaître que le Cameroun est un pays dont les ressources tant humaines que géophysiques et culturelles sont immenses. La morosité ambiante dans les couches populaires révèle encore une fois le défaut de pédagogie, une carence didactique ainsi qu'une communication insuffisante des dirigeants et autres encadreurs politiques dont le principal métier devrait être d'expliquer le Cameroun, ses potentialités et ses richesses aux Camerounais.

Au cours d'une interview le 11 Avril 2007 accordée à Monsieur Ulysse Gosset journaliste de France 24 dans « le Talk de Paris », on a entendu cette phrase du Président Paul Biya qui déclarait « j'étais parti de l'idée que ce qui compte ce n'est pas tellement ce que les gens **DISENT** mais c'est ce qu'ils **PENSENT** et surtout ce qu'ils **FONT** ».

En d'autres termes, le Président Paul Biya reconnaît qu'il n'est pas un communicateur.

Si John Fitzgerald Kennedy est resté présent dans la mémoire des peuples c'est parce qu'il savait **DIRE** à l'exemple de « Ne demandez pas ce que votre Nation peut faire pour vous, posez-vous la question de savoir ce que vous pouvez faire pour votre Nation. »

Si Martin Luther King est resté présent dans la mémoire des peuples c'est parce qu'il a su **DIRE** entre autres : « qu'il avait un rêve. »

Si Charles De Gaulle a su susciter un engouement certain en France et à l'étranger c'est parce qu'il a su **DIRE** au Français le 18 juin 1940 et après, ce qu'ils voulaient entendre.

Si Gandhi a pu conduire l'Inde à son indépendance sans faire de guerre c'est parce qu'il a su **DIRE** à l'Inde et au monde ce qu'ils devaient entendre.

Si Franklin Delano Roossevelt a su relancer l'économie américaine c'est parce qu'il a su **DIRE** aux Américains le 4 mars 1933 ce qu'ils devaient entendre.

Si Patrice Lumumba reste aujourd'hui encore le plus grand des Chefs d'Etats Africains c'est parce qu'il à su **DIRE** le 30 juin 1960 au Congolais et au Monde ce qu'ils devaient entendre.

Si aujourd'hui encore 2000 ans après, des hommes et des femmes continuent à revendiquer leur foi chrétienne c'est parce qu'un jeune juif de 33 ans nommé Jésus a **DIT** des paroles dans lesquelles aujourd'hui encore ils se reconnaissent.

Le « Sermon sur la montagne » dans l'Evangile selon Mathieu reste aujourd'hui inégal

La phrase que le Cameroun a retenu du Président Paul Biya en 27 ans, tous les Camerounais la connaisse : **« UN SEUL MOT CONTINUEZ ! »**.

Qu'attend le Chef d'Etat Camerounais de son peuple ?

Qu'attend le Président Paul Biya des Camerounais ?

Qu'ils **CONTINUENT** après 27 ans à attendre un hypothétique décollage économique ?

Qu'ils **CONTINUENT** à attendre une Démocratie participative effective au Cameroun ?

Qu'ils **CONTINUENT** à espérer en vain l'amélioration de leurs conditions de vie dans cet océan de misère et de pauvreté qu'est devenu le Cameroun de 2009 ?

Qu'ils **CONTINUENT** à attendre la construction d'Ecoles, de Collèges, de Lycées, d'Universités gratuites pour tous les Camerounais ?

Qu'ils **CONTINUENT** à attendre une sécurité sociale, une couverture de santé pour tous les Camerounais ?

Qu'ils **CONTINUENT** à attendre la création de dispensaires, d'Hôpitaux, de Centres Hospitaliers régionaux de référence, de Centres Hospitaliers Universitaires dans chacune des Provinces du Cameroun ?

Qu'ils **CONTINUENT** à attendre le développement d'une économie rurale véritable ?

Qu'ils **CONTINUENT** d'attendre la mise en place et la réalisation d'Usines et d'un tissu industriel camerounais dynamique ?

Qu'ils **CONTINUENT** à attendre la réalisation d'un réseau autoroutier Camerounais digne de ce nom ?

Qu'ils **CONTINUENT** à attendre le vrai mélange de nos populations et de réels échanges culturels entre camerounais seuls gages d'une intégration véritable ?

Qu'ils **CONTINUENT** à attendre que les notions de recherche scientifique et d'innovation technologiques deviennent enfin des réalités au Cameroun ?

Qu'ils **CONTINUENT** à attendre qu'au moins 80% et à terme 100% des produits consommés par les camerounais soient produits au Cameroun en laissant bien sûr le choix à ceux qui veulent consommer des produits non camerounais de le faire ?

Qu'ils **CONTINUENT** à attendre la fin de la corruption et de l'Etat-RDPC ?

Qu'ils **CONTINUENT** à attendre que l'Etat se mette enfin au service des citoyens ?

27 années d'attente c'est trop !

27 ans ce n'est plus un sursis : c'est de la prison à vie avec une peine incompressible !

Il faut agir maintenant parce que la nation a besoin de résultats !

Il ne s'agit plus aujourd'hui de faire de « petites phrases » et « de petits arrangements » politico-politiciens minables dans la discrétion d'un salon feutré.

Il ne s'agit plus de tactique politico-politicienne mais de conviction, d'éthique et de perspective historique car tout acte politique devrait se réaliser en tenant compte de la perspective historique.

Les « petites phrases », les « petits arrangements foireux » et « les tactiques politico-politiciennes » ne resteront pas dans l'histoire. Mais les Mots sont Historiques quand on sait les dire.

Il faudra toujours se rappeler que ce sont les crises majeures qui révèlent les grands hommes. Laisser pourrir des situations politiques sérieuses en faisant semblant de ne pas les voir ce n'est ni tactique, ni stratégique, ni historique mais cynique, dramatique et tragique. Le Président de la République Monsieur Paul Biya a raison lorsqu'il dit que « c'est surtout ce que **pensent** les gens et surtout ce qu'ils **font** qui est important ». Mais force est de constater que les Camerounais ne savent même pas ce que pense leur Chef d'Etat. Le Président Paul Biya se fait appeler avec une grande satisfaction personnelle le « Sphinx » au cours de cette même émission du 11 avril 2007. Quand à ce qu'il fait, les résultats se font aujourd'hui encore attendre, 27 ans après. L'exégèse de ce discours du Président Paul Biya nous permet d'affirmer :

- qu'il ne veut pas dire,
- que son peuple ne sait pas ce qu'il pense et
- qu'il ne fait pas assez pour les populations camerounaises

Le chef de l'Etat, le président Paul Biya semble avoir épuisé sa capacité d'écoute, il semble avoir définitivement renoncé à comprendre les camerounais. La force des grandes Nations réside dans leur capacité d'autosuggestion. Il faut des Hommes de Foi pour faire croire à d'autres hommes ce qui est essentiel et important. Les Hommes sont tous égaux dans leurs besoins mais restent différents dans leurs désirs. La politique de la République du Cameroun ne trouvera toute son application et ne connaîtra sa pleine réalisation que lorsqu' elle sera portée par des Hommes et des Femmes qui ont fait de la République une Foi, du Prestige de la Nation un objectif, et de l'Intérêt National un Sacerdoce. La paupérisation des populations se traduit par des difficultés à accéder aux soins de santé élémentaires, par l'impossibilité à jouir d'un logement décent, par leur incapacité à obtenir une éducation scolaire et une formation professionnelle suffisantes et par des carences matérielles fondamentales frustrantes. L'ambition majeure de ceux qui ont l'immense mais exaltante charge de participer au gouvernement du Cameroun et de diriger la nation devrait être :

- l'amélioration des conditions de vie des populations camerounaises,
- l'entretien des infrastructures et équipements publics existants,
- la création de fournitures et biens publics nouveaux susceptibles de faciliter la vie de tous les citoyens,
- la création d'un système universitaire et scolaire capable de répondre aux véritables questions du Cameroun de 2009.
- La mise en place d'un système de formation autant universel que répondant aux besoins du Cameroun profond qui formera des camerounais agents du développement technique et scientifique respectant l'environnement.
- la création de structures et la mise en application d'un cadre réglementaire capable de promouvoir un environnement favorable à l'initiative citoyenne et privée.
- la promotion de la création de richesses
- l'allègement des parcours administratifs pour l'accession aux divers agréments et autorisations légales
- L'élaboration d'un nouveau statut de la fonction publique camerounaise.
- L'établissement du code du fonctionnaire camerounais avec pour objectif l'abolition de la corruption
- Eviter la pléthore des effectifs dans la fonction publique et mettre en place un meilleur traitement du fonctionnaire le mettant à l'abri de la corruption.
- La création d'une caisse primaire d'assurance maladie dans le cadre d'un système de sécurité sociale permettant la couverture maladie pour tous les citoyens.
- Créer une véritable banque de développement et un fond national de garantie des crédits régulés par l'Etat.
- Le recensement des grands chantiers nationaux dans le Bâtiment et les Travaux Public, dans la santé et l'éducation, dans la recherche et les innovations technologiques.

- La dynamisation des échanges culturels et humains à l'intérieur du Cameroun afin de rendre le Cameroun accessible et fluide à tous les camerounais.
- La rupture de l'enfermement historique, social et culturel existant entre les différents regroupements anthropologiques camerounais.
- La création de foyers industriels intégrés issus des produits des sols et sous-sols propres à chacune des provinces camerounaises.
- L'arrêt de la monoculture saisonnière, la diversification des cultures et le développement du concept d'économie rurale
- Mettre en place une vraie politique de maîtrise des coûts de la vie dans tous les secteurs fondamentaux de la vie des camerounais.
- Mettre en place un véritable cadastre Camerounais au service des camerounais et du développement
- Créer un code foncier simple, clair, cohérent, transparent, accessible à chaque Camerounais
- Le Cameroun des propriétaires doit devenir une réalité : chaque camerounais devrait devenir à terme propriétaire inscrit au registre du cadastre avec titre foncier de sa terre.
- La création et la mise en application du Cameroun des choix professionnels s'impose : les camerounais devront devenir planteurs par choix et pas par pis aller, fonctionnaires par choix et non pas par crainte de l'instabilité de l'emploi, devenir de bons maçons, de bons menuisiers, de bons charpentiers, de bons chaudronniers, de bons jardiniers , de bons boulangers, de bons artisans dans tous les secteurs d'activités et non pas des tâcherons occasionnels, de bons commerçants et non pas des trafiquants véreux et douteux, des journalistes par choix et non pas par opportunité, des artistes inspirés et convaincus, hommes de lettres, scientifiques, chercheurs et inventeurs par goût.

- Il est temps que le Cameroun respire et aspire à se mettre à la hauteur de l'Universel.
- Il s'agit de mettre un terme au Cameroun de la fatalité, de la médiocrité, de la banalité, de la versatilité, de la vulgarité, de la méchanceté, de la mesquinerie, de la convoitise, de la jalousie, de la division et de la haine.
- Il s'agit de mettre un terme aux grandes messes de la méchanceté sans liturgie établie si ce n'est celle de la haine ou des hommes et leurs familles sont sacrifiés au nom de l'ambition politique personnelle de bas étage de quelques uns.
- Il s'agit de respecter la vie, de se réjouir du bonheur de l'autre même s'il ne nous invite pas directement ou indirectement à le partager.
- Il s'agit d'apprendre à être digne dans la pauvreté matérielle, à garder de la pudeur dans la souffrance et à ne pas ériger la désespérance en système de vie.
- Il s'agit de sortir de la contemplation et de s'investir dans l'action.

Tous les Camerounais devraient avoir le droit désormais de se sentir camerounais, de s'investir dans la construction du Cameroun, de briguer tous postes politiques de leurs choix : que ce soit comme conseillers municipaux, comme députés, comme sénateurs, comme membres du gouvernement ou comme Chef de l'Etat du Cameroun. Ce droit devrait être ouvert à tous, qu'ils soient ou non fils et filles de Ruben Um Nyobe, de Félix Moumie, d'André Marie Mbida, d'Amadou Ahidjo, d'Abel Kingue, de Kamdem Niyim, d'Eboa Samuel, d'Abel Eyinga, de Paul Biya, de Tsalla Mekongo Germain, d'Ernest Ouandie, d'Ossende Afana, de Wambo Le Courant, de Takala Célestin, de John Ngu Foncha, de Tandeng Muna, de Moussa Yaya, d'Haman Adama, d'Arouna Njoya, de Talba Mala, de Yaya Daïrou de Mbombo Njoya, de Delphine Tsanga, Suzanne Bomback, de Manga Bile Blaise, de Charles Atangana, de Martin Paul Samba, de Paul Soppo Priso, de Rudolf Douala Manga Bell, du Lamido de Rey Bouba, et de tous les Lamido du nord Cameroun, de tous les Chefs supérieurs traditionnels et coutumiers, de tous les artisans, de tous les artistes, de tous les sportifs, de tous les paysans de nos campagnes, de tous les chômeurs de nos villes, de toutes les « bayam sellam », de tous les sauveteurs, de tous les étudiants de nos universités, de chaque camerounais et camerounaise sans exclusive, de Bebey Eyidi, d'Okala charles, de Charles Onana Awona, d'Adamou Ndam Njoya, de Jean Keutcha, de Basile Emah, de Ni John Fru Ndi, de Hameni Bieleu, de Fotso Victor, de Kadji de Fosso, de Tita Foumokong, de Sadou Hayatou, de Bello Bouba Maïgari, d'Achidi Achu bref tous les camerounais devraient désormais sans exclusive avoir le droit de s'investir sur le chantier Cameroun. Que le Cameroun d'une certaine époque ait eu à condamner Abel Eyinga pour avoir osé présenter sa candidature contre le président Amadou Ahidjo est une aberration, une immense absurdité qui devrait appartenir désormais au musée des erreurs politiques camerounaises. Nous l'avons déjà évoqué et nous le répétons ici :

> Il existe au Cameroun une fâcheuse et déplorable tendance consistant à tenir à l'écart les descendants de ceux qui ont été politiquement actifs dans l'opposition quelle que soit l'époque.
>
> Voila pourquoi il est important de rappeler que le principe chrétien du péché originel n'est pas universel. Il est inopérant en droit.
>
> - On ne peut condamner « ad vitam aeterman » les fils pour des fautes supposées commises par leur père.
> - On ne peut demander non plus à un fils de renier son père pour se faire accepter au sein de la société des vivants en ne lui laissant pour seules alternatives que la disparition ou le silence.
> - Cette forme d'ostracisme primitif et primaire exprime un obscurantisme archaïque et désuet dont nos sociétés n'ont besoin ni au présent ni dans le futur.

Il s'agit désormais de créer ou de recréer le Cameroun des valeurs éthiques, des valeurs de solidarité, de partage, d'écoute, d'entraide, de respect, de tolérance, de paix, le Cameroun de la fraternité retrouvée, d'une confiance en soi et en l'autre rénovée.

Les théories économiques les meilleures et les systèmes politiques les plus démocratiques ne fonctionneront pas au Cameroun tant que le Bamiléke ne se sentira pas concerné par le Beti et vice-versa, tant que le Foulbé ne se sentira pas concerné par le Douala et vice-versa, tant que le Bamoun ne se sentira pas concerné par le Bafia et le Mbo et vice-versa, tant que Beti et Bamiléké ne trouveront pas normal de se marier entre eux, tant que les Foulbé et les Kirdis ne trouveront pas normal de se marier entre eux, tant que les Matakan et les Boulous ne trouveront pas normal de se marier entre eux. Tant que les camerounais d'origines et de tribus différentes ne trouveront pas normal de vivre ensemble, de souffrir ensemble, d'être heureux ensemble, de collaborer ensemble aux projets d'intérêts communs, il n'ya aura pas de Grand Cameroun.

Il est important de créer un Cameroun sans barrières dans nos esprits. La représentation sociale est la pire des barrières que les camerounais devront surmonter : Moscovici a proposé plusieurs définitions des représentations sociales, toutes conçues comme des « *ensembles dynamiques, « des théories » ou des « sciences collectives » destinées à l'interprétation et au façonnement du réel. Elles déterminent le champ des communications possibles, des valeurs ou des idées présentes dans les visions partagées par les groupes, et règlent, par la suite, les conduites désirables ou admises.* »

La représentation sociale est à la fois produit et activité : En tant que produit, « *elle désigne des contenus, s'organise en thèmes et en discours sur la réalité* », mais elle constitue également une activité mentale, « *un processus, un mouvement d'appropriation de la nouveauté et des objets* »

Il s'agit donc d'un type particulier de pensée générée par le groupe et les acteurs sociaux :

« *Il s'agit d'une forme de connaissance, socialement élaborée et partagée, ayant une visée pratique et concourant à la construction d'une réalité commune à un ensemble social. On reconnaît généralement que les représentations sociales, en tant que système d'élaboration régissant notre relation au monde et aux autres, orientent et organisent les conduites et les communications sociales, la diffusion de connaissance, le développement intellectuel et collectif, la définition des identités personnelles et sociales, l'expression des groupes et les transformations sociales.* »

Les représentations sociales jouent donc un rôle déterminant dans les productions identitaires, « *régulant les relations entre groupes (ancrage, fonctions normatives et organisatrices du noyau central, principes organisateurs),* elles *sont, avant tout, des moyens que se donnent ceux-ci pour assurer leur cohésion et un consensus minimal. Le collectif, en se représentant socialement, est donc le lieu d'un nivellement catégoriel en même temps qu'il s'oppose à un autre groupe ou à d'autres groupes (créations de catégories identitaires et d'exo groupes.)*

« *Lorsqu'il s'agit d'autrui, la catégorisation définit habituellement un groupe social à partir d'un critère, par exemple ethnique dont le choix s'accompagne de conséquences extrêmement importantes. L'analyse de ces classes d'éléments relève de caractères constants : l'égocentration, la simplification, la condensation et la rigidité dont le stéréotype fournit la meilleure illustration. »*

Les stéréotypes : *Les stéréotypes reflètent un réseau grossier de représentations mentales du monde. Ils sont, comme toute catégorisation, des moyens d'en réduire la complexité. Le stéréotype apparaît ainsi comme « un élément de la structure des représentations ». Il est inscrit dans la durée et offre une grande résistance au changement, puisqu'il est indépendant de l'expérience. Le stéréotype, en tant qu'« expression de la personnalité collective », est transmis à l'individu par le milieu social « au moyen de l'éducation, des véhicules médiatiques, quelles que puissent être, par ailleurs, les expériences personnelles de l'individu. »*

- Au niveau « commutatif », le stéréotype favorise la communication dans le groupe, en faisant l'économie de répétitions et de redondances de choses déjà assimilées, sur lesquelles le groupe s'accorde. « L'effort d'assimilation intellectuelle que doit faire le récepteur en est réduit grâce aux processus automatisés de réflexion implicite. »
-Au niveau «psycho-sociologique», le stéréotype organisel'identification/inclusion de l'individu à une communauté, une collectivité de valeurs communes tout en effectuant l'altérisation/exclusion de l'Autre. « L'Autre est alors perçu à la fois comme celui qui est exclu du groupe et qui peut en menacer son intégrité. » Les stéréotypes renvoient ainsi a des oppositions radicalisées, incitant principalement les sujets qui y sont sensibles à s'arrêter à des jugements hâtifs sur un individu sur la base de son appartenance catégorielle (ethnique, « raciale », religieuse, de nationalité ou de classe).

Les préjugés : *Le préjugé implique le rejet de l' « autre » en tant que membre d'un groupe envers lequel on entretient des sentiments négatifs (catégorisation négative). Le préjugé est défini comme une attitude négative ou une prédisposition à adopter un comportement négatif envers un groupe ou envers les membres d'un groupe qui repose sur une généralisation erronée et rigide. « On peut ainsi entretenir des préjugés à l'endroit des membres de n'importe quelle catégorie sociale autre que la sienne et envers laquelle on éprouve des sentiments défavorables.*

Le Cameroun sociologique devra être compris, repensé, remodelé et refaçonné si nous voulons relancer véritablement notre économie sachant que le vrai moteur en économie est l'Homme d'abord. Il s'agit de réaliser le Cameroun de la performance, le Cameroun de la qualité, le Cameroun de la compétitivité, le Cameroun du travail bien fait, un Cameroun qui veut être premier dans divers secteurs d'activités. C'est ce Cameroun là et ce Cameroun là seulement qui saura être présent dans la cour des Grands. Nous devons résolument tourner le dos au Cameroun qui se réjouit d'appartenir aux pays pauvres les plus endettés, en d'autres termes aux groupes des pays « pas du tout » ou « très peu » crédibles. Le Cameroun devrait devenir premier producteur de différents produits du sol Il s'agit d'installer la marque Cameroun par la qualité de certains de nos produits à l'intérieur et hors de nos frontières à l'exemple de la mode française, de l'horlogerie suisse, de la mécanique allemande, de l'informatique américaine, de l'électronique nippone. Participer à un haut niveau à la gestion quotidienne des affaires de l'Etat et avoir l'extraordinaire privilège de poser des actes déterminants susceptibles d'influencer positivement le présent, le futur proche ou lointain de toute la Nation restent les seules motivations valables pour tout citoyen ayant choisi de servir son pays.

On devrait en tant qu'Homme Politique devenir le Représentant de son pays est savoir le présenter, le promouvoir, le vanter, l'expliquer, le rendre attractif, en faire un produit compétitif, un bien de consommation courante pour les uns, un article de luxe pour les autres, une référence incontournable pour plusieurs et une valeur indispensable dans l'esprit et la vie de chaque citoyen. L'Histoire tant ancienne que récente des Civilisations et des Nations nous rappelle, ainsi que le disait Charles De Gaulle, que: « *il faut de Grands Hommes pour faire de Grandes Choses et Ceux là ne le sont devenus que pour l'avoir voulu.* »

Les Nations ne souffrent pas que de leurs problèmes elles sont d'abord victimes d'une absence de solutions aux défis qui les interpellent. C'est un lieu commun de rappeler ici que la première solution aux problèmes humains est l'Homme lui-même. Associer à la gestion des affaires de la Nation ces Hommes qui ont manifesté la ferme volonté, de participer au processus de prise de décision, qui ont exprimé une foi inébranlable dans les institutions Républicaines, qui ont pris des risques sans retenue pour faire entendre leurs idées dans le cadre d'un débat démocratique, qui ont accepté la précarité socio-professionnelle au détriment de leur bonheur individuel et familial ouvrira des possibilités nouvelles permettant au Cameroun de profiter d'une partie de son potentiel humain encore inexploité. Le Monde s'est réjoui, félicité et enthousiasmé en janvier 2009 lors de l'accession de Monsieur Barack Obama à la Présidence des Etats Unis d'Amérique. Les noirs du monde entier se sont réjouis encore plus intensément que le reste du monde. Les noirs d'Afrique se sentent encore plus particulièrement concernés et plus fiers que tous les autres citoyens du monde parce que les origines de Barack Obama sont africaines. Mais l'exemple de Barack Obama ne servira à l'Afrique et aux africains que lorsque chaque africain, chaque pays africain se choisira son Obama parmi ses propres citoyens. Dans chaque pays africain où se rencontrent des hommes ayant plus de quinze ans, voire vingt et presque quarante ans d'exercice du pouvoir sans partage, il est utile et nécessaire de susciter, de soutenir et de promouvoir des Obama locaux.

- Admirer le Barack Obama président des Etats Unis : c'est de la contemplation.
- Se choisir un Barack Obama dans son propre pays : c'est de l'action.

Son Excellence Monsieur le Président Barack Obama président des Etats-Unis d'Amérique 48 ans

La France, l'Europe, l'Afrique, l'Amérique et le reste du monde ont été impressionnés par l'accession rapide à l'Elysée du Président Nicolas Sarkozy. Un homme neuf et différent qui porte en lui une dynamique nouvelle. Il caractérise la rupture avec des méthodes et une vision du monde archaïques et anachroniques.

Le fils d'un immigré Hongrois, fusse-t-il de haute naissance, Sarkozy De Nagybosky, mais immigré quand même, qui dans la France de Vercingétorix, de Charlemagne, de Louis XIV, de Napoléon, de Charles De Gaulle et de Jacques Chirac décide de s'inscrire sur la liste officielle des plus grands. Sa mère l'a élevé à la dure en lui montrant l'exemple, elle reprend ses études de droit alors qu'elle est mère de famille dont un des enfants n'a que 5 ans quand elle en devient le chef. Il n'a jamais dissimulé ses ambitions et ses convictions. Il a été l'ami, presque le « fils de Jacques Chirac ». Il n'a pas hésité pourtant quand ses convictions le lui ont dicté, de trouver le courage de se battre contre M.Chirac en soutenant M. Balladur.

Il a eu la force et le courage de reprendre la présidence du RPR au moment où personne n'en voulait. Il a connu l'échec des européennes. Il sait que M. Alain

Juppe s'est crée un puissant instrument politique avec l'UMP mais déclare son désir d'en devenir le chef. Il le fait avec brio et transforme l'UMP en une véritable machine de guerre politique, un ouragan qui balaye tout sur son passage. Il est encore membre du gouvernement et président de l'UMP quand il fait clairement savoir que la notion de « candidat naturel du Parti » ne lui convient pas.

Il va se faire élire comme candidat de l'UMP aux Présidentielles contre les caciques du Parti que sont M. Debre, voire M. Chirac lui-même qui, on croit le comprendre, penche plutôt pour M. De Villepin. Il est combattu dans sa propre famille politique par des hommes puissants, des hommes qui prétendent avoir une expérience politique particulière pour avoir occupé des postes politiques prestigieux et par des hommes d'appareils. Il est resté calme et souverain lors du débat face à Mme Royal mais les journalistes de gauche, M. Joffrain en particulier verront le contraire de ce qu'aura vu toute la France. Il sera annoncé que Mme Royal a gagné le duel télévisuel alors que dans les chaumières où très peu de gens ont fait sciences po, il a été constaté le contraire. Pour tous ceux qui sont honnêtes, la victoire de Nicolas Sarkozy n'est plus une surprise dès cet instant. Son mode opératoire est singulier : Il a accepté d'affronter dans son propre camp un autre candidat en la personne de Dominique de Villepin, premier ministre sortant bénéficiant pourtant de l'appareil d'Etat dont il est un des ministres. On peut en tirer une parallèle : celle de l'affrontement entre Mme Clinton et M. Obama. IL a ensuite été combattu par une gauche de gouvernement et une extrême gauche qui n'ont pas ménagé leurs efforts pour essayer de le ridiculiser et le provoquer sans jamais proposer un programme politique cohérent capable de créer une alternative crédible en France. On en tire une seconde parallèle comme entre M. Obama et M. Mac Caine. Sa démarche a pourtant eu de quoi surprendre : il a annoncé, contrairement aux usages consacrés, sa candidature à la présidence de la république au moins trois ans avant. L'usage veut que ce soit une démarche rusée, subtile, feutrée, sournoise et hypocrite. Nicolas Sarkozy n'est ni sournois, ni hypocrite.

On se rappelle de M. Georges Pompidou à Rome quand le président Charles De Gaulle lui demande : « Georges qu'est ce que j'apprends, tu serais candidat à ma succession ? » et M. Pompidou de lui répondre : « Mon Général, je vous surprendrai par mon ingratitude ». On s'exprimait ainsi en Mai 1968. Il y a 41 ans, presqu'un demi-siècle. Il a prôné l'ouverture et il la pratique. M. Kouchner et M. Besson en sont les exemples les plus emblématiques à des postes régaliens. M. Dominique Strauss-Khan ne serait pas Directeur général du Fonds Monétaire International sans la volonté de M. Nicolas Sarkozy. La compétence d'abord, l'idéologie après. Il n'est pas homme à s'enfermer dans de petites batailles de clochers et à assister à des messes basses dans des chapelles politiques sombres et étriquées qui sentent le moisi et la naphtaline. Il est l'Homme de la France superbe, flamboyante, sans complexe et pleine de panache. Il est l'Homme du prestige de la France, de ses convictions, de son Ethique et de ses intérêts mais il est aussi l'Homme de l'universel, l'Homme de la bonne gouvernance et de la Transparence.

La gauche de Mitterand a dit depuis 1981 « ne touches pas à mon pote » mais les socialistes ont laissé tous leurs potes sur la touche. Sarkozy n'a rien dit mais il a fait entrer Rama Yade au gouvernement, ainsi que Rachida Dati et Fadela Amara tandis qu'il nomme un camerounais d'origine M. Ngahaane, Préfet de la République. Ce sont des symboles certes mais des symboles qui illustrent et consignent des convictions politiques fortes. Le poste de Président de l'Union Européenne a acquis une autre dimension depuis que Nicolas Sarkozy a été et quelle que soit l'évolution des finances mondiales, l'histoire retiendra qu'il aura été le premier à demander une nouvelle régulation de l'économie mondiale à l'annonce de la crise financière de 2008. Non, quel que soit ce qui sera dit, Nicolas Sarkozy sort des rangs, il dérange certains mais arrangent plusieurs : la majorité des Français qui l'ont élu. Et c'est cela la démocratie. Se passionner pour Nicolas Sarkozy c'est bien. Mais se choisir un Nicolas Sarkozy dans son propre pays c'est encore mieux.

Son Excellence Monsieur Nicolas Sarkozy, Président de la République Française, 54 ans

M. Bill Clinton lors de son premier mandat comme président des Etats Unis aurait déclaré au sujet de M. Moboutu, « quand j'étais adolescent il était déjà chef de l'Etat du Congo Belge, j'ai achevé mes études de droit et suis devenu avocat il était toujours président du Zaïre, je suis devenu Gouverneur de l'Arkansas et M. Moboutu était toujours chef de l'Etat du Zaïre, je suis aujourd'hui Président des Etats Unis et Moboutou est toujours président du Zaïre. My Godness it's something wrong somewhere, I don't want it anymore » traduction : « Mon Dieu il y a quelque chose qui cloche dans cette affaire, je n'en veux plus». La suite nous la connaissons.

En paraphrasant le Président Clinton ou pourrait faire dire aux Hommes neufs que sont Monsieur Barack Obama et Monsieur Nicolas Sarkozy : « nous avions respectivement 1 ans et 7 ans en 1962 et M. Biya était déjà aux affaires, nous étions étudiants et avions l'un 21 ans et l'autre 27 ans en 1982 et M. Biya était déjà chef de l'Etat du Cameroun, nous sommes aujourd'hui Président des Etats Unis d'Amérique à 46 ans pour l'un et chef de l'Etat français à 54 ans pour l'autre et M. Biya est toujours président du Cameroun ». Monsieur le Président Biya a d'ailleurs la ferme intention d'être encore au pouvoir après 2011 jusqu'en 2018 voire au-delà quand les présidents Obama et Sarkozy auront achevé chacun leur premier mandat.

Son Excellence Monsieur le Président Paul Biya Président de la République du Cameroun,76 ans

Des hommes et des femmes porteurs de différence, soucieux d'excellence, luttant contre la désespérance et refusant la déchéance ainsi que la médiocrité, convaincus que seules la compétence, la performance, la qualité du travail bien fait, la non violence, le respect et la tolérance dans le rapport à l'autre sont les leviers d'un monde de progrès, existent dans le Cameroun de 2009. Le peuple camerounais et tous les hommes de bonne volonté devraient les aider à émerger.

Louis Tobie Mbida et le Projet de Société du PDC

Le Projet de Société du Parti des Démocrates Camerounais

Le Parti des démocrates Camerounais crée le 12 janvier 1958 à Abong-Mbang par André Marie Mbida et ses compagnons de lutte politique puis re-légalisé le 5 avril 1991 est une des formations politiques du Cameroun, régie par la loi N° 90/056 du 19 décembre 1990. Notre action n'est par conséquent ni anonyme, ni clandestine. Nous assumons nos déclarations et positions politiques et sommes prêts à donner toutes explications nécessaires sur tout sujet en rapport avec nos projets et intentions. Des informations sont accessibles sur le « Parti des démocrates Camerounais », sur « André Marie Mbida » et sur « Louis Tobie Mbida » par les moteurs de recherche Google, Yahoo! etc. Le Parti des Démocrates Camerounais a son blog accessible par le lien : www.blog-pdc-cpd.org. La loi N° 90/056 du 19 décembre 1990 consacre la libéralisation de l'activité politique au Cameroun. Les partis politiques ont pour objectif d'exercer le pouvoir ou au moins d'y participer. Le pluralisme et la mise en concurrence de différentes formations politiques sont un des fondements de la démocratie et de la liberté d'opinion. Un parti politique est une Association organisée qui rassemble des citoyens unis par une philosophie ou une idéologie commune, dont elle recherche la réalisation, avec comme objectif, entre autres, la conquête et l'exercice du pouvoir. C'est donc une organisation au service d'une idée pour le bien de tout un peuple dans une nation.

Les partis et groupements politiques concourent à l'expression du suffrage. Le suffrage universel ou droit de vote a permis le développement des partis qui animent la vie politique et participent au pluralisme, base de toute démocratie. Cette exigence est inscrite à l'article 3 de la Constitution du Cameroun du 18 janvier 1996 modifiée le 14 avril 2008 qui dit explicitement ceci :

Art. 3.- Les partis et formations politiques concourent à l'expression du suffrage. Ils doivent respecter les principes de la démocratie, de la souveraineté et de l'unité nationale. Ils se forment et exercent leurs activités conformément à la loi.

Le rôle des partis politiques

Le rôle essentiel des partis politiques est de participer à l'animation de la vie politique. En effet, l'article 3 de la constitution du Cameroun dispose que : « Les partis et groupement politiques concourent à l'expression du suffrage ». De manière plus précise, les partis remplissent deux fonctions : Ils sont les intermédiaires entre le peuple et le pouvoir : le parti élabore un programme présentant ses propositions qui, s'il remporte les élections, seront reprises dans le projet du gouvernement sachant que le Gouvernement est un Organe collégial composé du Premier ministre, des ministres et des secrétaires d'Etat chargé de l'exécution des lois et de la direction de la politique nationale. Les partis de l'opposition peuvent proposer des solutions alternatives à la politique de la majorité en place et ainsi remplir une fonction « tribunicienne » en traduisant le mécontentement de certains électeurs. Cependant, on note depuis quelques années une certaine désillusion des citoyens envers les partis, qu'ils ne considèrent plus forcément comme leurs meilleurs représentants et intermédiaires. Les partis ont aussi une fonction de direction : ils ont pour objectif la conquête et l'exercice du pouvoir afin de mettre en œuvre la politique annoncée. Ils légitiment et stabilisent le régime démocratique, en le faisant fonctionner. Animateurs du débat politique, ils contribuent aussi à structurer l'opinion publique. Ils se forment et exercent leur activité librement, ils sont dotés de la personnalité morale et peuvent agir en justice. Historiquement Il faut distinguer différents types de partis :

Les partis dits « de cadre », nés au XIXe siècle qui furent des partis de notables (issus, dans un premier temps, de la bourgeoisie ou de l'aristocratie européennes) et se situaient traditionnellement à droite ou au centre ;

Les partis dits « de masse », nés au début du XXe siècle avec le développement du socialisme et du communisme. Ils avaient comme objectif la transformation de la société et la réalisation d'un ordre social nouveau. Pour cela, ils s'appuyaient sur une organisation structurée, hiérarchisée et sur un grand nombre d'adhérents assurant ainsi une autonomie financière au parti et l'encadrement des électeurs ;

Les partis d'électeurs, notion apparue dans les années 1960, sont caractérisés par la recherche du rassemblement du plus grand nombre et s'attachent à la promotion d'objectifs consensuels.

Le Parti des Démocrates Camerounais n'est pas un parti « de cadre », il souhaite devenir un véritable « parti d'électeurs éclairés » n'excluant pas les masses mais ne recherchant pas non plus une dictature populaire. En démocratie, l'individu, devrait conserver son libre choix car il porte en lui une part intégrante de la souveraineté nationale. La personne humaine reste au centre de toutes nos préoccupations. La démocratie est d'abord humanité avant d'être un simple schéma de pensée ou une idéologie permettant de séduire des foules pour accéder au pouvoir. La démocratie est une attitude de l'esprit qui s'exprime par des choix moraux et se réalise par des actes concrets. La démocratie prend ses racines dans ce qu'il y a de plus humain en nous, c'est-à-dire dans la reconnaissance que l'autre est nous. L'autre souffre les mêmes douleurs, se réjouit des mêmes joies, aspire au bonheur et rejette le malheur. Cette reconnaissance de l'autre en nous est le fondement même de la démocratie. En d'autre termes la démocratie est européenne, américaine, asiatique, africaine, océanique, elle est tout simplement universelle et humaine, on ne peut pas la balkaniser. Etre démocrate c'est se réapproprier cette part d'humanité enfouie au plus profond de nous-mêmes qui permet de partager avec l'autre, d'être solidaires les uns des autres, de comprendre l'autre et de se mettre à la place de l'autre. Chaque fois que dans l'Histoire du monde cette vision de l'autre a eu à disparaître, l'Humanité a connu de terribles dérives et des ignominies telles que la « traite négrière » où des hommes venus d'Europe n'ont pas voulu reconnaître dans les Africains des humains comme eux, où durant la colonisation le colon avait bonne conscience malgré ses méfaits. Le colon n'a pas reconnu l'humain dans l'Africain. De nos jours le dirigeant africain qui refuse de reconnaître dans son compatriote un frère, qui reste aveugle face à la misère de son propre peuple, qui refuse de se remettre en cause en acceptant le verdict des urnes ne reconnait pas dans l'Africain un humain. En somme, ces chefs d'Etat africains qui se comportent ainsi, n'ont jamais été et ne seront jamais des démocrates. Le vrai démocrate reconnait l'autre en lui et se reconnait dans l'autre, il n'est, par définition, ni haineux, ni raciste, ni tribaliste, ni partisan : il est humain, généreux et solidaire de tous les hommes. Les aspirations légitimes des camerounais que compte satisfaire le Parti des Démocrates Camerounais.

Au Parti des Démocrates Camerounais nous ne serons jamais satisfaits tant que ces différents points ne seront pas atteints :

1. l'instauration du bien-être pour chaque citoyen ;

2. la promotion de la femme et l'amélioration de la condition féminine ;

3. la protection des enfants ;

4. l'assistance aux handicapés ;

5. la prise en charge des seniors ;

6. la création d'un véritable service des pensions pour les camerounais en fin d'activité ayant atteint l'âge de la retraite ;

7. l'amélioration des conditions de vie de tous les camerounais ;

8. la mise en place d'institutions républicaines crédibles ;

9. la réalisation de projets d'investissements publics générateurs de richesses et pourvoyeurs d'emplois ;

10. le développement de l'économie rurale ;

11. la diversification des cultures et la rupture du cercle vicieux de l'agriculture de rente ;

12. l'industrialisation du Cameroun ;

13. la réalisation en qualité et quantité suffisantes d'infrastructures routières et autoroutières ;

14. la construction d'écoles, de collèges, de lycées et d'universités ;

15. la construction de centres hospitaliers régionaux, départementaux et d'arrondissements ;

16. la création d'une couverture maladie accessible à tous les camerounais ;

17. le respect des forêts, de la faune, de la flore et des cours d'eau camerounais ;

18. la multiplication des adductions d'eau sur l'ensemble du territoire national ;

19. l'électrification de l'ensemble du territoire national par diverses méthodes ;

20. l'installation des « autoroutes de l'information » en termes de réseaux et autres « spots » internet au Cameroun ;

21. l'urbanisation du Cameroun par la promotion d'un véritable centre urbain dans chaque municipalité camerounaise ;

22. la facilitation de l'entreprise individuelle et l'incitation à l'initiative privée génératrice de biens et capables de résorber le chômage des jeunes et des moins jeunes ;

23. le développement des arts et de la culture ;

24. l'essor des sports ;

25. le développement du tourisme.

INSTALLER UNE DEMOCRATIE EFFECTIVE

26. Les lois sur les libertés votées en 1990 n'ont pas installée une démocratie effective au Cameroun. Notre objectif est de mettre en place des institutions démocratiques fonctionnelles, crédibles et réelles au service du citoyen.

27. A cet effet nous mettrons en place une véritable séparation des pouvoirs entre le législatif, l'exécutif et le judiciaire en assurant tout aussi bien une liberté de la presse et des divers organes de communication sociale.

28. La décentralisation se traduira par le pouvoir réel donné aux municipalités qui deviendront les fonts baptismaux du citoyen dans la république.

29. Nous créerons un couple nouveau composé de l'Etat et du citoyen, un Etat conseiller, un Etat partenaire, un Etat confident du citoyen, un Etat solidaire du citoyen, un Etat « sympathique » c'est-à-dire qui « souffre avec » et qui soutient son citoyen.

30. Toutes les institutions prévues par la constitution du 18 janvier 1996 seront fonctionnelles dans un délai de trois ans entre 2011 et 2014 à savoir : le Sénat, le Conseil Constitutionnel, le Conseil Economique Et Social, les Collectivités Territoriales Décentralisées.

31. Un organe de supervision des élections, indépendant et crédible sera mis en place avec l'accord de la majorité des camerounais.

32. Des élections régulières et transparentes après identification rigoureuse du corps électoral seront organisées dans le respect d'un calendrier politique accepté par la majorité des camerounais après un dialogue ouvert à toutes les composantes de la nation où l'Etat, la société civile et les partis politiques seront parties prenantes.

33. La bonne gouvernance sera une exigence de chaque instant.

34. L'action de la cour des comptes contre la corruption sera permanente et transparente.

35. Faire du camerounais un citoyen conscient de ses droits mais aussi de ses devoirs vis-à-vis de l'Etat et de la nation toute entière.

36. Lutter contre l'insécurité routière.

37. Se battre contre la fraude douanière et la contrebande.
38. Protéger l'environnement, la faune, la flore, la forêt et les richesses halieutiques camerounaises.

39. Assurer la sécurité de tous les camerounais sans exclusive.

40. Créer un statut de l'opposition et Assurer un dialogue effectif et permanent avec toutes les familles politiques camerounaises.

41. Au plan économique, notre ambition est d'apporter le bien-être à tous les camerounais en rendant la vie moins chère et en produisant localement la presque totalité des produits de première nécessité consommés au Cameroun.

42. Placer le prochain Septennat sous le signe « du Cameroun Prospère, Solidaire et Dynamique ».

CREER UNE DYNAMIQUE NOUVELLE DANS L'ECONOMIE

43. Redresser les finances publiques par la réduction effective du train de vie de l'Etat.

44. Ne pas brader le patrimoine de l'Etat.

45. Encourager l'initiative privée.

46. Développer les transports publics et privés dans les villes, entre les villes et entre les villages en exploitant tous les supports connus :

• terrestre : routiers et ferroviaires ;

• maritimes : cours d'eau naturels et canaux ;

• aérien : par la libéralisation des compagnies aériennes intérieures.

47. La mairie deviendra le siège incitatif des initiatives citoyennes locales.

48. Faire des camerounais des propriétaires :

• en facilitant l'accession au titre de propriété foncière ;

• au crédit personnel et individuel d'acquisition de biens fonciers et de biens d'équipement.

49. Des chambres de commerces seront crées au niveau des départements.

50. Les municipalités inciteront les créditeurs structurels que sont les banques

périphériques à installer des succursales dans les quartiers et les villages.

51. Les collectivités locales encourageront le microcrédit par diverses mesures d'accompagnement y compris la mise en place d'un fond de garantie du crédit.

52. Le rôle des maires avec l'aide des pouvoirs publics sera de rendre les camerounais « bancables » en créant des voies routières ou piétonnes portant des noms et des numéros afin de doter chaque citoyen d'une adresse et de répertorier les citoyens.

53. Créer des routes et autoroutes dont les financements seront mixtes avec la réalisation de voies de communication financées par :

- la CEMAC ;
- l'Etat du Cameroun ;
- les régions ;
- les départements ;
- les arrondissements ;
- les voies municipales.

54. La participation citoyenne au développement sera soutenue par les organes d'Etat tant à l'échelon local que national.

55. Le développement des infrastructures de communication et l'accessibilité par tout citoyen aux Technologies de l'Information et de la Communication (TIC) qui sont des outils primordiaux dans le développement des entreprises :

- faciliter l'accès à l'électricité et au téléphone ;
- rendre accessible à la majeure partie du pays l'information par la radio et la télévision ;
- créer les conditions d'un développement rapide des Nouvelles Technologies de l'Information et de la Communication.

56. Développer l'économie rurale par la promotion des produits traditionnels du terroir camerounais.

57. Ouvrir de nouvelles perspectives aux paysans camerounais par la reconversion de diverses filières enfermées dans l'agriculture de rente.

58. Ouvrir l'agriculture à l'exploitation des zones marécageuses assurant ainsi les produits de contre-saison.

59. Restructurer et potentialiser les industries animales, l'élevage et la pêche.

60. Réaliser un programme énergétique digne d'une nation moderne.

61. Poursuivre la prospection de nouveaux gisements d'hydrocarbures.

62. Développer la transformation régionale et locale des matières premières.

63. Répertorier et animer les sites touristiques camerounais, en créer de nouveaux, faire du tourisme une ressource et une source de revenus.

64. Mettre en application un code camerounais attractif pour les investissements privés tant nationaux qu'internationaux.

65. Développer la collaboration entre l'Etat et le secteur privé.

66. Encourager la recherche scientifique et technique en invitant le secteur privé à financer la recherche par des exonérations fiscales au prorata de leurs efforts.

67. Créer et animer une Bourse Camerounaise dynamique et crédible.

68. Etre actifs au sein des institutions financières internationales.

69. Etre présents au sein des nouvelles formes de coopération économique nées de la mondialisation (NEPAD, TICAD etc.).

70. Rééquilibrer les échanges extérieurs du Cameroun.

71. Faire de la lutte contre le chômage une priorité et de la création d'emplois un objectif permanent.

72. La sécurité alimentaire devra être assurée à chaque instant.

73. Bannir la pauvreté est le but essentiel.

74. Faire du Cameroun une nation plus juste et plus solidaire.

PROMOUVOIR UNE NATION PLUS JUSTE ET PLUS SOLIDAIRE

75. Le progrès social est une priorité.

76. Améliorer le pouvoir d'achat des catégories les moins favorisées de la population.

77. Lutter contre le chômage, et surtout celui des femmes et des jeunes.

78. Renforcer la protection sociale.

79. Protéger l'environnement afin de ménager aux générations futures des conditions de vie saines et agréables.

80. Maintenir la santé au centre de nos priorités en modernisant les hôpitaux, en créant de nouveaux Centres de santé, en formant et en recrutant un personnel de santé efficace.

81. En lançant de nouvelles campagnes de vaccination, en renforçant la lutte contre le SIDA, le paludisme et la tuberculose et l'onchocercose.

82. Faire de la justice sociale un objectif permanent.

CONTRIBUER A LA PRESERVATION DE LA PAIX ET DE LA SECURITE DANS LE MONDE

83. Faire partie du camp de la paix dans le concert des Nations.

84. Lutter contre le terrorisme et l'insécurité sous toutes ses formes.

85. Défendre notre souveraineté nationale et notre intégrité territoriale, en pratiquant une politique de paix et de bon voisinage.

86. Mener à bien la réforme de nos forces armées qui en fera un outil de défense moderne et efficace.

87. Militer pour le renforcement et la coopération sous-régionale et régionale.

88. Soutenir l'action des organisations internationales et notamment de l'Union Africaine et des Nations Unies.

89. Développer toute forme de coopération bilatérale et multilatérale avec nos partenaires extérieurs.

ASSURER LE PRESTIGE ET LES INTERETS DU CAMEROUN A L'EXTERIEUR

90. Le renforcement des capacités d'action de nos Missions diplomatiques pour leur permettre de jouer pleinement leur rôle.

91. Le renforcement de notre participation aux activités d'organisations telles que le Commonwealth, la francophonie et l'Organisation de la conférence islamique.

92. Le développement de nos industries culturelles (musique, cinéma, théâtre, danse, édition, mode) qui contribuent déjà à faire connaître notre pays à l'extérieur.

93. La définition d'une politique sportive à la hauteur de la notoriété dont notre pays jouit dans le monde grâce en particulier aux exploits des lions indomptables et de nos athlètes.

94. Créer des circuits touristiques et répertorier les objets de curiosité au Cameroun.

95. Faciliter les voyages vers le Cameroun par la promotion de chaînes hôtelières locales et internationales.

La Philosophie Politique et les Objectifs du Parti des Démocrates Camerounais

Le Parti des démocrates Camerounais puise sa philosophie politique dans la démocratie libérale. Sachant que par définition la démocratie libérale est la combinaison des idées démocratiques et libérales.

« Démocratie et libéralisme reposent sur deux principes qui peuvent entrer en contradiction : égalité et liberté. Les penseurs libéraux, d' Edmund Burke à Friedrich Hayek, se méfient du pouvoir absolu, quel que soit la personne qui l'exerce, que ce soit un tyran ou le peuple lui-même : le danger est dans l'absolutisme et la démocratie peut être absolue. Les penseurs libéraux contestent également que la voix de la majorité des électeurs puisse être assimilée à la volonté du peuple en son entier. »

« Karl Marx a dénoncé le caractère « formel » des libertés dans les démocraties dites capitalistes en affirmant que les libertés proclamées ne pourraient être exercées réellement que par les riches qui constituent la classe dominante. Le parlement et les institutions ne formeraient alors qu'une superstructure qui masqueraient l'exploitation des travailleurs et des peu nantis. Les régimes socialistes et communistes ont opposé leurs régimes, baptisés démocraties populaires aux régimes capitalistes ou libéraux. »

« Raymond Aron, partisan des régimes libéraux, a opposé la liberté réelle des régimes capitalistes, où le niveau de vie augmente tandis que les libertés sont sauvegardées, à la liberté «idéelle» des régimes totalitaires et communistes, où la liberté individuelle est violée sans pour autant que l'égalité progresse. La légitimité de la démocratie libérale repose ainsi dans le peuple conformément à l'idée démocratique. Et conformément à l'idée libérale, le pouvoir est limité, divisé et médiatisé. Cette option se caractérise par la séparation des pouvoirs et la liberté de la presse. »

Le Parti des démocrates Camerounais accepte et reconnait que si on s'en tient aux fonctions de l'Etat telles que généralement acceptées par la communauté internationale constituée des nations libres, démocratiques et indépendantes, il existe :

- les fonctions minimales de l'Etat ;
- les fonctions intermédiaires de l'Etat ;
- les fonctions activistes de l'Etat.

Les fonctions minimales de l'Etat portent sur :

1. la santé publique ;
2. la fourniture des biens publics simples ;
3. les droits de propriété ;
4. la défense ;
5. la gestion macroéconomique ;
6. la loi et l'ordre ;
7. le traitement des défauts du marché ;
8. l'amélioration de l'équité ;
9. la protection des pauvres ;
10. la réalisation des programmes anti-pauvreté ;

11. le secours aux catastrophes.

Les fonctions intermédiaires de l'Etat.

A. Relatives au traitement des externalités à savoir :

1. l'éducation ;

2. la protection de l'environnement.

B. A la régulation du monopole consistant en:

3. la régulation des services ;
4. l'anti-trust.

C. La maîtrise des imperfections de l'information à savoir :

5. les assurances ;

6. la régulation financière ;

7. la protection du consommateur.

D. La fourniture de l'assurance sociale qui porte sur :

8. la retraite par redistribution ;

9. les allocations familiales ;

10. l'assurance chômage.

Les fonctions activistes que sont :

A. La coordination des activités privées et la politique industrielle portant sur:

1. la stimulation des marchés ;

2. les initiatives de groupe.

B. La redistribution qui consiste en :

3. une redistribution du capital.

Le Parti des démocrates Camerounais sait que le Cameroun ne pourra pas dans l'immédiat appliquer à la lettre un schéma de ce type, particulièrement en ce qui concerne les fonctions activistes et certaines fonctions intermédiaires de l'Etat mais nous sommes convaincus que notre devoir sera d'assumer toutes les fonctions minimales de l'Etat auxquelles il faudra ajouter l'éducation, les initiatives de groupe, les assurances, la régulation financière, les allocations familiales, la protection du consommateur. Ce schéma sera complété au fur et à mesure par les autres fonctions intermédiaires auxquelles s'ajouteront progressivement toutes les fonctions activistes de l'Etat. Le Cameroun de 2009 n'est pas seulement victime de la conjoncture économique internationale, il souffre d'abord d'un problème structurel et humain. Les structures en place ne sont plus adaptées aux exigences de promotion d'une nation moderne. Les hommes et les femmes à l'intérieur tout comme à l'extérieur du Cameroun qui pourraient apporter un souffle nouveau et dynamiser le pays sont tenus à l'écart par crainte de faire de l'ombre à ceux qui sont aux affaires depuis presque un demi-siècle, c'est-à-dire depuis 1960 date des indépendances africaines. En d'autres termes le problème camerounais est non seulement un problème de structures mais aussi un problème d'expertise. Les dirigeants actuels du Cameroun ne croient pas en l'expertise camerouno-camerounaise et préfèrent chercher conseil ailleurs au risque de remettre en cause la souveraineté et l'indépendance nationales.

Notre souci aujourd'hui en tant que Camerounais, pour emprunter les termes de Francis Fukuyama devrait être « de savoir comment nous échelonner sur l'abscisse allant du nécessaire et de l'important au simplement désirable ou même optionnel, jusqu'au contre productif voire au destructeur». Notre projet de société au Parti des Démocrates Camerounais s'articule, Monsieur et cher compatriote autour de ces idées fortes dont le développement et les explications vous seront apportés au fur et à mesure par des rencontres que nous réaliserons sur le terrain et lors de conférences de presse que nous donnerons à diverses occasions. Merci pour votre intérêt à la Cause Camerounaise dont le Parti des Démocrates Camerounais restera toujours l'un des défenseurs parmi les plus vigilants.

Louis Tobie MBIDA

Président du Parti des Démocrates Camerounais.

Tribune officielle: www.blog-pdc-cpd.org

Chapitre XVI

Annexes : documents d'archives, discours et déclarations

Le 15 mai 1957 André Marie Mbida prononce son discours d'investiture devant l'assemblée législative (Alcam)

DISCOURS D'INVESTITURE
PRONONCE PAR
M. ANDRE-MARIE MBIDA
PREMIER MINISTRE
CHEF DU GOUVERNEMENT CAMEROUNAIS
LE 15 MAI 1957
DEVANT
L'ASSEMBLEE LEGISLATIVE DU CAMEROUN

MONSIEUR LE PRESIDENT,
MES CHERS COLLEGUES,

Depuis ces derniers temps, le Cameroun et ses populations voient se succéder une longue série d'importants événements intéressant l'évolution et la vie politique de ce pays.

Ce sont, tout d'abord, les élections législatives du 2 janvier 1956, dont les résultats permirent à un nationaliste camerounais authentique, d'aller se joindre à vos représentants au Parlement français et d'apporter sa contribution aux efforts qu'ils déployaient dans cette haute Assemblée, pour faire comprendre à la France, notre tutrice, que sous sa généreuse impulsion, notre progrès politique atteignait déjà sa maturité. Les populations aspiraient, dès lors, à obtenir, à titre d'étape transitoire, un statut d'autogouvernement correspondant à ce progrès, en attendant qu'un nouvel essor les mène enfin à l'indépendance totale qui est l'une des fins prévues pour le Cameroun par la Charte des Nations Unies et par l'Accord de tutelle que vous connaissez tous.

Vint ensuite la loi n°56-619 du 23 juin 1956, du Parlement français, autorisant le Gouvernement à mettre en œuvre les réformes et à prendre les mesures propres à assurer l'évolution des territoires relevant du Ministère de la France d'Outre -Mer. Cette loi disposait, en son article 9, que le Gouvernement pouvait procéder au Cameroun, par décret pris après avis de l'Assemblée territoriale et de l'Assemblée de l'Union française, à des réformes institutionnelles, ainsi qu'à des créations de provinces et d'assemblées provinciales.

C'est la très libérale et très importante loi-cadre, due à l'initiative du courageux Ministre de la France d'Outre –Mer M. Gaston Defferre, qui aura permis à tous les peuples d'Afrique Noire, placés sous l'égide de la France, d'obtenir pour la première fois satisfaction pour leurs aspirations légitimes et naturelles à s'administrer eux-mêmes, à gérer démocratiquement leurs propres affaires, tout en gardant avec la France de bonnes relations, voire des obligations réciproques, librement discutées et acceptées, concernant les intérêts économiques, sociaux, culturels et politiques communs.

De fait, les nombreux décrets d'application de la loi cadre susvisée du 23 juin 1956, notamment ceux relatifs aux institutions législatives et gouvernementales en Afrique Noire d'influence française, peuvent être considérés comme les premiers traités politiques authentiques intervenus entre la France et les pays qu'ils intéressent, traités évidemment susceptibles de modifications, selon l'évolution et les aspirations légitimes des peuples et nations d'Afriques Noire qu'ils concernent.

Le 8 novembre 1956, un décret dissolvait l'Assemblée territoriale, composée de cinquante membres élus au double collège et au suffrage restreint depuis quatre ans, pour la remplacer par une nouvelle Assemblée comprenant soixante-dix membres élus, cette fois, au collège unique et au suffrage universel direct et dont l'un des buts essentiels et reconnus était d'étudier et de donner avis sur un futur projet de statut du Cameroun.

Le 18 novembre 1956, à Yaoundé, à Douala et à Nkongsamba, se déroulaient les élections pour les Conseils municipaux dans ces trois localités érigées en communes de plein exercice par la loi n°1489 du 18 novembre 1955, relative à la réorganisation en Afrique occidentale française, en Afrique équatoriale française, au Togo, au Cameroun et à Madagascar.

Quelques jours plus tard, le 26 novembre 1956, les nouveaux Conseils municipaux procédaient chacun à l'élection de son maire.

Le 23 décembre 1956, des centaines de milliers d'hommes et de femmes se pressaient, à travers tout le Territoire, autour des urnes pour accomplir l'un des plus grands actes de leur vie civique. C'était la première fois que se déroulaient au Cameroun des élections au collège unique et au suffrage universel direct, élections longuement attendues depuis 1951 par nos populations. Leurs résultats étaient partout guettés avec une vive inquiétude, une impatience explicables, à la fois par les nombreux candidats et par la nervosité des masses populaires camerounaise tant le rôle et les attributions de la nouvelle Assemblée et, partant, des nouveaux élus, allaient être importants.

Mais la série des événements n'était pas finie. Elle ne faisait pour ainsi dire qu'éclater et se développer, avec une progression rapide, au cours de la nouvelle année 1957.

Le 22 février 1957, votre Assemblée territoriale, Monsieur le Président, Messieurs, après de multiples et longues séances, de discussions approfondies, tant à la Commission Juridique qu'en assemblée plénière, adoptait le projet de statut avec un avis favorable émis à une très forte majorité, après l'avoir minutieusement étudié et souvent fortement amendé. Soixante conseillers sur soixante-huit, y compris le Président de l'Assemblée, avaient adopté le statut. Les huit autres l'avaient désapprouvé et rejeté.

Le 28 mars, le Gouvernement français présentait à l'Assemblée nationale, après avis de l'Assemblée de l'Union française et du Conseil d'Etat, un projet de décret portant statut du Cameroun.

Par décision en date du 4 avril 1957, l'Assemblée nationale, après un important débat, approuvait ce décret, sous réserve des modifications qu'elle y avait apportées. Le Conseil de la République adoptait à son tour et confirmait également, après un sérieux débat, la décision de l'Assemblée nationale.

Dès lors, le statut du Cameroun qu'on attendait depuis si longtemps, dont on avait tant parlé, notamment depuis l'année 1956, devenait une réalité, un fait accompli, un texte définitif qui n'attendait plus que sa mise en application.

Celle-ci est advenue vendredi dernier, 9 mai 1957, par la transformation de l'Assemblée législative du Cameroun qui élisait son bureau et s'installait officiellement.

Voilà, Monsieur le Président, Messieurs, une imposante trame d'événements touchant la vie politique de notre pays que je me suis permis d'évoquer devant vous dans leur ordre chronologique.

Il s'agit d'événements historiques. Leurs dates resterons, je le pense, marquées dans l'histoire du Cameroun, dans l'histoire de son évolution et de son mûrissement politique. Elles sont des dates historiques parce qu'elles marquent des étapes et des faits d'une importance considérable, d'une très haute portée pour notre pays.

De ces événements, lequel devra être considéré comme dominant ? Je ne saurais le dire. Ce sera le travail des historiens, des critiques politiques ou juristes.

Mais, aujourd'hui, un nouvel événement va s'ajouter aux annales du Cameroun.

Le décret n°57-501 du 16 avril 1957 portant statut du Cameroun, publié dans le *Journal officiel* de la République française du 18 avril 1957, et promulgué dans le *Journal officiel* du Cameroun du 9 mai 1957, érige ce pays en Etat sous tutelle et lui reconnaît une personnalité nationale. Il constate, en même temps, son progrès très poussé vers la maturité politique.

Aussi, tenant largement compte des aspirations légitimes de ses populations à l'autogouvernement, à la gestion de leurs propres affaires par eux-mêmes, bref leurs aspirations à l'indépendance totale, ce statut dispose en son article 5 que « les compétences relatives aux affaires propres à l'Etat sous tutelle du Cameroun appartient à l'Assemblée législative du Cameroun et au Gouvernement camerounais ».

C'est l'article 18 du statut qui indique la procédure devant donner existence au Gouvernement camerounais : « Après avoir procédé à des consultations, dit cet article, le Haut-Commissaire désigne le Premier Ministre, chef du Gouvernement camerounais ; celui-ci se présente devant l'Assemblée législative afin d'obtenir la confiance sur le programme et la politique qu'il compte poursuivre ».

« L'investiture de l'Assemblée législative camerounais lui est acquise à la majorité simple et le vote a lieu au scrutin public. »

M. le Haut-Commissaire de la République française au Cameroun avait entrepris ses consultations le samedi 11 mai 1957, comme vous le savez déjà, et le dimanche 12 mai 1957, à 17 heures, il informait votre collègue et serviteur que les consultations auxquelles il avait procédé, conformément à l'article 18 du décret du 16 Avril 1957, l'amenaient à le désigner en qualité de Premier Ministre, chef du Gouvernement camerounais.

D'aucuns, ceux qui ne voient en ce genre de choses que les côtés frivoles, ont pensé, sans doute, que j'eus, à cette annonce, un élan de joie. Bien loin de là. Je demeurai, au contraire, en toute vérité, grave et pensif, tout en m'efforçant d'exprimer au Haut-Commissaire, par courtoisie, quelques mots de reconnaissance pour son amabilité. Mon attitude ne devrait pas vous surprendre. Sous le titre ou plutôt dans l'essence des charges de Premier Ministre ou de Ministre tout simplement, se cachent en effet de très lourdes et graves responsabilités, des obligations, des ennuis énormes, des soucis accablants ; les manifestations d'honneur ne sont que des distractions ou de petits divertissements qui ne flattent ou ne réjouissent que ceux qui ne pensent pas aux devoirs impérieux que leur imposent plusieurs millions d'êtres humains, avides de bien-être, de prospérité, de bonheur, luttant parfois contre la faim, la misère, les souffrances de tous genres.

Mais, il n'est pas permis de se soustraire aux responsabilités, même si elles doivent entraîner des inconvénients.

Aussi, avant-hier, lundi à 20 heures, et après que j'eus procédé à mon tour à diverses consultations, allai-je donner mon acceptation définitive à M. le Haut-Commissaire de la République française à sa proposition de dimanche, de me désigner en qualité de Premier Ministre.

Mais, c'est à vous seuls qu'il appartient, Monsieur le Président, Messieurs, de consacrer le choix fait par M. le Haut-Commissaire. C'est à vous que revient le droit souverain de m'investir. C'est donc à l'effet de vous demander cette investiture que je me trouve présentement devant vous. Il n'est pas douteux que l'acte qui nous réunit aujourd'hui s'inscrira en très larges manchettes, pour ainsi dire, dans les annales camerounaises, sa date sera l'une des plus importantes de ce pays ouvert à l'évolution des nations civilisées seulement depuis 1884 et qui n'est entré dans la vie démocratique que depuis 1946, mais qui, aujourd'hui, à devancé bien des aînées d'Afrique Noire et d'ailleurs. C'est la première fois au Cameroun qu'est crée un exécutif, un Gouvernement camerounais ayant de véritables pouvoirs de commandement, d'administration, librement investi par une Assemblée ayant, elle aussi, de réelles attributions législatives, un Gouvernement responsable devant cette seule Assemblée qui, désormais, incarnera et représentera valablement les populations du Cameroun, leurs désirs, leur volonté, leurs aspirations. Ai-je besoin d'affirmer à nouveau devant vous, Monsieur le Président, Messieurs, et devant les représentants de la France sous tutelle de laquelle notre jeune Etat a accepté de continuer à vivre encore pendant un certains temps, que vous êtes, avec les parlementaires élus pour les assemblées métropolitaines, les seuls interlocuteurs valables des populations du Cameroun et que ce sont les élections du 23 décembre 1956, démocratiquement advenues, qui vous ont conféré ce haut rôle ?

Jusqu'ici, l'exécutif et l'administration du Territoire relevaient presque exclusivement des représentants de l'autorité de tutelle. Ces représentants exerçaient l'administration directe. Désormais, ces attributions seront exercées par le Gouvernement camerounais, composé de ministres, dont l'existence émanera indirectement de votre Assemblée.

J'estime que c'est là un état de choses vraiment appréciable, intéressant, qui doit nous réjouir tous, car c'est la réalisation d'une partie au moins de nos désirs nationalistes.

L'article 18 du décret n°57/501 du 16 avril 1957 portant statut du Cameroun dispose que le Premier Ministre, pressenti ou désigné, chef du Gouvernement camerounais, se présente devant l'Assemblée législative afin de solliciter sa confiance ou son investiture sur le programme et la politique qu'il compte poursuivre.

Je dois donc, Monsieur le Président, Messieurs, vous indiquer quel sera mon programme gouvernemental.

Je vous déclare, d'ores et déjà, qu'il ne sera pas phénoménal, ni aussi méticuleux et détaillé que les rites ou les enseignements de la Bible ou du Coran.

Dans la conjoncture actuelle encore incertaine sur le plan économique et financier, il serait imprudent et même dangereux de faire trop de promesse.

Mon programme gouvernemental sera donc modeste, mais net et précis, comme mes professions de foi pour les élections législatives du 2 janvier 1956. Lorsqu'on sait qu'on pourra avoir pour juge une Assemblée législative composée d'hommes bien rôdés, vigilants, sévères et parfois impitoyables –je n'oublie pas, en effet, comment nous demandions, vous et moi-même, mes chers collègues, compte au Gouvernement de sa gestion des affaires publiques –on ne peut être que très prudent dans l'élaboration d'un programme gouvernemental.

Mais prudence n'est pas dérobade, moins encore néant.

Je vous indiquerai donc, dans les grandes lignes, mon programme sur les principaux domaines suivants : politique, social, fonction publique camerounaise, autorités traditionnelles ou commandement coutumier, fiscal, économique.

En ce qui concerne le domaine politique, mon programme sera celui que j'ai toujours préconisé depuis que j'ai atteint ma maturité d'homme, citoyen de mon pays, et surtout depuis que les populations du Centre Cameroun ont commencé à me faire l'honneur de les représenter, tant dans l'Assemblée territoriale, que dans les grandes Assemblée parlementaires de la métropole : je veux dire l'acheminement du Cameroun vers son indépendance en passant par des étapes convenables nous permettant de nous préparer à assumer à l'avenir, par nous-mêmes, l'entière gestion des affaires de notre pays. J'avais exposé cette position d'une manière nette et ferme devant plusieurs milliers de Camerounais, dans une conférence historique donnée à Yaoundé, le 9 octobre 1954, au stade de l'Hippodrome.

Comme député, je n'ai pas changé de programme. Je suis, au contraire, très heureux de pouvoir affirmer, sur ce point important, que mes efforts joints à ceux des autres parlementaires et aux vôtres nous ont permis d'obtenir, à l'occasion de l'examen du projet de statut du Cameroun, du Parlement et du Gouvernement français, la confirmation ou la reconnaissance du droit imprescriptible des Camerounais d'accéder à l'indépendance. Pour preuve, il suffira de relire les débats historiques, les interventions, tant du Ministre de la France d'Outre –Mer que des parlementaires de toutes opinions politiques, et surtout des groupes de droite, de l' Assemblée nationale en sa séance plénière du 4 Avril 1957 ; il suffira encore de relire les articles 2 et 8 du décret n° 57/501 du 16 avril 1957 portant statut du Cameroun et qui permet à ses populations, en ma personne, de solliciter l'investiture d'une Assemblée législative camerounaise, ayant des pouvoirs réels, pour composer et présider un Gouvernement camerounais ayant aussi des pouvoirs effectifs.

Le statut dont notre Etat vient d'être doté est un véritable traité, le premier dans le genre, discuté par nous avec la France pour notre pays. C'est un traité assurément provisoire, un traité d'étape, d'entrée, de préparation et d'acheminement vers l'indépendance totale.

Le travail, dans tous les domaines, tant de l'Assemblée législative camerounaise que du Gouvernement camerounais consistera, non seulement à faire relever le niveau de vie de nos populations et rendre le pays prospère, mais encore à le développer à tous points de vue pour qu'il parvienne au stade où il pourra enfin demander son indépendance.

En ce qui concerne la question de l'union française, le Gouvernement, si vous m'honorez de votre confiance, ne s'en occupera pas. J'estime que ce problème ne sera opportunément abordé que lorsque le Cameroun sollicitera, avec l'accord réel et calme d'une très large majorité de ses populations, son indépendance ou lorsque ses ressortissants seront amenés, conformément à la Charte des Nations Unies et à l'Accord de tutelle, à se prononcer sur son régime définitif.

Néanmoins, en attendant que ces événements se réalisent, j'estime qu'il est sinon nécessaire, du moins très utile pour notre jeune Etat, de continuer toujours à collaborer étroitement et amicalement avec sa bienfaisante tutrice, à participer à la vie commune avec elle et les autres territoires ou Etats relevant de ses organes centraux, dans la mesure où une telle association ne porte aucune atteinte à notre désir de souveraineté totale.

D'ailleurs, aucun Camerounais bien pensant ne tend à une quelconque rupture avec notre tutrice et bienfaitrice, nul ne pense à léser les personnes et les biens de ses nationaux, chez nous. En ce qui concerne, je suis et demeure toujours hostile à une telle politique.

Dans le domaine politique encore et sur le plan intérieur, je suis disposé à provoquer l'érection de certaines communes de moyen exercice en communes de plein exercice.

Faut-il vous dire, Monsieur le Président, Messieurs, que la province du Nord, créée par, le statut, sera mise en place et fonctionnera dès que possible ?

Sur le plan social, mon programme a toujours été de lutter contre l'analphabétisme, de mettre l'enseignement élémentaire à la portée de tous les enfants, garçons et filles, de soutenir, par conséquent, tout organisme, soit public, soit privé, qui poursuit et réalise ces objectifs.

Aussi, je n'hésite pas à déclarer que je me fais un devoir sacré de trouver une solution équitable au problème de l'enseignement privé dans notre Territoire. Il n'est pas juste que cet enseignement, qui scolarise au Cameroun avec de très grands succès, dans l'enseignement primaire, deux ou trois fois plus d'enfants que l'enseignement officiel, ne puisse pas recevoir l'aide qu'il mérite. Si le Centre, le Sud, l'Est et l'Ouest du Cameroun comptent actuellement plus de lettrés que le Nord du pays, nos amis et toutes les populations du Nord doivent savoir que c'est grâce surtout à l'enseignement privé catholique, protestant, adventiste, etc. Je crois que cette observation est une très bonne indication pour l'analphabétisme dans tout le pays.

La multiplication des jardins d'enfants, le développement du service social rentrent également dans mon programme.

Sur le plan de l'enseignement supérieur, les élèves valables continueront à être dirigés vers la métropole pour se former dans les diverses branches, surtout techniques, capables de fournir à l'Etat du Cameroun des cadres vraiment dignes. Mais ici, une discipline est nécessaire. Les bourses ne devront être accordées ou renouvelées qu'à des étudiants vraiment valables, capables de rendre un jour à notre pays des services utiles en compensation des privations que les paysans, les pauvres contribuables se seront imposées pour eux.

Les services médicaux préoccuperont également le Gouvernement, et plus particulièrement la création de dispensaires dans les régions déshéritées.

Il est vrai que dans ces domaines comme dans tous les autres, les réalisations seront fonction de l'importance de nos moyens financiers ; dans le développement d'un pays, on ne fait rien sans argent.

Le domaine social comprend encore deux importants secteurs : le travail et l'habitat.

En ce qui concerne les salariés, soit journaliers, soit à salaire mensuel fixe, je ne peux, à l'heure actuelle, sans être taxé de la plus cruelle démagogie, leur promettre des augmentations de salaire. Ils connaissent, autant que moi, les difficultés que nos ressources économiques traversent dans tous les domaines : agricole, commercial, industriel. C'est presque une époque de crise qui a pour fâcheuses conséquences le chômage, la misère dans beaucoup de familles, surtout chez les ruraux, les faillites, le marasme dans les affaires, la difficulté de recouvrement de certains impôts.

Mais, je pense qu'il y a au moins un point sur lequel il y aurait lieu de donner une satisfaction : ce sont les allocations familiales. Les taux de ces allocations au Cameroun sont très bas. Je crois qu'il serait possible d'augmenter ces taux sans que cette augmentation entraîne un relèvement des cotisations patronales.

Mais j'assure les salariés qu'ils trouveront toujours auprès de moi un accueil très sympathique, très dévoué.

Je leur demanderai simplement de se mettre en garde contre les revendications et les mesures excessives que déconseillerait la conjoncture économique. Quant à l'habitat, et plus particulièrement celui des petits possédants et des ruraux, je m'efforcerai de faire trouver et admettre un système qui permette aux personnes présentant certaines garanties telles qu'une plantation, une maison en dur, même sans titre immatriculé, d'obtenir de petits crédits, provenant de la dotation réservée à cet effet par le F.I.D.E.S. ou le Crédit du Cameroun pour améliorer l'habitat, au moins en construisant une case à toi en tôle.

Pour ce qui est de la fonction publique, vous savez, Monsieur le Président, Messieurs, que la création de la fonction publique camerounaise est énumérée parmi les matières rentrant principalement dans les attributions de votre Assemblée législative.

Le cabinet que je me propose de constituer, si vous m'accorder votre confiance, aura précisément parmi ces principales tâches, de bien fixer les règles de la fonction publique camerounaise.

Je ne voudrais donc pas m'étendre longuement sur ce point.

J'assure tout simplement l'Assemblée législative et tout le pays que je suis actuellement disposé à continuer la mise en valeur, dans les postes qui leur conviennent, sans distinction de race de tribu, les compétences camerounaises. Sans nullement exclure ni écarter systématiquement les non Camerounais, j'affirme qu'à compétence professionnelle ou valeur identique, et surtout si le rendement est égal, la priorité de recrutement devra être réservée aux Camerounais. Cela nous ferait réaliser certaines économies, et, en tout cas, éviter certaines dépenses.

Ici, je me permets de demander à tout le monde, Camerounais et non Camerounais, surtout à mes adversaires politiques et à toutes les personnes à qui je n'ai pas le bonheur de plaire –ce que je regrette sincèrement –de ne point travestir ma pensée. Je n'ai nullement dit qu'on remercierait les fonctionnaires étrangers et non Camerounais. Au contraire, je répète en toute sincérité que nous entrons maintenant dans une période où nous aurons besoin, plus que jamais, de la collaboration et des lumières des techniciens français et autres non Camerounais.

Pour ce qui est du recrutement de nouveaux fonctionnaires, le Gouvernement fera ce que les crédits mis à sa disposition par l'Assemblée législative lui permettront. Sur ce point, je me permets encore de répéter fermement que dans ce genre de choses, c'est l'argent qui conditionne tout : sans argent on ne peut rien. Il n'y a donc pas lieu de créer des illusions. Je sais qu'après les fonctionnaires, les chefs traditionnels veulent entendre parler de leur métier. Je les rassure immédiatement sur un point précis : le commandement coutumier (lamidat, sultanat, chefferie) ne sera jamais mis en danger par nous. Cette institution continuera à fonctionner, elle devra seulement se moderniser et respecter, elle aussi, la démocratie qui est une force irrésistible.De plus, une solution, à mon avis, devra être recherchée au problème de la rémunération des chefs traditionnels, soit par l'Etat, soit par les collectivités publiques, telles que les communes ou la province.

Bref, un statut des chefs pourra intervenir pour apaiser les craintes de certains détenteurs de l'autorité traditionnelle.

J'en arrive, maintenant, au problème fiscal. Vous connaissez tous, Monsieur le Président, Messieurs, la situation actuelle de nos finances. Elle n'est certainement pas brillante. En tout cas, elle est criblée de difficultés.

Mais où et comment trouver de l'argent ? La réponse à cette question n'est pas facile à donner.

On pensera, certes, que ce sera affaire d'augmentation de la production et d'amélioration de la qualité ; ce sera également affaire d'accroissement de nos ressources, de nos moyens économiques, par l'industrie, par les recherches et éventuellement, l'exploitation minière.

Mais avant que toutes ces opérations ne soient réalisées ou ne produisent leurs fruits, comment se procurer, encore une fois, les crédits nécessaires pour faire face aux innombrables besoins de l'Etat ? On pense inéluctablement à l'impôt.

Nous recourrons, certes, à l'impôt. Mais je ne crois pas vous scandaliser,

Monsieur le Président, Messieurs, en disant que depuis mon entrée dans la vie politique de ce pays, c'est-à-dire depuis 1952, j'ai toujours eu de profondes réserves et même une sensible hostilité vis-à-vis de la fiscalité excessive, comme l'atteste ma profession de foi pour les élections législatives du 2 janvier 1956.

J'avais écrit textuellement ceci : « Fiscalité. Opposition constante à l'augmentation excessive des impôts et taxe de toute sorte, ainsi qu'à la création d'impôts nouveaux qui écrasent les paysans et les malheureux planteurs, les petites et moyennes entreprises, surtout en période de crise ou de marasme, etc. »

Je ne crois pas devoir dévier beaucoup de ce programme surtout à l'heure actuelle où, précisément, la baisse des cours de nos produits sur le marché mondial restreint nos ressources.

Par ailleurs, une fiscalité non disciplinée et sans souplesse risquerait d'éloigner de nous les capitaux, ce qui risquerait d'ébranler toute la vie de notre pays et même l'anéantir.

Une grande prudence nous sera donc nécessaire sur ce point. Mais, là aussi, je me permets de demander à tous ceux qui entendent ou liront ces propos, d'éviter toute interprétation illusoire. L'impôt sera toujours payé, exigé de ceux qui ont de l'argent, les taxes établies sur les valeurs qui les méritent.

Pour ce qui est des paysans et des planteurs, le Gouvernement s »efforcera d'établir l'impôt personnel sur une base réelle, tenant compte des revenus effectifs du contribuable, mais aussi de ses charges de famille ; Il n'est pas équitable qu'un père de famille de six enfants, par exemple, paye l'impôt au même taux que celui qui est sans enfants, en supposant que tous possèdent des revenus égaux.

Le dernier point à traiter dans mon programme d'investiture est le domaine économique.

C'est, du moins à notre avis, la partie la plus importante. J'ai souvent dit que c'est ce domaine qui conditionne la vie et l'évolution d'un pays. Une nation n'est vraiment libre, indépendante, que si elle dispose de ressources économiques nombreuses, variées, riches, stables et rentables.

Il est peu honorable et gênant de vivre en quémandeur, on perd alors sa liberté et son indépendance.

Au cours de la session budgétaire de l'ancienne Assemblée territoriale du Cameroun, en octobre 1953, M. le directeur du Contrôle financier, à l'époque M. Trouvé, fit, devant un groupe de conseillers qui avaient bien voulu s'y intéresser, un long exposé sur les questions financières, après que M. le secrétaire général du Cameroun, alors commissaire du Gouvernement, M. Jourdain, aujourd'hui gouverneur de la France d'Outre-Mer, eût fait, lui aussi, un exposé également intéressant sur les questions administratives.

Je me permets de vous citer textuellement certains propos de M. Trouvé : ils méritent notre attention à tous.

Parlant de la ressemblance entre la comptabilité publique et la comptabilité privée, M. Trouvé s'exprimait ainsi :

« ... Les principes de la comptabilité publique sont les mêmes que ceux de la comptabilité privée. On suit, avec cependant des différences, l'évolution de la gestion financière de l'Etat comme on suit celle d'une entreprise privée.

«Vous savez que lorsqu'une entreprise dépense constamment plus que ses ressources, cela finit par une faillite, c'est-à-dire tout simplement par la constatation que l'entreprise en question s'est engagée au-delà de ce qu'elle pouvait réellement payer.

« Alors, de deux chose l'une : ou bien l'entreprise est rachetée par une affaire plus puissante qui paiera ses dettes mais en l'absorbant elle-même, ou bien il faudra liquider son actif et le répartir entre ses créanciers. Mais comme en règle générale le montant des créances est supérieur à celui de l'actif, les créanciers sont finalement frustrés.

« Ainsi, une entreprise privée qui a mal géré ses finances, n'a le choix qu'entre la perte de sa liberté et la frustration de ceux qui lui ont fait confiance.

« Quand il s'agit d'un Etat, d'une collectivité politique, la faillite financière prend d'autres formes, mais aboutit exactement aux même résultats ; Il faut distinguer ici toutefois selon que cette collectivité fabrique ou non sa propre monnaie.

« Dans le premier cas, si l'Etat dépense régulièrement plus que ses recettes, il va d'abord chercher à emprunter pour couvrir la différence. Puis, il viendra rapidement un moment où ayant perdu la confiance des citoyens, cette source exceptionnelle de recettes sera tarie à son tour. Alors, il ne lui restera plus que deux solutions : ou bien il fera appel à l'étranger, mais au risque de perdre sa liberté politique, ou bien il multipliera les billets de banque. Mais ces billets de banque servent à acheter des biens ou des services. Si on augmente leur nombre sans que le volume de ces biens ou des services augmente dans la même proportion, ils vont perdre de leur valeur, exactement comme cela se produit pour le cacao, par exemple, quand les quantités exportées au marché dépassent le volume des demandes ; en fait, d'ailleurs, cette baisse de la monnaie se manifeste par la baisse des prix, qui est exactement la même chose. Si, en effet, j'ai besoin, aujourd'hui, de deux fois plus d'argent qu'hier pour acheter les mêmes marchandises, je puis tout aussi bien dire que les prix ont doublé ou que mes billets de banque ont perdu la moitié de leur valeur.

« Vous comprenez ainsi que lorsqu'un Etat multiplie les billets de banque pour payer ses dettes, il finit par frustrer ses créanciers, tout comme notre entrepreneur de tout à l'heure, car il leur donnera bien le même nombre de billets de banque, mais ces derniers ne permettront plus que d'acheter un nombre restreint de marchandises. C'est vrai pour le Cameroun, qui n'a pas de monnaie propre, quelle serait la sanction d'une faillite de ce genre, Quelle serait la conséquence ? C'est que le Cameroun risquerait fort de perdre son autonomie financière. C'est un point dont nous reparlerons plus tard à propos des rapports du budget du Cameroun et du budget de l'Etat. Mais, si la question a pu se poser récemment –non seulement pour le Cameroun, mais pour d'autres Territoires d'Outre-Mer –de revenir sur le décret de 1946 qui, depuis la fin de la guerre, a donné l'autonomie financière à ces Territoires, c'est parce que lorsque ces derniers se trouvent en déficit, c'est la métropole qui paie et que, entre collectivités publiques tout comme entre particuliers, c'est toujours en fait celui qui paie qui commande. Si la métropole est obligée de payer une partie des dépenses normales du Cameroun, elle reprendra progressivement et par la force même des choses, les droits tutelle qu'elle avait autrefois restitués.

« Vous voyez qu'elle est l'importance extrême de l'équilibre budgétaire. Cela commande absolument la liberté politique, et ce qui est vrai au Cameroun vis-à-vis de la métropole est vrai aussi de la France dans ces rapports avec l'étranger. »

En parlant du budget dans ses rapports avec l'économie générale, le grand technicien financier disait notamment :

« Le budget, je vous l'ai dit, est d'abord un acte de prévision de recettes. Mais le volume de ces recettes dépend étroitement de la situation économique générale. Cela est évident pour les recettes douanières, par exemple, qui sont directement fonction de l'activité des échanges extérieurs, mais c'est aussi le cas pour les impôts directs, assis sur les revenus des contribuables, parce que ces revenus augmentent ou diminuent selon que l'activité générale des affaires s'accélère ou ralentit.

« Mais le volume des dépenses dépend aussi de l'économie. Vous savez qu'en période de hausse de prix, par exemple, les dépenses de l'Etat augmentent comme celles des particuliers. Et je tiens à insister sur ce point que l'on oublie trop souvent. Ainsi, l'une des causes du déficit de l'année 1951 provient du fait suivant : au moment de la préparation du budget en octobre 1950, l'on pouvait difficilement prévoir la hausse considérable des prix qui aurait lieu au cours de l'année suivante sous l'influence de divers facteurs, notamment la guerre de Corée.

« Les prévisions de recettes furent donc établies d'après les prix en vigueur à l'époque ; aussi, dès le début de l'année, la hausse des prix entraîna-t-elle une forte augmentation des recettes douanières par rapport à ces prévisions, mais l'on crut pouvoir utiliser immédiatement ces recettes nouvelles pour des travaux neufs notamment, sans penser qu'une partie importante d'entre elles serait nécessaire pour équilibrer les augmentations de dépenses (marchés, fournitures, traitements) qu'allait aussi entraîner cette hausse des prix.

« L'on comprend ainsi que le budget puisse être un baromètre de la situation économique. A travers lui, on peut mesurer la santé générale de la collectivité. Lorsqu'il y a équilibre budgétaire ou excédent budgétaire cela veut dire en général que tout marche bien. Et quand il y a des déficits prolongé, cela signifie que le pays vit au-dessus de ses moyens et que la catastrophe est certaine. D'ailleurs, l'on peut mesurer à travers le budget du Cameroun les progrès économiques accomplis depuis la guerre. En 1938 et 1952 le volume du budget calculé en Francs constants a plus que triplé et jusqu'en 1950 tous les exercices se sont soldés en excédents, cela veut dire que jusqu'en 1950 tout au moins, les revenus des contribuables avaient suivi la même progression. Par contre, de déficits importants ont eu lieu en 1951 et 1952. Le Territoire avait donc, à l'époque, dépassé ses possibilités. Pour rétablir sa situation, il lui faut maintenant diminuer ses investissements, c'est-à-dire adapter sa progression à celle des revenus. » Voila les graves observations en même temps que les graves conseils de l'éminent financier. Vous voyez donc, Monsieur le

Président, Messieurs, combien il nous importera de réorganiser notre économie, d'augmenter ses ressources, de la développer au maximum, pour qu'elle devienne plus rentable, c'est-à-dire plus simplement, pour qu'elle apporte aux citoyens et à notre Etat l'argent sans lequel on ne peut rien. Autrement, nous risquons de perdre un jour notre liberté et notre indépendance.

Dans le domaine économique comme dans le domaine social, l'un réagissant d'ailleurs constamment sur l'autre, nous ne pouvons nous dissimuler les graves difficultés auxquelles doit faire face aujourd'hui le Cameroun, ni négliger les obstacles qui restent à écarter pour le proche avenir. Ces difficultés tiennent principalement au fait que l'économie camerounaise a été jusqu'à présent axée de manière trop exclusive sur l'agriculture et sur un seul produit agricole : le cacao. Cette constatation nous trace la voie à suivre dans les prochaines années, voie que la précédente administration avait d'ailleurs déjà nettement définie et dans laquelle elle s'était résolument engagée.

- D'une part nous devons faire tout ce qui est notre pouvoir pour écarter le danger que présenterait la monoculture du cacao, car l'expérience vient de nous montrer à quel point les fluctuations des prix de ces produits sur le marché mondial pouvaient affecter notre économie et nos finances.

- D'autre part, il est nécessaire que nous poursuivions vigoureusement aussi bien l'industrialisation du pays que la recherche et l'exploitation de ses ressources minières. Plus notre économie sera diversifiée, moins nous aurons à redouter le retour de situations aussi préoccupantes que celle que nous avons connue en 1956.

Augmenter l'éventail de nos productions ne constituera pas le seul remède à nos maux présents ; il nous faudra également produire plus, produire mieux et produire à meilleur marché dans chacun des secteurs intéressés. Cette politique, simple en soi, facile à définir dans ses grandes lignes, sera d'application moins aisée et ce n'est qu'en y consacrant des efforts constants et une volonté suivie que nous parviendrons à le mettre en œuvre.

Je crois qu'il faut cependant faire preuve d'un optimisme raisonné en ce qui concerne nos chances de succès. Nous disposons de moyens sérieux d'aboutir. En matière d'agriculture notamment, il existe des secteurs de modernisation. L'Assemblée territoriale du Cameroun a eu raison, Monsieur le Président, Messieurs, de critiquer sévèrement la plupart de ces secteurs, tels que le S.E.M.A.C. Mais j'estime que des ajustements convenables, c'est-à-dire une nouvelle orientation, une réorganisation de ces organismes et leur coordination dans le sens désiré par nos populations pourront leur permettre d'être un instrument de travail un instrument de travail précieux et approprié. Nous savons aussi que les sommes nécessaires à leur fonctionnement seront disponibles grâce aux apports du FIDES. Si chacun des Camerounais participant à l'effort de production, veut se pénétrer de la nécessité de travailler en liaison et en confiance avec les autorités et les techniciens compétents pour améliorer ses méthodes de travail et par là même son rendement et sa productivité, si chaque planteur peut en même temps comprendre que la qualité des produits livrés est une autre nécessité, il ne fait de doute que les conditions psychologiques de la réussite seront réunies et que nous pourrons regarder l'avenir avec espoir.

Espoir, car le but de notre politique économique n'est autre que de hâter l'amélioration du niveau de vie du peuple camerounais. Ce niveau, que je considère encore insuffisant, ne sera relevé que par un effort d'ensemble, continué et développé au fur et à mesure des années et des moyens. Pareil effort suppose une adhésion consciente, sinon enthousiaste de tous les citoyens camerounais à l'œuvre commune. Il suppose aussi que chacun d'eux voudra, par son travail et par son application obtenir de véritables résultats pour que son non seulement son revenu personnel mais encore les ressources collectives qui seront redistribuées sous forme de d'intérêt économique et social, soient augmentées de manière appréciable.

Tout ceci suppose enfin qu'il règne au Cameroun un climat de concorde et que la paix et l'ordre publics y soient assurés. C'est à cette condition que le paysan se penchera volontiers sur sa terre ; c'est également à cette conditio que devant les résultats obtenus, nous pourrons convaincre la France de ne pas nous ménager son aide financière et technique et les capitaux privés de venir s'investir au Cameroun.

Quant à cette aide et à ces capitaux, faut il souligner combien ils nous sont encore indispensables ? Notre infrastructure est à peine ébauchée, notre industrie sort tout juste des limbes. Aujourd'hui que nous acceptons de nouvelles et lourdes responsabilité, que nous souhaitons conduire le peuple camerounais vers ses destinées, pourrions-nous nous permettre de bouder les uns et les autres sans risquer d'hypothéquer sérieusement l'avenir ?

Il faut que tout le monde sache notre désir d'aller de l'avant en matière économique, de poursuivre et de développer la tâche entreprise par l'autorité de tutelle . Pour y parvenir, nous sommes déterminés à faire appel au concours des hommes et des capitaux de la métropole, ou d'autres pays, qui souhaitent s'associer à nos entreprises.

L'économie, c'st le travail. Il y a interdépendance. Pas d'économie saine sans travail assidu, pas de bons travailleurs sans bonne économie.

J'ai parlé du plan social. Nous souhaitons apporter toute l'attention qu'ils méritent aux divers problèmes que pose le sort des masses laborieuses. Au premier rang de ceux-ci viennent – et ils s'interpénètrent profondément – les salaires et le coût de la vie. Le monde du travail surveille toute modification susceptible d'affecter ces domaines auxquels est lié sa propre existence et dont dépend son niveau de vie.

Nous ne pensons pas en ces matières, pouvoir accomplir des miracles ; mais nous nous appliquerons à prévenir – par tous les moyens légaux à notre disposition - toute augmentation du coût de la vie et à procéder aux réajustements des salaires que rendraient possibles l'accroissement de la productivité et le développement de la production.

Cependant, nous avons le devoir, encore une fois, de mettre en garde le monde du travail contre le tort que lui causerait les revendications excessives, constantes et injustifiées, et nous nous refusons à lui faire de fallacieuses promesses que nous ne serions pas en mesure de tenir. Nous sommes en effet conscient du lien qui existe entre l'économie et le social entre la production, les salaires et les prix entre la masse des ressources disponibles qui constitue le revenu nationale et la part de ce revenu qu'il est possible de consacrer aux paiement des salaires. Toute autre attitude de notre part serait contraire à l'honnêteté et ferait, en fin de compte, tort à la classe ouvrière en sacrifiant à des satisfactions immédiates mais non durables, son avenir qui serait alors assombri par des menaces de chômages et de misère.

Nous aurons sûrement agi dans son véritable intérêt si nous lui donnons les moyens de vivre décemment avec son salaire et si, par notre action dans le domaine économique, nous lui assurons un emploi stable au cours des prochaines années. Mais comme je l'ai déjà promis, nous avons l'intention de reconsidérer le cas des travailleurs chargés de familles afin de leur apporter un complément de salaire que justifie les charges supplémentaires auxquelles ils ont à faire face. La situation actuelle de la Caisse d'allocations familiales du Cameroun doit nous permettre de parvenir o nos fins sans avoir à relever le montant des cotisations.

Ainsi, en matière économique comme en matière sociale, une tâche ardue qui nécessitera toute volonté et toute notre attention, est devant nous. Il est évident que nous ne parviendrons à la mener à bien qu'avec l'appui de l'Assemblée législative et du peuple Camerounais. Si cet appui ne nous est pas refusé, nous pensons que le Cameroun se trouvera alors dans une situation favorable à ce progrès que ses habitants appellent de tous leurs vœux.

Le nouveau statut du Cameroun qui est réellement un statut de large émancipation, d'une grande autonomie au sens littéral du terme, ne nous donnera pas la richesse, le bien-être ou le relèvement du niveau de vie sans travail. Concevoir ainsi l'indépendance, ce n'est pas seulement une dangereuse démagogie mais un exécrable crime.

Ce statut nous permet de rechercher et d'exécuter désormais, nous-mêmes, les formules qui nous plairont pour améliorer notre vie, pour mettre notre pays en valeur au profit de tous ses habitants.

J'ai exposé devant vous, Monsieur le Président, mes chers collègues, les grandes lignes du programme d'action que nous nous proposons de poursuivre. Ces lignes sont générales, elles ne sont pas limitatives. Elles embrassent les domaines les plus vitaux. Il existe d'autres matières qui nous préoccuperont également au plus haut point, par exemple, la réorganisation rapide et le bon fonctionnement de la justice appelée autrefois indigène. La réforme est impérieuse.

Il me reste à vous dire, avant que vous ne m'adressiez vos observations, qu'en ce qui concerne les intérêts de l'Assemblée législative du Cameroun et ses prorogatives ainsi que ceux de ses membres, ce sera pour nous un devoir de les préserver et de les respecter.

Nous pensons déjà à la création d'une caisse de retraite pour les membres de l'Assemblée législative camerounaise, comme il en existe dans certains pays. De telles institutions doivent, à notre avis, débuter avec l'installation et le fonctionnement de nouvelles instances. Je pense que notre que notre éminent Président sera de cet avis et qu'il nous apportera le précieux concours de son expérience.

Le lundi 13 mai j'avais au cours de mes consultations reçus en audience diverses délégations : les groupes de l'Assemblée législative, les parlementaires du Cameroun présents à Yaoundé, une délégation de la Chambre d'Agriculture et de l'Elevage, une délégation de la Chambre de Commerce, une délégation des missions catholiques, une délégation des missions protestantes, ainsi qu'une délégation de l'Association religieuse des musulmans, conduite par leur chef spirituel. Car nous entendons rester l'homme de tout le monde.

Je regrette de n'avoir pas pu convoquer les représentants des syndicats : je n'avais pas eu à temps les renseignements les concernant.

La majorité de ces délégations et de ces personnalités m'avait donné de vifs encouragements. Plusieurs groupes de l'Assemblée législative m'avaient promis sincèrement leur soutien.

C'est ce qui m'a autorise, lundi soir, à donner mon acceptation définitive à M. le Haut – Commissaire de la République française au Cameroun de former, de qualité Premier Ministre, le Gouvernement camerounais.

Monsieur le Président, mes chers collègues, je sollicite donc votre confiance. J'en ai terminé.

Gouvernement du 16/05/1957

Premier Ministre, chef du Gouvernement
André-Marie Mbida

Vice-Premier Ministre (Intérieur)
Ahmadou Ahidjo

Ministres d'Etat

Ministre d'Etat chargé des Affaires réservées et Études
Mathias Djoumessi

Ministres

Ministre de la Santé
Adama Haman

Ministre de l'Agriculture
Alfred Mandon

Ministre des finances
Njoya Arouna

Ministre du Travail et des Lois Sociales
M. Marigoh Mboua

Ministre des Affaires Économiques
Pierre Kotouo

Ministre des Travaux Publics, des Transports et des Mines
Michel Njiné

Ministre de l'Éducation Nationale
Vincent Ahanda

Secrétaires d'Etat

Secrétaire d'Etat à l'Intérieur
Antoine Logmo

Secrétaire d'Etat au Budget
François Biyo'o Olinga

Secrétaire d'Etat à l'Agriculture
Talba Malla

Secrétaire d'Etat à l'Information
Gaston Medou

Secrétaire d'Etat à la Fonction Publique
Germain Tsalla Mekongo

Lettre ouverte du 15 juin 1962
à Monsieur le Président National
et
à Messieurs les Membres du Comité directeur
Du parti de l'Union Camerounaise

Messieurs

Les soussignés :

André Marie Mbida, Président Général du Parti des Démocrates Camerounais

Marcel Bebey Eyidi, Secrétaire National du Parti Travailliste Camerounais

Charles René-Guy Okala, Secrétaire Général du Parti Socialiste Camerounais

Théodore Mayi Matip, Président du groupe Parlementaire de l'UPC et Secrétaire National chargé de l'Education des militants de l'U.P.C

Après avoir étudié attentivement la situation politique du Cameroun, ont décidé de coordonner leurs efforts dans le respect mutuel de la personnalité de chacun des partis partenaires et dans le but de créer ce front d'unité nationale dont on parle ces derniers temps.

Ils ont estimé, après le commentaire de Radio-Yaoundé du communiqué du Comité Exécutif de l'Union Camerounaise du 13 Mai [1962] dernier, que rien que rien ne servait la cause de l'unité tant souhaitée si à cette dérobade de nos compatriotes ils devaient ouvrir une polémique qui dans les circonstances actuelles aurait divisé plus les Camerounais qu'il ne les auraient rapprochés.

Ils ont estimé que cette position qui semblait être le fait du seul Comité Exécutif de l'Union Camerounaise ne constituait pas une réponse complète et valable à l'adhésion qu'avec enthousiasme ils ont apportée à l'idée de constituer le front d'unité nationale auquel les conviait le Communiqué conjoint (et ils soulignent le mot conjoint) des partis U.C et K.N.D.P du 27 avril 1962.

Au fur et à mesure que le temps passe , ils s'aperçoivent, à leur grand regret, qu'il s'accrédite ou mieux on fait accréditer auprès de l'opinion publique que l'unique réponse de l'Union Camerounaise confirmée par la voix de son Président Général à Victoria [actuel LIMBE], à Kumba et qui, à leurs Yeux, est ni plus ni moins non seulement une dérobade mais aussi une fin de non recevoir, constitue la réponse qui met un point final à cette idée qui reste pourtant le seul et l'unique point qui rapproche toutes les familles spirituelles du pays.

Les soussignés ne sont pas cependant découragés de cette attitude négative des dirigeants de l'Union Camerounaise ; ils restent persuadés que la réponse du KNDP sera plus conciliante et plus constructive et servira mieux les intérêts supérieurs de l'unité nationale.

Cette unité nationale suppose, comme toute œuvre politique, que des concessions sont faites sont faites de part et d'autre afin de parvenir à un compromis salutaire pour le pays tout entier.

Pour eux, l'unité nationale est assimilation. Or, assimiler, c'est transformer des aliments qui nous sont d'abord étrangers pour en faire notre chairs et notre sang. D'où nécessité de compromis afin de transformer nos doctrines diverses qui semblent, à priori, étrangères les unes aux autres pour en faire une symbiose qui facilitera, à coup sûr, le regroupement des forces vives du pays.

Ils ne répéteront jamais assez que l'indépendance est dans le choix. Choix du but, choix des moyens en fonction de la situation et de la psychologie du moment. Si une volonté commune se manifeste entre tous les Camerounais quant à un éventuel accord au choix du but qui est et reste la construction d'une Nation Camerounaise, de profondes divergences subsistent quant au choix des moyens pour atteindre ce but.

D'aucun comme les militants de l'Union Camerounaise préconisent le Parti Unique, qu'abusivement ils appellent Parti Unifié, comme le moyen le moyen le plus sûr pour atteindre ce but.

Les soussignés préconisent, quant à eux, la confrontation des programmes respectifs pour en retenir les lignes de force qui les unissent afin de déterminer leur commune volonté d'difier la nation Camerounaise, d'où nécessité de l'association et non de la simple fusion par l'effacement pur et simple des uns au profit des autres.

La force d'une association repose sur l'équilibre de ses parties en d'autres termes, la force d'une association est faite de la force de chacun des associés. La force de chacun des associés n'est pas seulement matérielle, elle est surtout morale ; la Nation Camerounaise et partant l'union nationale ne sera viable et solide, qu'autant que tous les partis se sentiront des partenaires moralement égaux et pèseront d'un poids réel dans les décisions engageant la politique générale du pays. Ceci est si vrai que le Président Général de l'Union Camerounaise.

L'a fort bien compris lorsqu'il déclarait devant l'Assemblée Nationale du Cameroun, le 10 août 1961, lors de la présentation du projet de Constitution de la République Fédérale du Cameroun [citation] : « le génie d'une nation est fait plus de ses diversités, qu'il convient de respecter, que de son uniformité .... Nous souhaitons que le Cameroun réunifié soit fort, mais nous rejetterons formellement toute idée de dictature. Les exemples du monde actuel nous prouvent que les deux termes peuvent ne pas être confondus et que ce sont plus souvent les régimes faibles qui succombent aux tentations de l'autocratisme ». [Fin de citation]

Comment les soussignés auront-ils ce sentiment d'égalité si d'ores et déjà on exige d'eux l'abdication pure et simple non plus en faveur d'un regroupement sous forme de parti unifié synonyme d'une association négociée et d'un programme arrêté en commun mais en faveur de la seule adhésion au parti de l'Union Camerounaise consacrant ainsi l'institution de fait et légale du parti unique.

On ne manie pas les hommes comme des tas de bois morts. Aussi, pas dessus tout, les soussignés se gardent de tomber dans le piège qui est l'uniformisation des personnes à travers le parti unique.

L'archétype, c'est l'appauvrissement des personnes, leur réduction en individus robots. La richesse naît de la diversité. La démocratie tire sa force de la diversité des partis politiques et de leur complémentarité.

Or aux termes du paragraphe 2 de l'article 1er de la Constitution de la république Fédérale du Cameroun, le Cameroun s'est librement donné une Constitution démocratique. Il est dit textuellement [citation] : « La République Fédérale du Cameroun est démocratique, laïque et sociale. Elle assure l'égalité devant la loi de tous les citoyens. Elle affirme son attachement aux libertés fondamentales inscrites dans la déclaration Universelles des droits de l'Homme et à la Charte des Nations Unies ». [Fin de citation]

Forts de ce qui précède, les soussignés estiment que ce serait anticonstitutionnel d'attenter à leurs propres libertés, en les obligeant, par une propagande tendancieuse à supprimer la démocratie et à instituer le totalitarisme qui est synonyme de dictature.

Ils ne paraphraseront jamais assez Teilhard De Chardin lorqu'il énonce cette vérité : [citation] : « les races ne sont pas égales mais complémentaires, ce qui est une forme supérieure d'égalité ». Il en est de même des partis politiques dans la Nation.

Les soussignés s'attacheront désormais plus aux actes qu'aux mots. Les discours incendiaires, les vexations de toutes sortes, ainsi que les menaces et d'autres mesures de coercition n'y feront rien. Ils effraient, ils ne persuadent pas.

Les fils, à leur majorité, fondent chacun un foyer, ils ne rompent pas, pour autant leur les liens qui les unissent à leurs parents et à leur famille toute entière.

Poser donc le thème de la construction de la nation et de l'unité nationale sur le seul critère d'adhésion au parti unique est sans conteste une antinomie.

Autant poser immédiatement pendant qu'on y est le thème non moins important de la religion unique. Car les religions sont autant de confessions qui, à priori semblent diviser en autant de clans leurs adeptes.

Les soussignés estiment avec inquiétude qu'à l'allure où vont les choses et la passion qu'on met à forcer les gens à adhérer au parti unique suppose que tôt ou tard on abotira à la religion unique.

Car si on admet aujourd'hui que la diversité de religion n'empêche point l'éclosion de la nation de la nation Camerounaise et partant de l'unité nationale, il est fallacieux de faire croire que la diversité de partis politiques reste le seul obstacle à cette unité.

Les soussignés estiment quant à eux que cette attitude des dirigeants de l'Union Camerounaise est cousue de fil blanc et ne relève que de la nation que de la notion que ce parti s'est donnée en matière d'intransigeance politique qu'elle définit dans son ouvrage intitulé ***Premier stage de formation des responsables de l'Union Camerounaise du 1er au 6 août 1961 à Yaoundé*** *[page 107 : citation] « L'intransigeance politique consiste à rester fidèle A la doctrine aux principes fondamentaux du parti, à éviter* ***des accommodements et des concessions qui vous écartent petit à petit de ces principes et livrent vos thèmes à des contradictions dangereuses …. La première condition d'une bonne intransigeance politique,***

c'est la répétition inlassable des thèmes principaux ….. Ne jamais reconnaître ses erreurs*, ceci est une règle évidente en la matière ;* ***il ne faut jamais, en effet, se contredire ; dissimuler et truquer les nouvelles favorables à l'adversaire.***

Nous terminerons donc en disant que la meilleure façon de combattre réside dans deux points fondamentaux :

> ***3) Intransigeance politique nécessaire, éviter avec obstination des concessions qui conduisent vers des erreurs parfois fatales***
>
> ***4) La contrepropagande, c'est-à-dire une propagande combattant sans merci les thèses de l'adversaire***

Il convient donc de retenir et de respecter scrupuleusement les règles en sept points que nous allons énoncer (étant entendu que ces sept points ne sont pas limitatifs

> ***8) Répéter les thèmes de l'adversaire***
>
> ***9) Attaquer les points faibles***
>
> ***10) Ne jamais attaquer de front la propagande adverse lorsqu'elle est puissante***
>
> ***11) Attaquer et déconsidérer l'adversaire***
>
> ***12) Mettre la propagande de l'adversaire en contradiction avec les faits***
>
> ***13) Ridiculiser l'adversaire soit en pastichant son style et son argumentation soit en répandant sur son compte des plaisanteries etc… (très goûtées par les masses)***
>
> ***14) Faire prédominer son climat de force. Dans une situation comme la nôtre, cela consiste à organiser des milices composées de jeunes des deux sexes. Ne pas hésiter à cet égard à copier les méthodes fascistes : en créant des escouades, sections, compagnies, bataillons, régiments, divisions (Allemagne) ».*** *[Fin de citation]*

Il devient évident et clair avec cette notion de l'intransigeance politique définie par les dirigeants de l'Union Camerounaise que l'unité nationale à laquelle les partis politiques et les Camerounais ont été conviés par le communiqué conjoint n'est pour l'Union Camerounaise et ses adhérents qu'une stratégie politique.

S'ils sont d'accord avec Emma Ottou pour laver l'U.P.C des accusations du passé et pour appeler l'attention des militants à redoubler de vigilance pour ne pas faire le jeu de l'étranger, ils s'interrogent néanmoins, quant au fond , sur le sens du blanc seing ainsi donné à l'insu de tous les organes compétents de l'U.P.C.

Ce blanc seing, aux yeux des soussignés, quant à ce qui concerne l'éventuelle adhésion au Parti de l'Union Camerounaise ne peut relever d'un mouvement d'humeur d'un seul individu fût-il Premier Secrétaire du Bureau Provisoire de l'U.P.C chargé seulement de l'expédition des affaires courantes et de la convocation des rencontres nationales du mouvement.

Au demeurant, il ne saurait échapper aux dirigeants de l'Union Camerounaise que pareille décision ne peut intervenir statutairement, que sur décision d'un Congrès National réunissant toutes les sections militantes du Parti et la majorité des deux tiers des membres présents.

La prise de position du citoyen Emma Ottou qui équivaut à la dissolution pure et simple de l'U.P.C ne peut donc engager que lui-même et non la masse des militants du Mouvement.

La seule conclusion qui s'impose dès lors est la volonté des dirigeants de l'Union Camerounaise d'imposer, à tout prix et quoi qu'il en coûte, une dictature fasciste à travers le parti unique

L'une des méthodes fascistes devant lesquelles il ne faut pas hésiter, comme il est dit clairement plus haut, consiste parfaitement à l'intoxication et à la démoralisation de l'opinion et des partis politiques à seule fin de les amener à légaliser par une abdication et une démission collectives qui ne peuvent être obtenues autrement parce qu'anticonstitutionnelles.

Au surplus, l'existence des partis et des mouvements politiques n'est-elle pas consacrées par les dispositions de l'article 3 de la Constitution de la République Fédérale stipulant [citation] : « Les partis et formations politiques concourent à l'expression des suffrages. Ils se forment et excercent leurs activités librement dans le cadre fixé par la loi et les règlements.

Ils doivent respecter les principes respecter les principes de la démocratie et le la souveraineté nationale ». [Fin de citation]

De peur donc de violer la Constitution on veut amener les Partis que représentent les soussignés à mettre fin à leur propre existence pour permettre au fascise de s'instaurer légalement avec leur complicité collective.

Or, à quoi servirait l'indépendance nationale si c'es pour créer un néo-totalitarisme en vue de remplacer le colonialisme de l'extérieur par un colonialisme de l'intérieur ?

Dictature du Parti Unique.

L'Union Camerounaise, quant au fond, est convaincue, tout comme les soussignés, que les effets du parti unique sont antidémocratiques puis que dans son ouvrage qu'ils ont longuement cité à la page 17 [citation] : « Le parti unique apparaît comme un instrument de transformation qui va faire comprendre au peuple le nécessité des réformes.

Le parti devra vaincre la passivité naturelle des masses et s'avère l'instrument d'une évolution permanente. Dès lors le parti se confond avec se confond avec l'administration et le gouvernement et on court le risque de voir peu à peu disparaître les libertés publiques ». etc, etc. [Fin de citation]

Et plus loin, page 104, il est dit [citation]. « Le régime de parti unique réunit au départ tous les citoyens fidèles au Gouvernement. Il est à noter que l'adhésion au parti unique n'est jamais libre. On y accède après avoir suivi une filière bien définie et subi une sélection des plus sévères. Le régime du parti unique entraîne une concentration de pouvoir au sens le plus classique du mot, tous les organes de direction, l'édifice gouvernemental sont purement factices et la réalité du pouvoir sous toutes ses formes reste entre les mains des dirigeants du parti. La Guinée, à nos yeux, est le seul pays africain qui a le mieux épousé ce régime ». [Fin de citation.]

L'aberration est totale quand on pense qu'ici tout le monde s'est accordé à considérer le régime communiste et totalitaire. Pour les besoins de la cause, on n'hésite pas à copier sur elle et on veut, pour des raisons qu'on n'ose pas dire, imposer au pays un régime qu'il a déjà maintes fois réprouvé en optant pour la démocratie consacrant l'attachement du Cameroun aux libertés fondamentales inscrites à la Déclaration Universelle des droits de l'Homme.

Les soussignés comprennent alors les raisons les raisons pour lesquelles on les vitupère quand on ne les couvre pas d'injures et quand on ne les rend pas responsables du malaise qui règne dans le pays ainsi que du paupérisme des masse paysannes.

De tout ceci une chose apparaît nettement : les déclarations contradictoires des dirigeants de l'U.C qui , le 11 novembre 1961 proclamait par la voix de son Président Général lors de cette conférence de Presse dont on a tant parlé [citation] : « Il y a parti unique et parti unique, il y a parti unifié et parti unifié : il y a peut-être des africains qui ont tendance à adopter non seulement le système d'un parti unifié ou d'un parti unique mais aussi un parti monolithique et même un parti totalitaire.

J'estime quant à moi qu'il serait dangereux ne serait ce que pour l'avenir d'adopter un tel système de parti totalitaire, système dans lequel, par la contrainte, on oblige tous les habitants d'un pays malgré leur volonté, à adhérer dans un parti.

Ceci dit, je dis tout de suite qu'il est souhaitable qu'au Cameroun il y ait un grand parti unifié, en tout cas, moi je le souhaite personnellement, un grand parti, un grand mouvement unifié qui se formerait après une entente entre les différents partis qui existent ». [Fin de citation]

Les soussignés estiment quant à eux que le Front National répond au vœu formulé par le Président Général de l'Union Camerounaise et déclarent que se dérober à l'idée de ce front d'unité, comme c'est le cas actuellement, est avouer qu'on poursuit un but qui est loin d'être celui de cette unité nationale.

La position actuelle du même Président Général est non seulement contraire à ces affirmations d'antan mais incompatible avec le but même de l'unité nationale à laquelle ils ont été conviés et à laquelle aussi l'Union nationale se dérobe allègrement sans scrupule lorsque les soussignés y ont répondu : présents.

Dès lors, il apparaît que l'unité nationale qui devrait nécessairement naître de la poussée suscitée et réalisée par la confrontation d'idées et de techniques complémentaires, cette unité nationale qui doit résulter de l'analyse politique, économique et sociale de la situation du pays soit maintenant une question de la majorité qui veut en imposer à la minorité.

Pour les soussignés, l'unité nationale nécessite l'établissement d'une nouvelle situation où la majorité sera solidaire avec la minorité pour trouver des solutions concrètes aux problèmes du pays en Camerounais, entre Camerounais et pour les Camerounais.

Significative est pour eux l'unanimité enregistrée autour de l'appel conjoint d'avril dernier. Significatif aussi est l'enthousiasme avec lequel le peuple

Camerounais a accueilli l'idée du front unifié.

A cette unanimité et à cet enthousiasme les soussignés se refusent à accepter qu'on appose à leur oui le préalable de l'adhésion à tel ou tel parti politique si excellent soit –il.

A ceux qui entretiennent cette chimère les soussignés indiquent que « la plus grande habileté est, souvent, d'être sans habileté ».

Les soussignés n'ignorent pas que la doctrine constante de l'Union Camerounaise en la matière est connue puisque dans l'ouvrage qu'ils ont cité plus haut il est dit encore à la page 107 [citation] : « Dans une vraie révolution dans une révolution appuyée par une idéologie, il n'y a pas de trêve négociée il n'y a pas de compromis. Donc nécessaire est une vistoire certaine ». [Fin de citation].

Les soussignés n'ignorent pas que pour troubler l'opinion la tactique de l'Union Camerounaise, imitant en cela les méthodes fascistes, est de faire croire à l'opinion que si l'unité nationale n'est pas faite c'est parce qu'il y a encore des partis qui n'ont pas adhéré à son sein. Cela ressort aussi de sa doctrine ainsi exprimée en page 106 de son ouvrage déjà cité et qu'ils citent à nouveau [citation] : « Dans un pays très tribaliste comme le nôtre, cela empêche l'acharnement sur une tribu quelconque, ce qui risquerait de cristalliser ses ressortissants dans une opinion dangereuse. L'homme aime être affronté à une personne plutôt qu'à des forces obscures. On arrive ainsi à persuader la masse que l'ennemi véritable n'est pas tel parti ou tel tribu mais le chef de ce parti ou de cette tribu, on fait ainsi coup double. D'un côté, l'on rassure ses propres partisans convaincus d'avoir devant eux une masse aveugle conduite par un mauvais berger et qui l'abandonnera quand ses yeux s'ouvriront ; de l'autre, on divise le camp adverse et en détache certains éléments. D'où cette étonnante parole d'Hitler : « Il est plus facile de combattre un ennemi visible plutôt qu'un démon invisible ». Il faut donc s'attaquer à des individus ou de petites factions, jamais à des masses sociales ou tribales dans leur ensemble. Un bon lutteur (j'entends dans le domaine politique) est celui qui, après fait l'inventaire des objectifs à atteindre dans un programme, établit un plan de guerre et ensuite un calendrier d'opération.

Il s'agit de ne pas disperser ses forces, de concentre ses tirs sur un seul but pendant une période donnée et s'arranger toujours à réduire le nombre de ses adversaires (exemple en ce moment), n'avoir qu'un seul ennemi » [Fin de citation]

Il s'avère inutile de flétrir ici la campagne d'intoxication et de dénigrement dont on abreuve à satiété l'opinion publique pour faire accréditer auprès de la masse que l'ennemi c'est le carré qui ne veut adhérer à l'Union Camerounaise et bientôt on ira jusqu'à dire que si on augmente les impôts c'est de leur faute, si vous ne mangez point à votre faim c'est de leur faute, s'il tant de chômeurs dans le pays c'est de leur faute, s'il manque des médicaments dans les dispensaires c'est de leur faute.

Tout ceci ne tend qu'à assurer une hégémonie politique au parti de l'Union Camerounaise afin de permettre à l'oligarchie établie par elle d'éviter toute discussion toute action efficace du parlement en vue de sauver la démocratie.

En dehors de toutes autres considérations il serait plus franc de décréter que le

Cameroun tourne le dos définitivement à la démocratie ; mais alors qu'on le dise tout haut afin de lever toute équivoque. Ceci vaudrait mieux pour tout le monde car une pareille attitude aura au moins le mérite de mettre fin aux contradictions qu'exprès on entretient auprès de l'opinion.Au su de tout ce qui précède il est normal et logique qu'on se pose cette question : le pays est-t-il fondé à regarder l'avenir avec confiance et s'abandonner tranquille et serein à ces initiatives machiavéliques qui se prennent et se développent devant lui ?

Les soussignés affirment quant à eux, qu'en politique un problème n'est définitivement résolu que quand le peuple apporte à la majorité parlementaire sa libre et totale adhésion.

C'est la loi de la démocratie. C'est son fondement et sa justification. Tout le reste n'est qu'éphémère, passager, provisoire même si cela dure.

Le front de d'Unité nationale reste pour les soussignés, le signe avant-coureur de la construction de la nation Camerounaise.

Or la nation ce n'est pas la patrie. La patrie c'est l'héritage que nous ont transmis nos ancêtres : une terre, un sang, une langue, du moins un dialecte, des mœurs, des coutumes, un folklore, un art en un mot, une culture enracinée dans un terroir et exprimée par une race. Aux termes de cette définition, chaque race camerounaise est une patrie en soi. On dirait donc la patrie Beti, la patrie Bassa, la patrie Foulbe, la patrie Bamileke, la patrie Kirdi, etc....

La nation, si elle rassemble les patries, c'est pour les transcender. Elle n'est donc pas elle ne saurait être, comme la patrie déterminations naturelles, donc expression du milieu mais volonté de construire, mieux de reconstruire.

Elle est objectivement, la restructuration à l'image d'un modèle exemplaire, d'un archétype.La construction de la nation exige donc, comme on le voit, une grande liberté de choix de moyens ; elle exige également la justesse de choix en fonction des réalités du moment ; cela suppose qu'un inventaire préalable des vertus et des défauts des uns et des autres soit nécessaire pour permettre un choix dans le dernier choix de tous.

En définitive, il apparaît clairement qu'une nation ne se fonde pas, comme la patrie, sur les déterminations naturelles qui sont la race la langue, la religion, la coutume encore moins le critère d'un parti politique fût-il unique.

Les soussignés concèdent volontiers que tout ce qui précède aide largement à la formation de la nation.Ils concèdent également que la nation idéale est celle qui ne coïncide pas avec la patrie .Il est ainsi prouvé une fois de plus, s'il en était encore besoin, que la nation, dans son essence, ne coïncide pas avec la patrie. Ce qui fait la nation, c'est un commun vouloir de vie commune. Généralement ce commun vouloir naît de l'histoire et du voisinage, pas nécessairement du bon voisinage. La nation doit s'appuyer sur des réalités des patries, plus précisément elle doit s'appuyer sur leurs vertus, leurs caractères, leurs rivalités.La nation doit choisir parmi toutes les vertus, celles qui en raison du climat, de l'histoire, de la race, ont un dénominateur commun ? On voit mal une nation se réaliser en un jour. Il est plus aberrant qu'elle se réalise à coups de semonces ou à coup de décrets. La nation se fait par mûrissement intérieur comme le fruit.C'est une entreprise de longue haleine qui demande beaucoup d'efforts, de patience, de compréhension et surtout de mutuelle tolérance.

Comment donc arriver à construire la nation Camerounaise si d'aucuns ont des attitudes figées, des préventions arrêtées à seule fin d'éliminer tous ceux qui peuvent animer l'œuvre de construction de la nation et de son unité ?

Comment donc parviendra-t-on à réaliser l'idéal d'unité de tous les Camerounais lorsque un clan exige de l'autre l'abdication pure et simple comme si ce clan qui met l'appareil administratif à son service était détenteur du monopôle de la vérité, de la science infuse et du don d'infaillibilité ?

En conséquence :

Les soussignés déclarent solennellement, calmement mais aussi fermement leur volonté d'œuvrer en commun pour l'avènement du front national d'unité auquel ils ont spontanément donné leur totale adhésion.

Ils affirment leur détermination de combattre la violence d'où qu'elle vienne.

Ils réaffirment leur souhait de voir le premier Camerounais mener la barque de l'Etat en arbitre impartial et dans le respect de la démocratie selon les principes définis par la Constitution de la République Fédérale du Cameroun.

Ils condamnent sans appel le terrorisme qui a endeuillé le pays jusqu'ici parce que ce terrorisme constitue une lourde hypothèque sur l'économie camerounaise et un sérieux handicap à l'exercice de toutes les libertés démocratiques.

Ils enjoignent leurs militants à monter le bon exemple de discipline en facilitant la tâche des institutions tant que celles-ci respecteront la légalité républicaine garantie par la Constitution Fédérale.

Ils rappellent la teneur de leurs communiqués antérieurs respectifs desquels il ressort que tout en étant acquis à l'idée d'unité ils tiennent cependant à conserver leur personnalité politique et se refusent à tout sabordage ; cela non parce qu'ils recherchent le pouvoir ou qu'ils sont animés d'un quelconque amour-propre qui n'est plus de mise en la circonstance mais parce qu'ils sont et veulent demeurer des partisans convaincus et fidèles de la démocratie.

Ils lancent un fraternel appel à la conscience nationale des responsables du pays et de tous les responsables pour les inviter et les adjurer d'entreprendre tout ce qui est susceptible d'aboutir à la réalisation effective du front d'unité nationale attendu par tous les Camerounais

Yaoundé le 15 juin 1962

Pour le Parti des Démocrates Camerounais
Le Président Général André-Marie Mbida
Pour le Parti Travailliste Camerounais
Dr. Bebey Eyidi
Pour le Groupe Parlementaire U.P.C
Mayi Matip
Pour le Parti socialiste Camerounais
Okala René Guy .

COLLOQUE DES 25/26 MARS 1991 A DAKAR (SENEGAL)
ORGANISE PAR : LA CONFERENCE DE STRABOURG
SUR LA DEMOCRATIE PARLEMENTAIRE.

DECLARATION
DU
PARTI DES DEMOCRATES CAMEROUNAIS
PAR
Louis Tobie Mbida (PRESIDENT NATIONAL du PDC).

SUR LE THEME :
PROGRES DE LA DEMOCRATIE EN AFRIQUE
- CONDITIONS DU DEVELOPPEMENT DE LADEMOCRATIE EN AFRIQUE
- PRINCIPAUX OBSTACLES A LA DEMOCRATIEEN AFRIQUE (cas du Cameroun)

PREMIERE SEANCE PLENIERE

THEME : Progrès de la démocratie en Afrique.

Au - de là des particularités propres à chaque Etat Africain, tous les pays africains ont connu une évolution similaire relative à la démocratie.

La majeure parti des regroupements politiques en Afrique avant les indépendances eurent un objectif commun à savoir réviser ou changer absolument leur statut politique face à la colonisation, accéder à l'autodétermination et la pratiquer tout en conservant une place digne et respectable dans le grand concert des nations, dans la paix, l'amitié et la justice.

Les choix de systèmes politiques interviendront de différentes manières.

Certains de ces choix seront liés à la culture politique, économique et sociale introduite et appliquée dans les différentes régions africaines par les métropoles occidentales.

De nombreux choix seront dictés par les influences confessionnelles ou religieuses. Les conflits des grandes puissances se transposeront souvent en Afrique avec pour conséquences l'instauration de systèmes politiques conjoncturels.

La conjoncture politique entre les puissances déterminera le jeu des codes pour l'accession à l'autodétermination de plusieurs groupes politiques en Afrique. Ces codes se traduiront aussi par des choix politiques conformes à la proposition du soutien apporté par une puissance ou une autre. C'est ainsi que, issus de diverses implications politiques mondiales, les africains connaîtront au fil des ans, des décideurs et des institutions nationales qui seront – soit l'émanation des aspirations populaires profondes recueillies librement lors d'élections libres et honnêtes, - soit l'expression d'un groupe de pression dans le pays ou hors du pays et non soucieux des désirs des populations, de leur bien-être physique et matériel, spirituel et moral.

Les premiers cas de figures, ou les décideurs et représentants institutionnels des pays africains répondront aux aspirations réelles des populations, ont eu à exister déjà en Afrique. Mais il est vrai que pendant très longtemps et dans presque toute l'Afrique, le monolithisme politique s'est pratiqué et se pratique encore ce jour en 1991.

Grâce à des implications politiques diverses, d'origines nationales et internationales animées par différents groupes politiques et noyaux d'hommes irréductibles dans les pays africains et hors du continent africain, les dirigeants africains actuels reconnaissent désormais, avec réticence souvent, timidité toujours, et hésitation de circonstance, la nécessité de la revendication démocratique.

Plusieurs des dirigeants africains acceptent désormais dans un processus accéléré de changer les règles du débat politique dans les nations africaines sous la pression de la communauté internationale.

A - CONDITIONS DU DEVELOPPEMENT DE LA DEMOCRATIE EN AFRIQUE.

1. Socioculturelles.

Certains ethnologues et sociologues africains et non africains ont eu à soutenir et développent encore la thèse selon laquelle l'organisation patriarcale des sociétés africaines ne pourrait correspondre dans les états africains modernes qu'à une forme de parti monolithique. Cette organisation patriarcale étant par ailleurs non permissive, elle ne permet que la création d'individus peu responsables, incapables de décider pour eux-mêmes et par eux-mêmes.

Ceci signifie un paternalisme d'Etat, créant des assistés incapables de développer une initiative privée ou une libre entreprise. D'autres groupes socio-ethnologiques africains seraient selon les observateurs et chercheurs peu aptes à vivre en système organisé dans le sens du bien commun, ceci caractériserait une situation anarchique originelle qui ne peut être corrigée que par une forme de régime politique fort et sans partage de la décision où les libertés sont confisquées.

Ces deux théories, l'une basée sur l'organisation patriarcale et l'autre sur la tendance anarchique de nos populations ayant engendré le développement du parti unique en Afrique ne trouvent cependant leur justification ni dans les faits ni dans les mœurs réelles de l'Afrique ancienne ou moderne. L'apprentissage de ses droits et devoirs grâce à l'alphabétisation, la connaissance de l'histoire universelle et l'attitude mentale originelle même de l'africain font des africains, un peuple épris de liberté ouvert à la nature, aux êtres et aux choses.

La solidarité est une valeur africaine ancienne qui a cependant été largement entamée par la peur et les régimes d'oppression.

Le dialogue et la libre discussion n'ont jamais manqué de frapper les observateurs non-africains de naguère. Ce mode de vie fut remis en question par le discours unique dans le cadre des partis uniques.

La tradition africaine connait la loi, le règlement, l'enseignement de l'histoire des familles, des tribus, des groupes de tribus et des nations.

Cette tradition africaine a toujours su respecter les enseignements de ces observateurs afin de permettre une évolution harmonieuse de la vie en société.

Ces traditions ont été remises en cause, maquillées et interprétées dans le seul but de maintenir en place des hommes et leur système. Créant ainsi la démobilisation des jeunes générations face au patrimoine ancestral et un rejet global des traditions et de nos structures premières de société, même de ce qu'elles avaient de positif.

L'information, le degré d'éducation et de la formation des africains ne cessent pourtant de croître malgré les écueils et les embûches, la capacité d'analyse et la qualité des conclusions tirées, créent désormais une attitude socioculturelle qui exige la démocratisation effective et intégrale de l'Afrique.

2. **Economique**.

Un système paternaliste tel que contenu dans le système de parti unique ne peut être appliqué que sous la contrainte physique. Les populations sont obligées d'y souscrire par la force. Ne pouvant contraindre tout un peuple et contraint lui-même de se développer économiquement et financièrement, le parti unique a besoin d'un autre type de mobilisation en sus de la contrainte physique. Pendant de nombreuses années, ce système a pu fonctionner ainsi parce qu'il était possible d'acheter les hommes et leur conscience : il s'agit alors dans ce cas de clientélisme et de corruption. Désormais où la trésorerie fait défaut à la majeure partie des pays africains, il n'est plus possible de financer les adhésions et d'acheter les hommes. Il en découle un double phénomène.

A l'intérieur des systèmes dirigeants des dissensions se créent au sein même du groupe par rapport aux partages du peu qui reste pour le maintien des privilèges et du standing de prestige.

Hors du groupe dirigeant ceux-là qui ont toujours été à l'écart quoiqu'ayant des capacités de participer à la gestion des affaires publiques, reconnaissent les signes du temps et s'organisent afin de canaliser la revendication. Ils la structurent et formulent des solutions afin que se réalisent des changements pour une amélioration de niveau de vie matériel et moral dans les pays africains.

L'ébranlement profond des économies africaines a permis ainsi la déstabilisation du système politique monolithique en créant l'opposition au sein même des gouvernements et en encourageant des mouvements d'opposition déjà existants dans la clandestinité. On observe dorénavant l'éclosion des partis politiques en gestation et l'apparition de ceux qui se créent spontanément face à la conjoncture politico-économique et à des situations ponctuelles.

Grâce à l'attitude de la communauté internationale qui est intervenue dans l'élaboration d'une nouvelle éthique de la coopération économique et financière, grâce à l'exigence nouvelle d'une bonne gouvernance incluant le contrôle de gestion des subventions et investissements occidentaux dans les Etats africains, le calme politique de surface a cédé à des remous profonds qui agitent aujourd'hui toute l'Afrique de 1991.

A la question économique que se posent les africains et leurs dirigeants actuellement, il ne peut y avoir qu'une réponse culturelle, sociologique, philosophique et essentiellement politique. C'est l'application d'une démocratie intégrale, permettant la participation de tous les citoyens pour une mobilisation générale qui seule pourra conduire à la rupture des tensions de notre époque.

3. **Politique**.

S'il est vrai que les mouvements politiques africains sont nés dans le but de décoloniser l'Afrique, donnant ainsi un contour précis, dense et facile à cerner pour les hommes politiques eux-mêmes et les populations ensuite, il n'est pas certain que depuis les indépendances africaines des années 1960, une nouvelle formulation nette, claire et transparente de la politique africaine ait été élaborée.

- La seule lutte pour l'accession au pouvoir ne constitue pas un programme politique.

- La seule lutte pour la conservation du pouvoir ne représente guère un programme politique.

- Le combat pour le développement économique et social qui n'est qu'une conséquence de l'action politique n'est point un programme politique.

Les pays africains n'ont pas su intégrer ou prendre en compte, après les indépendances, des arguments moraux pouvant sous-tendre l'action du gouvernement et de l'Etat et capable de mobiliser librement et sincèrement les populations.

La formation politique qui était déjà très avancée en 1960, a eu à régresser en dessous du niveau d'après guerre de 1945.

Il s'agit désormais de rendre à la population africaine sa personnalité, sa dignité, sa valeur morale.

Il s'agit, au-delà du besoin justifié quoique discutable lié à l'inter-dépendance économique universelle, visant à développer la consommation des biens commercialisables dans toutes les parties du globe, de permettre à l'Afrique de ne pas se dénaturer et à tous les Africains de participer à l'orientation politique de leur pays dans un cadre libre et démocratique ;

La confiscation organisée et systématisée du pouvoir politique est un drame.

L'Afrique fait partie des grandes victimes de ce drame depuis de nombreuses années.

C'est le drame du père contre son fils,
Du frère contre son frère,
De tout un peuple contre lui-même.

L'année 1990 fut une période de grands dénouements dramatiques en Europe de l'Est.

Les débuts de l'année 1991 sont riches en enseignements. La coalition de la démocratie a triomphé.

C'est le triomphe du monde libre sur la dictature,

Pour parachever cette victoire récente, le moment est venu, où les hommes d'Etat dans toutes les chancelleries auront à persévérer dans cette voie.

Ils le feront en prouvant qu'à leurs yeux, toutes les larmes ont le même poids. Ainsi que le précise Revel, les démocrates viennent de signer un contrat avec l'histoire et mis le doigt dans l'engrenage de la justice.

Il n'existe pas de douleurs prioritaires dans le grand concert de la souffrance des peuples. Il n'est pas juste d'établir une hiérarchie des valeurs de souffrance. La notion du seuil de souffrances tolérables ne s'insère pas dans le contexte des nations. Toutes les douleurs et toutes les souffrances des peuples sont similaires et méritent d'être saisies et enrayées au même titre de justice, de liberté et de démocratie, dans la paix et le dialogue.

« Il s'agit désormais de démontrer à tous ceux qui contemplent instinctivement tout argument moral avec condescendance, que le seul investissement rentable est l'investissement démocratique. »

Le temps est venu où nous serons appelés à reproduire en série des démocrates congénitaux. Moi, Louis-Tobie Mbida, Président National Du Parti Des Démocrates Camerounais, je suis un démocrate congénital, puisque fils d'un homme qui a vécu et essentiellement lutté pour la démocratie au Cameroun.

II- PRINCIPAUX OBSTACLES A LA DEMOCRATIE EN AFRIQUE

Constats : Exemple du Cameroun.

1. Administration et Politique.

Il est à observer au cours de l'histoire du Cameroun une évolution vers la confiscation du pouvoir politique par un noyau de cadres de l'administration.

Le pouvoir administratif est ainsi devenu synonyme de pouvoir politique.

Il a été élaboré un système de conduite essentiellement administratif, mécanique et technocratique des affaires publiques, excluant toute participation idéologique organisée.

Aucune conviction politique reposant sur une idéologie précise ne sous-tendant l'action gouvernementale d'abord et la poursuite d'objectifs nationaux ensuite, le pays sera dirigé comme une société d'action à responsabilité limitée, par un conseil d'administration de 1960 à nos jours1991.

L'aboutissement en sera :

- La concertation du pouvoir autour d'un groupe unique,
- L'élaboration d'un système de cooptation excluant toute consultation nationale sur la base des libertés démocratiques et constitutionnelles.

- L'abus du pouvoir en signe de réaction contre tout mouvement quelle qu'en soit la nature, organisé hors du système dirigeant,

- Un relâchement des mœurs de contrôle et de remise en question du système de gestion de l'Etat avec pour conséquence une crise profonde de la gestion de la nation,

- L'édification d'un Etat-Parti ou Parti-Etat et la mise au ban systématique de toutes les forces critiques, d'avant-garde non issues de l'Etat-Parti ;

- L'appropriation exclusive de tout concept au bénéfice d'un groupe unique pour la sauvegarde du système Etat-Parti ;

- La gestion informelle, subjective et irrationnelle du potentiel humain de la nation au détriment des qualifications, des compétences, des expériences et des exigences d'efficacité et de rendement ;

- L'instauration d'une hiérarchie de valeurs essentiellement liées à une finalité matérielle créant la confusion dans les esprits entre développement national et enrichissement personnel par tous les moyens.

- L'introduction du critère douteux d'équilibre régional à l'intérieur d'un seul et même pays dans la nomination des cadres et agents de l'état au détriment des critères de performance, d'aptitude, de compétence et d'efficacité .Avec pour conséquence, le renforcement de la réaction tribale, du népotisme d'état et de politique de clocher ;

- Le démantèlement des systèmes de valeurs traditionnelles et ancestrales de la nation, dans la recherche de la position sociale et du grade avec pour corollaire la déstabilisation du noyau social élémentaire qu'est la famille, la désorientation culturelle traduite par une joute brutale entre citadins et villageois ayant les mêmes origines, le dénuement des autorités traditionnelles villageoises de tout pouvoir de conseil, d'expression, de décision et d'exécution.

- La rupture de la chaine de solidarité unissant les citoyens d'une même nation sera l'un des aboutissements le plus grave de cette attitude politique.

2. <u>Social</u> :

Sur le plan social, nous constatons :

- Un sous-équipement des structures publiques ;

- Une affectation minime du budget dans le cadre des projets d'investissement publics aux structures sociales ou à la réalisation de projets comportant des avantages pour les peu nantis ;

- Une affectation fictive des crédits de santé ;

- Une mauvaise gestion du personnel social (encadreurs sociaux et médecins) avec pour conséquence la démobilisation de l'engagement des cadres sociaux ;

- Une absence de modèle de financement adéquat pour le fonctionnement et la maintenance des structures existantes ;

- Une réalisation de projets de prestiges (hôpitaux de référence) dont le coût pour l'entretien et l'encadrement est supérieur à la maintenance et au renforcement des structures déjà existantes ;

- Une absence d'industrie pharmaceutique de grande envergure à l'échelle régionale pouvant permettre une baisse considérable des coûts sociaux ;

- La détérioration du pouvoir d'achat élargissant la marge entre les besoins des populations et leur capacité réelle de financement.

3. <u>Education Nationale et Enseignement Supérieur</u>.

Sur le plan de l'éducation et de l'enseignement supérieur, on constatera :

- Une absence de politique éducative sous-tendue par une philosophie de l'éducation en rapport avec la culture du pays camerounais et aux exigences présentes et futures de la nation Camerounaise ;

- L'enclavement de plusieurs régions fermera aux enfants l'accès aux établissements scolaires ;

- Les distances entre de nombreuses agglomérations paysannes et les écoles empêcheront l'accès à l'école ;

- Le nombre limité des enseignants et autres moniteurs d'école sera un facteur pénalisant l'accès à l'instruction ;

- Les effectifs pléthoriques dans les salles de classes dus à l'insuffisance des capacités des structures d'accueil en terme d'écoles, de collèges et de lycées ;

- Cette situation va créer ainsi une déscolarisation systématique dans le pays, avec pour conséquence la cristallisation d'effets sociaux pervers en termes de pauvreté dans le futur de la nation Camerounaise.

4. <u>Economie</u>

Sur le plan économique, on notera :

- D'une part la situation économique mondiale et d'autre part la gestion économique interne du Cameroun. Une politique économique camerounaise défaillante a crée le marasme dont la conséquence est la stagnation du développement sur tous les plans.

<u>Causes exogènes</u>

Comme causes exogènes, nous pouvons signaler :

- Une baisse pour près de 60% des prix des principaux produits d'exportations (cacao, café, coton) ;

- Une baisse du prix du baril de pétrole ;

- Une fluctuation du système monétaire international.

<u>Causes endogènes</u>

Les causes endogènes sont les suivantes :

- Une agriculture extravertie ;

- Une paysannerie inorganisée ;

- Des ressources humaines mal gérées ;

- L'inexistence d'un système financier rural fiable ;

- Un capital foncier mal exploité ;

- L'absence d'une politique de transformation des produits agricoles ;

- Une gestion défectueuse des sociétés d'économie mixtes ou para-publiques ;

- Pouvant permettre à l'Etat de maîtriser les secteurs stratégiques que sont :

  - Le secteur bancaire,
  - Le secteur industriel,
  - Le secteur minier,
  - Le secteur touristique,
  - Le secteur informel,
  - Le secteur de l'économie rurale.

Toujours parmi les causes endogènes, nous mentionnerons que c'est à l'Etat qu'il revient de :

1. Définir les grandes orientations économiques du pays,

2. Garantir un environnement économique stable, à travers une politique monétaire cohérente ;

3. Mettre en place un cadre réglementaire et législatif assurant les intérêts des différents partenaires économiques ;

4. Redistribuer des revenus afin de préserver la justice sociale en réduisant les inégalités entre les différentes couches de la population.

Ceci ne se vérifie pas toujours dans nos pays.

En conclusion, nous pouvons ainsi exprimer notre constat :

- La confiscation du pouvoir politique,

- La gestion défectueuse des affaires publiques ;

- Une politique économique et sociale peu cohérente et sans transparence ;

- En freinant le développement du pays, une démobilisation au sein de la population ainsi qu'une crise de confiance profonde entre l'Etat et la Nation ont été installés.

- La démocratie est difficile à pratiquer sans développement, car elle peut ainsi dévier vers le discours sans actes. En politique, le discours sans actes est essentiellement considéré comme démagogique.

Il est donc urgent que la communauté internationale, oeuvrant pour la restauration de la démocratie dans le monde, associe au changement politique, la contrepartie économique sur des critères clairement définis entre les populations africaines, ses représentants librement et démocratiquement élus et la communauté internationale. /-

Parti des Démocrates Camerounais

PARTI DESDEMOCRATES CAMEROUNAIS **CAMEROON DEMOCRATICS PART**
P D C **C D P**
DIEU – PATRIE – JUSTICE – DEMOCRATIE GOD – FATHERLAND – JUSTICE - DEMOCRATY
B.P. 4070 (NLONGKAK) YAOUNDE
CAMEROUN

Yaoundé le 18 Juin 1991

Propositions pour la tenue d'une table ronde, un forum , une conférence nationale, une rencontre tripartite ou une concertation au niveau national.

Par Louis Tobie Mbida Président National du PDC

Le Cameroun comme la plupart des pays africains, pour ne pas dire tous, traverse une période de turbulence génératrice de mutations plus ou moins contrôlées. Même s'il est généralement admis que le vent du changement est extra-africain, il ne demeure pas moins vrai que les causes des désordres ne sont pas exclusivement extérieures à l'Afrique.

L'amour de notre continent en général, et de notre pays en particulier, nous oblige aujourd'hui à reconnaître que les causes des troubles sont à la fois exogènes et endogènes.

Face à ce constat, attachés aux idéaux d'une véritable démocratie, il nous semble puéril de nous attarder sur un problème de sémantique :

- Forum national ?
- Table ronde ?
- Conférence Nationale ?
- Rencontre tripartite ?

Il s'agit en réalité, de trouver les moyens susceptibles de sortir dans la paix sociale, notre pays de la crise multidimensionnelle qui le secoue Faut-il pour les changements à opérer, avoir recours à une révolution violente ? Assurément non.

Faut-il mettre les institutions de la République entre parenthèse ? Nous ne le pensons pas. Il s'agit pour la survie de ce pays qui est le nôtre et qui nous est tous cher, de trouver un consensus, un modus vivendi national.

Il appartient aux uns et aux autres de ne pas se fermer les yeux devant une réalité qui interpelle tous les fils de ce pays. Il convient de reconnaître que des réformes s'imposent à nous.

Il importe de comprendre que notre pays le Cameroun a à définir un code électoral, un code médiatique, notre code pénal dans beaucoup de ses aspects est inadapté à nos valeurs profondes, tant morales, culturelles que juridiques.

Il est indéniable qu'il a eu fuite des capitaux, qu'il y a eu atteinte au trésor public, que notre système éducatif est obsolescent, et qu'enfin la politique a clientélisé l'administration.

Le travail de refonte et de régénération à accomplir, ne peut plus être le seul fait d'une seule sensibilité politique.

La concertation qui nous interpelle aujourd'hui écarte le paternalisme monolithique. Il est hautement recommandable que toutes les sensibilités politiques aient chacune une voix délibérative. La solution qui nous semble la plus adaptée et subséquemment la plus opportune, serait d'une part, le choix des différents thèmes et d'autre part, la formation des commissions chargées d'en débattre le contenu.

Pour notre part au Parti des Démocrates Camerounais, nous proposons les grands thèmes suivants :

- 1. La réforme de notre constitution,
- 2. La définition du code électoral et d'un code médiatique,
- 3. La refonte du code pénal en tenant compte des droits de l'homme,
- 4. Une enquête sur la fuite des capitaux et sur les atteintes au trésor public,
- 5. La réforme de l'enseignement (à tous les niveaux),
- 6. La dépolitisation de l'administration,
- 7. Le secteur informel.

Pour débattre de ces thèmes, nous proposons la formation de commissions ainsi conçues,

a) - Trois représentants de chaque parti politique par commission, étant entendu que le parti au pouvoir dispose des mêmes prérogatives.

Les Associations de défense des droits de l'homme ne pouvant avoir de délégués que dans la commission chargée du troisième thème (code pénal et droits de l'homme)

b) - <u>Les experts techniques</u> :

Les Experts techniques seront fournis par :

- A) - Le gouvernement,
- B) - L'opposition,
- C) - La société civile.

Le choix des experts devra varier selon les thèmes. Ils (les experts) sont chargés de la constitution des dossiers et de leur étude afin de les soumettre aux membres des sept commissions réunies en assemblée générale. Les experts ne prendront pas part aux décisions.

L'assemblée générale sera composée de trois représentants de chaque parti politique ayant une existence légale. Ces représentants auront chacun une voix délibérative.

- <u>Le travail des experts techniques</u> :

Dans l'accomplissement de leur mission, les experts auront accès à tout document susceptibles de leur permettre d'éclairer la religion de l'assemblée générale. Ils pourront à ce titre, entendre toute personne dont l'audition leur semblera utile, ou indispensable pour la manifestation de la vérité. Les secrets relevant de la défense nationale ne pourront en aucun cas être diffusés dans les médias. Néanmoins, il ne saurait être opposé aux experts, dans le cadre de leurs investigations le principe du secret défense, sauf le cas où manifestement, les questions posées ou les documents demandés n'ont rien à voir avec l'objet des investigations.

En outre des documents comptables ne seront pas considérés comme secrets, ainsi que les dossiers détenus pour nos différentes juridictions.

- <u>Application des résolutions</u> :

L'application des résolutions prises doit être conforme aux lois de la république, à l'esprit et à la lettre des résolutions. Ceci paraît être une contradiction ou alors de l'équilibrisme. Il n'en est rien de cela. Il s'agit après harmonisation de ce qui doit l'être, après refonte de ce qui en demande, de sortir un consensus lui-même obéissant aux règles démocratiques, d'appliquer sans défaillance et de manière générale les résolutions adoptées.

Il peut aussi s'agir de soumettre certaines de ces résolutions à la sanction du peuple.

- **Variantes** :

Il peut être envisagé différentes variantes d'une concertation nationale. Le problème fondamental reste le même et, dès lors que les thèmes sont choisis et acceptés par tous, il reste, disons-nous, le problème de l'égale représentation des différentes sensibilités du pays.C'est ainsi que l'on peut envisager une représentation provinciale et ou corporative, politique et ou professionnelle.Les assises que nous préconisons ne doivent en aucun cas, remettre en cause l'unité du pays, ni son caractère républicain et démocratique. Il y a donc lieu que toutes les forces vives s'harmonisent en vue du plein succès de cette entreprise. Faute de quoi, la porte est ouverte à toutes les aventures.

Fait à Yaoundé le 18 juin 1991
Louis Tobie Mbida
Président National du Parti des Démocrates Camerounais

POINT DE VUE
Journal « Le Quotidien »

Vendredi 23, samedi 24 et dimanche 25 mai 1997

PDC : Parti des Démocrates Camerounais
La gueule de bois politique du Cameroun

Les élections législatives du 17 mai 1997 auront été une vaste mascarade de scrutin et une insulte à la démocratie. La parodie électorale a sombré dans le burlesque et le grotesque tant les méthodes utilisées furent grossières. La dialectique politique nouvelle au Cameroun s'inscrit désormais dans les actes. Le parti au pouvoir a fraudé avec insolence, l'administration y a participé avec désinvolture et arrogance et l'opposition s'est vue frustrée de ses voix avec effronterie et impertinence.Au lendemain de ce scrutin, le Cameroun tout entier se réveille avec une gueule de bois pour avoir bu la coupe de la fraude électorale jusqu'à la lie.

La seconde élection législative en régime multipartiste appartient désormais au passé. Les attentes des uns et les espoirs des autres, les craintes de certains et les appréhensions de plusieurs ont trouvé matière de se vérifier à leur manière. Le sentiment général à la suite de ce scrutin exprime le choc, le dégoût et l'écoeurement. La nation est sidérée, le peuple ahuri et les hommes politiques abusés. Cependant, il n'y a de place ni pour la surprise, ni pour l'étonnement car ne serait-ce qu'au PDC et dans d'autres formations politiques : l'inscription insuffisante des populations sur les listes électorales, la distribution fantaisiste des cartes électorales, l'absence totale d'informations, l'abolition de tout pouvoir au sein des commissions dépatementales de supervision, la confiscation des opérations électorales avant, pendant et après le vote par les Préfets et les Sous-préfets, la mise en place d'un système de fraude caractérisé par le vagabondage électoral, les cartes électorales multiples au nom d'un seul et même électeur, les bulletins de vote dans des enveloppes remises la veille aux électeurs, la falsification des procès-verbaux, le nombre insuffisant de bulletins de vote des partis d'opposition au jour du scrutin, ont été dénoncés. Tous les médias privés ont aidé à une large diffusion de ces dénonciations.

Pourtant les observateurs les plus avertis sont aujourd'hui pris de saisissement face à l'énormité, la grossièreté, au manque de subtilité, d'élégance et de discrétion ayant marqué les fraudes du 17 mai 1997.1992 et 1996 furent aussi des dates colorées de fraudes diverses, mais dont la subtilité fut telle qu'aujourd'hui encore certains ont de la peine à nous croire lorsqu'au PDC nous n'arrêtons pas d'affirmer que nous n'avons point vendu des voix en 1992, mais qu'elles nous furent purement et simplement arrachées par la manipulation et la fraude électorale.

Désormais tous les partis politiques sont logés à la même enseigne pour avoir subi les mêmes violences le 17 mai 1997. L'Etat a le monopole de la violence légitime nous déclare Max Weber. Ceux qui en doutaient ont pu le vérifier à leur détriment le 17 mai 1997. Malgré le soin et le souci particulier des partis politiques de désigner des scrutateurs dans les bureaux de vote conformément à l'article 31 alinéa 1 de la loi : 91/020 du 16 décembre 1991 modifiée par la loi 97/013 du 19 mars 1997, non seulement les sous-préfets n'en ont pas tenu compte en établissant leurs arrêtés, mais les partis ayant délivré des mandats à leurs scrutateurs ont vu ceux-ci littéralement mis à l'écart des bureaux de vote pendant le déroulement du scrutin et lors du dépouillement.

Au parti des Démocrates Camerounais, nous avons tous cru et nous sommes aujourd'hui encore convaincus que la démocratie est entre autres l'expression et le développement de la culture du désaccord dans un cadre normatif et légal établi et accepté par toutes les composantes sociales au sein d'une seule et même Nation. Le RDPC nous renvoie à nos études et analyses pour une autre formulation du débat politique. Au PDC nous conserverons notre idéologie qui veut que la politique soit d'abord et surtout une confrontation d'idées pouvant permettre la réalisation du bonheur de toute une Nation, dans la paix, le respect mutuel, l'unité et la prospérité.Mais qui peut être désormais certain que tous les Camerounais seront de cet avis et ne transformeront pas la confrontation d'idées en confrontation physique. Nous refusons et dénonçons l'escalade vers la confrontation physique et demandons que la violence légitime dont l'Etat a le monopole, serve plutôt à assurer la cohésion nationale, l'essor et le développement de la Nation, la sécurité des citoyens, ainsi que l'intégrité du territoire Camerounais. Si la circulation était interdite pour les uns le jour du scrutin, elle ne le fût pas pour tous, car des bus circulaient sans arrêt de bureaux en bureaux afin d'assurer le vagabondage électoral au profit du parti au pouvoir. Désormais quels que soient les résultats définitifs proclamés par le Conseil constitutionnel, au su de ce que déclare la CRTV dans le cadre d'une préparation psychologique de l'opinion publique Nationale et Internationale

et au vu de ce que les partis politiques ont vécu sur le terrain la tendance est désormais claire : le parti au pouvoir s'est réservé une majorité absolue afin d'écarter toute contradiction et gouverner sans partage. Le parti au pouvoir a voulu faire une démonstration de force qui exprime par ailleurs une ferme volonté de refus de toute démocratie participative, de toute égalité redistributive et de toute liberté idéologique. Le Cameroun s'achemine désormais vers une forme nouvelle de monolithisme politique. C'est un retour au parti unique sous un manteau multipartite.La mise en garde est sévère et brutale et rappelle à tous ceux qui n'y croyaient point que le RDPC mettra tout en oeuvre pour conserver seul le pouvoir au Cameroun dans les années à venir. Il s'agit non seulement de démobiliser les hommes politiques, mais aussi de dégoûter le peuple tout entier de la chose politique. Aux dénonciations, aux explications et revendications de l'opposition,

le pouvoir à répondu par une démonstration de force, une provocation insolente et un refus total de la contradiction. Les conséquences de l'insolence politique et administrative constatée le 17 mai 1997 sont incalculables et presque incompressibles. Il est important qu'à compter de maintenant, jusqu'à la proclamation des résultats définitifs, il en soit tenu compte et que toutes les corrections politiques nécessaires à un apaisement véritable des forces politiques dans la Nation soient apportées aux événements du 17 mai 1997. Le parti au pouvoir devrait éviter de donner l'impression à une frange de citoyens Camerounais, qu'ils n'ont plus rien à perdre et qu'ils sont dos au mur. La situation explosive qui s'installera par désespoir de cause ne sera que ruine et désolation pour la Nation.

Si les résultats définitifs sont ceux qu'annoncent déjà la CRTV, les élections présidentielles de 1997 risquent soit le report soit la tenue dans un climat d'extrême tension, pouvant ouvrir les portes d'une instabilité permanente dans le pays. Le Cameroun s'honore de n'avoir jamais connu le bonapartisme soit des soldats au pouvoir – nous ne voulons point d'une situation où le seul moyen de maintenir la stabilité sera le recours à la force armée. Autant tout parti politique y compris le RDPC a le droit de se battre pour conserver le pouvoir ou pour y accéder autant il est déterminant d'éviter la provocation gratuite et la confrontation brutale par seul souci d'écarter tout 277 concurrents de la compétition politique. Une majorité absolue du RDPC à l'Assemblée Nationale signifie légalement qu'il peut gérer seul le Cameroun, mais la majorité sociologique exige que désormais toutes les forces politiques en présence dans la Nation depuis sept ans, participent de manière effective à la conception du projet de société Camerounais, à sa mise en application et au contrôle de la gestion de la chose publique au Cameroun.

Les Anglo-saxons parlent dans ce cas de « Power sharing ». Les élections du 17 mai auraient dû marquer une avancée de la démocratie Camerounaise. La dérive anti-démocratique illustrée par le refus du débat contradictoire, la confiscation du débat politique, des attitudes discriminatoires de l'autorité administrative à l'égard des partis politiques d'opposition, la corruption du peuple, le clientélisme abusif et l'achat des consciences par le riz, le vin et le boeuf ont dénaturé le climat politique. Nous souhaitons et espérons vivement qu'à la dérive antidémocratique ne succèdent les bavures dictatoriales.

Fait à Yaoundé-Mbankolo le 19/05/1997

Louis Tobie Mbida
Président National du PDC

Déclaration de Macheren
Parti des Démocrates Camerounais

Moi, Louis Tobie Mbida, Président National du Parti des Démocrates Camerounais, de Macheren en Moselle à la frontière franco-germanique où je me trouve, j'affirme que la « Déclaration dite de Yaoundé » demandant au président Paul Biya de se porter candidat, n'engage que les seuls signataires de cette motion. Leur revendication ne concerne pas tous les camerounais et tant que les natifs de la province du centre feront partie du Cameroun qui se veut une nation ouverte aux valeurs universelles, un groupe isolé d'hommes et de femmes qui craignent pour leur avenir proche, futur ou lointain ne devraient point se permettre de parler en leur nom. Ils ont le droit de parler au nom de leur parti politique, mais cependant ils le savent, leur parti politique, le RDPC, a vécu. Paraphrasant le chef de l'Etat Camerounais Paul Biya en 1991, je dis à cet endroit que « la déclaration de Yaoundé est sans objet », elle est nulle et non avenue parce que ceux qui l'ont formulée n'ont ni autorité ni qualité de parler au nom de tous les hommes et des femmes du Centre. Le soutien du Centre n'est pas unanime derrière le chef de l'Etat Paul Biya.

Moi, Louis Tobie Mbida, Président du Parti des démocrates Camerounais demande à tous ceux qui m'ont suivi en 1992 de ne pas voter en 2011 pour le candidat du RDPC fusse t-il le Président sortant Paul Biya ou un autre. Au Cameroun mes collaborateurs et autres militants du PDC sont remplis d'enthousiasme par rapport au rejet fait à la dite « déclaration de Yaoundé » et s'organisent pour relayer ce message sur le terrain. L'organisation de la structuration des partis d'opposition face aux échéances politiques prochaines est en marche. Il est important désormais de réaliser une MUTUALISATION des moyens politiques, humains et logistiques de l'opposition. Le choix du ou des candidats de l'opposition n'est pas la question essentielle en ce moment du débat et de l'action.

L'opposition a besoin de 10 hommes et femmes responsables de chacune des 10 Régions du Cameroun, de 58 hommes et femmes responsables de chacun des 58 départements Camerounais, de 266 hommes et femmes responsables des 266 arrondissements camerounais et d'au moins 40 000 hommes et femmes loyaux et convaincus dans les 30 000 à 40 000 bureaux de vote qui couvriront le Cameroun aux prochaines élections. L'opposition devra mutualiser ses moyens pour former des scrutateurs. Il faut dès maintenant maintenir la pression médiatique pour revendiquer une refonte des listes électorales. Il est nécessaire que les commissions départementales de supervisions des élections voient le jour conformément aux textes portant loi électorale au Cameroun. Les représentants des partis politiques y sont obligatoirement représentés. Il faut désormais surveiller de près l'administration camerounaise. Le RDPC n'est pas un danger politique, ce parti politique a vécu. Il s'est tout seul tiré une balle dans la jambe. Malgré toute l'aide que de nombreux camerounais ont apportée au Président Paul Biya de par le passé, le parti au pouvoir et son chef n'ont pas su en tirer profit. Retirons au Président de la République Paul Biya et à son parti "nos béquilles" politiques et ils n'avanceront plus. Voila pourquoi lorsque des voix s'élèvent pour dire à Louis Tobie Mbida "puisque tu as demandé de voter le président Paul Biya en 1992, 17 ans après tu n'a plus le droit de parler", Ces hommes là manquent de sens politique. Si nous sommes vraiment des démocrates alors nous aurons besoin de toutes les voix en 2011.

Le Cameroun politique de 2009 ne peut pas se permettre de faire la fine bouche en prétendant qu'une seule voix contre le président Biya serait une voix de trop en 2011. Ceux qui tiennent ce discours sont des alliés objectifs du parti au pouvoir et de son chef. Ce sont certains administrateurs civils que l'opposition camerounaise devra marquer à la culotte. Les hommes et femmes politiques camerounais devront être présents sur tous les plateaux de télévision, radio et réseaux Internet, pas seulement à l'intérieur du Cameroun mais aussi hors du Cameroun en martelant un discours convenu mais cohérent dans la forme et le fond. Il est nécessaire de noyer le discours de ceux qui officient depuis 27 ans au Cameroun. Nous devons remplir, écumer, polluer et saturer l'espace médiatique et audio-visuel par nos prises de position justes, honnêtes, argumentées, cohérentes et structurées.

Le gouvernement camerounais est responsable de l'exode des forces vives de la nation, nous sommes aujourd'hui nombreux à avoir choisi de vivre « ailleurs » alors que nous avons un beau pays : le Cameroun. On fait circuler sur certains d'entre nous des accusations sans fondements. Dans mon cas j'ai longtemps entendu dire que j'ai pris de l'argent du parti au pouvoir pour vendre des voix électorales, alors que ceux qui l'affirment le fassent désormais à visage découvert et nous nous expliquerons devant le juge. J'ai évité de perdre ma singularité et face à l'inertie politique, j'ai refusé la banalité, la médiocrité et la mesquinerie ambiantes en quittant volontairement le Cameroun il y a douze ans le 7 juillet 1997. Je ne suis pas allé me plaindre auprès des occidentaux en prétendant que ma vie était menacée au Cameroun. Moi, Louis Tobie Mbida ne suis pas le problème car je fais partie de la solution. Les courriers aux chancelleries Occidentales peuvent ne pas obtenir de réponses mais l'assiduité de ceux qui parlent et écrivent finiront bien par attirer l'attention de la communauté internationale sur nos problèmes. Le régime camerounais fonctionne sur la base du bluff politique permanent en affirmant et en prétendant qu'il est soutenu par la France. Les pays occidentaux ne veulent être convaincus que d'une et une seule attitude de la part de ceux qui dirigent l'Afrique d'aujourd'hui et de ceux qui la dirigeront demain. Ils veulent être sûrs que leurs intérêts sont garantis. - et cela est légitime. Dans le cas du Cameroun le RDPC n'a pas le monopole de ce type de négociations.

Il faut bien sûr que je m'explique sur mon choix de 1992. Je vais continuer à le faire en rappelant que si moi, fils d'un homme, André Marie MBIDA, qui avait combattu sans relâche l'UNC et l'UC, j'avais d'emblée et sans discernement opté de combattre le RDPC qui n'est que l'appendice politique de l'UNC et de l'UC, n'aurais je pas été traité de revanchard ? N'aurais-je pas été désigné comme manquant d'esprit d'ouverture et de réconciliation ? J'ai accordé le bénéfice du doute et sa chance au candidat Biya dans le contexte de 1992 parce que des quatre candidats majeurs de 1992 il était celui là qui représentait le moindre risque politique pour le Cameroun de 1992. Les élections de 1992 se sont déroulées dans la précipitation. Les différents partis politiques avaient à peine un an de fonctionnement effectif sur le terrain et n'étaient pas structurés. A 36 ans, jeune médecin à peine rentré au Cameroun, j'avais suffisamment de respect pour la haute fonction de magistrat suprême de la nation camerounaise- je n'ai pas perdu ce respect ce jour en 2009 - et ne me serais jamais permis de me déclarer candidat à ce poste. Un proverbe camerounais dit : " le bon chasseur ne tue pas la bête qu'il ne peut pas manger. Tuer une bête que l'on ne peut consommer c'est du gaspillage".

Il n'est pas certain que Monsieur le Chairman Ni John Fru Ndi aurait associé qui que ce soit à la gestion du Cameroun s'il avait remporté les élections de 1992 avec mon aide. La preuve est évidente après 17 ans que le Président Paul Biya n'a associé personne à la gestion du Cameroun. Si moi Mbida j'ai été tenu à l'écart c'est que au plus profond d'eux mêmes, le parti au pouvoir et son chef, savaient que je n'aurais jamais été un "ministre godillot". Aujourd'hui encore malgré mes 53 ans j'attends que le PDC, ses militants et ses sympathisants décident du choix de l'homme auquel nous accorderons notre confiance. Une seule chose est sûre pour nous au PDC à la date d'aujourd'hui : le président Paul Biya n'est plus une solution parce qu'il fait partie du problème.

La démocratie est le développement de la culture du désaccord et de la contradiction dans un cadre normatif et légal accepté par la majorité au sein d'une nation. Le vrai démocrate est celui qui dialogue. Le vrai démocrate ne s'enferme pas dans une passion personnelle où la haine contre un individu en l'occurrence Louis Tobie Mbida pour son choix de 1992 devient le seul moteur. J'ai parlé à des jeunes de 16 à 24 ans qui n'ont pas connu cette époque des années 1990 à 1992, ils découvrent des choses. Un de ces jeunes m'a dit : " Tonton, maintenant que tu as recommencé, il faut que tu ailles jusqu'au bout". Je confirme ici que j'irai jusqu'au bout dans mon intention de voir l'alternance politique intervenir au Cameroun sans effusion de sang. La POLITIQUE, la REPUBLIQUE et la DEMOCRATIE vont et doivent reprendre leurs droits au Cameroun. Le parti au pouvoir et son chef ont voulu dégouter les Camerounais de la politique parce qu'ils ont peur de la sanction d'un peuple politisé et vigilant. Ils ne perdent rien pour avoir attendu toutes ces années.

Louis Tobie Mbida Macheren le 13 juiollet 2009.

Réactions à la Déclaration de Macheren
Parti des Démocrates Camerounais

Depuis ma déclaration du 13 juillet 2009 contre les memoranda invitant le Président Biya à se déclarer candidat pour 2011, dans le camp d'en face des menaces ont été proférées du genre " Mbida ne connait pas le rouleau compresseur du RDPC. Le rouleau compresseur du RDPC va se mettre en marche contre Mbida".

J'attends, je ne crains rien. Il ne s'agit pas de moi personnellement mais d'une conviction, d'une certaine idée du Cameroun. Il est possible de faire disparaître un homme mais pas l'idée en laquelle il croit, surtout quand cette idée est partagée par plusieurs autres. J'ai d'ailleurs reçu de nombreux messages d'encouragements provenant d'hommes et de femmes anonymes et de divers bords politiques ainsi que d'hommes et de femmes du système, RDPCiste de jour et fermes opposants au Président Biya la nuit. J'invite les uns et les autres à laisser tomber leurs masques et d'avancer désormais à visage découvert pour le plus grand bien du Cameroun. Je continue mon action avec conviction

Louis Tobie Mbida
Président National du Parti des Démocrates Camerounais
21 Juillet 2009

Appel aux Camerounais de la DIASPORA
21 Juillet 2009

Les camerounaises et les camerounais devront être présents sur tous les plateaux de télévision, radio et réseaux Internet, pas seulement à l'intérieur du Cameroun mais aussi hors du Cameroun en martelant un discours convenu mais cohérent dans la forme et le fond.

Le thème est précis :

« Le Président BIYA n'est plus la solution parce qu'il fait partie du problème Camerounais »

Nous camerounais de la DIASPORA avons tous des parents au Cameroun rappelons leur qu'il est nécessaire de noyer le discours de ceux qui officient depuis 27 ans au Cameroun. Nous devons remplir, écumer, polluer et saturer l'espace médiatique et audio-visuel par nos prises de position justes, honnêtes, argumentées, cohérentes et structurées.

Les camerounais devront se rappeler que la majeure partie des téléphones portables sont dotés d'appareils photos voire de caméras en mesure d'enregistrer des films brefs.

Que nos parents au Cameroun filment ces hommes qui exigent d'eux des dessous de tables et pratiquent au quotidien la corruption, qu'ils enregistrent ces hommes qui adoptent des attitudes anti-démocratiques, ceux-là qui pratiquent au quotidien des injustices et qu'ils fassent parvenir aux rédactions de nos vaillants et courageux journalistes ces éléments qui seront autant de preuves à conviction pour étayer le discours de ceux qui depuis des années dénoncent les exactions, la corruption et les injustices au Cameroun. Ces preuves seront mises en ligne et visualisées à travers le monde.

Le gouvernement camerounais est responsable de l'exode des forces vives de la nation, nous sommes aujourd'hui nombreux à avoir choisi de vivre « ailleurs » alors que nous avons un beau pays : le Cameroun.

Si la diaspora camerounaise, bref si les camerounais de l'étranger veulent faire quelque chose pour le Cameroun alors que chacun mette dix Euros (10 Euros) par semaine dans une caisse qui sera gérée par des économistes et autres financiers camerounais de l'étranger. Cela le chef de l'Etat Camerounais et son équipe de là où ils se trouvent à Yaoundé ne pourront pas l'empêcher.

Action : 10 Euros par semaine pour le Cameroun

Dix Euros par semaine versés par seulement 10000 camerounais représentent 100000 Euros par semaine (cent mille Euros par semaine) soit 400000 Euros par mois (quatre cents mille Euros c'est-à-dire 262 382 800 FCFA soit deux cent soixante deux millions trois cent quatre vingt deux et huit cents francs CFA par mois pour dix mille cotisants seulement). Nous savons de source officielle que dans la seule France on compte 36000 camerounais en y ajoutant ceux qui vivent dans tous les autres pays européens, il est possible de réunir des sommes importantes qui permettraient aux Camerounais de l'étranger de réaliser au Cameroun des projets remarquables. A l'exemple de la construction d'écoles, de dispensaires, des comptoirs d'achats et de distribution des produits de la terre récoltés par les agriculteurs de nos campagnes. Il pourrait être possible de promouvoir des jeunes et moins jeunes entrepreneurs dans les quartiers de nos villes et villages dans les différentes régions du Cameroun par des micro-crédits issus de cette caisse.

Les ingénieurs camerounais à l'étranger pourraient ainsi par le même biais financer des projets à base d'énergie solaire dans nos villages et quartiers, réaliser des adductions d'eau, creuser des puits, lancer de grands champs agricoles. Nous nous plaignons de Bolloré, nous pourrions ensemble devenir des Bolloré dans notre propre pays et créer des exploitations agricoles remarquables.

Je déclare d'emblée que si en tant que homme politique je lance cette idée je ne veux pas gérer les fonds ainsi collectés. La diaspora est composée de camerounais illustres exerçant leurs talents dans la finance, l'économie et l'expertise comptable qu'ils gèrent cette collecte de fonds des camerounais de l'étranger.

Si au Cameroun il n'existe que des corrompus aux affaires tel qu'il est répété inlassablement, alors prouvons que nous ne le sommes pas en collectant en toute indépendance des fonds et en les gérant de façon efficace dans la transparence.

Les citoyens de l'Etat d'Israel le font. Au lieu de nous plaindre, nous Camerounais, de l'incurie du système qui nous gouverne mal depuis 27 ans, de passer notre temps à nous lancer des insultes et des invectives en nous traitant réciproquement de traîtres, de nous lamenter à longueur d'années et à faire du misérabilisme politique, nous devrions verser chacun dix euros par semaine auprès d'une caisse des camerounais de l'étranger qui servira à participer à des réalisations concrètes au Cameroun. Il est possible que ce type d'initiative se réalise aussi auprès de camerounais vivant au Cameroun, il faut y penser.

Louis Tobie Mbida
Président du Parti des Démocrates Camerounais
21 Juillet 2009

Politique Camerounaise et interactivité cyber-politique et effectivité
Par Louis Tobie Mbida, **1 août 2009**

Le Net est devenu un outil incontournable pour tous ceux qui ont un message à passer, une pensée à formuler, un débat à engager, des échanges à assurer. Accepter d'aller sur le Net c'est en d'autres termes rester ouvert aux autres, c'est reconnaître la valeur de la critique, même la plus acerbe. Le but à atteindre reste l'enrichissement de la discussion par des apports multiples et divers, le souhait étant que les réactions et autres contributions soient constructives, créent et accélèrent une dynamique intellectuelle et mentale profitable à une cause universelle.

Faire du camerounais un citoyen, améliorer les conditions de vie des camerounais, faire du Cameroun une terre de prospérité dotée d'institutions crédibles, animée par des hommes et des femmes librement choisis par les citoyens qui ont fait de la démocratie un sacerdoce, de la liberté un principe et du progrès un objectif sont des enjeux universels.

Je crois en la démocratie et je suis resté honnête dans cet océan d'ignominie parce que j'ai vécu à même la chair les affres de l'arbitraire et de la dictature. J'ai vu mourir des parents, j'ai connu l'incertitude et la précarité. Pour un bref rappel, je précise que je suis le fils d'un homme, André Marie Mbida, incarcéré le 29 juin 1962, devenu aveugle après un séjour dans les geôles politiques de Banyo et de Ngaoundéré où il n'avait le droit de voir la lumière du soleil qu'une fois par mois. Après sa sortie de prison, Mbida est placé le 3 août 1968 en résidence surveillée sur l'ancienne route de Douala au lieu dit Nkol-Bikok pas loin de l'actuel marché de Mokolo de Yaoundé, ses collaborateurs jusqu'aux employés de maison et aux proches sont expédiés en camp de concentration à Mantoum, Tcholliré et Mokolo, un de ses frères, mon oncle Melanga Martin, simple vendeur de « Bifaga » au Marché Central de Yaoundé, va mourir à Tcholliré, la famille Mbida ne sera informée de ce décès que plus de deux années après. Les obsèques en prison à Tcholliré de Melanga Martin seront organisées par Monseigneur Albert Ndogmo.

Je vais me retrouver à l'âge de 12 ans contraint par la situation parce que mon père est aveugle et que ses collaborateurs ont tous été emprisonnés à jouer le rôle du secrétaire de Mbida.

J'apprécie d'autant plus l'outil informatique de 2009 quand je me rappelle que les courriers aux administrations et autres journaux et chancelleries que me dictaient mon père entre les années 1968 et 1976, je les écrivais au début au « Bic » sur des cahiers d'écoliers aux pages quadrillées pour passer vers l'âge de 14 ans en 1970 sur des feuilles A4.

Le cahier d'écolier, la feuille A4 et le « Bic » ont ainsi été les premiers supports de la pensée formulée que j'ai connus.

A mes débuts officiels en politique en 1990 à 34 ans j'ai connu la machine à écrire « Underwood » et la « ronéo » qui nous permettaient en 1991 de tirer sur

«stencils» des documents qui étaient distribués dans les villages et les quartiers aux citoyens. Le coût du stencil et du papier étant prohibitifs à la grande échelle, les tirages en 1991 étaient limités et la diffusion de nos idées restreintes aux espaces que voulaient bien nous accorder les média d'état, les journaux d'état, Cameroun tribune ou privés tels que « le Messager », « Mutations », « le Quotidien », « l'Opinion », « la Nouvelle expression » sachant que les uns et les autres pour nous publier tenaient compte de leur propre ligne éditoriale.

Tout camerounais à l'étranger est à l'affût d'informations de tous genres concernant le Cameroun, c'est ainsi que j'ai découvert tout à fait par hasard le site Camer.be. Je ne vais pas devenir à cet endroit dithyrambique à leur sujet mais je dirai juste comme les américains : « You Guys are doing Great Jobs ».

L'outil informatique et le Net réalisent le « connecting people » dont parle la publicité, l'homme politique des années 1990 n'a pas connu cela à ses débuts.

Nous n'avions aucun « feed-back » en temps réel relatif à l'action que nous menions sur le terrain et par rapport à nos déclarations ou prises de position nous ne savions pas ce que les uns et les autres pensaient de nous. Pour ceux d'entre nous qui pratiquaient la politique de l'intérieur du Cameroun nous savions à peine ce que pensait la Diaspora.

L'interactivité existe désormais et c'est la réaction d'un internaute de la diaspora qui m'amène à rédiger cette correspondance.

Je remercie l'internaute où la personne qui se dissimule derrière, lorsque ses interventions sont particulièrement bien construites, quand il propose, suggère, interroge et analyse les déclarations des uns et des autres avec une précision d'orfèvre dans un style pur et dépouillé.

Alors je réponds à son interpellation. Nous sommes ici en train de créer un parlement camerounais à ciel ouvert, organisons le et faisons le vivre. J'aurais souhaité être devant une commission d'enquête tel qu'il en existe dans les vielles démocratie pour répondre de manière exhaustive et précise car le but d'une commission d'enquête n'est pas de couper des têtes d'abord mais de comprendre ce qui s'est passé afin d'éviter de répéter les mêmes erreurs ensuite.

Je m'exprime ici pas pour me justifier et entendre déclarer que j'avais raison mais pour dire toute la vérité afin que nous camerounais repartions tous sur de nouvelles bases.

Un internaute se demande : Si je regrette ce qui s'est passé en 1991 / 1992 et si je reconnais que je me suis trompé.

Bien sûr que je le regrette et reconnais que je me suis trompé tout en précisant, parce que je suis honnête et franc, que dans le même contexte si c'était à refaire je ne choisirais ni M. Bello, ni M. Ndam Njoya, ni M. Fru Ndi. Ce que l'histoire n'a pas retenu c'est que nous sommes allés solliciter des hommes comme Doh Kingue diplomate camerounais à l'ONU, Bamela Engo et certains autres qui nous paraissaient crédibles mais nous n'avons obtenus aucune réponse positive.

Le pouvoir avait réellement peur et sentait sa fin proche. Je le sais de manière certaine. Les invitations à négocier étaient au début sincères Les « hommes en charge » étaient prêts à partager le pouvoir d'autant plus que toutes les chancelleries occidentales en place poussaient à la roue. Lorsque le pouvoir s'est rendu compte que l'opposition était divisée et désorganisée, alors il a repris du poil de la bête et s'est engouffré dans la brèche.

La première fois que le PDC s'est présenté à une rencontre de la coordination où de ce qui en était le prélude, ce fut à Bamenda au premier trimestre de 1991. M. Bounoungou Antoine homme de plus de 60 ans qui en avait vu d'autres, qui avait passé des années à Tcholliré au nom du PDC était revenu de Bamenda en Avril 1991 ulcéré, démoralisé et blessé au plus profond de lui-même. « Toi le Yaoundé, tu n'as rien à faire ici c'est vous qui êtes en train de détruire ce pays, nous ne voulons pas de toi dans cette salle, le Cameroun de demain doit se construite sans vous », va-t-il s'entendre dire deux mois après la légalisation des premiers partis politiques. Le PDC n'avait encore fait à cette date aucune déclaration publique. L'invitation à assister à la rencontre de Bamenda nous avait été transmise par M. Victorin Hameni Bieleu un de mes aînés au collège Vogt.

La rencontre de la coordination aura lieu au foyer des marins de Douala en juin 1991. N'eut été mon physique de lutteur, je pense que je me serais fait « casser la gueule » dès l'entrée. A cette date je n'avais pas eu à faire une seule déclaration politique susceptible de me relier aux hommes du pouvoir mais d'emblée je fus agressé, insulté et traité de « taupe du pouvoir ».

Lorsque j'arrive dans la salle, j'y rencontre des hommes qui étaient déjà aux affaires quand j'allais en culottes courtes.

En début de conférence j'étais impressionné d'être assis à proximité de M.Ndam Njoya, M. Eboua Samuel, M. Kodock tous anciens ministres de la république mais après 48 h au « foyer des marins de Douala » j'étais plutôt sidéré par la vacuité de leurs propos et l'absence de leurs propositions.

Le débat sera confisqué par d'anciens étudiants camerounais gauchistes parisiens de la Sorbonne.

L'idée des anciens ministres et autres grands dignitaires de l'ancien régime d'avant 1982 était simple « laissez les jeunes mettre le feu dans la « baraque Cameroun » nous viendrons ensuite éteindre les braises » en d'autres termes une frange importante de l'opposition avait la conviction que la violence était la solution. De ma voix de jeune homme politique rentré de ses études 4 ans plus tôt je rappelais juste cette pensée de Max Weber : « L'état a le monopole de la violence légitime ». J'ai demandé à cette occasion aux anciens ministres : « vous qui connaissez l'Etat pour l'avoir pratiqué de l'intérieur, pensez vous posséder les moyens d'être plus violents que l'Etat ? ». Les désignations d'opposition radicale et modérée vont être construites par les journalistes camerounais dès cette période. Les partis politiques ne se sont jamais déclarés sui generis radicaux ou modérés.

- Lorsque le Président Biya va enfin accepter de recevoir l'opposition le pouvoir est vraiment aux abois, il a la peur au ventre.

- Les anciens Ministres Eboua Samuel et Ndam Njoya qui avaient eu à côtoyer le Président Biya comme membres du même gouvernement vont déconseiller cette rencontre aux motifs qu'ils connaissent bien l'homme Biya.

- Les termes du ministre Eboua je les entends encore aujourd'hui :

- « Biya est un séducteur si vous le rencontrez seuls à seuls il risque de vous retourner en sa faveur, c'est un hôte charmant qui sait mettre à l'aise ses visiteurs, méfiez vous de lui, n'y allez pas, c'est un charmeur de serpents»

- Le père Eboua qui m'a souvent rendu visite à Mbankolo et m'a reçu avec beaucoup d'amitié à Melong paix à son âme, avait raison.

- En 1991 bien avant les élections présidentielles d'octobre / novembre 1992 Il avait fallu l'intervention de S.E Mme Anne Leahy, ambassadeur du Canada pour que Messieurs Adamou Ndam Njoya et Moussa Yaya Sarkifada acceptent de me rencontrer afin d'organiser ensemble le combat politique dès cette époque. Pour ces hommes du seul fait de mon nom Mbida je n'étais pas crédible.

- Je rappelle ici au passage que je me sens partout chez moi au Cameroun comme tout camerounais né à l'étranger. Je suis né le 21 avril 1956 à Paris 13ème.

- Ce que ne peuvent pas s'imaginer les camerounais jeunes et moins jeunes aujourd'hui en 2009 c'est que entre avril 1991 et Janvier 1993 on avait honte de dire « j'ai rencontré le président Biya ». Les invitations insistantes et multiples de la part d'Etoudi et du président Biya étaient boudées, raillées et considérées avec le plus grand dédain. Il est étonnant d'entendre dire que le SDF a demandé une rencontre avec le chef de l'Etat début 2009 qui ne lui a toujours pas été accordée et que le Chairman Fru Ndi s'en irrite. Je cite à cet effet la dernière interview de M. Jean Jacques Ekindi sur Télésud.

- La démarche politique n'est pas linéaire encore moins académique sinon il suffirait de sortir de « sciences po » pour faire partie des meilleurs hommes politiques dans une Nation.

- Je ne partage pas la sortie caricaturale de Mme Suzanne Kala Lobe mais pour avoir été étudiant en Europe des années 1970 à la fin des années 1980, pour avoir exercé mon métier de médecin et fait de la politique sur le terrain de 1987 à 1997, je comprends mieux ce qu'elle a voulu exprimer même si elle n'a pas su nuancer ses propos.

- Le Cameroun est ce qu'il est mais nous savons tous qu'il n'est pas aujourd'hui ce qu'il devrait être.

- Alors lorsque me demande ce que je propose je me réjouis de cette question parce qu'elle me permet d'entrer dans le vif du sujet sachant que mes propositions immédiates à cet endroit ne sont pas restrictives et ne résument pas le programme politique du Parti des Démocrates Camerounais :

Je propose une MUTUALISATION des moyens politiques, logistiques et humains de l'opposition. Exemple simple j'avoue que le PDC n'a aucun représentant dans le village de Santa qui se trouve dans la Mezam mais je sais aussi qu'aucun autre parti politique en dehors du PDC et du parti au pouvoir n'a de représentants à Elot-kos où à Nkom-Effoufoum etc…

ELECAM aura beau être constitué de personnalités crédibles ou pas si l'opposition n'est pas vraiment structurée sur le terrain il n'y aucune chance de succès en 2011.

Par contre si le vote sanction contre le parti au pouvoir est massif quel que soit le degré de trucage, l'alternance aura lieu. Mais pour protéger ces votes il faudra des scrutateurs dans les bureaux de vote.

Il faudra former les scrutateurs par des séminaires ciblés.

Il faudra inciter les camerounais à s'inscrire sur les listes électorales.

Il faudra faire pression au quotidien et ce pendant deux ans sur les sous-préfets et les préfets pour qu'ils appliquent la loi.

En 1992 les partis politiques étaient fraîchement légalisés, leur structuration sur le terrain était à peine amorcée.

L'ostracisme pratiqué par certains grands ténors de l'opposition à l'égard de certains opposants qui ne leur plaisaient pas à installée une classe politique d' « opposants mort-nés ».

A lire les réactions de certains internautes le spectre de l'ostracisme se profile de nouveau sur la base de l'ethnie, de la tribu, de la classe sociale, du diplôme etc. C'est triste mais nous nous acheminons 19 ans après inexorablement vers les mêmes erreurs.

L'union des camerounais de toutes les dix régions est un « impératif catégorique », une condition « sine qua non » pour provoquer une alternance au Cameroun en 2011 et je sais au plus profond de moi-même que cela est possible. Ceux qui veulent me faire taire dans un camp ou dans l'autre sont des alliés objectifs du pouvoir et de son chef le président Biya, mêmes s'ils n'en sont pas conscients.

L'opposition a besoin d'un homme, d'une femme et d'un jeune à chaque échelon correspondant aux modules administratifs camerounais. Au niveau des régions au nombre de 10, des départements au nombre de 58, des arrondissements au nombre de 266 et des bureaux de vote qui certainement seront au nombre de 40.000 en 2011.

- Le rôle de ces hommes et de ces femmes sera d'expliquer aux citoyens la nature du combat, les enjeux de ce combat et les moyens pour aboutir à l'alternance sans effusion de sang.

- Ce qui est évident pour plusieurs parmi nous ne l'est pas pour chacun de nos compatriotes. Prendre la peine d'expliquer à nos concitoyens que nous pouvons y arriver tel est l'objectif à atteindre. Un objectif est d'autant plus facile à atteindre qu'il est clairement défini.

- La diaspora tient entre ses mains l'avenir du Cameroun il est nécessaire qu'elle se le rappelle chaque jour et à chaque instant. Au lieu de passer notre temps à nous invectiver et à nous abreuver d'insultes diverses prenons au sérieux nos propres revendications et donnons corps à nos propositions.

Voilà ce que à la suite d'une de mes correspondances le journal Mutations a publié le 20 juillet 2009 c'est un APPEL que je lance à la DIASPORA

« Si la diaspora camerounaise, veut faire quelque chose pour le Cameroun, alors, que chaque camerounais vivant à l'étranger et particulièrement en Europe ou en Amérique mette dix Euros par semaine dans une caisse qui sera gérée par des économistes et autres financiers camerounais de l'étranger. Cela, le chef de l'Etat camerounais et son équipe ne pourront pas l'empêcher. Dix Euros par semaine versés par seulement 10.000 Camerounais représentent 100 000 Euros par semaine (cent mille Euros par semaine), soit 400 000 Euros par mois (quatre cents mille Euros c'est-à-dire 262 382 800 Fcfa, soit deux cents soixante-deux millions trois cents quatre-vingt-deux et huit cents francs Cfa par mois, pour dix mille cotisants seulement). Nous savons de source officielle que dans la seule France, on compte 36 000 Camerounais en y ajoutant ceux qui vivent dans tous les autres pays européens et en Amérique, il est possible de réunir des sommes importantes qui permettraient aux Camerounais de l'étranger de réaliser au Cameroun des projets remarquables. A l'exemple de la construction d'écoles, de dispensaires, des comptoirs d'achats et de distribution des produits de la terre récoltés par les agriculteurs de nos campagnes. Il pourrait être possible de promouvoir des jeunes et moins jeunes entrepreneurs dans les quartiers de nos villes et villages dans les différentes régions du Cameroun par des micros crédits issus de cette caisse. Les ingénieurs camerounais à l'étranger pourraient ainsi, par le même biais, financer des projets à base d'énergie solaire dans nos villages et quartiers, réaliser des adductions d'eau, creuser des puits, lancer de grands champs agricoles.

Nous nous plaignons de Bolloré, nous pourrions ensemble devenir des Bolloré dans notre propre pays et créer des exploitations agricoles remarquables. Je déclare d'emblée que si en tant que homme politique je lance cette idée, je ne veux pas gérer les fonds ainsi collectés. La diaspora est composée de Camerounais illustres exerçant leurs talents dans la finance, l'économie et l'expertise comptable ; qu'ils gèrent cette collecte de fonds.

Si au Cameroun il n'existe que des corrompus aux affaires tel qu'il est répété inlassablement, alors, prouvons que nous ne le sommes pas en collectant en toute indépendance des fonds et en les gérant de façon efficace dans la transparence.

Les citoyens de l'Etat d'Israël le font. Au lieu de nous plaindre de l'incurie du système qui nous gouverne mal depuis 27 ans, de passer notre temps à nous lancer des insultes et des invectives en nous traitant réciproquement de traîtres, de nous lamenter à longueur d'années et à faire du misérabilisme politique, nous devrions verser chacun dix Euros par semaine auprès d'une caisse des Camerounais de l'étranger qui servira à participer à des réalisations concrètes. Il est possible que ce type d'initiative se réalise. »

L'argent est le nerf de la Guerre, expression devenue banale mais qui garde toute sa vérité. Ce que les camerounais nous reprochent souvent à nous qui prônons l'alternance sur le terrain c'est aussi une absence de réalisations. Une diaspora qui cotise indépendamment de l'Etat ce sont des camerounais qui prouvent que l'amélioration des conditions de vie de nos concitoyens est possible indépendamment des circuits officiels ou des ONG occidentales.

Je propose après des mois d'échanges sur Internet que ceux qui le désirent viennent à Macheren à une date que nous conviendrons ensemble. Je ne vous invite pas à venir à Macheren pour prendre des cartes du PDC mais je souhaite que nous passions à la phase pratique de nos réflexions. La DIASPORA est aussi ce sel de la terre dont on nous parle dans la bible, alors si le sel perd de sa saveur avec quoi le salera-t-on ?

Voici ce que propose le Professeur Franklin Nyamsi pour répondre à la question des moyens de la lutte on peut être d'accord avec lui ou pas mais il s'agit d'une contribution au débat :

Où trouver l'argent des luttes populaires africaines ? Où prendre l'argent des luttes populaires africaines ?

Comment fructifier les alliances progressistes dans ce sens ? Comment susciter la générosité des africains du monde entier en ces temps de défaitisme cruel ? Les mouvements de gauche n'ont pas compris que l'argent des luttes populaires est par essence à prendre chez ceux qui en ont à suffisance et qui tiennent ne serait-ce qu'à la reproduction minimale des conditions de leur position socioéconomique dans la société en transformation.

Compte tenu de la nature stratégique de la question, contentons-nous d'indiquer quelques pistes.

La mobilisation économique tient à plusieurs leviers :

1) Compter sur les moyens financiers et humains des progressistes africains eux-mêmes et savoir mériter de ces moyens.

2) Approcher les mécènes, les vedettes du sport, les cadres supérieurs du privé et du public et leur faire prendre conscience de la fiabilité et de la gravité de la cause progressiste.

3) S'approprier les moyens financiers et humains des ennemis de la démocratie en Afrique et en faire un usage équitable et efficace.

4) Contraindre les capitalistes africains à financer la démocratisation en Afrique sous peine de perdre plus qu'ils ne gagneraient à maintenir les potentats.

5) Compter sur l'aide des mouvements amis dans le monde entier et savoir mériter de cette aide.

Voici ce que dit le professeur Achille Mbembe :

Si les Africains veulent la démocratie, c'est à eux d'en payer le prix. Personne ne le paiera à leur place. Ils ne l'obtiendront pas non plus à crédit. Ils auront néanmoins besoin de s'appuyer sur de nouveaux réseaux de solidarité internationale, une grande coalition morale en dehors des États - pas la coalition des faiseurs de charité, mais celle de tous ceux qui croient que sans sa part africaine, notre monde décidément sera plus pauvre encore en esprit et en humanité.

En ce moment le débat est confisqué au Cameroun par le Président Biya et son parti politique. Il est nécessaire que cela change parce qu'il n'est plus la solution pour le Cameroun.

Des os ont été jetés en pâture aux Camerounais :

- l'opération épervier,
- les « biens mal acquis et le CCFD,
- Elecam,
- les élections anticipées.
- le voyage du chef de l'Etat à paris et son accueil par la Diaspora

Le pouvoir détourne notre attention alors que des actes fondamentaux sont à poser et des actions essentielles à mener parmi lesquelles la structuration de l'opposition et la prise en main effective des citoyens camerounais.

Une opposition unie sur de grands principes majeurs serait un immense atout mais le principe d'un candidat unique de l'opposition reste un voeu pieu, voire une incantation païenne.

Cela ne devrait pas nous empêcher de faire en sorte que nos souhaits deviennent réalité.

La force est en nous, libérons là et mettons un terme à la suspicion et à la haine sachant que la haine de l'autre est d'abord la haine de soi.

La somme d'intelligence qui jaillit du Net quand s'expriment les Camerounais est un gage de réussite et de progrès pour l'avenir si et seulement si nous osons faire confiance aux autres et être sûrs de nous.

Les Elections Présidentielles anticipées n'auront pas lieu au Cameroun
Par Louis Tobie Mbida, 1er septembre 2009

S'il est vrai le Cameroun politique de 2009 interpelle tous les camerounais, il est aussi évident que le Cameroun économique et social à venir dépend de l'évolution politique en cours.

L'amélioration des conditions de vie des camerounais est étroitement liée à cette démarche.

Pourtant le Cameroun politique de 2009 semble figé autour de deux interrogations déterminantes à savoir :

1- Les élections présidentielles à venir se dérouleront elles dans la transparence, l'équité et le respect des suffrages exprimés ?

2- Ces élections présidentielles se tiendront elles en 2011 où seront-elles anticipées ?

Les camerounais s'interrogent et s'inquiètent. Il est probable que ces interrogations et autres inquiétudes suscitées par l'attitude douteuse du pouvoir, participent de la stratégie de ce même pouvoir visant à créer la diversion et à empêcher la structuration d'une force alternative capable de mettre définitivement en échec un parti politique qui gouverne mal le Cameroun depuis 27 ans. Son propre chef le Président Paul Biya l'a encore reconnu le 30 juin 2009 en désignant le nouveau gouvernement et en dénonçant l'inertie génératrice des maux politiques, économiques et sociaux dont souffre le Cameroun de 2009.

Le parti au pouvoir est sans imagination, il est incapable de promouvoir un Cameroun plus juste, plus dynamique, plus prospère, plus solidaire, plus fraternel, plus convivial, plus proche du citoyen et plus moral.

Le parti au pouvoir est sans influence politique véritable : il n'est plus capable de mettre les camerounais en ordre de marche pour impulser le progrès et le développement, il n'est plus capable d'impacter la marche et la démarche vers un Cameroun positif et créatif ayant foi en lui-même et en ses dirigeants.

Il est nécessaire que tous ceux qui souhaitent voir un projet de société cohérent, structuré, réaliste et réalisable prendre corps au Cameroun s'organisent avec foi et conviction pour barrer la route à l'approximation, à l'amateurisme et à l'inertie dénoncée par la plus haute autorité camerounaise : le Président Paul Biya, lui – même, le 30 juin 2009. La réflexion qui taraude de nombreux esprits au risque de démobiliser plusieurs autres est la suivante : les élections présidentielles seront elles anticipées ?

Cette interrogation n'est pas de la pure rhétorique, encore moins une thèse de sciences juridiques, elle porte en elle-même les germes de l'orientation de l'action politique à venir dans la Nation Camerounaise.

L'homme politique, en sa qualité d'usager du droit et en sa nature de force de proposition génératrice des lois, a l'obligation de savoir si au regard de la constitution du Cameroun des élections présidentielles anticipées sont autorisées.

Voici ce que disait le texte constitutionnel du 18 janvier 1996

« Titre II Du Pouvoir Exécutif

Chapitre I Du Président De La République

Art. 5.- *(1) Le Président de la République est le Chef de l'Etat. (2) Elu de la Nation tout entière, il incarne l'unité nationale ; Il définit la politique de la nation; Il assure, par son arbitrage, le fonctionnement régulier des pouvoirs publics ; Il est le garant de l'indépendance nationale, de l'intégrité du territoire, de la permanence et de la continuité de l'Etat, du respect des traités et accords internationaux.*

Art. 6.- *(1) Le Président de la République est élu au suffrage universel direct, égal et secret, à la majorité des suffrages exprimés. (2)* ***Le Président de la République est élu pour un mandat de sept (7) ans renouvelable une fois****. (3)* ***L'élection a lieu vingt (20) jours au moins et cinquante (50) jours au plus avant l'expiration des pouvoirs du Président de la République en exercice.****(4) En cas de vacance de Présidence de la République pour cause de décès, de démission ou d'empêchement définitif constaté par le Conseil constitutionnel, le scrutin pour l'élection du nouveau Président de la République doit impérativement avoir lieu vingt (20) jours au moins et quarante (40) au plus après l'ouverture de la vacance. a- l'intérim du Président de la République est exercé de plein droit, jusqu'à l'élection du nouveau Président de la République, par le président du Sénat, et si ce dernier est, à son tour, empêché, par son suppléant, suivant l'ordre de préséance du Sénat. b- Le Président de la République par intérim - le Président du Sénat ou son suppléant - ne peut modifier ni la Constitution, ni la composition du gouvernement. Il ne peut recourir au référendum. Il ne peut être candidat à l'élection organisée pour la Présidence de la République. (5) Les candidats aux fonctions de Président de la République doivent être des citoyens camerounais d'origine, jouir de leurs droits civiques et politiques et avoir trente – cinq (35) ans révolus à la date de l'élection. (6) le régime de l'élection à la Présidence de la République est fixé par la loi.*

Art. 7.- *(1) le Président de la République élu entre en fonction dès sa prestation de serment. (2) Il prête serment devant le peuple camerounais, en présence des membres du Parlement, du Conseil constitutionnel et de la Cour Suprême réunis en séance solennelle. Le serment est reçu par le Président de l'Assemblée Nationale. (3) La formule du serment et les modalités d'application des dispositions des alinéas 1 et 2 ci - dessus sont fixées par la loi. (4) Les fonctions de Président de la République sont incompatibles avec toute autre fonction publique élective ou toute activité professionnelle.*

Art. 8.- *(1) Le Président de la République représente l'Etat dans tous les actes de la vie publique. (2) Il est le Chef des Forces Armées. (3) Il veille à la sécurité intérieure et extérieure de la République. (4) Il accrédite les ambassadeurs et les envoyés extraordinaires auprès des puissances étrangères. Les ambassadeurs et les* *envoyés extraordinaires des puissances étrangères sont accrédités auprès de lui. (5) Le Président de la République promulgue les lois dans les conditions prévues à l'article 31 ci - dessous. (6) Le Président de la République saisit le Conseil constitutionnel dans les conditions déterminées par la Constitution. (7) Il exerce le droit de grâce après avis du Conseil supérieur de la Magistrature. (8) Il exerce le pouvoir réglementaire. (9) Il crée et organise les services publics de l'Etat. (10) Il nomme aux emplois civils et militaires de l'Etat. (11) Il confère les décorations et les distinctions honorifiques de la République. (12) Le Président de la République peut, en cas de nécessité et après consultation du Gouvernement, des bureaux de l'Assemblée Nationale et du Sénat, prononcer dissolution de l'Assemblée Nationale. L'élection d'une nouvelle Assemblée a lieu conformément aux dispositions de l'article 15 alinéa 4 ci-dessous.*

Art. 9.- *(1) Le Président de la République peut, lorsque les circonstances l'exigent, proclamer par décret, l'état d'urgence qui lui confère des pouvoirs spéciaux dans les conditions fixées par la loi.*

(2) Le Président de la République peut, en cas de péril grave menaçant l'intégrité du territoire, la vie, l'indépendance ou les institutions de la République, proclamer, par décret, l'état d'exception et prendre toutes mesures qu'il juge nécessaires. Il en informe la Nation par voie de message.

Art. 10.- *(1) le Président de la République nomme le Premier ministre et, sur proposition de celui - ci, les autres membres du Gouvernement.*

Il fixe leurs attributions ;

Il met fin à leurs fonctions ;

Il préside les conseils ministériels.

(2) Le Président de la République peut déléguer certains de ses pouvoirs au Premier Ministre, aux autres membres du Gouvernement et à certains hauts responsables de l'administration del'Etat, dans le cadre de leurs attributions respectives.

(3) En cas d'empêchement temporaire, le Président de la République charge le Premier ministre ou, en cas d'empêchement de celui - ci un autre membre du Gouvernement, d'assurer certaines de ses fonctions, dans le cadre d'une délégation expresse.' »

Voici ce que dit le texte constitutionnel modifié le 14 Avril 2008

Article 1er : *Les dispositions des articles 6(2) et (4,14(3)a, 15(4),51(1) 53 et 67(6) de la loi n° 96/06 du 18 janvier 1996 portant révision de la Constitution du 02 juin 1972 sont modifiées et complétées ainsi qu'il suit :*

«Article 6
(2) (nouveau) *:* ***Le Président de la République est élu pour un mandat de sept (7) ans. Il est rééligible.***

(4) (nouveau) : En cas de vacance de la Présidence de la République pour cause de décès, de démission ou d'empêchement définitif constaté par le Conseil

Constitutionnel, le scrutin pour l'élection du nouveau Président de la République doit impérativement avoir lieu vingt (20) jours au moins et cent vingt (120) jours au plus après l'ouverture de la vacance.

L'intérim du Président de la République est exercé de plein droit, jusqu'à l'élection du nouveau Président de la République, par le Président du Sénat. Et si ce dernier est, à son tour empêché, par son suppléant suivant l'ordre de préséance du Sénat. Le Président de la République par intérim- le Président du Sénat ou son suppléant- ne peut modifier ni la Constitution, ni la composition du gouvernement. Il ne peut recourir au référendum. Il ne peut être candidat à l'élection organisée pour la présidence de la République. Toutefois, en cas de nécessité liée à l'organisation de l'élection présidentielle, le Président de la République par intérim peut, après consultation du Conseil Constitutionnel, modifier la composition du gouvernement.

Yaoundé, le 14 avril 2008, Le Président de la République, (é) Paul Biya

L'article 6 de la constitution du 18 janvier 1996 modifiée le 14 avril 2008 est précis, il stipule que :

En cas de vacance de la Présidence de la République pour cause de décès, de démission ou d'empêchement définitif constaté par le Conseil Constitutionnel, ***le scrutin pour l'élection du nouveau Président de la République doit impérativement avoir lieu vingt (20) jours au moins et cent vingt (120) jours au plus après l'ouverture de la vacance.***

Voila ce que en qualité d'usagers de la loi nous comprenons : le président Paul Biya a deux possibilités :

- Soit modifier de nouveau la constitution en son article 6.

- Soit démissionner.

Concernant une éventuelle modification constitutionnelle, d'aucuns affirmeront avec raison, que le Parti au Pouvoir et son chef en ont l'habitude et que le mépris qu'ils ont pour les camerounais en général et les partis d'opposition en particulier est tel qu'ils ne reculeront devant aucune objection ou protestation de la part des uns et des autres pour modifier de nouveau la constitution.

Le Cameroun et le Monde ont encore en mémoire les évènements de Février 2008 que certains continuent à qualifier à tort « d'Emeutes de la faim » alors qu'il s'est bel et bien agi de dénoncer la manipulation constitutionnelle intervenue le 14 avril 2008.

Le Parti au Pouvoir et son chef ont supprimé l'élément suivant :

(3) ***L'élection a lieu vingt (20) jours au moins et cinquante (50) jours au plus avant l'expiration des pouvoirs du Président de la République en exercice.***

Ils se permettent ainsi de créer la confusion voire un vide juridique exploitable à toutes fins utiles selon les besoins politiques du Parti au pouvoir.

L'article 5 précise que le Président de la république qui est le chef de l'Etat ***veille au respect de la Constitution.***

Au Cameroun, le Président Paul Biya a en croire le Code Biya de Monsieur Mattei serait « légaliste » mais si être « légaliste » signifie modifier à son gré la loi fondamentale et se servir de la supra-structure légale qu'est la constitution à des fins personnelles et partisanes alors il y a abus de pouvoir et flagrant délit d'anti-constitutionalité.

La seconde possibilité permettant de provoquer des élections présidentielles anticipées qui resterait au Président de la République Monsieur Paul Biya, serait de démissionner et de faire organiser des élections anticipées en application de l'article 6 de la constitution modifiée le 14 avril 2008 qui précise que :

« En cas de vacance de la Présidence de la République pour cause .... ***de démission*** *ou d'empêchement définitif constaté par le Conseil Constitutionnel,* ***le scrutin pour l'élection du nouveau Président de la République doit impérativement avoir lieu vingt (20) jours au moins et cent vingt (120) jours au plus après l'ouverture de la vacance. »***

Le contexte politique du Cameroun de 2009 est tel que le Président Paul Biya n'aura pas le courage de démissionner, car il sait qu'au sein de son propre Parti politique, nombreux sont ceux qui « attendent au rebond » que « la balle du pouvoir » manque le panier et leur tombe dans les bras. Point n'est besoin de sortir de Saint Cyr, de Centrale ou de Polytechnique pour savoir que si Paul Biya, « même pour rire », osait démissionner en ce moment il ne retrouvera plus son Pouvoir usé et vieux de 27 ans caractérisé par des scandales politico-financiers, par le pourrissement des situations politiques, économiques et sociales graves ainsi que par l'inertie permanente.

Telle est notre analyse en tant qu'usagers du droit.

Cependant l'usager du droit et Président du Parti des Démocrates Camerounais que je suis sait qu'il n'est pas expert en droit constitutionnel et souhaite que soit appliquée à cette question constitutionnelle relative à l'anticipation des élections présidentielles au Cameroun une approche pratiquée par les sciences économiques.

En économie on parle d'économie positive et d'économie normative.

« Sachant que l'**économie positive** est la somme des explications objectives ou scientifiques du fonctionnement de l'économie qui étudie les conséquences économiques d'une décision prise par la société. Cette investigation a deux finalités:

- Satisfaire la curiosité en expliquant pourquoi l'économie fonctionne comme elle le fait
- Offrir une base pour prévoir comment l'économie réagira à des changements de situations

L'**économie normative** fournit des prescriptions ou recommandations fondées sur des jugements de valeur personnels. En **économie normative**, on s'interroge sur les valeurs que les individus associent à une décision économique. L'économie positive est factuelle alors que l'économie normative est morale »

Dans le contexte camerounais de 2009, la question est de savoir si les constitutionalistes Camerounais veulent bien se pencher sur la question et nous dire à quoi il faut s'attendre en nous fournissant « des explications objectives ou scientifiques du fonctionnement » du droit constitutionnel camerounais sur le sujet des élections anticipées sachant que les hommes politiques Camerounais et autres usagers du droit ne peuvent intervenir que sur l'aspect normatif du droit, c'est-à-dire sur sa partie morale et « sur les valeurs associées à cette éventuelle décision » juridique. Le Cameroun compte de brillants constitutionalistes nous serions honorés de savoir qu'ils participent à ce débat qui permettra de lever les interrogations des camerounais sur la question de l'anticipation des élections présidentielles. Je me permets d'interpeller ici les éminents constitutionnalistes camerounais à cet effet. Au Parti des Démocrates Camerounais, au risque de nous tromper, nous osons penser que les élections présidentielles ne seront pas anticipées :

- premièrement parce que le chef de l'Etat, à moins de se décrédibiliser pour le « légaliste » qu'il est, ne peut appeler à des élections anticipées sans modifier encore une fois la constitution
- deuxièmement parce qu'il ne prendra jamais le risque politique de démissionner pour permettre l'organisation d'élections anticipées dans le contexte politique de 2009.

Louis Tobie Mbida

Président du Parti des Démocrates Camerounais (PDC) 1er septembre 2009

Du Pouvoir au Cameroun

Août 2009

A l'exode rural des années 1970 et 1980 ayant vu des camerounais se mouvoir des villages et campagnes vers les villes et autres cités camerounaises, a succédé l'immigration massive vers l'Europe et les Etats Unis d'Amérique. Le Cameroun de ces vingt sept dernières années, par négligence et par incompétence à gérer ses propres ressources humaines, a contraint de nombreux camerounais à l'exil volontaire éloignant ainsi du sol natal de nombreuses forces vives de la nation. Les termes **Diaspora Camerounaise** recouvrent aujourd'hui une réalité socio-politique que les autorités camerounaises ont du mal à cerner, à gérer et surtout à maîtriser. L'usage des outils modernes de la communication que sont Internet et ses dérivés battent en brèche toutes les protections classiques contre leurs opposants dont se sont entourées les « satrapies vieillissantes africaines », pour employer ici les mots d'Achille Mbembe. La « Diaspora Camerounaise» est tout aussi bien une force socio-économique dont les potentialités effraient le gouvernement camerounais en termes de prise de pouvoir de réalisations et de résolutions des problèmes quotidiens des familles et par conséquent en termes d'influence médiate ou immédiate sur des camerounais restés au pays.

« C'est celui qui paye qui décide» : le Gouvernement Camerounais l'a bien compris même si cette vérité n'a pas encore fait son chemin au sein de la Diaspora dont la cohésion politique n'est qu'en cours de structuration." Une conscience politique se fait désormais corps au sein de cette diaspora qui n'est certainement pas homogène dans sa composition tant sociologique que culturelle où des étudiants – chercheurs nombreux côtoient des pères de familles, travailleurs engagés dans le combat ardu d'une vie quotidienne semée d'épuisement physique après un labeur souvent éreintant et de harcèlement psychique au sein d'une société occidentale où l'intégration est un défi de tous les instants. Certains observateurs nous signalent que les Allemands tenant compte de leur histoire récente gèrent leurs conflits par la négociation, c'est ainsi que le mot « Mitbestimmung » est devenu déterminant dans l'Allemagne d'après guerre.

Les Anglais semblent avoir optés pour le contrat écrit. Les litiges se résolvent dans l'observation et l'application des termes d'un contrat préétabli. La notion du contrat social reste ainsi d'abord anglaise dans son application. La France, malgré le siècle des lumières n'est venue à bout de ses conflits que grâce à une confrontation dont nous connaissons aujourd'hui l'histoire : la Révolution française: véhémente, violente, bruyante, sanglante, furieuse, implacable et intransigeante. Il apparaît ainsi que les conflits en France ne trouvent d'issues que dans l'affrontement. Les grèves en France, nombreuses, en sont aujourd'hui encore l'illustration. Le Cameroun a surtout connu les deux cultures anglaises et françaises. L'équilibre entre les influences françaises et anglaises n'est pas acquis. La question est de savoir désormais si nous camerounais qui avons subi de par notre histoire diverses influences historiques sommes en mesure de susciter, de créer et de promouvoir un déterminisme politico-social camerounais. Il existe certainement une essence camerounaise qui précède l'existence du Cameroun nouveau issu du contact avec l'occident. En d'autres termes on pourrait se poser ici la question de savoir comment la société précoloniale gérait ses conflits. Les administrateurs de colonies nous rapportent que les affrontements guerriers entre tribus étaient la règle.

La sagesse qui transparaît dans les rites, les traditions et les proverbes du Cameroun profond nous permettent de douter que le Cameroun ait été en proie à des guerres tribales permanentes comme nous l'indique l'histoire coloniale. Il est indéniable que le Cameroun de 2009 souffre de conflits majeurs. Les énumérer à cet endroit serait redondant. La représentation des camerounais au sein des organes de prise de décision et leur contrôle par des citoyens les ayant librement élus et pouvant les répudier à une cadence régulière grâce à des procédures démocratiques et républicaines convenues d'avance paraît être la clef de voûte pour soutenir le progrès, la croissance, le bien-être, la cohésion entre les citoyens et la prospérité dans le pays. Mais malheureusement, les méthodes désastreuses et prédatrices du RDPC, parti au Pouvoir, qui se comporte toujours en parti unique depuis 1960 ont été érigées en système de gestion politique dans la Nation Camerounaise. Le **Parti des Démocrates Camerounais** (PDC) avec d'autres forces politiques dans la Nation lutte pour faire enfin des Camerounais de vrais citoyens, le PDC veut créer un couple nouveau: celui entre l'Etat et le Citoyen, un Etat « complice» du Citoyen, un Etat Conseiller du Citoyen, un Etat Partenaire du Citoyen, un Etat Solidaire du Citoyen, un Etat qui – osons le dire – sera enfin l'AMI du CITOYEN par opposition à l'Etat colonial oppresseur et irrespectueux qui érigea l'humiliation et le dédain en système de gestion des hommes désignés comme indigènes et autres autochtones et par opposition à l'Etat Parti UC / UNC / RDPC arrogant, méprisant, refusant tout dialogue franc, l'Etat Parti UC/ UNC / RDPC exclusif, ostracisant, totalitaire, arbitraire qui aura écrasé les « populations camerounaises» sous la corruption, la peur de la coercition, la fraude électorale, le mensonge politique et la calomnie pendant des décennies.

Le combat politique essentiel au Cameroun de 2009 reste celui de l'instauration de la démocratie par des élections libres et transparentes. Le Cameroun a besoin pour cela de règles claires acceptées par tous pour des élections crédibles. Les partis politiques d'opposition au Cameroun sont clochardisés et acculés à des comportements infâmants qui ne rehaussent pas leur image auprès des Camerounais. Du temps de Monsieur Ahidjo c'était la prison politique, sous Monsieur Biya c'est la bagne financier et sociologique : le Dr Nja Kwa et plusieurs autres en savent quelque chose.

Il suffit qu'un organisme public ou para-public vous affuble de frais à payer et vous mette en recouvrement forcé et vous mettez la clef sous le paillasson. Il est désormais facile pour le pouvoir RDPC de décrédibiliser les hommes et les femmes de l'opposition auprès des camerounais en affirmant que : puisqu'ils sont matériellement démunis et aux abois ils sont tous corruptibles et corrompus.

Les banques camerounaises sont frileuses la preuve en est leur surliquidité actuelle. La banque camerounaise fait de l'usure au lieu de remplir son rôle de créditeur structurel, agent de développement en Afrique et soutien financier régulier qui accompagne le citoyen dans sa démarche de recherche d'une stabilité sociale certaine. Il n'existe pas au Cameroun de Fond de Garantie du Crédit alors que cela devrait être une nécessité dans un pays en cours de construction comme le Cameroun. Par conséquent : la société civile, à quelques exceptions près n'a pas accès au crédit. L'initiative privée reste ainsi embryonnaire. Les entreprises individuelles avortent dès leur conception faute de financements sérieux. La conséquence en est l'absence en termes de qualité et de quantité de structures privées de moyennes ou grandes envergures génératrices de richesses dans la nation et pourvoyeuses d'emplois. Le Cameroun et les Camerounais ne connaîtront pas le bien-être tant que la résorption du chômage ne sera pas une priorité dans le pays.

L'Etat ne pouvant résorber tout le chômage en augmentant le nombre de fonctionnaires il est déterminant que la société civile camerounaise soit mieux considérée et impliquée. Mais au Cameroun impliquer des citoyens reste au regard du Pouvoir qui se confond au Cameroun avec l'Etat une récompense qui est octroyée aux seuls camerounais qui « mouillent la chemise pour le RDPC ». Une facilitation à l'accès aux financements ouverte à tous les citoyens sans exclusive sera déjà un grand départ pour relancer la création de richesses dans la nation et résorber le chômage dans le pays. Tout est pensé au Cameroun en termes de pouvoir politique et de challenge de l'autorité politique en place. Il existe ainsi entre le chef de l'Etat et les régions des hommes et de femmes relais, entre ces hommes et femmes aux niveaux des régions sont installés des hommes et des femmes relais au niveau des départements et des arrondissements. C'est ce système pourtant connu du Président Biya et faussement dénoncé par lui lors du congrès de son Parti en 2006 qui se perpétue. Il existe pourtant de très nombreux camerounais et de très nombreuses camerounaises qui ne s'intéressent pas à la politique et qui ne souhaitent qu'une chose : vivre en paix avec eux-mêmes, leurs familles, leur voisins et être tout simplement de bons citoyens qui remplissent en toute honnêteté leur devoirs tout en jouissant sans marchandage auprès des instances administratives ou politiques de leur droits. Les honnêtes gens au Cameroun ne peuvent que s'appauvrir dans un système aussi foireux et arbitaire. L'Etat a par ailleurs un rôle majeur celui de doter le Cameroun d'infrastructures publiques dignes de ce nom en termes de routes, d'autoroutes, d'écoles, d'hôpitaux, de créations d'outils administratifs à portée de tous les camerounais car tant que des camerounais seront obligés de faire des dizaines voire des centaines de kilomètres pour un simple extrait d'acte de naissance, tant que l'obtention d'un titre foncier sera un véritable parcours du combattant s'étalant sur des décennies, le Cameroun sera un malheureux pays où les citoyens resteront démunis dans leur propre pays. L'Etat, c'est-à-dire les hommes qui le personnifient en termes de fonctionnaires, s'octroient naturellement toutes les facilités. Psychiquement cette attitude s'est installée dans les mœurs et exige des fonctionnaires qu'ils fassent preuve d'étalage de leur puissance par la démonstration de leur biens matériels en guise de maisons construites à la ville et la campagne, de véhicules achetés et de femmes épousées légitimes ou pas. L'expression camerounaise « C'est Un Bao » est un véritable sujet de thèse que nos universitaires devront un jour approfondir. L'instauration du « Baoisme ou Baobaisme au Cameroun » si on me concède cette expression est source de plusieurs des maux de la société camerounaise actuelle. Ce fut la porte ouverte aux prévarications, aux concussions, à la dilapidation des deniers publics et aux détournements de fonds publics. La solution est l'instauration d'une démocratie véritable seul gage d'un choix libre par des citoyens camerounais, d'hommes et de femmes intègres dont les projets seront lisibles et cohérents et qui seront renvoyés à leurs études si leurs résultats politiques, économiques et sociaux ne sont pas probants au bout d'un délai convenu et respecté. Ces sanctions par les urnes devront se faire sans haine et sans rancœur dans la transparence la plus totale au profit de la Nation Camerounaise. La communauté internationale ne saurait rester sourde à ces revendications. Le Cameroun comme tous les pays vivant à l'ombre des régimes anti-démocratiques a besoin de l'aide des « vielles démocraties ». A chacun son Munich pourrait-on déclarer à cet endroit et faut-il le rappeler ici: chaque Nation couve en son sein son CATILINA, Paul Biya est aujourd'hui au Cameroun notre CATILINA. Notre devoir désormais en tant que Camerounais et de devenir tous des Cicérons et de dire à cet homme :"

" « Quo usque tandem abutere, Catilina, patientia nostra ? quam diu etiam furor iste tuus nos eludet ? Quem ad finem sese effrenata iactabit audacia ?» " " Jusques à quand abuseras-tu de notre patience, Catilina? combien de temps encore serons-nous le jouet de ta fureur ? jusqu'où s'emportera ton audace effrénée ? En paraphrasant Cicéron nous pourrions demander : "*Quo usque tandem abutere,*

Paulus Biya, patientia nostra ? quam diu etiam furor iste tuus nos eludet? Quem ad finem sese effrenata iactabit audacia ?»

- *Jusqu'où abuserez vous de notre patience, Monsieur le Président Paul Biya ?*
- *combien de temps encore serons-nous le jouet de votre fureur Excellence ?*
- *Jusqu'où s'emportera votre audace effrénée ?*
- *Après la constitution que vous avez modifiée sans l'accord des Camerounais ?"*

Louis Tobie Mbida

Président du Parti des démocrates Camerounais

« IYEB DEU TÔ'O »

« Méprisées, les populations ont boudé le fameux Forum de samedi dernier initié à Monatélé par les membres du gouvernement de ce département de la région du Centre... »

« L'on se demande si le Rdpc avait besoin d'une mobilisation dans la Lékié reconnue comme le bastion du parti proche du pouvoir. « Avec tout le bordel qu'ils ont semé ici, c'est peut-être le retour de Louis Tobie Mbida au pays qui les incite à vouloir se reformer... » réagit en sourdine quelqu'un dans la salle. Personne ne veut être identifié de peur des représailles. « Si le premier orateur a été un peu courtois, le second n'est pas allé de main morte pour étaler ses égoïsmes, démontrant aux yeux de tous pourquoi il soutient le Rdpc. « Parce que c'est le père fondateur du Rdpc qui est le détenteur et le gestionnaire du pouvoir de nomination et d'investiture », explique Henri Eyebe Ayissi, le ministre des Relations extérieures. Pour faire croire à l'assistance qu'il y a une menace qui vient de l'extérieur, il explose : « il faut éviter le choix de l'aventure, éviter le choix de la fuite en avant... Il ne faut pas aller solliciter des partenaires à l'étranger pour venir affronter le président Paul Biya. C'est une escroquerie politique qu'il faut éviter ».
« Et l'envoyé spécial du Comité central [Monsieur Hamadjoda Adjoudji] de conclure : « les fils de la Lékié doivent être unis, solidaires et engagés, au lieu de faire montre d'une unité de façade, d'une unité de circonstance ». A chacun d'y comprendre quelque chose. En un mot, la Lékié a mal... » camnews24.com : « Des élites de la Lékié humiliées à Monatélé »

Cf : Article de Monsieur Jean-Pierre Bitongo dans « Dikalo »

Lettre à mon ami et frère Eyebe Ayissi Henri, 1er octobre 2009

Cher Henri,

Ou devrais-je dire IYEB ? Car au village de Zoatoubsi par Endinding vers Obala où vivent aujourd'hui tous mes parents paternels et où se trouvent tes parents maternels, tu m'appelles « MBIT » et je réponds « IYEB », sachant que nos prénoms chrétiens ne valent que pour l'état civil et les dîners en ville. Alors restons authentiques et je te pose ici la question:

« IYEB DEU TÔ'O ?».

Pour ceux qui ne comprennent pas l'Eton dans le texte, je te le demande encore une fois en français : « est-ce vrai ce que je lis et ce que j'entends? » Je te rappelle que tu es Camerounais. Etre Camerounais engage pour la vie, être Camerounais est, entre autres, un programme politique car chaque Camerounais a le devoir d'obéir à la devise : « Paix, Travail, Patrie ».

Paix

Tes camarades de Parti et toi soulignez régulièrement que vous avez toujours soutenu, que vous soutenez et soutiendrez toujours la candidature du Président Paul Biya parce qu'il a su faire du Cameroun une terre de Paix. Grâce à lui, affirmez-vous, le Cameroun a su éviter la guerre par opposition à tous ses voisins aux frontières.

Cher Henri, le Cameroun est en guerre depuis de nombreuses années et le Ministre des affaires étrangères que tu es, ne s'en est pas encore rendu compte. Les rentrées scolaires sont un acte de guerre au Cameroun de 2009 car les parents mènent des combats insurmontables pour scolariser leurs enfants. Les familles camerounaises étant nombreuses, les difficultés de scolarisation sont multipliées pas le facteur x selon le nombre d'enfants. La notion d'allocations familiales ne bénéficiant pas à tous les camerounais, les dotations de rentrées distribuées par l'Etat restant inconnues dans notre pays, scolariser un enfant au Cameroun est un combat, une vraie guerre pour les familles Le suivi scolaire dans des classes de plus de cents élèves est un défi pédagogique permanent pour les enseignants du primaire, voire des lycées et collèges. Seuls y arrivent les parents en mesure de régler un supplément aux enseignants, eux-mêmes payés une misère au lance – pierre, les parents qui payent des extras voient leurs enfants pris en charge de façon personnalisées. Ceux qui peuvent se le permettre recrutent des répétiteurs pour des cours particuliers.

Un Cameroun à plusieurs vitesses s'installe. L'école comme ascenseur social, comme instrument de régulation et d'égalité des chances républicaines est remise en cause.

Que seraient devenus les Ruben Um Nyobe, André Marie Mbida, Félix Moumie, Amadou Ahidjo, Paul Biya, Paul Soppo Priso, Kemajou Daniel, Tandeng Muna, John Ngu Foncha, Marigoh Mboua, Tsalla Mekongo Germain, Tsanga Delphine , Elisabeth Tankeu, Jean Ninekan, Ndibo Mbarsola, Nko'o Etoungou, Pierre Semengue, Nganso Soundji, Camille Nkoa Atenga, Melone Thomas, Maurice Kamto, Owona Joseph, Pius Njawe, Jean Jacques Ekindi, Séverin Tchounkeu, Patrice Etoundi Mballa, Haman Mama, Les Prof Etoundi, Essomba, les Dr Njitam, Bebey Eyidi, Simon Pierre Tsoungui et toi-même Henri Eyebe Ayissi, ainsi que bien d'autres, sans l'école ?

Tu déclares pourtant dans une correspondance rédigée le 10 Novembre 2008 dans le journal Mutations: « La promotion de l'égalité des chances au niveau de l'Administration Publique: à la propension observée tendant à une "reproduction sociale" des élites, le Président de la République n'a de cesse d'opposer la nécessité de sauvegarder l'une des fonctions classiques de l'administration publique, à savoir servir d' "ascenseur social" ou de réducteur des inégalités primaires ? Avant d'en arriver à ce stade, cher Henri, la base de cette évolution reste l'école. Ton Parti, Henri, a détruit l'école. Les soins de santé sont un acte de guerre, un combat à risque, pour la majeure partie des familles camerounaises, exception faites des quelques « happy few » qui peuvent se faire évacuer sur Paris, Londres, Bruxelles ou New York. Les hôpitaux dotés d'un équipement de base digne de formations médicales modernes sont pratiquement inexistants dans le Cameroun de 2009. Malgré le courage et l'abnégation des médecins et infirmières exerçant au Cameroun dans des conditions lamentables, ils ne peuvent retenir des flots de misère avec les seules paumes de leurs mains. Il n'existe pas de « couverture santé » pour la majorité du peuple camerounais, en dehors de quelques privilégiés ayant souscrits des assurances privées, les camerounais ne sont pas égaux devant la maladie. L'accès aux hôpitaux, aux médecins, aux soins et aux médicaments signe une injustice permanente dans notre pays. Le Cameroun humilie au quotidien son propre personnel de santé qui choisit l'exil volontaire vers les pays du Nord. Les équipements médicaux deviennent des marchés publics et le choix des outils médicaux est réalisé par des administrateurs civils à l'insu des utilisateurs d'aval que sont les médecins eux-mêmes. Les cliniques ne connaissent pas d'essor parce que les créditeurs structurels que sont les banques ne les suivent pas dans leur désir d'acquisition de matériel médical nouveau. Il n'existe de la part du gouvernement aucune politique prudentielle digne de ce nom pour asseoir au Cameroun une assurance maladie performante. Le nombre de médecins et d'infirmières qualifiés et expérimentés originaires du Cameroun travaillant dans les hôpitaux occidentaux est remarquable. Il n'existe aucune politique locale camerounaise pour inciter ces hommes et femmes à rentrer au Cameroun. Il en est de même dans presque tous les domaines que ce soit en sciences humaines ou en sciences pures. Mon cher Henri, les camerounais attendent que le Ministre des affaires étrangères que tu es, fasse des propositions dans ce sens et mette en place des mesures incitatives pour accélérer le retour de la Diaspora au Cameroun.

L'évacuation des produits de base et autres produits de rentes que cultivent à longueur d'années les paysans de nos campagnes est l'un des problèmes majeurs de toutes nos contrées. C'est une bataille acharnée et sans fin que livrent les paysans de nos campagnes pour évacuer les produits de la terre. L'état des routes camerounaises est indescriptible de délabrement. Le réseau routier bitumé s'amenuise au lieu de s'étendre. Les revêtements routiers sont devenus un sujet de spéculation financière au Cameroun. Les marchés les plus rentables, selon les hommes dits « d'affaires » au Cameroun, à savoir tous ceux-là qui se font octroyer des marchés d'Etat, portent d'abord et surtout sur les travaux publics et particulièrement sur les chantiers routiers. Le mot « opep » désormais présent dans certaines encyclopédies et autres dictionnaires est d'abord Eton, « opep eton », avant d'être universel. « L'opep » ce véhicule sans papier, au chauffeur souvent sans permis de conduire, sans patente, sans contrôle technique caractérise la consécration de l'informel. L'informel représente aujourd'hui selon les rapports même du gouvernement camerounais plus de 50 % de l'activité économique du pays. Voici ce que dit dans une étude notre ami et frère Essimi Menye, Ministre des finances qui était à tes côtés le 12 septembre 2009 à Monatélé à cet effet. cf. 1: Impact sur le Budget de l'Etat de l'accord intérimaire vers l'Accord de Partenariat Economique (APE) entre l'UE et les pays de l'Afrique centrale VOLUME I Août 2008 (Ministère des finances).

« La structure de production est caractérisée par l'existence d'un important secteur informel contribuant ces dernières années à environ 50% du produit intérieur brut (PIB) »

Pour une nation indépendante depuis 50 ans, pour un Etat dit « de droit » tel que les autorités camerounaises aiment à le rappeler, pour un Etat dirigé par la même équipe politique depuis 27 ans, cela est une honte inadmissible qui porte profondément atteinte à la dignité du Cameroun, que notre économie soit tributaire de l'informel. Ces sauveteurs, ces Bayam-Sellam et autres camerounais sans nom, sans titre, sans gloire et sans visages, inconnus des média d'Etat, sont l'échine de la Nation, la colonne vertébrale qui permet à la Nation de tenir debout. Mais pourtant ces hommes courageux, ces femmes simples, ces « maîtrisards » abandonnés, ces « benskinneurs », sortis des universités camerounaises et restés sans emplois, ne sont pris en compte par aucun programme d'insertion ou de réinsertion. Le microcrédit, hormis quelques efforts des ONG, est inconnu au Cameroun. Aucun ministre du commerce, aucun ministre de l'économie et des finances Camerounais n'a pu trouver une solution pour rendre « bancables » ces hommes et ces femmes. L'autorité publique camerounaise est incapable d'organiser, de structurer et de rendre formel, l'informel. Ce travail, cher Henri, ton Parti aurait du le faire, il ne l'a pas fait pendant 27 ans.

Sachant, cher Henri, qu'en ta qualité de Ministre des affaires étrangères tu es garant du Prestige et de l'Intérêt du Cameroun dans le Monde, tu es un des comptables et responsables immédiats de cette situation déplorable. Voici ce que dit dans l'étude suscitée notre ami et frère Essimi Menye, Ministre des finances à cet effet. cf. 1: Impact sur le Budget de l'Etat de l'accord intérimaire vers l'Accord de Partenariat Economique (APE) entre l'UE et les pays de l'Afrique centrale VOLUME I Août 2008 (Ministère des finances)

Diagnostic de la structure de production

« Le diagnostic de la structure de production donne une vue partielle du niveau de compétitivité et de performance actuelle de l'économie camerounaise. La structure de production est caractérisée par l'existence d'un important secteur informel contribuant ces dernières années à environ 50% du produit intérieur brut (PIB) et d'une composante formelle constituant la quasi-totalité de la base imposable. La contribution secteur pétrolier atteint environ 50% des recettes d'exportations même si la production pétrolière est dans une tendance baissière malgré de fortes hausses des prix sur le marché international. »

Tableau 1 : Evolution de la production de 2000 à 2006

	2000	2001	2002	2003	2004	2005	2006
Variation en % (taux de croissance)							
PIB	4,2	4,5	4,0	4,0	3,7	2,3	3,2
PIB hors agriculture	4,2	4,7	3,9	4,2	3,6	2,2	3,4
VA formelle	3,1	2,3	2,3	3,3	2,0	2,8	4,6
VA informelle	5,4	7,0	5,9	4,7	5,4	1,8	1,8
VA informelle hors agriculture	7,1	8,2	6,3	5,1	5,8	1,3	1,6
En % du PIB							
Informel	46,8	47,3	48,4	49,3	49,6	50,5	50,2
Informel hors agriculture	37,9	39,0	40,3	41,2	41,6	42,5	42,2

« Hors pétrole, l'activité économique au Cameroun demeure timide et les taux de croissance du PIB oscillent en moyenne autour de 3,5%. »

Ce qui serait aberrant dans d'autres pays est accepté au Cameroun : des commerçants et autres vendeurs de cacao, des licenciés es lettres et autres administrateurs civils deviennent entrepreneurs de travaux publics alors que des ingénieurs formés à cet effet sont appelés à aller battre campagne au nom du parti au Pouvoir pour obtenir le droit de gagner un peu d'argent pour la subsistance de leurs familles.

La suite est inéluctable : les routes sont mal façonnées ou pas réalisées du tout. Comme corollaire du mauvais état des routes au Cameroun il apparaît deux conséquences directes :

- les produits de la terre pourrissent sur place chez l'agriculteur qui perd ainsi parfois une récolte entière, d'autant plus que nos paysans n'ont aucune capacité de stockage.

- Les produits de la terre sont bradés par les paysans, entre autres, aux courageuses « Bayam-Sellam » qui bravant le mauvais état des routes, la pluie et autres intempéries, couchant à la belle étoile sur les ridelles inconfortables de camions poussifs et délabrés ne répondant pas aux normes de sécurité les plus élémentaires, loués au prix fort, servent de relais entre les récoltes des villages et les garde-mangers des villes.

Voici ce que dit encore une fois notre ami et frère Essimi Menye, Ministre des finances à cet effet dans le même rapport cité plus haut :

1.1.1 STRUCTURE DU SECTEUR RURAL

« Dans le secteur primaire, à côté d'un secteur moderne où l'on retrouve quelques exportateurs, il y a un secteur traditionnel ou informel ayant recours aux techniques culturales dépassées. .....L'état des réseaux de communication en milieu rural n'est pas satisfaisant. Cette situation est préjudiciable aux producteurs. Les infrastructures collectives de stockage sont déficientes surtout en zone rurale. Cette situation engendre des coûts de transaction élevés, limite fortement le pouvoir de négociation des petits producteurs et réduit leur part dans la valeur ajoutée et donc leur capacité à investir. Les cultures d'exportation agricoles traditionnelles (cacao, café arabica, café robusta) ont souffert depuis quelques années d'une certaine désaffection. Cette évolution était imputable pour l'essentiel, à l'instabilité des prix à la production et au faible pouvoir de négociation des planteurs face aux négociants ».

1.1.2 DIAGNOSTIC DU SECTEUR SECONDAIRE

Le secteur industriel fait face à un environnement en constante évolution marqué par les difficultés d'accès aux capitaux internationaux et à la technologie. A ces obstacles externes s'ajoutent des problèmes internes non encore résolus tels la sous-utilisation des capacités de production installées et le vieillissement des équipements... On relève par ailleurs l'absence d'incitation à l'investissement (pas encore de codes sectoriels prévus par la Charte des investissements en République du Cameroun).Le manque de compétitivité des industries s'explique aussi par le mauvais état des infrastructures des transports et de communication et le déficit énergétique.

1.1.3 SECTEUR DES SERVICES

Le niveau de développement des infrastructures de communication reste insuffisant. Beaucoup reste à faire pour la promotion des technologies de l'information et de la communication (TIC) comme un outil primordial de développement des entreprises. L'ensemble des infrastructures de transport terrestre demeure très peu développé. Le réseau routier en place du reste insuffisant est confronté aux problèmes d'entretien ».

Le Parti au Pouvoir, ton Parti Henri, humilie au quotidien les camerounais de tous grades, sans exclusive.

Ton Parti n'observe pas la devise du Cameroun : Paix, Travail, Patrie. La stabilité économique et sociale du camerounais est un vœu pieux, voire une incantation païenne. Hormis les membres du Comité central de ton Parti, cher Henri, exception faite de quelques commerçants et hommes d'affaires qui permettent de financer les campagnes électorales folkloriques de ton Parti sans thématique éthique et sans programme politique, exception faite de certains haut fonctionnaires triés sur le volet, l'immense majorité des camerounais ne sait pas de quoi ses lendemains seront faits. Il n'existe pas de classe moyenne au Cameroun. On connaît des camerounais très riches mais très peu nombreux et des camerounais pauvres ou très pauvres mêmes si certains par fierté essayent de donner le change. L'accès au crédit reste une exception d'abord réservée à « ceux qui mouillent leur chemise » pour le Parti au Pouvoir. Au Cameroun on ne peut accéder à la stabilité économique, financière et sociale que pour et après services rendus au Parti au Pouvoir.
Au Parti des démocrates Camerounais nous nous demandons pourquoi un jeune de 25 à 35 ans qui entre dans la vie et commence à travailler, sachant qu'il a trente ans d'activité professionnelle devant lui ne peut bénéficier d'emblée d'un crédit pour s'acheter un terrain, construire une maison et s'installer dans la vie. L'accès au crédit est fermé aux camerounais, le rôle du créditeur structurel communément appelé banquier est d'aider le citoyen à structurer sa vie et non pas de spéculer, en ne prêtant qu'aux commerçants réalisant des opérations obscures à la limite de la légalité pour multiplier leur mise.

Le Monde en parle aujourd'hui au quotidien : la spéculation tue la banque. Il est temps de revenir aux fondamentaux du système bancaire. Voici ce que dit notre ami et frère Essimi Menyé, Ministre des Finances dans l'étude évoquée plus haut :

« Le secteur des services financiers est pleinement intégré à la sous-région CEMAC, par la réglementation commune en ce qui concerne le système bancaire et, grâce au code CIMA pour les assurances. Le paysage bancaire du Cameroun, composé de 12 banques, reste en général liquides et suffisamment capitalisées par rapport à l'évolution de leurs risques. Toutefois, la problématique du financement de l'économie demeure en raison de la frilosité des banques. Le secteur des Services connaît un certain nombre de problèmes susceptibles d'entraver les activités des opérateurs du commerce. La faiblesse des capacités humaines pour faire face à la libéralisation du commerce des services financiers constitue une entrave réelle à la pénétration des marchés étrangers (incapacité à détecter les créneaux et à assumer les risques). »

Mais ton Parti, cher Henri, ne réagit pas. Le seul spectacle qu'offre ton Parti au Cameroun et au Monde reste celui d'hommes et des femmes dansant sur une chorégraphie grotesque au départ et au retour du Chef de l'Etat lors de ses nombreux voyages. Le second type d'activités dans lequel excelle ton parti consiste à rédiger des motions de soutien au chef de l'Etat Paul Biya. Le Parti des démocrates Camerounais inscrit le plein emploi dans son programme et fera des Camerounais des propriétaires. Ce que ton Parti composé d'égoïstes n'a pas su faire. Un père de famille, une mère de famille, un homme, une femme, un citoyen, une citoyenne qui végètent dans la précarité ne vivent pas en Paix. Ils affrontent une guerre quotidienne, cher Henri, la guerre que leur livre ton Parti pour les rendre dépendant d'un système politique que les camerounais dans leur immense majorité rejettent désormais avec la dernière énergie. On peut affirmer ici sans risque de se tromper que le Parti au Pouvoir ne compte pas dans ses rangs des Hommes de Paix.

Travail

Henri, ton Parti conserve seul et sans partage la charge et la responsabilité des affaires publiques depuis 27 ans, tu l'as rappelé à Monatéle le 12 septembre 2009 : en déclarant que tu soutenais le Président Paul Biya « Parce que c'est le père fondateur du Rdpc qui est le détenteur et le gestionnaire du pouvoir de nomination et d'investiture ». cf. l'Article de M. Bitongo « Les Elites de la Lékié humiliées à Monatélé ».

Tu évoques certainement ici l'article 8 alinéa 8, 9 et 10 de la constitution : « Le chef de l'Etat exerce le pouvoir réglementaire. Il crée et organise les services publics de l'Etat. Il nomme aux emplois civils et militaires de l'Etat. »

Cher Henri, Le chef de l'Etat, depuis 27 ans, est de ton Parti.

Le Pouvoir, personne ne vous a empêché de l'exercer depuis 27 ans. Ton parti politique a confisqué le Pouvoir mais il ne sait quoi en faire. Ton Parti ne travaille pas. Si c'était le cas, cela se constaterait à l'essor économique du pays, cela se mesurerait par le panier de la ménagère, cela se saurait par l'état de nos routes, l'entretien des bâtiments et autres édifices publics, la propreté de nos villes, l'urbanisation de la nation, la création d'écoles, de collèges, de lycées et d'universités gratuites, de centres hospitaliers régionaux, départementaux et d'arrondissements. Le bonheur des camerounais se verrait si ton Parti travaillait bien.

Voilà encore une fois ce que dit notre ami et frère, Essimi Menye, Ministre de l'économie et des Finances : *« Le niveau de développement des infrastructures de communication reste insuffisant. Beaucoup reste à faire pour la promotion des technologies de l'information et de la communication (TIC) comme un outil primordial de développement des entreprises. L'ensemble des infrastructures de transport terrestre demeure très peu développé. Le réseau routier en place du reste insuffisant est confronté aux problèmes d'entretien. Le secteur du chemin de fer a été concédé pour une période de 20 ans à la société privée CAMRAIL. Si le réseau est insuffisant et inadapté, la qualité du service n'a pas connu des améliorations déterminantes (réduction des délais et des coûts)... »*

La mise en place d'une véritable politique d'économie rurale qui permettrait enfin l'amélioration des conditions de vie dans nos villages et campagnes se fait toujours attendre. Les hommes et les femmes de nos campagnes plantent de l'arachide et du maïs à travers tout le territoire mais ce secteur n'a jamais été développé à l'exemple du Sénégal, du coton au Nord, du café dans l'Ouest et l'Est, de la banane dans le littoral, l'Ouest, le Centre et le Sud, du cacao dans le Centre et le Sud, du palmier à huile dans le Nord-Ouest et de manière disséminée dans tout le pays mais après quarante deux ans de colonisation et cinquante ans d'indépendance les usines de transformation de ces produits dans les régions mêmes où ils sont cultivées font défaut à nos paysans. Des unités de transformation modernes répondant aux normes internationales seraient autant de sources de revenus supplémentaires pour les paysans de nos régions. Ils passeraient peut être la matinée aux champs et l'après midi à l'usine. Nos municipalités qui souffrent d'une absence chronique de sources de prélèvement fiscal trouveraient un souffle nouveau. L'exode rural connaîtrait un frein et nos campagnes pourraient recommencer à vivre et à s'épanouir. Sauf erreur ou omission de ma part, hormis dans les villes de Yaoundé, Douala, Limbé et peut-être Nkongsamba, Bafoussam et Maroua il n'existe dans aucun des 58 départements que compte le Cameroun, il n'existe dis-je, aucune entreprise privée camerounaise qui emploierait plus de cinquante personnes avec salaires déclarés auprès de la CNPS.

A qui la faute, Henri ? : à ton Parti.

Henri, ton Parti ne sait pas travailler et n'observe pas encore une fois une des valeurs de notre devise : Paix, Travail, Patrie.

Le Chef de l'Etat Paul Biya qui est aussi chef de ton Parti en a pris fait et cause en déclarant lui-même, le 30 juin 2009 que le pays est figé dans l'inertie. Par qui ? Henri, par tes camarades de Parti.On peut affirmer ici sans risque de se tromper que le Parti au Pouvoir ne compte pas dans ses rangs des Adeptes du Travail.

Patrie

Le Cameroun assiste depuis deux ou trois ans à une gesticulation frénétique à fort potentiel médiatique. Les effets d'annonces sont nombreux pour un gain nul pour les caisses de l'Etat. Personne « n'a rendu gorge » à ce jour pour reprendre l'expression coloré du Chef de l'Etat Paul Biya. Car rendre gorge signifie vomir tout ce qui a été englouti et ingurgité par un goinfre. Sauf erreur ou omission de ma part, pas un sou vaillant n'a été restitué à l'Etat camerounais depuis le début de ces opérations d'épuration très médiatisées. Mais des hommes sont derrière les verrous pour avoir osé défier celui qui les a politiquement inventés. Ces hommes et plusieurs autres encore en liberté tous membres de ton Parti, cher Henri, dont le devoir était de servir la Nation se sont servis de l'Etat pour se perpétuer au pouvoir après le départ de l'actuel chef d'Etat. Ces hommes et tous ceux de ton Parti – et ils sont nombreux - qui agissent ainsi ne peuvent pas prétendre être des Patriotes et aimer la Patrie Camerounaise. On peut l'affirmer ici sans risque de se tromper que le Parti au Pouvoir ne compte pas dans ses rangs des Patriotes.

Dans une correspondance rédigée le 10 novembre 2008 dans le journal «Mutations» tu déclares ce qui suit :

« L'émergence progressive d'un "consensus national"... pour la sauvegarde de la " paix civile "... des expériences négatives, lointaines ou récentes, des autres pays africains ne peuvent manquer de nous instruire, de façon à nous prémunir contre le " spectre du chaos ", et contre toute perméabilité aux " sirènes de la division " ou des conflits ethnico régionaux»

Ton parti et toi avez refusé le consensus national en dénonçant de façon tacite les accords de la Tripartite. On y était tous les deux, Henri, du 30 octobre 1991 au 13 novembre 1991. Ton parti n'a pas tenu parole. Sitôt l'ouragan de la contestation calmé après des promesses fallacieuses, vous avez opté pour un retour pur et dur au monolithisme politique. Un ministre de la république qui plus est a à charge les relations extérieures ne devrait point se commettre dans une politique de clocher. Le Ministre des relations extérieures du Cameroun a pour seul village le Cameroun. Il n'est pas le délégué départemental d'un Parti au Pouvoir. Toi, le Ministre de la République, chargé des relations extérieures, tu t'es comporté le 12 septembre 2009 à Monatélé en délégué départemental d'un Parti en déclin. Tu as adopté un comportement à caractère ethnico régional en faisant hurler les sirènes de la division et de la haine. Moi, Louis Tobie Mbida, Président du PDC, je parle ici au nom du Cameroun qui souffre à Bamenda, à Maroua, à Ngaoundéré, à Bafoussam, à Bertoua, à Ebolowa, à Yaoundé, à Limbé, à Garoua et à Douala. On ne peut pas balkaniser la douleur et la souffrance des peuples.Le Parti au Pouvoir au Cameroun depuis 27 ans, réalise la déconstruction systématique de son propre discours par ses carences, ses incohérences, son inconséquence, son inaptitude à la démocratie et son incapacité chronique à impulser le progrès par une réflexion réelle sur les grands dossiers de la nation, par un refus du dialogue et par le rejet des contributions de toutes natures provenant d'hommes et de femmes refusant les méthodes du Parti unique et son manque d'horizon politique, économique et social. Compte tenu de ce qui précède, cher Henri, je puis affirmer ici que, ton comportement et celui de tes camarades de Parti n'est pas camerounais car n'obéissant pas à le devise : Paix - Travail - Patrie. Il est donc étonnant et surprenant que tu puisses me qualifier, moi, de « Partenaire … étranger »… Il ne faut pas aller solliciter des partenaires à l'étranger pour venir affronter le président Paul Biya » as-tu déclaré le 12 septembre 2009 à Monatélé. « C'est une escroquerie politique qu'il faut éviter » as-tu ajouté. En fait d'escroquerie politique, seul ton parti la pratique depuis 27 ans.

Le Parti au Pouvoir est incapable de tenir parole et d'honorer ses engagements. Il n'est pas nécessaire d'être juriste pour comprendre que ne pas tenir parole et ne pas honorer ses engagement c'est pratiquer de l'escroquerie. Le RDPC escroque les Camerounais depuis 27 ans, il est temps que cela s'arrête. Tu oses déclarer de surcroît dans un article paru dans Mutations le 10 novembre 2008 que « le 1er septembre 1966 : avènement du "monopartisme de fait", par la fusion de tous les partis existants » est une grande date dans l'histoire du Cameroun. En affirmant cela tu insultes la mémoire de Messieurs Ouandie Ernest, Takala Célestin, Wambo Le Courant, Upécistes fusillés le 15 Novembre 1971, tu insultes, tous les militants du Parti des Démocrates Camerounais morts à Mantoun, Tcholliré et Mokolo après 1966. Les souffrances endurées par les Upécistes et les Démocrates Camerounais démentent absolument ton assertion. Le parti des démocrates Camerounais n'a jamais fusionné avec qui que ce soit, l'UPC non plus. Les militants du Parti des démocrates Camerounais ne se seraient pas retrouvés à Mantoum, Tcholliré et Mokolo si le PDC avait fusionné avec l'UNC. Melanga Martin, mon oncle qui fut aussi le tien ne serait pas mort dans des circonstances obscures en 1970 à Tcholliré. André Marie Mbida n'aurait pas été mis en résidence surveillée le 3 août 1968 après être sorti de prison politique le 29 juin 1965 s'il avait fusionné avec l'UNC. Un homme ayant atteint le degré de responsabilité qui est le tien devrait éviter de tenir des propos comme ceux que tu as rédigés dans ta correspondance du 10 novembre 2008. Cela n'est pas digne de toi, cher Henri. Tu affirmes toujours dans ta correspondance du 10 novembre 2008 qu'au « plan du fonctionnement pratique des institutions politiques : on peut retenir la reconnaissance de fait de la "fonction tribunicienne" de l'opposition républicaine, à travers le droit de cité conféré aux partis politiques légalement reconnus et représentés ou non au sein des organes de l'Etat » et pourtant le 12 septembre 2009 à Monatelé, tu t'es permis en des termes violents de fustiger l'opposition et de lui interdire le droit de cité dans la Lékié. Cher Henri, tu étais à l'époque Ministre de l'urbanisme et de l'habitat lors de la relégalisation du Parti des démocrates Camerounais en 1991. En Février 1991, Je t'ai appelé, nous nous sommes retrouvés et je t'ai fait savoir que le Parti des Démocrates Camerounais allait être relégalisé par mes soins. Je ne voulais pas que tu l'apprennes par la Presse parce qu'au village à Zoatoubsi nous restons frères. Si je suis candidat aux élections Présidentielles de 2011, ne t'inquiètes pas, tu le sauras avant l'annonce officielle dans les médias. Le Parti des Démocrates Camerounais ne s'est pas encore penché sur cette question, estimant qu'il y a, en ce moment, plus urgent à faire.

Ce que je peux t'affirmer au 25 septembre 2009 c'est que s'il est vrai que j'ai demandé de voter pour le Président Paul Biya en 1992, je demande désormais à tous les Camerounais de manière ferme et définitive de voter contre lui en 2011. Le plus important à la date d'aujourd'hui n'est pas de savoir qui sera candidat contre Paul Biya en 2011 mais d'expliquer point par point aux camerounais pourquoi il faut désormais un autre homme et un autre parti politique à la tête de l'Etat du Cameroun. L'opposition doit se restructurer, c'est ce travail qui importe. Tout le reste : le rapport du comité contre la faim, les voyages du chef de l'Etat, Elecam, la chasse aux prévaricateurs, tout cela n'est que diversion. Henri tes « intérêts personnels t'obligent à rester dans la Parti au Pouvoir » ce fut ta réponse en février 1991 quand je vins t'annoncer la relégalisation du PDC mais tes intérêts personnels ne correspondent pas aux intérêts de tout un peuple qui souffre de carences de diverses natures dues à l'incurie et à la désinvolture de quelques hommes dont tu fais partie. Tu évoques dans ta correspondance du 10 novembre 2008 dans « Mutations » : « le renforcement continu de la " culture du respect du verdict des urnes " et tu poursuis en disant « Cinquième élément clé : l'existence implicite d'un " Agenda Politique du Président de la République pour la Paix et l'Unité, la Démocratie et la Prospérité au Cameroun " ». Ton parti n'a jamais respecté le verdict des urnes, point n'est besoin d'épiloguer là-dessus et concernant l'agenda politique nous n'avons aucune garantie qu'il sera respecté. Compte tenu de tout ce qui précède, je suis donc étonné qu'au su et au vu de toutes ces insuffisances politiques et de l'échec patent de ton Parti à assurer le bien-être des Camerounais, tu oses encore te présenter devant les citoyens de notre Pays pour solliciter leurs suffrages pour ton candidat le Président Paul Biya.

Voilà pourquoi je te pose la question que je souhaiterais que tous les Camerounais posassent dorénavant à toi et à tous ceux qui se comportent comme toi, membres de ton Parti, dans chaque arrondissement, parmi les 266 que compte le Cameroun: « Est-ce vrai que tu signes et persistes, est-ce vrai que tu récidives dans l'erreur politique consistant à faire réélire le Président Biya une énième fois ? »

Voilà pourquoi je réitère ma question, comme au village à Zoatoubsi :
« IYEB DEU TÔ'O ?»

Louis-Tobie Mbida,

Président du Parti des Démocrates Camerounais. 1 octobre 2009 *www.blog-pdc-cpd.org*

Interview du 19 Novembre 2009 de Louis Tobie Mbida, Président du PDC

Propos recueillis par Innocent Blaise Ngoumgang du quotidien LE JOUR

Louis Tobie Mbida

Paul Biya m'a dit…

De son exil français, le président du Parti des démocrates camerounais révèle les dessous de la présidentielles de 1992. Tractations avec le chef de l'Etat, rencontre avec les candidats de l'opposition. Manœuvres dilatoires de Fru Ndi…

A la faveur de l'instauration du multipartisme en 1991, vous avez réhabilité le parti créé par votre père, André Marie Mbida, le Parti des démocrates camerounais et quelques mois plus tard, vous soutenez Paul Biya lors de la présidentielle d'octobre 1992. Mais on note aujourd'hui que votre parti ne considère plus le chef de l'Etat actuel comme l'homme de la situation. Comment expliquez-vous ce revirement aujourd'hui?

Chaque fois que nous nous élèverons de nos particularismes, de nos égoïsmes, de nos échecs et victoires personnelles pour les ajuster au niveau de l'humain en général, nous aurons contribué, d'une manière ou d'une autre, à faire avancer l'histoire de manière positive. La politique est une activité dynamique qui n'est ni de l'ordre du contemplatif ni de celui du statique. Le statique marque l'inertie, consigne l'inanimé et signe la fin du vivant. Que le Pdc ait évolué dans son analyse de la situation politique et socio-économique du Cameroun entre 1992 et 2009 nous paraît plutôt significatif, positif et déterminant. Cette démarche est aussi à considérer comme expression d'une maturation effective du Pdc. Ce mouvement que vous considérez comme revirement n'est par conséquent ni surprenant ni contre indiqué, ni contre nature, il s'inscrit dans l'ordre normal des choses politiques camerounaises. Le Parti des démocrates camerounais créé le 12 janvier 1958 par André Marie Mbida, Matthias Djoumessi et Joseph Yakana est un parti politique de gouvernement qui a donné au Cameroun oriental son premier chef d'Etat, mais qui a sacrifié aussi au Cameroun indépendant son premier prisonnier politique illustre en la personne de M. André Marie Mbida.

Justement, revenons sur les raisons de l'embastillement de votre père…

Ce qui aura marqué le rôle politique essentiel de M. André Marie Mbida après l'indépendance au 1er janvier 1960 aura été sa vive opposition déterminée, définitive et sans appel au Parti unique imposé par M. Amadou Ahidjo. Mbida va en subir les conséquences politiques, matérielles, physiques et physiologiques. Les militants du Pdc et leur leader vont se retrouver soit en prison à Banyo, soit en résidence surveillée, soit dans les camps de rééducation civique de Mantoun, de Tcholliré et de Mokolo. Cette période fait désormais partie intégrante de notre histoire collective. Des chercheurs et universitaires tels que Minkoa She, Matthias Owona Nguini, Luc Sindjoun, Bayart, Richard Joseph, Levine, Fogui et autres se sont penchés sur la crise politique de 1960 à 1962 au Cameroun. Au Pdc, en tout cas, nous n'avons aucune rancune ni rancœur par rapport à cette période de l'histoire du Cameroun et ne demandons réparation à personne ni maintenant ni dans le futur.

Comment donc expliquer votre soutien à Paul Biya en 1992, alors qu'il n'est que l'héritier du système qui a broyé votre père ?

Lorsque moi, Louis Tobie Mbida, je prends la direction du Pdc en 1991, les hommes que je trouve aux affaires et qui détiennent le pouvoir tant exécutif que législatif au Cameroun de 1991 sont en effet les mêmes que ceux qui ont connu, provoqué et entretenu les crises entourant la lutte pour la monopolisation du pouvoir post-colonial en 1962. Le toilettage politique en surface que réalise le Rdpc le 23 mars 1985 à Bamenda ne saurait nous faire oublier que le Rdpc aura été l'Unc du 1er septembre 1966 au 23 mars 1985 et que l'Unc aura été l'Uc du 2 mai 1955 à Garoua jusqu'au 1er septembre 1966 à Yaoundé. Je laisse aux chercheurs en sciences juridiques, en sociologie politique, en sciences politiques et en histoire le soin d'analyser en profondeur au point de vue juridique, sociologique, philosophique, historiographique, épistémologique et empirique les faits et les méfaits du parti Uc/Unc/Rdpc sur le Cameroun de ces cinquante dernières années. Comme enfant, comme adolescent, comme jeune citoyen et témoin de l'histoire je n'en garde pas un souvenir ému et positif. La question qui demeure est de savoir si «les choses passées, sont dépassées». Pour moi, Louis Tobie Mbida, fils d'André Marie Mbida, je dis oui, elles sont dépassées : je ne regarde plus derrière moi. Voilà pourquoi en 1992, conscient que l'affrontement avait assez duré entre les hommes du pouvoir à Yaoundé et les Démocrates, je vais faire table rase du passé et demander aux uns et aux autres de nous asseoir sur la table de négociations avec les hommes du pouvoir Uc/Unc/Rdpc. J'ai convaincu la majeure partie des compagnons de route d'André Marie Mbida du bien fondé de cette démarche. Mais c'était sans compter avec l'irrédentisme et l'intransigeance politiques des hommes au pouvoir depuis 1960 qui voyaient en moi essentiellement le fils de l'homme qui leur avait donné du fil politique à retordre. Pour le Rdpc et son chef le président Paul Biya, Louis Tobie Mbida est resté le fils du rebelle à qui le pouvoir Uc/Unc/Rdpc ne peut pas faire confiance. Ce qui est valable pour moi l'est en définitive pour tous ceux qui, un jour, ont combattu ce régime quel que soit leur bord politique. Le pouvoir Rdpc n'a jamais voulu de réconciliation nationale. Force est de le reconnaître aujourd'hui de manière définitive. Au Pdc, nous avons tendu la main et le Rdpc nous a crâché dans la paume. De nombreux camerounais ont subi le même sort. La majorité présidentielle n'a été qu'un leurre vide de tout sens politique, pas de notre fait mais du seul fait du Rdpc. Le Rdpc pratique la politique du mensonge, elle est immorale et négative. Avec le recul il est à reconnaître que 1992 fut une improvisation politique absolue et totale au seul bénéfice du RDPC et au détriment entier de l'opposition renaissante. Les partis politiques sont à peine structurés quand ils sont invités à participer aux suffrages après trente deux ans de dormance politique et de clandestinité revendicative de droits, de liberté et de démocratie.

Jusqu'à présent, on ne comprend pas pourquoi votre préférence pour Paul Biya plutôt que pour Fru Ndi, Bello Bouba Maïgari ou Adamou Ndam Njoya, pour ne citer que ces autres candidats à la présidentielle de 1992

Aux élections présidentielles de 1992, je fus à la base d'un mouvement regroupant 26 partis politiques qui s'appellera sur le plan formel l'Ord (opposition républicaine et démocratique) mais sera connu sous la dénomination « Groupe de Mbankolo », quartier que j'habitais à Yaoundé à cette époque. Le groupe de Mbankolo, quoique fort de 26 partis politiques, n'a pas de candidat en son sein. Nous allons approcher des personnalités indépendantes telles que Monsieur Doh Kingue, fonctionnaire international. Nous réfléchirons sur Messieurs Bamela Engo et Eteki Mboumoua. Ces approches ne donneront pas de suite. Nous nous tournerons enfin vers les quatre candidats majeurs des quatre partis politiques que sont le Sdf, l'Undp, l'Udc et le Rdpc : soient vers MM. Ni John Fru Ndi, Bello Bouba Maïgari, Adamou Ndam Njoya et Paul Biya. Nous rencontrons M. Bello qui se présente à Mbankolo pour débattre de son programme politique. Un point essentiel va inquiéter le groupe de Mbankolo quant au discours de Bello : ce sera la gestion de l'après 6 avril 1984. Bello ne saura pas nous dire clairement ses intentions concernant sa gestion future comme chef de l'Etat camerounais de cette triste période de notre histoire. Adamou Ndam Njoya va rencontrer à son tour le groupe de MBankolo mais son discours sera confus, nébuleux, sans contours. L'homme, si nous respectons tous sa probité, est aérien, trop aérien. Il n'a pas de charisme et semble timide quand il s'adresse au groupe. Il nous exposera la nécessité d'une période de transition dont nous ne comprendrons ni la nécessité ni l'agencement.

Monsieur Ni John Fru Ndi, président du Sdf et non point de la République du Cameroun, nous donnera plusieurs rendez-vous mais ne se présentera pas une seule fois à Mbankolo. Nous allons faire savoir à ses collaborateurs que nous sommes prêts à aller à sa rencontre à l'endroit où il le souhaitera n'importe où au Cameroun. Il nous fera connaître différentes dates mais n'en honorera aucune. M. Hameni Mbieleu représentant l'Arc-Cns et ensuite l'Union pour le changement arrive à Mbankolo et nous propose à tous une profusion de postes ministériels à l'encan. Ce que nous retiendrons c'est que Fru Ndi est un homme fruste et méprisant dont l'arrogance est démesurée. Bien avant même qu'il n'accède à la magistrature suprême, il montre déjà du mépris et de la désinvolture à l'égard de ceux qu'ils considèrent à tort ou à raison comme moins puissants que lui. Tout cela n'était pas très sérieux. Je vais personnellement rencontrer le Président Paul Biya, chef d'Etat en exercice, trois fois au moins entre le 18 juillet 1991 et le mois d'octobre 1992. Il enverra plusieurs émissaires nous solliciter et recevra lui-même le groupe de Mbankolo à Monatele en octobre 1992.

Au cours de ces rencontres, de quoi avez-vous discuté avec le candidat Biya ?

J'ai posé à ces différentes rencontres, le problème fondamental des élections libres, démocratiques et transparentes, j'ai posé le problème de la révision constitutionnelle, j'ai posé le problème de la pauvreté, de la justice sociale et de la redistribution des richesses, j'ai posé la question de l'expatriation des fonds, j'ai posé le problème d'une rencontre tripartite en remplacement de la conférence nationale souveraine, j'ai posé le problème de la révision du statut de la fonction publique face à la corruption qui gangrenait déjà le pays en 1991, j'ai posé le problème de la communication sociale et de l'accès aux médias, j'ai posé au chef de l'Etat la question de la démocratie participative et de la réconciliation nationale.

Quelle a été la réponse de Paul Biya à ces différents problèmes ?

A toutes ces questions il a apporté son assurance et confirmé qu'il le fera. Je me rappelle du 19 juillet 1991, nous sommes assis sur deux canapés à angle droit. Le chef d'Etat me demande: «Que faut-il faire pour mettre un terme aux villes mortes, quel est le problème?». Je lui réponds: «Sauf votre respect, Excellence, le problème, c'est vous. Vous avez laissé s'installer dans la nation des disparités économiques et sociales, voilà pourquoi aujourd'hui des Camerounais qui ont acclamé en 1982 votre avènement souhaitent désormais votre départ». Le président, apparemment imperturbable me répond: «Quand j'ai nommé Nomo Ongolo, Andze Tsoungui et Ntsama Etienne, c'était justement pour mettre un terme à toutes ces inégalités dont vous parlez, mais les résultats se font toujours attendre» A la fin de cet entretien de 1991, au moment de nous quitter, il me déclare de but en blanc: «Ils veulent tous que je parte mais, avant de partir, je veux laisser la maison en ordre». C'était le 19 juillet 1991 et, ce jour de novembre 2009, au moment où je réponds à vos questions, la maison Cameroun n'est toujours pas en ordre mais le président Biya, à en croire sa «Lettre aux Camerounais» du 3 novembre 2009, semble demander encore au moins un septennat pour «mettre la maison en ordre». Mes petits neveux des banlieues diraient devant cette énième proposition de candidature: «c'est du foutage de gueule, tonton». La réponse à la question de savoir pourquoi il faut voter désormais contre le Président Paul Biya est multifactorielle mais univoque : le Président Paul Biya n'est plus la solution parce qu'il fait partie du problème camerounais.

Je note que vos pourparlers n'ont pas été sanctionnés par un accord politique formel. Quels arguments, au-delà des promesses vagues faites au cours de vos rencontres, aviez-vous en 1992 pour le soutenir?

Nous l'avons soutenu en 1992 parce que le Pdc de 1992 ne voulait pas apparaître comme l'héritier d'affrontements anciens et périmés dans la lutte pour l'acquisition du pouvoir post-colonial immédiat tel qu'en 1962. Par ailleurs, moi Louis Tobie Mbida, jeune médecin de 36 ans, j'estimais être tout simplement trop jeune pour le poste et la charge. Je ne disposais pas dans le pays et hors de nos frontières d'un réseau relationnel assez riche et dense pour gérer le Cameroun de 1992. J'ai par ailleurs, pour la fonction de chef de l'Etat du Cameroun un très grand respect. Je le dis ici et cela s'appelle de l'honnêteté intellectuelle, politique et citoyenne. Des quatre candidats majeurs de 1992 qui étaient Ni John Fru Ndi, Bello Bouba Maïgari, Adamou Ndam Njoya et Paul Biya, il était le seul à pouvoir garantir la stabilité civile et un minimum de consensus entre les Camerounais en cette période trouble et incertaine de 1992. Autour de lui, il y avait des hommes comme Sadou Hayatou, Achidi Achu qui étaient de fins diplomates et des hommes de raison sur qui on pouvait compter.

Nous étions convaincus qu'au lendemain des élections de 1992, le Président Paul BIYA, sachant que le Cameroun avait été au bord de l'explosion en 1991, que son parti était minoritaire dans la nation – il n'avait pas fait 50 % des suffrages, il le savait - nous étions convaincus que le bon sens et le patriotisme lui dicteraient une véritable démocratie participative et une réconciliation nationale. Les chantiers étant nombreux dans la nation, lui-même l'ayant reconnu au cours de diverses conversations et tête à tête que j'avais eus avec lui, j'étais convaincu que je pouvais lui faire confiance quand à sa volonté d'instaurer une véritable démocratie participative ou tous les Camerounais allaient pouvoir s'investir tout en conservant leurs étiquettes politiques propres. Nous l'avons soutenu parce que ayant informé nos militants après chaque rencontre avec un des quatre candidats majeurs de 1992, les militants du Pdc à la suite d'un congrès extraordinaire en octobre 1992 vont choisir le Président Biya. Nous l'avons soutenu parce que, en définitive nous avions compris que pour M. Fru Ndi, l'opposition camerounaise était géographique et régionale avant d'être politique et nationale. Nous restons convaincus aujourd'hui encore au Pdc, que nul n'a le droit de balkaniser la misère, la pauvreté, la désolation, la ruine, la douleur, la souffrance et la désespérance des peuples.

A l'époque, on disait que Paul Biya est réceptif au changement, mais que le problème vient de son entourage…

Le président Paul Biya sera entouré durant cette période de dix hommes et une femme qui seront particulièrement contre toute ouverture :Titus Edzoa, Gilbert Andze Tsoungui, Charles Onana Awana, Ferdinand Oyono, Edouard Akame

Mfoumou, Augustin Kontchou Kouomegni, Tchouta Moussa, Niat Njifenji, Grégoire Owona, Mme Yao Aissatou et Joseph Charles Doumba. Ils seront particulièrement opposés à tout changement. J'avoue avec le recul de 19 ans que nous avons été naïfs, nous nous sommes laissé berner et tromper par le Rdpc, mais nous étions de bonne foi.

Pourquoi avez-vous quitté le Cameroun au lendemain des élections présidentielles et législatives pour vous installer en France ?

Je suis parti du Cameroun le 7 juillet 1997, au lendemain des élections législatives du 19 mai 1997. Je n'étais plus au Cameroun quand se déroulaient les élections présidentielles de 1997. En d'autres termes, les seules élections présidentielles que j'ai vécues sous l'ère Biya sont celles de 1992. Après les élections législatives tronquées du 17 mai 1997 au Cameroun, j'ai décidé de quitter la scène politique nationale camerounaise et de me mettre en réserve de la République. Je n'ai pas quitté le Cameroun le 7 juillet 1997 parce que je craignais pour ma vie mais j'ai refusé de sombrer dans la banalité, l'insipidité, la forfaiture, la perte de repères, la dissipation des idéaux et la dilution de ma singularité voulues et programmées par le pouvoir Rdpc. J'ai réactivé mes contacts universitaires en Europe et me suis envolé du Cameroun le 7 juillet 1997.

Pour un exil doré?

J'emportais avec moi une valise dans laquelle j'avais entassé trois costumes, des chemises et du linge de corps. J'avais jeté en bandoulière sur une épaule, un grand sac de voyage dans lequel j'avais mis des documents et mes diplômes. Quand j'arrive le 8 juillet 1997 à l'aéroport de Frankfurt les amis allemands sont là qui m'attendent. J'ai laissé derrière moi ma belle et jeune épouse Christiane qui m'a rejoint plus d'une année après. J'ai abandonné le confort douillet d'une villa de 14 chambres à Mbankolo, chauffeurs et garde du corps, berlines allemande, 38 collaborateurs, une clinique, une école de formation d'infirmières, une concession à Yaoundé Mbankolo dotée d'un beau jardin verdoyant où je vivais entouré d'une maisonnée me mettant à l'aise en satisfaisant à mes moindres désirs. Si mon exil peut être considéré aujourd'hui, par certains comme doré, alors je me le suis doré tout seul en me battant comme j'ai toujours su le faire en travaillant comme médecin.

On peut vous reprocher d'avoir abandonné le champ politique au Rdpc?

J'ai compris après les législatives de 1992, les présidentielles de 1992, les municipales de 1996 à Elig Mfomo et les législatives de 1997 que le Rdpc n'avait programmé qu'une seule et unique solution finale pour toute l'opposition : nous épuiser, nous ridiculiser, nous ruiner financièrement et nous clochardiser pour enfin montrer et désigner les uns et les autres à la vindicte populaire en déclarant que les opposants sont tellement pauvres qu'ils sont tous compromis dans des histoires de dessous de table et d'argent sale. L'objectif du Rdpc est de dégoûter définitivement les camerounais de la politique. J'ai compris que pour le Rdpc et les membres du comité central du Rdpc il n'est pas question de laisser le Pdc et Louis Tobie Mbida accéder au moindre poste politique. Même le poste minimaliste de conseiller municipal dans l'arrondissement d'Elig-Mfomo, contrée perdue au fin fond de la forêt camerounaise devient un enjeu politique de taille, «un joyau politique» à protéger et à conserver par tous les moyens par le RDPC, ses caciques et ses dirigeants quand Louis Tobie Mbida s'y intéresse politiquement. Tout est mis en oeuvre pour que l'engagement politique de Louis Tobie Mbida ne débouche sur aucun poste politique en mesure de lui donner l'opportunité de mettre en pratique le projet de société qu'il défend dans le respect des valeurs qui l'animent. Après 1992 où Louis Tobie Mbida a pourtant été un allié véritable lors de l'élection du président Paul Biya, toutes les énergies se mobiliseront pour empêcher le même Louis Tobie Mbida d'accéder au moindre poste électif quatre ans plus tard en 1996. Tout est mis en oeuvre avec la dernière énergie pour empêcher l'élection de Louis Tobie Mbida, fut-ce au poste, en principe sans envergure, de conseiller municipal d' Elig Mfomo. (...) La lutte est systématique, acharnée, violente et sans quartier de la part du RDPC quand il s'agit de combattre Louis Tobie Mbida. Pourquoi un tel acharnement, que craignent t-ils? Seul le Rdpc et ceux qui le dirigent le savent.

Quelles leçons retenez-vous de ces péripéties politiques ?

Aujourd'hui, moi personnellement, j'ai appris de Ruben Um Nyobe, de Félix Mounié, d'Ossende Afana, d'André Marie Mbida, d'Ahmadou Ahidjo, de Paul Biya, de Kemajou Daniel, d'Assiguena Fabien, d'Omgba Bissogo, d'Embolo Marguerite. La pensée spéculative se trouve désormais chez Eboussi, Jean Marc Ela, Luc Sindjoun, Matthias Owona, Minkoa She, Alain Olinga, Ngo Mountigui Esther, Abel Eyinga, Mongo Beti, Fogui, Achille Mbembe etc. J'ai appris par essais et par erreurs en étudiant et en observant tous ces hommes que je viens de citer et la liste n'est pas exhaustive. Lorsque le Maréchal russe Koutoussov bat en retraite devant les armées napoléoniennes en 1812 il est donné pour vaincu. Mais cette campagne de Russie va se terminer par une défaite pour Napoléon qui va connaître la Bérézina à son retour en France. Le RDPC a mis son rouleau compresseur en marche contre tous les opposants qui n'ont pour seul repli que le village de leurs ancêtres. J'ai la particularité non seulement d'être né en Europe, mais aussi d'y avoir fait mes études ; je compte des amis à travers le monde qui m'ont permis de battre en retraite et d'échapper au broyage auquel les hommes du pouvoir soumettent leurs adversaires politiques .Moi le fils de Mbida, mort aveugle dans d'atroces souffrances à 64 ans, j'en sais quelque chose, je l'ai vécu en direct durant toute mon enfance. Les leçons de l'histoire sont inscrites dans l'airain. J'ai appris de tous nos aînés. Un héros mort se pleure et s'honore, un homme politique vivant provoque et réalise l'alternance quand les conditions historiques et socio-politiques sont réunies. Là se trouve toute la différence.

Que répondez-vous à ceux des militants du Pdc qui estiment que vous avez fait acte de lâcheté en les abandonnant?

Je leur réponds que je suis présent et disponible. J'ai 53 ans, l'âge de la maturité, l'âge où il faut donner en retour tout ce qu'on a reçu, l'âge où on est prêt à entreprendre de grandes choses avec l'aide de la majorité quand les conditions historiques et socio-politiques sont réunies et l'exigent.

Comment justifiez-vous votre absence sur pratiquement tous les grands débats qui ont eu cours dans notre pays, notamment, les questions de modification de la constitution, les émeutes de février 2008 et l'Opération épervier...

Concernant la modification de la constitution, les émeutes de février 2008 et l'opération épervier j'en parle abondamment dans le livre à paraître dont le titre est : *« Cameroun. Les leçons de l'histoire : des années de braise vers une dynamique nouvelle »*. Ce qui importe désormais au Cameroun c'est la structuration de l'opposition sur le terrain. Nous serons de grands partis politiques quand nous serons présents dans les 10 régions, les 58 départements et les 266 arrondissements que compte le Cameroun. C'est à cette tâche que le PDC s'attelle calmement mais fermement.

Dans l'immédiat, quels sont ses projets politiques?

Le Pdc a perdu de nombreux cadres soit par défection opportuniste soit à la suite de décès. De nombreux jeunes Camerounais nous découvrent et c'est aussi bien ainsi. Le Parti est en pleine restructuration. Notre approche a changé. Mais la démocratie libérale reste notre idéologie politique. Comme tous les partis politiques en période post-coloniale immédiate nous nous sommes attardés au début sur les notables. Dorénavant nous allons à la rencontre d'électeurs éclairés et dûment informés. La sociologie-politique camerounaise actuelle est propulsée par un moteur nouveau et différent. Nous allons en provoquer la combustion et la mise en route.

Louis Tobie Mbida sera-t-il candidat à la présidentielle de 2011?

C'est le Pdc et les citoyens camerounais qui en décideront. Une candidature à la présidence de la République n'est pas un acte isolé, individuel et personnel. Il s'agit d'une réponse à une demande profonde et citoyenne portée par un groupe de personnes animées d'idéaux purs et solides. Il s'agit d'un engagement pour la vie.

Je suis un homme de conviction, prêt à servir, disponible et apte si une telle demande venait à être formulée en ma direction.

Propos recueillis par Innocent Blaise Ngoumgang

Parti des Démocrates Camerounais

PARTI DES DEMOCRATES CAMEROUNAIS
CAMEROON DEMOCRATICS PARTY
P D C **C D P**
DIEU – PATRIE – JUSTICE – DEMOCRATIE GOD – FATHERLAND – JUSTICE – DEMOCRATY
B.P. 4070 (NLONGKAK) YAOUNDE

Louis Tobie MBIDA 27 novembre 2009
Président du Parti des Démocrates Camerounais

A
L'attention
De tous les Démocrates du Cameroun

Je vous remercie tous pour l'activité incessante et soutenue que vous déployez sur le terrain dans le cadre de la restructuration du Parti des Démocrates Camerounais. Ensemble nous sommes une force de travail inaltérable, notre détermination est inébranlable, notre engagement ne cèdera pas parce que notre lien viscéral avec le Cameroun, notre foi en notre pays et en ses citoyens, sont inaliénables où que nous soyons. Nos objectifs demeurent l'alternance politique pacifique, la réconciliation nationale et l'amélioration des conditions de vie des camerounais.

Notre but est de promouvoir un Cameroun plus humain, plus fraternel, plus juste, plus généreux, plus respectueux de l'homme et du citoyen où le rôle fondamental de l'Etat sera non seulement de réaliser un couple fonctionnel entre l'Etat et le citoyen, de doter la Nation de structures adéquates, de construire un Cameroun serein , prospère et dynamique mais aussi de corriger les inégalités sociales, les injustices citoyennes, les insuffisances de l'information et les carences de formations dont souffre le Cameroun de 2009 .

Le Parti des démocrates Camerounais est un parti politique national qui observe dans l'esprit, dans les faits et dans le texte l'article 3 de la constitution du Cameroun que je rappelle ici : « Les partis et formations politiques concourent à l'expression du suffrage. Ils doivent respecter les principes de la démocratie, de la souveraineté et de l'unité nationale. »

Dans notre pays le Cameroun, indépendant depuis cinquante ans ainsi que dans des nations constituées depuis des siècles, la cohésion et l'unité nationales restent les valeurs à observer, à conserver, à préserver, autour desquelles il faut persévérer et insister afin qu'elles prennent définitivement racine dans la conscience collective. L'unité et la cohésion nationales sont des objectifs itératifs à atteindre tout au long de la vie d'une nation.

Voilà pourquoi je vous réitère cette consigne primordiale dans la vie de tout parti politique : faites connaître le Parti des Démocrates Camerounais dans les dix régions que compte le Cameroun, implantez le Parti des Démocrates Camerounais dans chacune des unités administratives de notre pays, au niveau des 58 départements, des 266 arrondissements, au niveau des communes et des villages du Cameroun.

Le Parti des Démocrates Camerounais ne sera installé dans un rôle moteur que lorsque nous l'aurons fait connaître dans tout le Cameroun et que son projet de société ainsi que ses idéaux seront connus de la majeure partie si ce n'est de tous les camerounais. L'adhésion unanime de tous les camerounais aux idéaux d'un seul et unique parti n'est pas notre ambition encore moins notre motivation. Nous sommes des démocrates c'est-à-dire que nous acceptons des choix différents des nôtres. Différence idéologique n'est pas affrontement physique et haine exacerbée.

Notre engagement, notre sincérité, la clarté de notre discours, notre ouverture à tous nos concitoyens sans exclusive, nos convictions, la qualité du projet de société, la nature des idéaux du Parti des Démocrates Camerounais et notre maîtrise de l'Histoire du Cameroun seront le catalyseur, le stimulateur et le gage qui inciteront d'autres Camerounais à adhérer et à rejoindre le Parti des démocrates Camerounais.

Le Parti des Démocrates Camerounais, son passé le prouve, est un parti de gouvernement qui a le sens de l'Etat, il a une Histoire qui lui confère une légitimité nationale, il est légal, ne travaille pas dans la clandestinité et l'absence de transparence d'un crypto-groupe pseudo-politique dont les intentions sont aussi floues qu'opaques. Le Parti des démocrates camerounais n'avance pas masqué sous des acronymes et des pseudonymes. Le Parti des démocrates camerounais ne conspire pas, il dit ce qu'il pense à visage découvert, sans dissimulation et dans la transparence car c'est aussi de manière transparente qu'il gèrera les intérêts et le patrimoine du Cameroun ainsi que les préoccupations de tous les camerounais.

Le Parti des Démocrates Camerounais ne doit et ne peut fonctionner en réaction aux actions qui lui sont extérieures, fomentées par des formations politiques qui lui sont étrangères créant la confusion, la diversion et la distorsion du fait historico-politique. Le Parti des démocrates Camerounais ne doit pas fonctionner en résonnance aux bruits répandus, en phase avec des rumeurs de tout genre et en écho à des provocations ciblées en provenance de groupes de pression concurrents. Nous serons insultés, invectivés, vilipendés, désignés à la vindicte populaire et accusés de crimes que nous n'aurons pas commis qui germeront de la seule imagination de ceux qui tentent de confisquer le processus d'expression du peuple profond. Ne vous en occupez pas, nous n'en aurons point cure. Sûrs de notre fait, nous continuerons à avancer imperturbables et dignes pour accéder aux objectifs politiques répondant aux aspirations les plus profondes de la majorité des citoyens camerounais.

Nous devons mettre en évidence notre sens politique et oeuvrer en tenant compte de la perspective historique. Nous devons faire preuve d'initiative et d'originalité intellectuelle, politique, culturelle, économique et sociale. Nous devons travailler de façon discontinue, en toute simplicité mais avec acharnement comme des pelles mécaniques du progrès et des tracteurs de l'espoir seulement concentrés à labourer le terrain politique du Cameroun pour y semer la graine de nos convictions remplies de sens de la nation et de l'état, de fraternité, de générosité, de partage, d'éthique, d'honnêteté, de dynamisme, d'espoir et de progrès.

Un parti politique vit, entre autres, de ses descentes sur le terrain et des rencontres qu'il organise avec les citoyens de son pays où qu'ils se trouvent. Les partis politiques ne sont pas obligés de fonctionner en tandem. « De jure » le parti unique au Cameroun a disparu en 1991, cela est une bonne chose.

Les contacts à prendre sont en direction d'abord et surtout des associations de femmes, de jeunes, de camerounais de toutes les classes sociales : fonctionnaires , professions libérales, universitaires, étudiants dans le pays et hors du pays, élèves et lycéens en âge de voter, agriculteurs, paysans, commerçants, ouvriers, tâcherons, « sauveteurs », « benskinneurs », « bayam-sellam », « chauffeurs d'OPEP » , tenancières de « gargottes » et autres « chantiers de nos quartiers ».

- Les contacts à prendre sont en direction des tous les groupes confessionnels sans exclusive, de leurs chefs et de leurs fidèles, des églises catholiques , des prêtres et des fidèles, des églises protestantes, des pasteurs et de leurs fidèles, des mosquées, des Imams et de leurs fidèles, des groupes ainsi que des cercles coutumiers et ancestraux.

- Les contacts à prendre sont en direction des syndicats.

- Les contacts à prendre sont en direction des Patrons et des industriels Camerounais

- Les contacts à prendre sont en direction des artistes et des sportifs camerounais

- Les contacts à prendre sont en direction des spécialistes de la communication.

Si une porte vous reste fermée insistez en douceur, si elle vous reste malgré tout hermétiquement fermée retirez vous. Ne jamais oublier que nous sommes des démocrates et que notre but est de promouvoir la liberté de pensée et d'expression. Nous rappellerons que la pluralité des opinions politiques, la culture de la contradiction dans un cadre normatif et légal sont le fondement même de la démocratie.

Recueillez et enregistrez les préoccupations des femmes, des jeunes et des hommes de nos campagnes, des jeunes, des hommes et des femmes de nos villes. Nous devons devenir des enquêteurs permanents dont le prélèvement de données dans tous les domaines de la vie nationale viendra alimenter le laboratoire politique d'analyse et d'idées que le Parti des démocrates Camerounais doit être.

Travaillez ensemble au sein du Parti des Démocrates Camerounais sans compétition entre vous car la seule compétition sera politique lors des élections nationales, au moment de la collecte du suffrage des électeurs camerounais dans la transparence et en toute honnêteté. Elaborer et collaborer avec tous les camerounais pour construire et faire émerger un Cameroun différent de celui de ces cinquante dernières années reste la recommandation essentielle.

Vous devez connaître en profondeur les textes du Parti des démocrates Camerounais pour les commentez autour de vous, pour les exposer aux citoyens camerounais, pour expliquer nos prises de position, nos interventions et nos intentions politiques. Vous aurez à lire et à relire les publications et textes du Parti des démocrates Camerounais car plus vous les aurez assimilés mieux vous pourrez expliquer nos idées, nos objectifs à tous nos concitoyens. Si nous voulons être élus et protéger les votes des électeurs qui auront choisi de voter pour le PDC malgré la fraude à laquelle nous a habitué le parti au pouvoir, alors la première démarche sera de mettre en place partout au Cameroun des hommes, des femmes et des jeunes du PDC qui non seulement feront connaître le Parti des Démocrates Camerounais, ses idéaux et son projet de société mais qui seront aussi en mesure le jour du vote de garantir et de protéger les intérêts politiques du Parti des Démocrates Camerounais en surveillant le déroulement du scrutin car quelle que soit la probité des hommes et femmes qui constitueront « Elecam », si nous ne sommes par présents sur le terrain cela ne servira à rien.

Le gouvernement RDPC pris en flagrant délit de dol économique, politique et social.

Par Louis Tobie Mbida, 30 décembre 2009

Les camerounais dans leur immense majorité, toutes tendances politiques confondues et quelle que soit leur classe sociale, sont unanimes sur un point : le « pays va mal ». Cette expression traduit un sentiment profond de « mal être citoyen » et comme tout sentiment il n'est pas quantifiable et manque d'objectivité. Pourtant le « ressenti subjectif des Camerounais » à travers le « panier de la ménagère » et des difficultés matérielles quotidiennes, a été quantifié par le Gouvernement camerounais.

Il existe désormais un document officiel confirmant par des chiffres et des diagrammes que le « Cameroun va très mal ». Ce document a été présenté par le « ministère de la Fonction Publique et de la Réforme Administrative » le 12 novembre 2009, il est commenté par le « ministère de l'Economie, de la Planification et de l'Aménagement du Territoire », paraphé par le Premier Ministre Yang Philémon: il s'agit du DSCE : le document de stratégie pour la croissance et l'emploi qui remplace le DSRP, document de stratégie pour la réduction de la pauvreté, conçu en avril 2003 par le même pouvoir politique.

Dans l'introduction de ce document il est rappelé que c'est sous *« l'impulsion du Président de la République, M. Paul Biya, et dans l'optique de poursuivre son projet de société des « Grandes Ambitions », que le Gouvernement a entrepris de réviser la stratégie de croissance économique et de réduction de la pauvreté. Le Document de Stratégie pour la Croissance et l'Emploi (DSCE) réaffirme aussi la volonté du Gouvernement de poursuivre la réalisation des Objectifs du Millénaire pour le Développement (OMD) dans leur ensemble. Le DSCE est désormais, conformément à la Déclaration de Paris, le cadre de référence de la politique et de l'action Gouvernementale. Il constitue ainsi le vecteur de la recherche de la croissance et de la redistribution de fruits jusqu'aux couches les plus vulnérables de la population avec un accent particulier sur les femmes et les jeunes. »*

Il s'agit, déclare le gouvernement, *« de la formulation d'une vision de développement économique à l'horizon 2035 .... D'un document de stratégie globale intégrée, socle de toute action engagée dans les 10 prochaines années. »*

La question que nous nous posons au Parti des Démocrates Camerounais est de savoir si les Camerounais de 2009 et de 2010 sauront attendre jusqu'à l'horizon 2035 avant de voir s'améliorer leur conditions de vie d'autant plus que cette attente prolongée leur est demandée par un régime politique qui gouverne mal depuis 27 ans.

Plus loin il est déclaré dans le DSCE **:** *« Maintenant que le pays dispose d'un*

Document de référence adressant la question de la croissance, le défi reste celui de sa mise en oeuvre satisfaisante. Pour relever ce défi, les autorités entendent jouer pleinement leur rôle tout en comptant sur le dynamisme du secteur privé, l'implication de la société civile, la mobilisation des populations et l'appui des partenaires économiques, techniques et financiers. »

Nous apprécions la lucidité du gouvernement quand il se soucie de la mise en œuvre satisfaisante du DSCE. L'homme est au cœur de toute entreprise, le citoyen est au centre de toute réalisation dans la nation, qu'elle soit économique, politique, éthique ou culturelle, au PDC nous le savons mais le Parti au Pouvoir, en place depuis 27 ans et le gouvernement qui en est issu semblent l'oublier quand sur « tapis verts et maroquins », il s'engage auprès des bailleurs de fonds. Il omet systématiquement de leur dire qu'à force de tenir les Camerounais à l'écart de la gestion et du contrôle de gestion des affaires publiques par des élections tronquées il a fini par démobiliser tout un peuple. A force d'être traités comme des étrangers dans leur propre pays lorsqu'ils ne s'intéressent pas au parti au pouvoir, de nombreux camerounais ne se sentent plus concernés par « la chose publique » et par les résolutions gouvernementales. Les Camerounais ne participeront pas avec enthousiasme, entrain et engagement à la construction d'un Cameroun gouverné par des hommes responsables de l'échec politique, économique et social de ces 27 dernières années. Les camerounais ne s'associeront pas à la réalisation des Objectifs du Millénaire pour le Développement tant qu'ils seront gouvernés par des hommes et des femmes qu'ils n'ont pas librement choisis au cours d'élections transparentes et démocratiques.

Le Cameroun est sous l'influence d'un groupe d'hommes, toujours les mêmes depuis 50 ans. Hormis quelques comparses cooptés au gré des circonstances, la classe politique camerounaise au sommet ne s'est pratiquement pas renouvelée depuis 1962. La mobilisation des citoyens n'est possible que sous l'impulsion d'hommes et de femmes démocratiquement élus. Or nous le savons et au du Parti des Démocrates Camerounais (PDC) nous l'avons vérifié lors de différentes consultations électorales: le cadre éthique, politique et légitime pour la réalisation d'élections libres, transparentes et démocratiques n'existe pas dans le Cameroun de 2009. La Démocratie ne peut être pratiquée que par des Démocrates. Les hommes au pouvoir à Yaoundé ne sont pas des Démocrates. Ils se désignent eux-mêmes comme « les autorités », ils créent entre les Camerounais et eux une relation de subordination qui n'est pas acceptable dans une démocratie digne de ce nom. La politique prônée dans le DSCE (document de stratégie pour la croissance et l'emploi) échouera comme a échoué le DSRP d'avril 2003 (document de stratégie pour la réduction de la pauvreté). Le DSCE dans les conditions politiques actuelles n'aura pas l'adhésion des citoyens camerounais.

Ce document aurait été présenté à la société civile camerounaise mais n'a pas été soumis à l'appréciation des partis politiques. Selon les sources mêmes du

« ministère de l'administration territoriale et de la décentralisation », 207 partis politiques sont légalisés au Cameroun, leurs adresses sont connues de l'administration. Une simple opération de « mailing » aurait été suffisante pour informer les partis politiques. Selon certaines sources 6000 personnes auraient été consultées avant « les conclusions de la conférence de Mbalmayo» ayant précédé la présentation de ce document par le Premier Ministre Yang Philémon. Certains camerounais continuent à donner le change en faisant semblant de soutenir le régime par crainte de perdre leur emploi, nombreux sont ceux qui ont tout simplement faim et soif : ils sont prêts à n'importe quel sacrifice moral.

Voilà pourquoi nous sommes en droit de nous poser la question : de quel Cameroun parle ce document quand il affirme à propos de la pauvreté. *« La pauvreté monétaire qui a reculé de 13 points entre 1996 et 2001 reste stable sur la période 2001-2007. En 2007, l'ECAM3 estime la population du pays à près de 17,9 millions d'âmes dont 7,1 millions de pauvres. »* Dans ce cas nous pouvons en déduire que les 10,2 millions autres camerounais appartiennent à la classe moyenne où à celle des nantis et autres très nantis. Cela est tout simplement étonnant ! Certains se réjouissent que ce document ait obtenu l'aval de la banque mondiale et du FMI, nous disons et rappelons ici que le Cameroun ne sera construit que par les Camerounais. C'est aux camerounais à adhérer aux divers plans et programmes, aussi parfaitement conçus soient –ils, si on veut s'assurer de leur réalisation effective.

D'excellents plans de développement existent.

Entre les dix priorités du NEPAD que sont

« 1 - La bonne gouvernance publique.

Démocratie, élections libres et honnêtes, institutions démocratiques, respect des droits de l'homme, de la femme et de l'enfant, transparence dans la gestion du patrimoine public.

2 - La bonne gouvernance de l'économie privée.

3 - Les infrastructures.

4 - L'éducation.

5 - La santé.

6 - Les nouvelles technologies de l'information et de la communication (NTIC).

7 - L'agriculture.

L'Afrique a un retard énorme en agriculture, qui se traduit par sa dépendance alimentaire difficilement concevable pour un continent immense qui dispose de terres et d'eau.

8 - L'environnement.

9 - L'énergie

10 - L'accès aux marchés des pays développés.

Les Objectifs du Millénaire pour le développement depuis 2000/2001 à savoir

1. Réduire l'extrême pauvreté et la faim
2. Assurer l'éducation primaire pour tous
3. Promouvoir l'égalité des sexes et l'autonomisation des femmes
4. Réduire la mortalité infantile
5. Améliorer la santé maternelle
6. Combattre le VIH /SIDA, le paludisme et d'autres maladies
7. Préserver l'environnement
8. Mettre en place un partenariat mondial pour le développement

Et le cadre de suivi crée par la Déclaration de Paris sur l'efficacité de l'aide au développement qui porte sur

1. L'appropriation
2. L'harmonisation
3. L'alignement
4. Les résultats
5. La responsabilité mutuelle

Les citoyens engagés que nous sommes, pensons que les idées sont nombreuses, les propositions diverses et les études suffisantes pour améliorer les conditions de vie des camerounais et rendre le pays prospère si et seulement si elles sont portées par des hommes et des femmes différents. Au PDC nous déclarons à cet effet que des hommes et des femmes porteurs de différence, soucieux d'excellence, luttant contre la désespérance et refusant la déchéance ainsi que la médiocrité, convaincus que seules la compétence, la performance, la qualité du travail bien fait, la non violence, le respect et la tolérance dans le rapport à l'autre sont les leviers d'un monde de progrès, existent dans le Cameroun de 2010. Le peuple camerounais et tous les hommes de bonne volonté devraient les aider à émerger.

Plus loin en page 125 le DSCE affirme que :

« Tenant compte du rôle du DSCE comme stratégie nationale de développement et cadre de référence de l'action du Gouvernement au cours de la période visée, le cadre institutionnel de sa mise en oeuvre sera placé sous l'autorité directe du Chef du Gouvernement. Il prendra la forme d'un Comité Interministériel de Suivi du DSCE. Il pourra également, au cas par cas, voir la

participation des représentants du secteur privé et de la société civile. Le Comité interministériel est assisté dans la réalisation de ses missions par un Comité Technique de suivi et d'évaluation de la mise en oeuvre du DSCE. Placé sous l'autorité du Ministre chargé de la Planification, Le Comité technique que préside le Secrétaire Général de ce département ministériel est chargé d'assister le Comité Interministériel dans la coordination technique des activités de suivi et d'évaluation de la mise en oeuvre du DSCE il comprendra les représentants des différentes administrations publiques et de certains organismes publics, des collectivités territoriales décentralisées, des Chambres Consulaires et du secteur privé, des organisations de la société civile et des partenaires techniques et financiers de l'Etat. »

Dans un pays démocratique, l'action gouvernementale, est évaluée et contrôlée par le Parlement à travers les commissions d'enquêtes, de suivi ou d'évaluation. Le parlement camerounais n'est évoqué à aucun moment dans le cadre du suivi et de l'évaluation du DSCE. Les partis politiques ne sont que du menu fretin qui ne mérite même pas d'être évoqué. Au Cameroun, le Gouvernement est juge et partie. Cette attitude est foncièrement antidémocratique. Le DSCE souligne la présence des représentants des collectivités territoriales décentralisées. Au PDC nous nous demandons : quand ont-elles été créées ?

Nous sommes étonnés de lire dans le DSCE que :

« dans le cadre du Renforcement de l'Etat de droit et de la sécurité des personnes et des biens, dans le cadre de ce programme, des réalisations notables ont été enregistrées notamment en ce qui concerne le renforcement de la démocratie, la sécurité, la réforme du système judiciaire, le système de passation des marchés publics, l'intensification de la lutte contre la corruption, etc. Ainsi, le système électoral s'est modernisé avec comme point culminant la création de "ELECAM" ; un code des marchés a été publié et appliqué; la Chambre des comptes est fonctionnelle ; la reforme du système judiciaire est en cours ; la lutte contre la corruption a été intensifiée à travers les actions de répression menées à l'encontre des gestionnaires indélicats et dont l'opération "épervier" constitue une illustration. »

« Dans l'optique d'améliorer l'environnement socio politique du Cameroun, et afin de rétablir la confiance et la sérénité des citoyens et des investisseurs, les autorités entendent oeuvrer en vue : (i) de l'amélioration du système électoral ; (ii) de l'amélioration de l'accès et de la qualité du service de la justice ; (iii) de la consolidation du dispositif national de promotion et de protection des droits humains ; et (iv) du renforcement du maintien de l'ordre et la sécurité aux frontières.

Au niveau du système électoral, les autorités entendent poursuivre la modernisation du processus électoral, en vue de favoriser une participation effective des populations aux élections, à travers des scrutins libres et transparents. Dans cette optique, la mise en place effective d'ELECAM, du Conseil constitutionnel ainsi que l'informatisation de tout le processus sont inscrites comme des priorités. »

Depuis les 30 et 31 décembre 2008 date de nomination de ses 12 membres, tous les partis politiques camerounais dénoncent avec la dernière énergie ce « machin » inique et injuste dénommé ELECAM et demandent que les règles du jeu électoral camerounais soient déterminées par toutes les familles politiques dans la nation. Mais le gouvernement affirme que tout est parfait, ELECAM serait le Parangon de la vertu, gage d'élections libres et démocratiques au Cameroun. La révision des listes électorales, l'inscription des citoyens sur les listes électorales, la création des commissions de supervision électorales, bref le cadre institutionnel pour des élections présidentielles prévues au mois d'octobre 2011 n'a pas encore été matérialisé.Seule une diversion de bas étage est entretenue sur la date de ces élections qui seront, selon certains, anticipées. Au PDC nous sommes convaincus que le cadre juridique et légal ainsi que le budget camerounais - en tenant compte de la dernière loi des finances- ne permettront pas l'organisation d'élections anticipées au Cameroun. L'opposition camerounaise a intérêt à se concentrer sur l'essentiel à savoir implanter ses représentants, femmes, hommes et jeunes dans chacun des 266 arrondissements que compte le Cameroun. Ce seront les seuls gages d'une élection crédible. Dans le DSCE le Gouvernement Camerounais reconnaît ses fautes, souligne ses carences, signale ses insuffisances et autres manquements qui sont autant d'erreurs politiques et de fautes de gestion. Nous n'en citons ici que quelques-unes.

- *Le PIB a enregistré un taux moyen de croissance réelle de 3,32% entre 2003 et 2007.*
- *Cette moyenne se situe en dessous de celle de 4,23% observée au cours de la période allant de 2000 à 2002*
- *Pendant cette période, la demande intérieure a constitué le moteur exclusif de la croissance, avec une contribution moyenne de 3,54% (dont 3,12% pour la seule consommation) ;*
- *les dépenses d'investissement ont contribué en moyenne pour 0,44% (avec un faible taux d'investissement, à 17,8% du PIB en moyenne dans la période 2003-2007), tandis que les exportations nettes s'illustrent par leur contribution négative (- 0,22%).*
- *La croissance économique reste donc fragile au Cameroun.*
- *La balance commerciale hors pétrole présente des déficits qui ont tendance à s'accroître au fil des années, avec une moyenne de - 432 milliards de déficit sur la période allant de 2003 à 2008.*
- *l'évolution de la pauvreté monétaire : Le faible niveau du taux de croissance moyen annuel du PIB au cours de la période d'intérêt n'a pas permis d'influer de manière positive sur l'évolution des conditions*

de vie des ménages

- *S'agissant de l'évolution de la situation monétaire, on note sur la période d'intérêt une diminution des crédits intérieurs nets essentiellement due à celle des avances à l'Etat.*
- *Les crédits à long terme représentent en moyenne moins de 3,5% du total des crédits accordés.*
- *Ces données confirment que le secteur bancaire ne finance pas une croissance durable au Cameroun.*
- *Malgré la mise en oeuvre du DSRP, l'économie camerounaise n'a pas connu de changement structurel notable, ... elle demeure fragile et entravée par des lacunes structurelles, relatives à la faible compétitivité du secteur productif et aux déficiences des facteurs de production clés que constituent les infrastructures et l'énergie.*
- *Le faible niveau du taux de croissance moyen annuel du PIB au cours de la période d'intérêt n'a pas permis d'influer de manière positive sur l'évolution des conditions de vie des ménages. Ainsi la pauvreté monétaire qui a reculé de 13 points entre 1996 et 2001 reste stable sur la période 2001-2007.*
- *En 2007, l'ECAM 3 estime la population du pays à près de 17,9 millions d'âmes dont 7,1 millions de pauvres*
- *Un secteur productif peu compétitif. Le principal défi à relever dans le secteur rural concerne le passage à une production rurale semi intensive et industrielle*
- *Etc.....*

Dans un pays véritablement démocratique, des conséquences politiques sont tirées d'un tel échec sur une période aussi longue : le gouvernement démissionne. Mais ce gouvernement et le parti qui le porte ne démissionneront pas.Le gouvernement s'exprime d'ailleurs en des termes où il donne l'impression de n'avoir aucun lien avec l'ancien parti unique dénommé RDPC. Les différents gouvernements qui se sont succédé depuis 1982 se composent d'hommes et de femmes épuisés par un pouvoir sans contrôle dans une nation camerounaise gérée par un personnel politique issu d'élections tronquées. Ces hommes et ces femmes ne peuvent et ne doivent plus être garants de l'avenir du Cameroun. Laisser gérer le pays jusqu'en 2020 ou 2035 par ces mêmes hommes est inadmissible, irresponsable, préoccupant et incongru. Malgré leurs échecs successifs et itératifs, ils estiment avoir la compétence requise pour continuer à gouverner le Cameroun. Cela est inexact. Le DSCE, ce document est presque passé inaperçu auprès du grand public, hormis le commentaire, de M. Babissakana qui déclare « qu' *en tout état de cause, ce qu'il faut garder à l'esprit est que ce n'est pas en s'accrochant au FMI, institution spécialiste de la macroéconomie, qu'un pays peut opérer les mutations économiques et sociales structurelles qui sont indispensables pour sont progrès.* »

Mais selon Monsieur Mbassa Ndine, Secrétaire Général du Ministère de l'Economie, de la Planification et de l'Aménagement du Territoire, le gouvernement camerounais de 2009 nous propose :

un « *changement d'objectif, de stratégie et de méthodologie dans le pilotage de l'économie* » : *des PME seront créées, la promotion des technologies créatrices d'emplois et utilisatrices de matériaux locaux sera réalisée et 11 projets susceptibles de démarrer en 2010 ou en 2011 seront mis en route. Il s'agit :*

- du port en eau profonde de Kribi,

- du barrage réservoir de Lom Pangar,

- du 2ème pont sur le Wouri,

- de l'installation globale de la fibre optique,

- de l'aménagement des entrées Est et Ouest de Douala,

- de l'autoroute Douala-Yaoundé,

- des adductions d'eau potable,

- du barrage hydro-électrique de Memvelé,

- de la centrale de gaz de Kribi,

- de l'achèvement de l'immeuble ministériel n°1 de Yaoundé

- et de la réhabilitation de l'immeuble ex-ONCPB. »

Au PDC, nous disons que cette énumération de projets est vétuste et périmée. Certains de ces projets sont évoqués de façon mécanique par le Gouvernement depuis plus de 15 ans sans qu'aucune réalisation ne suive, sans aucune concrétisation. Voilà pourquoi ces déclarations d'intention manquent absolument et définitivement de crédibilité.

Le DSCE affirme plus loin que « *Les orientations stratégiques nationales s'articulent autour de la vision à long terme (2035), dans laquelle s'inscrit la présente stratégie de croissance et d'emploi, qui couvre la première décade de la vision. Pour renforcer la reprise économique amorcée depuis une décennie et l'asseoir durablement, le Gouvernement a élaboré un document de vision partagée du Développement au Cameroun à l'horizon 2035. Elle se formule ainsi qu'il suit : « LE CAMEROUN : UN PAYS EMERGENT, DEMOCRATIQUE ET UNI DANS SA DIVERSITE ». La volonté de devenir un pays émergent, démocratique et uni dans sa diversité intègre quatre objectifs généraux à savoir: (i) réduire la pauvreté à un niveau socialement acceptable ; (ii) devenir un pays à revenu intermédiaire ; (iii) atteindre le stade de Nouveau Pays Industrialisé et; (iv) renforcer l'unité nationale et consolider le processus démocratique.* »

Récapitulant ses « *Objectifs de développement à l'horizon 2035* »

Le gouvernement formule un slogan : « *Le Cameroun, un pays émergent, démocratique et uni dans sans diversité »*.

Les hommes issus du Parti unique UNC, rebaptisé à Bamenda le 23 mars 1985 sous le sigle RDPC n'ont jamais été, ne sont pas et ne seront jamais des démocrates. S'il est vrai qu'ils se mettent au garde-à-vous, le petit doigt sur la couture du pantalon pour ne pas irriter la communauté internationale quand il s'agit de faire des déclarations d'intention sur la démocratie, les droits de l'homme et du citoyen, il est aussi certain que « l'humeur socio-politique », les revendications de justice et les récriminations morales de leurs concitoyens leur importent peu. C'est ainsi que sifflent encore dans les oreilles des camerounais ces mots : « qui sont – ils donc, ceux –là ?» prononcés par le Président Biya en 1996 pour fustiger avec le plus grand dédain et avec mépris les hommes de l'opposition.

Le Gouvernement dans le DSCE déclare vouloir « renforcer l'unité nationale et le processus démocratique » au moment où les communautarismes sont exacerbés par le parti au pouvoir lui-même lors de grandes messes païennes colorées d'incantations profanes où chaque ministre, y compris le Premier Ministre réunit « les siens » au village pour supplier le Président Biya âgé de 76 ans qui n'en demande pas tant après 27 ans de pouvoir sans résultats probants, marqués par l'inertie et les scandales de ses hommes, de se présenter une énième fois à la présidence de la république . La dernière grande messe païenne s'est déroulée à Sangmelima en présence de M. Louis Paul Motaze, ministre de l'Economie, de la Planification et de l'Aménagement du Territoire, fier de présenter le DSCE aux « siens », « au village », expression d'un communautarisme exacerbé. Le secrétaire général du RDPC, M. Sadi René a profité de son passage à Sangmelima le 5 décembre 2009 pour déclarer : «ceux qui, ayant volontairement choisi de s'exiler, croient pouvoir divertir et mystifier les Camerounais en distillant en boucle, sur Internet ou par d'autres canaux, notamment ceux qu'on dit aujourd'hui numériques des contre vérités sur le Cameroun et ses dirigeants. Ces gens-là ont-ils le don d'ubiquité ? Si l'on veut servir son pays, est-ce de l'étranger que l'on peut mieux le faire ? Est-ce à l'étranger que l'on trouvera meilleure tribune pour ce faire ? Ou est-ce à l'étranger que l'on doit aller chercher l'onction nécessaire ?» Je réponds à mon ami René Sadi « Réné, tu ne perds pour attendre, j'arrive bientôt ».

Un large écho est à donner à ce document intitulé DSCE. Ce document est à débattre, à commenter et à expliquer aux camerounais. Une agitation à nulle autre pareille a suivi la publication du rapport du CCFD. Les journaux camerounais ont donné un large écho au document du CCFD, ONG française inconnue des français eux-mêmes. Mais concernant le DSCE, au Parti des Démocrates Camerounais nous sommes étonnés par le silence assourdissant qui entoure ce texte.

Monsieur Babissakana est l'un des rares a avoir émis des objections sur le DSCE.

Après lecture et analyse de ce document nous affirmons au PDC, que le devoir de toute camerounaise, de tout camerounais, jeunes, moins jeunes est dorénavant de barrer la route à ces hommes là. Il s'agit désormais de mettre le RDPC hors d'état de nuire aux camerounais et à la nation camerounaise toute entière.

Le RDPC est une formation politique issue de l'époque des partis uniques, il est par définition antidémocratique, autocratique et fondamentalement conservateur. Ce parti politique ne peut plus impulser le progrès, il est incapable de restaurer l'espoir et de régénérer la confiance, liants de base, entre un gouvernement qui veut réussir et son peuple. Ces hommes qui se désignent eux-mêmes dans ce document, le DSCE, comme : « le gouvernement » , « les autorités » et qui oublient qu'un gouvernement n'est que l'émanation d'un parti politique démocratiquement élu par les citoyens d'une nation, ces hommes qui oublient que la souveraineté vient du peuple, ces hommes qui désignent les citoyens de leur pays, leurs concitoyens, par le terme condescendant devenu péjoratif de « les populations » trahissent ainsi l'idée qu'ils se font d'eux – mêmes et celle qu'ils se font de leurs concitoyens. Arrogance, désinvolture et mépris sont les principaux traits de caractères de ces hommes qui refusent de se remettre en question et d'aller se refonder dans l'opposition. Le langage est porteur des structures mêmes de la pensée, nous leur demandons de relire Deleuze et Derrida à cet effet.

Le Parti des Démocrates Camerounais est un parti de gouvernement responsable et conscient de ses devoirs, il a participé aux gouvernements de 1957 et de 1960. Après 50 ans dans l'opposition, nous sommes prêts à relever le défi de l'alternance dans le respect des lois de la république. Résolument, nous allons envoyer le RDPC sur les bancs de l'opposition où il pourra se refonder et s'initier aux règles et usages de la démocratie.

Cameroun, Devoir de mémoire pour le cinquantenaire de l'indépendance : Mgr Ndongmo et le coup d'Etat des anges

Par Ntche, Tissah Georges

Ce 27 Août 1970, quarante cinq minutes après son arrivée au Cameroun, Mgr Ndongmo s'apprêtait à diriger la prière du soir dans l'enceinte de la procure des missions à Douala. Il retrouvait peu à peu cette chaleur africaine et surtout la sérénité d'être auprès des siens. Les deux semaines passées dans la capitale pontificale avaient renforcé ses convictions. Durant le trajet, de l'aéroport de Douala à la procure dans le quartier résidential d'Akwa, il avait tenté de minimiser l'incidence sur son programme annuel des jours passés à Rome.

Son bref séjour lui avait permis de donner au Pape et surtout au cardinal de la curie des éclaircissements sur les rumeurs qui circulaient à son propos. Au cardinal Villot, comme un mois auparavant lors d'une conversation avec l'archêveque de Yaoundé, Mgr Zoa, il avait tenu à préciser qu'il était victime d'une machination. Il accusait nommément Jean Fochive, le Directeur des services secrets camerounais. Face aux inquiétudes du Cardinal Pignedoli, qui avait des doutes sur la bonne qualité des rapports entretenus avec les hommes politiques camerounais, il n'eût pas de mal à situer ses relations, avec ces derniers, dans la mouvance des rapports brouillés entre les catholiques et les nouveaux dirigeants camerounais depuis 1962. Pour illustrer, il cita la prise de positions de l'Eglise contre les dérives du parti unique, les expulsions des missionnaires qui s'étaient montrés regardant sur les droits de l'homme, le problème des écoles confessionnelles et des multiples autres tracasseries des chrétiens…

"Nous vous amenons à Yaoundé"

Le calme, qui précédait le début de la prière, fut brutalement rompu par l'intrusion dans l'enceinte de la procure de deux voitures. Les policiers qui surgirent des voitures semblaient connaître les lieux. Ils se dirigèrent vers l'office. Au prêtre de permanence, ils exigèrent d'être conduits dans les locaux occupés par l'évêque de Nkongsamba. Les remous inhabituels avaient attiré l'attention des quelques résidents. Dans le couloir qui menait aux chambres, la silhouette longiligne de Mgr Ndongmo était apparue. Il n'eût pas le temps de leur indiquer qu'il allait les suivre sans problème. Deux des hommes l'empoignèrent sans ménagement. Entre deux policiers, il refit le chemin inverse vers l'aéroport de Douala. "Nous vous amenons à Yaounde", lui lanca le plus jeune des hommes qui l'encadraient dans l'arrière de l'automobile. M. Félix Sabal Lecco, ministre de la justice, assumant l'interim du ministre d'Etat chargé des Forces armées et parlant en cette qualité, fit une déclaration à la presse nationale et internationale représentée à Yaoundé et réunie à cette occasion dans la salle du cinéma du ministère de l'Information. C'était en presence de M. Vroumsia Tchinaye, ministre de l'Information, M. Guillaume Nseke, Inspecteur fédéral de l'administration pour le Centre-Sud et plusieurs hauts fonctionnaires de la république. Voici la déclaration de M. Sabal Lecco:

" Messieurs les journalistes, en tant que ministre des Forces armées par interim et ministre de la justice, j'ai jugé utile au nom du gouvernement, de convoquer les correspondants de presse que vous êtes, pour vous entretenir de l'arrestation récente de Mgr Ndongmo.

Il n'est certes pas dans les habitudes du gouvernement camerounais d'entretenir la presse de telles affaires alors que l'enquête suit encore son cours.

Toutefois, étant donné le caractère exceptionnel de l'évènement, le gouvernement a jugé opportun d'utiliser également une procédure exceptionnelle pour, à travers vous, informer largement l'opinion.

En Mai 1969, nos services de sécurités ont découvert un complot visant à assassiner le chef de l'Etat pour ensuite renverser nos institutions. L'interrogatoire des conjurés a gravement mis en cause Mgr Ndongmo et a particulièrement mis en relief son action dans la conception, la direction et la mise en oeuvre du complot.

En dépit de cette dénonciation, le président de la République fédérale a donné des instructions pour que Mgr Ndongmo ne soit pas inquiété en attendant de plus amples informations.

Il y a quelques jours survenait la capture du chef rebelle Ernest Ouandié dans le Mungo. Des déclarations de l'interessé en cours d'interrogatoire ainsi que les documents trouvés sur lui, ayant établi de manière claire la complicité active depuis de longues années de Mgr Ndongmo avec la rébellion, le gouvernement a décidé d'arrêter celui-ci et de le traduire devant les tribunaux où il devra répondre de ses actes."

Le procès du coup d'Etat des Anges

Près de quatre mois après cette arrestation brutale et peu courtoise, Mgr Ndongmo était devant la barre du tribunal militaire de Yaoundé. Avant le début de l'audience, il priait doucement. Ses mains posées sur ses genoux, il rendait grâce à Dieu. Durant de longs mois, il s'était demandé s'il aura un jour l'occasion de témoigner devant la barre. Les traces physiques des tortures avaient cicatrisé. Il retrouvait peu à peu l'usage de ses membres supérieurs. Car, bien qu'enfermé dans un cachot humide et sombre de la police militaire, ses geôliers prenaient soin de lui laisser des menottes aux poignets. Ils participaient à leurs manières à la diabolisation de l'homme. La radio d'Etat faisait lire en boucle les nombreuses motions de soutien au régime Ahidjo et surtout des appels à une sanction exemplaire pour "les apprentis sorciers."

Mgr Ndongmo et les 76 autres personnes arrêtées au même moment n'avaient toujours pas des précisions sur les faits qui leurs étaient reprochés. Le premier jour du procès, l'Unité, le journal du parti unique au pouvoir, l'Union Nationale Camerounaise (UNC), fit sa une sur "l'Affaire Monseigneur Ndongmo". Les camerounais découvrirent ainsi les charges retenues contre l'évêque de Nkongsamba. Le journal notait: "On reproche à Mgr Ndongmo, ainsi qu'à Tabeu Gabriel dit Wambo-le-courant, Takala Célestin et Fandjept Zacharie, d'avoir à Yaoundé, arrondissement de Djoungolo, départment de la Mefou, courant 1967-

1968, en tout cas depuis un temps que les faits ne sont pas encore prescripts:
- "organisé et commandé une bande armée dans le dessein de tenter par la violence, soit de modifier les lois constitutionnelles, soit de renverser les autorités politiques..."
- "Tenté d'assassiner le président de la République Fédérale du Cameroun ainsi que ses proches collaborateurs..."

Aumônier du groupe de prière "La Sainte Croix"

Le président du tribunal fut plus précis. Il voulait faire admettre au prélat son rôle comme aumônier du groupe de prière dénommé "La Sainte Croix". Celui-ci, selon le magistrat, avait pour ambition de fomenter un coup d'Etat avec l'aide des Anges.

Devant l'étonnement de Mgr Ndongmo, qui osa, "Monsieur le président, comment pouvais-je ? Je suis un homme d'Eglise et pas un soldat". Sans se démonter, répétant les phrases qu'il semblait avoir mémorisées, le magistrat, tout en feuilletant furtivement le dossier posé devant lui, gronda: Monseigneur Ndongmo ? Etiez-vous ? Oui ou non, l'aumônier du groupe de prière "La Sainte Croix" ?

Oui ! Monsieur le président, je suis aussi l'évêque de Nkongsamba, le Directeur de publication du journal l'Essor Des Jeunes, le co-fondateur de la société Mungo Plastique. Il avait arrêté son énumération sur un geste de la main du président. Ce dernier reprit la parole. Penché sur la pile de feuilles, il lu: "Du 20 Novembre 1966 au 13 Juillet 1967, en compagnie du dénommé Tabeu Gabriel dit Wambo-le courant et de Takala Célestin, vous avez organisé tous les Mardi des séances de prières autour d'un fusil de chasse qui vous appartenait", termina-t-il en levant la tête. Sans laisser le temps aux prévenus de réagir, il reprit : "En Août 1967, Wambo-le-courant vous affirme qu'il a une vision, et que l'archange Michel lui a fait savoir que Dieu n'était pas content du gouvernement du Cameroun, et que celui-ci devait être remplacé. Le remplacement allait être effectué à l'issue d'une lutte mystique au cours de laquelle des Anges eux-même devaient opérer. Ainsi, pour symboliser cette lutte mystique, il fallait déposer des armes à l'endroit ou vous prierez, et les y laisser pendant toute la durée de la prière".

Que pouvait dire le prélat ? Evêque dans un pays de près de 40% de chrétiens, il ne pouvait pas s'étonner de n'être pas le seul à croire aux miracles. Il avait beau clamer son innocence, ses rapports avec le président Ahidjo pour ramener la paix dans le pays, rien n'y fit. L'on était dans le domaine de la croyance. Que valait la croyance d'un prélat qui avait eu le culot de défier le pouvoir dans des chroniques de son journal, dans l'opposition aux mesures contre l'école catholique. Croyance contre croyance l'évêque ne pesait pas lourd. Condamné à mort, sa peine fut commuée en détention à perpétuité.

Au lendemain du verdict du tribunal militaire de Yaoundé, le quotidien gouvernemental "La Presse du Cameroun" faisait le commentaire suivant: [Les procès de Yaoundé sont entrés depuis mercredi dans l'histoire. Le tribunal militaire permanent a rendu ce jour-là son verdict sur l'affaire du complot. Trois condamnations à mort ont été prononcées. Elles frappent Mgr Albert Ndongmo, ancien évêque de Nkongsamba, Tabeu Gabriel dit "Wambo-le-courant" et Takala Célestin, condamnés pour s'être rendus coupables d'avoir à Douala et à Yaoundé, organisé et commandé une bande armée dans le dessein de renverser le régime et d'assassiner le chef de l'Etat et ses proches collaborateurs.

La veille, c'est à dire mardi, le tribunal militaire avait prononcé une autre sentence, relative au procès de la rébellion dont la tête d'affiche était le chef rebelle upéciste Ouandié Ernest. Trois peines de mort ont été également prononcées, tandis que la seconde vedette du procès , Mgr Ndongmo était condamné à la détention à vie. Pour ces deux procès vingt-cinq acquittements – dix pour la rébellion et quinze pour le complot – ont été prononcés. Ce qui démontre le sérieux avec lequel ces jugements ont été menés.]

Les six condamnés à mort des procès de la rébellion et du complot tels que présentés par le quotidien gouvernemental, La Presse du Cameroun, au début du mois de janvier 1971:

Procès de la rébellion

- M. Ouandié Ernest, chef rebelle, fondateur de l'armée de libération nationale du Kamerun (ALNK), chef des maquisards et leader de l'Union des Populations du Cameroun (UPC); peine de mort.

- M. Njassep Mathieu, dit "Ben Bella", maquisard et sécrétaire particulier d'Ouandié ; peine de mort

- M. Fotsing Raphaël, maquisard et agent de liaison entre Ouandié et Mgr Ndongmo; peine de mort.

Procès du complot

- Mgr Ndongmo Albert, ancien évêque de Nkongsamba, instigateur du complot de coup d'Etat. Outre la peine de mort, condamné à la détention à vie pour complicité avec la rébellion d'Ouandié.

- M. Tabeu Gabriel dit "Wambo-le-Courant", terroriste, fondateur et responsable politico-militaire avec Mgr Ndongmo du mouvement de la "Sainte Croix pour la libération du Cameroun"; peine de mort

- M. Takala Célestin, commerçant à Douala, membre de la "Sainte Croix" dont il était le financier; peine de mort.

Communiqué de la présidence de la République

[Depuis l'annonce des verdicts du tribunal militaire permanent de Yaoundé, certains milieux extérieurs qui ne se sont jamais souciés des problèmes du Cameroun s'intéressent subitement au sort des condamnés.

Et la présidence de la République fédérale du Cameroun dans un communiqué publié hier matin s'étonne particulièrement de l'assimilation tendancieuse et pour le moins malveillantes que ces milieux extérieurs tentent de faire avec d'autres procès qui ont récemment eu lieu dans le monde. "Les procès sur la rébellion et le complot contre la sûreté de l'Etat, poursuit le communiqué, se sont déroulés en présence d'observateurs internationaux qui ont pu se rendre compte qu'ils se sont déroulés dans de parfaites conditions de sérieux, de liberté et de régularité".

Rappelons que ces observateurs au nombre de trois sont: M. Guisseppe Caessano, vice-président de l'association italienne des juristes catholiques représentant Pax Romano, Me Martin Acharé, ancien bâtonnier genevois, représentant la commission internationale des juristes et Me Louis Pettiti, avocat à la cour d'appel de Paris, représentant le mouvement international des juristes catholiques et le centre de la paix mondiale pour le droit.]

Le président de la République Fédérale du Cameroun, M. Ahmadou Ahidjo, utilisa ses prérogatives pour commuer les peines de mort prononcées contre Mgr Albert Ndongmo, M. Takala Célestin et M. Njassep Mathieu en détention à vie. Ceux des condamnés à mort qui n'avaient pas obtenu la grâce présidentielle, notamment, MM. Ouandie Ernest, Tabeu Gabriel et Fotsing Raphaël avaient été fusillés sur la place publique à Bafoussam le 15 Janvier 1971.

Le gouvernement de la République Fédérale du Cameroun au moment des faits sus-évoqués était composé comme suit :

Gouvernement Fédéral (avant le remaniement du 25 Janvier 1971)

Président	M. Ahmadou Ahidjo
Vice-Président	M. Muna Tandeng Solomon
Ministres	M. Enoch Kwayep
d'Etat :AdministrationTerritoriale	M. Sadou Daoudou
Secrétaire Général à la Présidence de la République	M. Paul Biya
Forces Armées	M. Sabal Lecco Félix
Autres Ministres :	M. Nteppe Raymond
Justice, Garde des Sceaux	M. Onana Awana Charles
Affaires Etrangères	M. Bidias à Ngon Bernard
Plan et Aménagement du Territoire	M. Mpouma Léonard
Finances	M. Fonlon Bernard
Développement Industriel et	M. MongoSo'o Zachée
Commercial	M. Efon Vincent
Santé Publique et Population	Nzoh Ekhah Nghaky
Education, Culture et Formation Professionnelle	M. Ayissi Mvodo Victor/M. Akassou
Transport	Jean
Travail et Sécurité Sociale	M. Egbe Tabi Emmanuel
Ministres Chargé de Mission à la	M. Vroumsia Tchinaye
Prés.de la Répu.	M. Maikano Abdoulaye

Poste et Télécommunications	M. Njiensi Michel
Information	M. Ngoubeyou François-Xavier
Fonction Publique	Mme Tsanga Delphine
Jeunesse et Sport	
Ministre Délégué à l'Inspection Général de l'Etat	
Vice-Ministre de la Santé Publique et de la Population	

Le changement majeur du réaménagement du gouvernement fédéral de Janvier 1971 avait consisté à la nomination de M. Nteppe Raymond au poste de Ministre chargé de Missions à la Presidence, et son remplacement au Ministère des Affaires Etrangères par M. Keutcha Jean.

© Correspondance : Ntche, Tissah Georges (*) Enseignant et Chargé de Recherches, Washington, DC / USA

Réponse à Germaine Ahidjo : Ahmadou Ahidjo, grand patriote ?
Par Enoh Meyomesse *
30 Dec 2009

Il est hors de question de le considérer comme un grand patriote. Il n'était ni Mbida, ni Bourguiba, ni Nkrumah.

A la faveur de la célébration du 20ème anniversaire de la mort d'Ahmadou Ahidjo, les falsificateurs patentés de l'histoire du Cameroun ont repris du service à travers la presse nationale. Même si, pour la plupart d'entre eux, il ne s'agit que d'ignorance pure et simple, conséquence d'une très grande paresse intellectuelle de leur part, les propos qu'ils ont tenus sont néanmoins dangereux. Ils contribuent au maintien des Camerounais dans les ténèbres pour ce qui est de leur passé. Bien plus grave, étant donné qu'il se trouve que ce sont ces contrevérités monumentales uniquement qui ne font que circuler, nous courons le grand danger de les voir se transformer, à la longue, en vérité. Dans un document de Jeune Afrique Economie de juillet 1993, notamment, reproduit par l'hebdomadaire Germinal, Germaine Ahidjo peint son mari comme un grand patriote et un grand humaniste que le Cameroun ne cessera de pleurer jusqu'à la fin des temps. Elle l'a refait dans un film en circulation au Cameroun de nos jours. Dans les lignes qui suivent, nous montrons combien cette dame, en manifestant son immense amour pour son mari, contrefait malheureusement de manière inacceptable l'histoire.

"Ahmadou Ahidjo faisait peur à la France" ?

A en croire Germaine Ahidjo, Ahmadou Ahidjo était un personnage extrêmement redouté par la France. La raison ? Paris voyait en lui un Habib Bourguiba camerounais. Nous avons là, un exemple type d'extravagance et de raccourcis dont se servent les gens sans véritables arguments pour étayer une thèse, mais qui, ce faisant inoculent le mensonge dans la tête de la population. Le dernier des Tunisiens qui connaît quelque peu l'histoire politique du Cameroun, ne peut que s'offusquer considérablement face à une telle comparaison. L'œuvre d'Habib Bourguiba, sur tous les plans, que ce soit dans la lutte pour l'indépendance de son pays, comme dans la modernisation de celui-ci, se situe aux antipodes de celle d'Ahmadou Ahidjo. Habib Bourguiba a affronté les Français au sujet de l'indépendance de son pays au point d'être jeté en prison plusieurs fois, pour une durée totale de dix ans. Ahmadou Ahidjo pour sa part n'a jamais en aucun jour levé la voix pour contredire les Français pendant toute son activité politique.

Que ce soit au sein de l'Arcam, (Assemblée Représentative du Cameroun), de l'Atcam, (Assemblée territoriale du Cameroun) ou de l'Alcam, (Assemblée législative du Cameroun), on a beau parcourir le journal des débats parlementaires, on ne découvre aucune prise de parole contre la présence française au Cameroun.

Ce n'est pas tout : tout au long du débat sur l'élaboration du statut du Cameroun du 16 avril 1957, il s'est opposé catégoriquement à d'autres parlementaires comme lui qui tentaient de transformer l'Atcam, élue le 23 décembre 1956, en Assemblée nationale constituante et de proclamer ainsi de manière unilatérale l'indépendance du Cameroun. Il a tout bloqué. Quelque temps plus tard, il a pris la parole lors du débat sur l'investiture d'André Marie Mbida comme Premier ministre de l'Etat semi autonome du Cameroun le 15 mai 1957, pour le mettre en garde contre toute tentative de parler d'indépendance en sa qualité de futur premier responsable et personnage politique de notre pays.

Il estimait qu'il n'en était pas qualifié. Voici ce qu'il avait exactement déclaré : "(...) Monsieur le Premier ministre désigné, vous avez été amené, au cours de votre exposé, à parler d'option politique, vous avez parlé de l'indépendance, vous avez parlé de l'autonomie, vous avez parlé du problème de l'intégration à l'Union française. (...) On nous a dit qu'à l'occasion du vote du statut, il fallait que la question camerounaise soit définitivement posée. Et ceux qui nous l'ont dit, nous ont demandé les raisons pour lesquelles nous ne nous étions pas prononcés pour l'indépendance. (...) Je voudrais, au nom du groupe d'Union camerounaise, apporter certaines précisions. Qui dit indépendance, dit souveraineté. Nous sommes convaincus qu'aucun Camerounais n'est contre la souveraineté du Cameroun. Et si nous sommes contre l'indépendance immédiate du Cameroun, nous disons : M. le Premier ministre désigné, ni la France, ni vous-même - si vous obtenez demain l'investiture de l'Assemblée législative - ni l'Assemblée législative elle-même, n'avez le droit de vous prononcer sur le sort définitif du Cameroun. (J.O. des débats parlementaires, mai 1957)."

Quel est ce curieux patriote qui interdit le Premier ministre de son pays de parler d'indépendance ? Bourguiba, nous l'avons dit, a totalisé dix années de prison en bataillant contre les Français pour l'indépendance de la Tunisie. Ahmadou Ahidjo, proclamé aujourd'hui grand patriote de tous les temps a-t-il simplement séjourné pour une toute petite demi-heure seulement, dans une cellule de quelque commissariat de police que ce soit, au Cameroun, pour la liberté de notre pays ? Kwame Nkrumah, a connu la prison pendant trois ans pour l'indépendance du Ghana ; Jomo Kenyatta au Kenya y a séjourné pendant dix ans ; Robert Mugabe, pendant dix ans également. Ben Bella, en Algérie, a été arrêté en 1950 pour son combat pour l'indépendance de son pays. Jugé coupable, il a été condamné à sept ans. Il s'en est évadé en 1952 et s'est réfugié au Caire. Il a été arrêté une seconde fois le 22 octobre 1956 et a été de nouveau jeté en prison pour six ans. Il en est sorti en 1962 pour devenir le premier président de l'Algérie. Nelson Mandela a passé vingt-sept ans de prison pour libérer son pays. Agostino Neto a été jeté en prison en 1955 pour deux ans.

Il a été de nouveau arrêté en 1960 et déporté au Cap-Vert, puis au Portugal en 1961.Il a été libéré en 1962 et assigné à résidence. Il s'est échappé aussitôt du Portugal et a rejoint Kinshasa. Il a fini par obtenir l'indépendance de son pays en 1975. Le roi Mohamed V, le grand-père de l'actuel roi du Maroc a été déporté pendant deux ans, de 1953 à 1955 en Corse puis à Madagascar. Ahmed Sékou Touré en Guinée a été jeté en prison à la suite d'une grève. Félix Houphouët-Boigny n'y a échappé en 1950 à la suite d'une émeute que parce qu'il était député. Quel est ce curieux patriote qui, lui n'a, en aucun jour été inquiété par les oppresseurs de son pays ? Autre incongruité qui ne peut manquer de faire se retourner Bourguiba dans sa tombe lorsqu'il apprend qu'Ahmadou Ahidjo lui est comparé : alors que, pour sa part il avait été le leader et fondateur du Néo-destour, en 1934, un authentique parti nationaliste et national; Ahmadou Ahidjo quant à lui n'a été que le leader et fondateur d'un petit parti tribal circonscrit aux fulbé, UC, (Union camerounaise), le 1er mai 1958 à Garoua, créé après qu'il soit déjà en fonction, donc un parti administratif qu'il a, par la suite, imposé par la force, les emprisonnements, les déportations politiques, les affectations disciplinaires, la torture, au restant des Camerounais.

Une créature politique de la France

Les biographes et propagandistes d'Ahmadou Ahidjo sont peu diserts sur l'entrée de ce dernier en politique. Ahmadou Ahidjo est entré en politique sur le choix de l'administration coloniale française. Lui-même en était extrêmement réticent. La raison ? Il estimait que, en sa qualité de fils de père inconnu dans le nord féodal et musulman, il n'avait non seulement aucune chance d'être élu, mais aussi aucune chance d'être écouté. Il était un "impur" aux yeux des féodaux du nord à l'époque. Il aura fallu des trésors d'énergie à l'administration coloniale pour qu'il accepte de siéger pour le compte du Nord à l'Arcam. Celle-ci tenait à lui d'une part, justement à cause de son origine considérée comme peu honorable dans sa région natale, genre de situation qu'adorait exploiter l'administration coloniale d'autre part, parce qu'il était l'un des rares lettrés du nord à l'époque. Il était commis des Ptt. Enfin, la tâche n'était guère difficile à l'administration coloniale, dès lors que le Haut-commissaire disposait du pouvoir de nomination de six délégués (c'est ainsi qu'étaient désignés les élus de l'Arcam) au sein de cette assemblée consultative, tout comme Paul Biya dispose aujourd'hui du pouvoir de nomination de 30 sénateurs au Cameroun, conformément à la constitution de 1996.

Une fois désigné par l'administration coloniale en 1947, il lui avait été aisé de se faire élire, cette fois-ci, en 1952, grâce au soutien de cette même administration coloniale. Pour sa part, il a commencé à en avoir la grosse tête, d'autant qu'il s'était retrouvé délégué du Cameroun, toujours en sa qualité de nordiste, au sein de l'assemblée de l'Union française à Paris. A force de siéger au Parlement, il s'était mis à se convaincre qu'il pouvait déjà se faire élire de lui-même. Mal lui en a pris, aux élections législatives de janvier 1956 pour l'Assemblée nationale à Paris, il s'était fait écraser par Jules Ninine, un Antillais, chrétien de surcroît en pays musulman à Garoua, là où André-Marie Mbida avait pour sa part, battu sans appel Louis-Paul Aujoulat à Yaoundé. Ahmadou Ahidjo en avait été très affecté. Il avait découvert que ses congénères du Nord ne désiraient guère fermer les yeux sur ses origines au point de lui préférer un étranger chrétien. Lors du scrutin du 23 décembre 1956 pour l'Atcam, il s'était retrouvé face à Mahondé. Ce dernier menait contre lui une campagne d'une rare dureté et particulièrement efficace.

Il appelait, en effet, les Fulbé à cesser d'accepter de continuer à se faire représenter à Yaoundé par un "sang impur" comme Ahidjo. L'administration coloniale alertée de la seconde défaite inévitable de son protégé à Garoua, avait pris l'affaire très au sérieux. Pierre Messmer, alors Haut-commissaire de la France au Cameroun, avait alors donné des consignes strictes pour que ce soit Ahmadou Ahidjo et non quelque autre individu, qui soit élu. Que Mahondé aille se faire voir ailleurs. Seule solution: bourrage monstre des urnes. Voilà comment le pauvre Mahondé avait perdu son mandat parlementaire et, du même coup, sa tranquillité.

Une fois Ahmadou Ahidjo Premier ministre au mois de février 1958, il avait vu son quartier à Garoua, rasé par des engins lourds L'ancien chef de région de la Bénoué, Guy Derogy, un Français avait décrit dans un ouvrage la manière dont il avait assuré "l'élection" d'Ahmadou Ahidjo à Garoua dans les années cinquante. Enfin, une fois "élu", Ahmadou Ahidjo s'était retrouvé vice-premier ministre par simple algèbre tribal. André-Marie Mbida étant un chrétien du Sud, l'administration coloniale estimait qu'il fallait lui adjoindre un musulman du Nord. Qui était mieux placé qu'Ahmadou Ahidjo, une de ces créatures politiques au discours anti-indépendance pour être désigné ? En conséquence, lorsque de nombreux Camerounais essentiellement par ignorance, affirment aujourd'hui que Ahmadou Ahidjo faisait peur à Paris, il y a de quoi éclater de rire. Qui peut avoir peur de sa marionnette ?

Jacques Foccart, le secrétaire général des Affaires africaines auprès de Charles de Gaulle de 1958 à 1969, vient contredire totalement Germaine Ahidjo. Il rapporte en effet un entretien entre Ahmadou Ahidjo et son homologue Charles de Gaulle. La scène a eu lieu le jeudi 4 juillet 1968 : (...) Je rentre à l'Elysée pour accueillir le président camerounais, Ahidjo. Le général le reçoit en haut des marches, comme d'habitude. Il y a l'audience, puis le déjeuner. Un déjeuner où il y a assez peu de monde et pas beaucoup d'entrain, car Ahidjo est extrêmement silencieux, malgré les efforts désespérés du général, comme les fois précédentes d'ailleurs. Non pas du tout qu'il soit de mauvaise humeur, mais il est très intimidé. Il répond pratiquement par oui ou par non à toutes les questions.

D'ailleurs, le général ne l'a gardé qu'une demi-heure en audience au lieu des quarante minutes prévues, si bien que nous sommes restés une dizaine de minutes tous les trois à attendre les invités dans le salon des ambassadeurs, rejoints par Bernard Durand. Et à un certain moment, le général parle avec Bernard Durand, car Ahidjo ne l'encourage vraiment pas à la conversation. Ensuite, on parle des fleurs de lys sur le tapis : "Voyez, M. le président, c'était le symbole de la royauté, mais ce n'est pas une représentation de la fleur, même stylisée. C'était, en réalité, une arme, une espèce de lance avec des crochets de chaque côté." Enfin, il emploie un mot technique que j'ai oublié. "Ah oui", dit Ahidjo. "Voyez, en France, toutes les époques laissent quelque chose. Pour ce qui est de Napoléon, c'est le "N" pour ce qui est de la royauté, c'est la fleur de lys".

Je dis : "Oui, il y a au quai d'Orsay, un tapis où les fleurs de lys ont été grattées, enlevées et remplacées par un autre symbole, et cela s'est fait au moment de la révolution". Enfin, nous avons beaucoup de mal à soutenir la conversation. Le soir, je demande au général (Charles de Gaulle) s'il a un commentaire à faire sur l'audience d'Ahidjo. "Non, absolument rien. Rien du tout ; il n'avait rien à me dire. Il avait l'air content, et il n'avait rien à me demander. - Ça, il n'est pas bavard ! - Ah non alors ! Il faut lui arracher. - C'est curieux, je vous assure que cet homme est drôle, qu'il est gai ; quand il est chez moi, il parle. - Eh bien, vous avez de la chance." Au regard de ces lignes, la question que l'on ne peut manquer de se poser est la suivante : qui avait peur de l'autre, les Français ou Ahidjo ? Ahmadou Ahidjo, terreur au Cameroun, n'était-il pas simplement une poule mouillée à Paris ?

Ahidjo à la place de Mbida

Au regard du changement radical et inattendu d'attitude d'André-Marie Mbida envers le gouvernement français, une fois ce dernier devenu Premier ministre, en 1957, Paris avait adopté des critères de sélection différents de ceux qui avaient présidé à la nomination de Mbida, de l'individu à qui pouvait être confiée la direction du pays en cas d'octroi de l'indépendance. Ceux-ci s'étaient présentés comme suit : 1/- être un francophile irréprochable, et non à la André-Marie Mbida ; 2/- accepter de mener une guerre sans merci au nationalisme camerounais, et plus particulièrement, à l'Upc ; sur ce point, si Mbida avait combattu avec la dernière énergie l'Upc, en revanche, il avait montré des velléités de patriotisme face aux Français, ce qui était totalement inacceptable pour eux ; 3/- consentir à céder le pétrole camerounais découvert dans la région de Douala en 1954, à la France ; 4/- le tout devait être matérialisé par la signature "d'accords de coopération" avec la France, avant la proclamation de l'indépendance ; 5/- accepter la proclamation de l'indépendance aux conditions et à la date définies par la France.

Une fois établis les nouveaux critères de sélection de l'individu à qui devait être confiée la direction du pays au cas où surviendrait l'indépendance, il n'a plus été question, pour le gouverneur français qu'était Jean Ramadier, que de dénicher ce dernier. Mais, avant d'organiser son coup d'Etat, l'envoyé du gouvernement français avait procédé à quelques consultations, bien avant même de mettre les pieds au

Cameroun La première personne contactée pour lui proposer de devenir Premier ministre à la place d'André-Marie Mbida, avait été Paul Soppo Priso. Une fois les conditions de l'exercice de cette fonction présentées, c'est-à-dire "la feuille de route", pour reprendre un terme en vogue de nos jours, à Paul Soppo Priso, celui-ci a opposé une fin de non-recevoir à la proposition qui lui avait été faite. Il ne refusait pas simplement de devenir une marionnette entre les mains des Français, mais aussi et surtout de devenir le bradeur de la fortune camerounaise notamment de son pétrole. Pis encore, on lui demandait de mener une guerre sans merci à l'Upc, et d'une manière générale au nationalisme camerounais. Cela, il ne pouvait l'accepter.

Face à ce refus catégorique de Paul Soppo Priso, Jean Ramadier s'était tourné vers Njoya Arouna, Sénateur du Cameroun à Paris. Lui également, après avoir pris connaissance de la "feuille de route", s'était récusé. Ce faisant, il avait toutefois suggéré que l'on posât la question à Ahmadou Ahidjo, vice-premier ministre et ministre de Intérieur d'André-Marie Mbida. Njoya Arouna et Ahmadou Ahidjo étaient, en effet, très copains. Ils avaient coutume de passer des soirées entières à jouer aux dames et au ludo. Approché, Ahmadou Ahidjo avait accepté sans poser quelque condition que ce soit, de se retrouver au centre du putsch que le gouvernement français était en train de préparer contre André-Marie Mbida. Cette rencontre avait eu lieu le samedi 25 janvier 1958 à Paris, et Ahmadou Ahidjo avait été de retour au Cameroun dimanche le 26 janvier 1958. La suite, on la connaît. Daniel Kémajou, président de l'Assemblée législative du Cameroun, partie prenante au " complot " contre Mbida, avait convoqué celle-ci pour le 10 février 1958, afin d'entamer la procédure de destitution du Premier ministre André-Marie Mbida. Le 11 février 1958, Ahmadou Ahidjo donnait sa démission du gouvernement Mbida, avec tous les ministres du Nord comme lui. Un acte hautement tribaliste posé par lui le champion de " l'unité nationale ".

En fait, en donnant son accord au gouvernement français, Ahmadou Ahidjo avait effectué une volte-face spectaculaire. En effet, jusque-là farouchement opposé à toute idée d'indépendance du Cameroun, il en est en devenir un des chantres ... en paroles, naturellement. Le 31 décembre 1958, il avait, en contrepartie à sa désignation future au poste de premier président de la République du Cameroun, octroyé la totalité du sous-sol camerounais à la France, à travers les " accords de coopérations " signés ce jour-là. Que stipulaient ceux-ci ? "Art.5. - Le Haut-commissaire de la République française au Cameroun est consulté par le gouvernement camerounais sur les demandes d'autorisation personnelle de permis de recherche, d'acquisition ou d'amodiation de permis ou de concession concernant les substances minérales classées matériaux de défense et sur les autorisations de mise en circulation de telles substances. (...)Sont, dès à présent, classés matériaux de défense : 1/- les hydrocarbures solides, liquides ou gazeux ; 2/- les minerais d'uranium, de thorium, de lithium, de béryllium, d'hélium et leurs composés. Cette liste n'est pas limitative ; elle pourrait être modifiée d'un commun accord compte tenu des circonstances." Par "hydrocarbures solides, liquides ou gazeux", il s'agit, naturellement, du pétrole que la France, à travers l'Orstom, (Office de recherche scientifique et technique d'Outre-mer), avait découvert en 1954 à Logbaba, dans la banlieue de Douala. Quant aux minerais d'uranium, le gouvernement français tenait par avance à s'en approprier au cas où ceux-ci viendraient à être découverts au Cameroun. Il désirait se doter, coûte que coûte, de l'arme nucléaire. En conséquence il recherchait obstinément de l'uranium à travers le continent africain. Il ne fallait pas, de ce fait, qu'une fois les pays africains "indépendants", il ne puisse plus en jouir. La signature de tels "accords" peut-elle être considérée comme un acte de patriotisme suprême ? Quoi qu'il en soit, on s'explique par là le fait que, alors que nous voyons comment le même pétrole est en train de transformer de fond en comble la Guinée Equatoriale, au Cameroun nul ne peut dire à quoi le nôtre a servi, le "patriotissime" Ahmadou Ahidjo en ayant privé par avance le pays en 1958.

L'agriculture, ou la diversion face au pétrole

Bien mieux, Ahmadou Ahidjo ayant cédé le sous-sol camerounais à ses protecteurs parisiens, il ne pouvait plus parler du pétrole qui s'y trouvait tant que l'Elysée ne lui en avait pas donné l'autorisation. Tout au long des années 1960, ainsi, les Camerounais ne parvenaient pas à s'expliquer le fait que tout autour de leur pays se trouvait du pétrole, mais pas chez eux. Au Nigeria, il y en avait. Au Gabon, également. Même chose pour le Congo Brazzaville. Mais, comment cela se pouvait-il qu'il n'y en ait pas au Cameroun ? Cela était contraire au bon sens. Pour dissuader les Camerounais de continuer à se poser ce genre de questions, Ahmadou Ahidjo s'est alors lancé dans son discours sur l'agriculture comme salut du Cameroun. Il a développé des thèmes du genre "Cameroun : grenier de l'Afrique centrale ". Il a inauguré des programmes de diversion du genre " Révolution verte", "Ceinture verte" et "Comices agro-pastoraux". Tout cela visait à détourner l'attention des Camerounais sur la question incroyable de l'absence de pétrole dans le sous-sol de leur pays.

Mais, voilà que, au mois de janvier 1972, Houari Boumediene, le Chef d'Etat algérien, procède à la nationalisation des avoirs pétroliers français dans son pays. Le gouvernement français se retrouve dans un grand embarras. Où s'approvisionner désormais à moindre coût ? C'est alors qu'il songe à entamer l'exploitation du pétrole contenu dans le sous-sol camerounais et qu'Ahmadou Ahidjo a mis à sa disposition depuis les accords du 31 décembre 1958 et à partir desquels il avait été agréé comme premier président de la République du Cameroun. Mais, double problème : 1/- la nappe de pétrole de Logbaba découverte en 1954 est extrêmement modeste, en comparaison avec celles qui se trouvent au Cameroun occidental ; 2/- la guerre de sécession du Biafra, basée justement sur le pétrole du sous-sol biafrais, venant à peine de s'achever, entamer l'exploitation du pétrole du Cameroun occidental par une compagnie française pourrait amener la communauté anglophone du Cameroun à se lancer à son tour dans un projet identique de sécession ainsi que venait de le faire Odumegwu Ojuku au Biafra. Seule solution, abolir l'Etat fédéral au Cameroun. Ahmadou Ahidjo en a été rapidement informé.

Sa réaction ? Il a commencé à faire circuler la rumeur selon laquelle les troupes militaires défaites d'Odumegwu Ojuku allaient entrer en guerre contre le Cameroun en guise de représailles au soutien que notre pays avait apporté au gouvernement de Lagos et qui a entraîné l'échec de la tentative de sécession biafraise. En conséquence, il fallait que le gouvernement camerounais prenne des mesures préventives. Toute l'armée camerounaise a été ainsi déportée, massivement, au Cameroun occidental. En fait, c'était pour prévenir une révolte de la communauté anglophone, une fois le projet d'abolition de la République fédérale, conformément à l'ordre de l'Elysée, rendu public. Une fois les troupes militaires camerounaises stationnées un peu partout au Cameroun occidental, Ahmadou Ahidjo s'est rendu à Paris pour prendre les dernières consignes. Il en est revenu le 4 mai 1972. Le 6 mai 1972, soit deux jours plus tard, il avait convoqué l'Assemblée nationale pour annoncer aux députés médusés la fin du fédéralisme au Cameroun. Voici exactement ce qu'il leur a tenu comme langage : "(...) En vérité, les structures fédérales n'ont surtout été adoptées à la réunification que pour donner à nos compatriotes du Cameroun Occidental l'assurance que l'héritage qu'ils apportaient après plus de quarante années de séparation, non seulement ne sera pas ignoré, mais sera pris en considération dans le cadre d'un Etat bilingue et pluriculturel (...) au cours des dix années écoulées, nous avons constamment privilégié ce qui nous unit (...) Dans ces conditions où les structures fédérales apparaissent comme un handicap au développement rapide du pays et où, en revanche, le peuple camerounais a déjà consacré, dans les faits, sa propre unité, ma conviction, Mesdames et Messieurs les députés, ma profonde conviction est que le moment est venu de dépasser l'organisation fédérale de l'Etat. J'ai, en conséquence, conscient de mes responsabilités à l'égard de la nation et devant l'histoire, décidé de consulter, par voie de référendum, le peuple camerounais, souverain et maître de son destin, sur l'institution immédiate d'un Etat unitaire .... (ACAP, n° 102 du 8/5/1972)." On le voit bien, Ahmadou Ahidjo "mangeait la bouche", ainsi qu'on dit en langage camerounais. La raison qu'il avance pour mettre fin au fédéralisme au Cameroun est fallacieuse. Les Etats Unis d'Amérique sont constitués de 52 Etats, ne sont-ils pas la première puissance mondiale ? Tout près de nous, le Nigeria est constitué de 36 Etats, n'est-il pas infiniment plus développé que le Cameroun ? En quoi la structure fédérale pouvait-elle constituer un frein au développement du Cameroun ?

Par Enoh Meyomesse *

*Ecrivain,
homme politique

[illegible]/[illegible]
[illegible] DE L'ADMINISTRATION
TERRITORIALE

[illegible] DES AFFAIRES POLITIQUES

[illegible] DES LIBERTES PUBLIQUES

REPUBLIQUE UNIE DU CAMEROUN
Paix Travail Patrie

EXTRAIT DE L'ARRETE [illegible]
DU 3 JANVIER 1974 [illegible]
ASSIGNES A RESIDENCE [illegible]

LE MINISTRE DE L'ADMINISTRATION TERRITORIALE

VU la Constitution de la République Unie du Cameroun;
VU...
VU...

A R R E T E :

ARTICLE 1er.-Est ordonné, pour compter de la date de signature du présent arrêté, [illegible] tion des personnes dont les noms suivent, assignées à résidence surveillée [illegible] dans les Centres de Rééducation Civique de MANTOUM et de TCHOLLIRE :

1.- CENTRE DE REEDUCATION CIVIQUE DE MANTOUM

....
....
....

2.- CENTRE DE REEDUCATION CIVIQUE DE TCHOLLIRE

N° d'ordre	Noms et Prénoms	Lieu d'arrestation ou de résidence	Départ. d'origine	Réf. [illegible] d'internement
1	ATANGANA MINFOA Tobie	MEFOU	MEFOU	1105/A[illegible] [illegible]/9/[illegible]
2	ZOA Evariste	MEFOU	LEKIE	1179/A[illegible] [illegible] du [illegible]
3	ABANDA Frédéric	MEFOU	LEKIE	1162/A[illegible] IIP/2 du 25/[illegible]
4	NVOGO Ferdinand	LEKIE	LEKIE	179/A/NE[illegible] IIP/2 du 10/[illegible]
5	YOMBA Daniel	NDE	NDE	1195/A/NE/a[illegible] IIP/2 [illegible]
6	TCHATCHOUANG Moïse	LOM ET DJEREM	MIFI	1[illegible]3/A[illegible] IIP/[illegible]
7	ABDELAOUL Jean Bapt.	LOM ET DJEREM	[illegible]	[illegible]
8	BALANTIA FILIENDI Albert Abdoulaye	DIAMARE	MAYO DANA[illegible]	[illegible]
9	LOUMAISSOU Jean	-"-	-"-	1173/A[illegible] IIP/2 [illegible]

..../2/..

[illegible]	DIAMARE	DIAMARE	[illegible] 16/1/70
[illegible]	MAYO-DANAY [illegible]	MAYO-DANAY.	-"-
[illegible]	-"-	-"-	-"-
[illegible] Mathieu	[illegible]	[illegible]	[illegible] 25/2/70
[illegible] Joseph	DJA ET LOBO	DJA ET LOBO	[illegible] /71
[illegible] Emmanuel	MEFOU	SANAGA MARIT.	[illegible] 1971
[illegible] André	MEFOU	DJA ET LOBO	249/A/[illegible] du 7/5/[illegible]

[illegible] Les Préfets des Départements BAMOUN et de la MENOUA sont chargés, [illegible] concerne, de l'exécution du présent arrêté qui sera [illegible] besoin sera./-

YAOUNDE, le 3 JANVIER 1974

[illegible]

AMPLIATIONS

[illegible]
-[illegible]
-[illegible]
-GOUV. CENTRE SUD
-GOUV. DE L'OUEST
-GOUV. DE L'EST
-GOUV. DU NORD
-GOUV. DU LITTORAL
-PREFECTURE [illegible] GAROUA
-DOSSIER
-ARCHIVES.

POUR EXTRAIT [illegible] CONFORME
GAROUA, le 15 JANVIER 1974
P.LE PREFET
L'ADJOINT PREFECTORAL

[illegible]

MINISTERE DE L'ADMINISTRATION
TERRITORIALE

REPUBLIQUE DU CAMEROUN
Paix - Travail - Patrie

PROVINCE DU CENTRE
CONFIDENTIEL
Arrivée le 18 AVR. 1991
Sous le n° 519

DECISION N° 111 /D/MINAT
autorisant l'existence légale du Parti Politique dénommé "Parti des Démocrates Camerounais".-

LE MINISTRE DE L'ADMINISTRATION TERRITORIALE,

VU la Constitution ;

VU la loi n° 90/056 du 19 décembre 1990 relative aux partis politiques ;

VU le décret n° 88/772 du 16 mai 1988 portant organisation du Gouvernement, ensemble des divers modificatifs ;

VU le décret n° 90/1311 du 7 septembre 1990 modifiant le décret n° 88/774 du 16 mai 1988 portant nomination des membres du Gouvernement ;

VU le décret n° 88/1325 du 27 septembre 1988 portant réorganisation du Ministère de l'Administration Territoriale ;

VU le décret n° 78/485 du 9 novembre 1978 fixant les attributions des Chefs de Circonscriptions Administratives et des Organismes et Personnels chargés de les assister dans l'exercice de leurs fonctions, modifié et complété par le décret n° 79/024 du 18 janvier 1979 ;

VU le dossier de demande d'autorisation constitué à cet effet ;

D E C I D E :

Article 1er : Est autorisée, pour compter de la date de signature de la présente décision, l'existence légale du parti politique dénommé "Parti des Démocrates Camerounais" en abrégé "P.D.C" dont le siège est à Yaoundé, département du Mfoundi.

Article 2 : Les responsables actuels chargés de la direction du "P.D.C" tels que désignés par ce parti sont :

- Docteur ABIDA LOUIS-TOBIE (Président Général) ;

MM : - BOUNOUNGOU ANTOINE (1er Vice-Président) ;
- MOUHAMADOU BELLO (2e Vice-Président) ;
- MOUD BENJAMIN (3e Vice-Président) ;
- ADEN (4e Vice-Président) ;
- BIKELE EKANI GASTON (Secrétaire Général) ;
- BAYIHA DIEUDONNE (1er Adjoint au Secrétaire Général) ;
- NKATOW STEPHEN (2e Adjoint au Secrétaire Général) ;
- TCHOUNGUI EYENGUE SAMSON (Trésorier Général) ;
- ABEY NTEDE GABRIEL (Adjoint au Trésorier Général) ;
- NOGO EUGENE (Secrétaire à l'Information) ;
- NKOL ENGANG MARCEL (Secrétaire Adjoint) ;

.../..2

- ELOUNDOU LADISLAS (Secrétaire à l'Etude et à l'Analyse) ;
- BIZAMBA LEO (Secrétaire Adjoint) ;
- ATANGANA MBARGA ADALBERT (Secrétaire à l'Administration Générale, chargé de la Cour Juridique et de Comptes) ;
- EVODO LOUIS (Secrétaire Adjoint) ;
- ADI BENOIT (Seqrétaire chargé des Opérations et de la formation) ;
- MBO AARON (Secrétaire Adjoint) ;
- Mlle [illegible] CLARISSE (Présidente du Conseil National des Femmes du P.D.C) ;

Article 3 : La présente décision sera enregistrée, publiée au journal Officiel en Français en Anglais et communiquée partout où besoin sera./-

YAOUNDE, LE 05 AVR. 1991

A. ANDZE TSOUNGUI

AMPLIATIONS :
- PRC
- SED/DGSN/CENER
- TS GOUV/PREFETS/S-PREFETS
- INTERESSES
- DOSSIER
- CHRONO ARCHIVES.-

CHAPITRE XVII

Annexes : photos

Curriculum Vitae

Nom : Mbida
Prénoms : Louis-Tobie

Né le : 21 Avril 1956 à Paris XIII ème France

Nationalité : Camerounaise
E mail : democrates.camerounais@blog-pdc-cpd.org

Louis Tobie Mbida

Président du Parti des Démocrates Camerounais.

Tribune officielle: www.blog-pdc-cpd.org.

FORMATION :

Etudes secondaires :
Collège Vogt de Yaoundé de la classe de sixième en classe de première D
Lycée général Leclerc classe de terminale D
Baccalauréat D (1976)

Etudes universitaires : Université de Yaoundé
Lieu : Yaoundé (Cameroun)
Date : 1976-1977
Faculté des Sciences - Départements : Chimie et Biologie
Université de Munich «Ludwig-Maximillian Universität München »
Date : 1977-1979
Faculté des Sciences - Départements Mathématiques et Sciences Physiques

Université de la Sarre : « Universität des Saarlandes »
Lieu : Homburg / Saar (Allemagne Fédérale)
Date : 1979-1986
Faculté de Médecine

Physikum : 1982
Premier Examen d'Etat de médecine : 1984

Deuxième examen d'Etat de médecine : 1985
Troisième Examen d'Etat de médecine : 1986
Diplôme d'Etat Allemand de Médecine : 1986

1998 - 1999 : **certificat de Biologie Cellulaire**
MSBM Prof. G. Feldmann Université Paris 7 Denis Diderot

1999-2000 : **certificat de Génétique humaine**
Prof M. Fellous et B. Grandchamp Université Paris 7 Denis Diderot

1999- 2000 certificat de Biologie Moléculaire
Prof J. ElionL Université Paris 7 Denis Diderot

1999 - 2000 : **Maîtrise en Sciences Biologiques et Médicales** (**MSBM**)
Faculté de Médecine Xavier Bichat Université Paris 7 Denis Diderot

2000 - 2001 : **DEA** (diplôme d'études approfondies) **de biologie et pathologie des épithéliums** :
Directeur: Prof. G. Feldmann Inserm U 327;
Faculté de Médecine Xavier Bichat Université Paris 7 Denis Diderot

2001-2002 : **DU** (diplôme universitaire) **de Diagnostic et Thérapeutique du couple infertile** Prof. Friedman et Prof S. Hamamah Hôpital Antoine Beclere Université Paris XI

2003-2005 : **CMU** (capacité de médecine d'urgence) : formation et obtention du Certificat de Médecine d'urgence Auprès du Prof. Carli SAMU de Paris Université René Descartes Paris V

Expériences professionnelles :

I – Hôpital

Allemagne Fédérale :

Homburg
Gynécologie : 1985-1986
Prof. Bastert

Chirurgie viscérale: 1985-1986
Prof. Georg Feifel
Gynécologie : 1997
Prof Schmidt Homburg Saar

Cameroun :

1987 : Création d'un hôpital de campagne à Nkol-Edouma près d'Efok (à 40 km de Yaoundé Cameroun)

1987-1989 : Yaoundé Engagé par M. Joseph Désiré Engo comme Médecin à l'Hôpital de la caisse Nationale de prévoyance sociale : CNPS

1989 à 1997 : Création et direction à Yaoundé de la Clinique André-Marie Mbida

1994 à 1997 : Création et direction d'un Centre de Formation Médicale pour aide- soignantes, infirmières brevetées et infirmiers accoucheurs

France :

1997 – 1998 : Centre Hospitalier Intercommunal de Créteil : Service de Gynécologie-obstétrique : Prof. Paniel :

Chirurgie gynécologique, sénologique et obstétricale

1998 – 1999 : Hôpital Foch de Suresnes : Service de Gynécologie – Obstétrique du Prof. Colau.

Chirurgie gynécologique, sénologique et obstétricale

1999 - 2001 : Inserm U 327 Bichat-Claude Bernard

2001- 2005 : Médecin de Biologie de la reproduction à Bichat Claude Bernard auprès du Professeur Gérald Feldmann et à l'hôpital La Pitié Salpêtrière auprès du Professeur Catherine Poirot.

De 2001 à 2008 Parallèlement : Médecin urgentiste au Service d'Accueil des Urgences Médico-Chirurgicales de l'Hôpital Bichat-Claude Bernard et Attaché de Médecine Polyvalente auprès du Prof. P. Valere

Depuis 2008 Médecin en Moselle sur la frontière franco-allemande

II Recherche : U 327 INSERM avec le Prof Feldmann à la Faculté de Médecine Xavier Bichat Paris VII

1 - Etude de l'expression du gène BECLINE 1 dans les carcinomes hépato-cellulaires et analyse de ses fonctions dans une lignée cellulaire hépatique

2 – Azoospermie sécrétoire chez un patient porteur d'un syndrome de Klinefelter non mosaïque et choix d'une stratégie d'AMP

3 – Embryons surnuméraires et induction de la différenciation de cellules souches embryonnaires

4 – Maturation ovocytaire comme prise en charge sélective en AMP

5 – Etude par la technique TUNEL de la fragmentation de l'ADN des spermatozoïdes des hommes fertiles et infertiles
6 – Amélioration de la vitalité spermatique sous traitement antirétroviral chez des patients VIH +

III – Enseignement

1994 – 1997 : Centre de formation Médicale pour infirmiers et aide – soignants Yaoundé

Cours sur

- Les tissus épithéliaux, de soutien, nerveux, musculaires et sanguin
- La fécondation.
- Mise en place des principaux feuillets embryologiques
- Histogénèse, Organogénèse
- anatomie et physiologie des organes génitaux masculins et féminins
- sémiologie
- pathologie obstétricale

2000 - Faculté de Médecine Xavier Bichat
Séminaires de biologie cellulaire

- analyse d'articles
- apprentissage par problèmes

Poste d'Assistant : Cours dans le cadre du Certificat de Maîtrise de Biologie Moléculaire de la Cellule (Directeur Prof. G. Feldmann)

2001 - Enseignant de biologie moléculaire de la cellule à l'Université Denis Diderot **Paris VII** sur le site Bichat Claude Bernard en PCEM1, PCEM2, DCEM 1 et encadrement des étudiants de maîtrise et DEA de biologie moléculaire de la cellule
2006 - **Enseignant de sémiologie médicale** à l'Université Denis Diderot **Paris VII** sur le site Bichat Claude Bernard en PCEM2

Langues parlées : - Français - Allemand – Anglais – Beti

André Marie Mbida chef de gouvernement à l'Arc de Triomphe à Paris 1957

Le chef de l'Etat et chef du gouvernement Mbida aidé de camerounais en formation en France dépose une gerbe sur la tombe du soildat inconnu . De droite à gauche André marie Mbida , le commandant Assaga , Monsieur Enoch Nkwayeb et le commissaire Nyebe Simon .

De droite à gauche : Monseigneur Yves Pulmey et André Marie Mbida

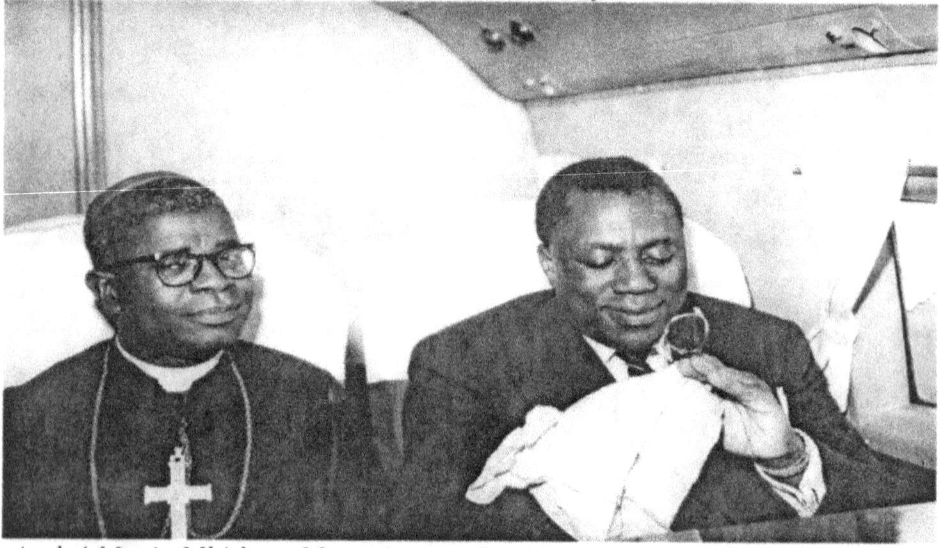

André Marie Mbida et Monseigneur Paul Etoga

Alexandre Douala Manga Bell et André Marie Mbida

De droite à gauche : Pierre Kotouo , Ahmadou Ahidjo et André Marie Mbida

André Marie Mbida et Ahmadou Ahidjo reçoivent des Français à Foumban

De droite à gauche : Monsieur Germain Tsalla Mekongo , Monsieur André Marie Mbida , Monsieur Philippe Mbarga , Monsieur Marcel Eyidi Bebey à l'ONU en février 1959.

André marie Mbida en Meeting

André Marie Mbida en Meeting à l'image on reconnaît au premier plan de droite à gauche :Ahanda Vincent , André marie Mbida , Jean Tsanga, Claude Akono, Amougou Nguele Paul.

Assiguena Fabien et Mbono Marie , beau-père et belle –mère d'André Marie Mbida, grands parents de Louis Tobie Mbida

André Marie Mbida et le Sultan des Bamoun en 1957

André Marie Mbida et Ahmadou Ahidjo chez le Sultan des Bamoun en 1957

1957.André Marie Mbida reçoit à Yaoundé, Gaston Deffère initiateur de loi-cadre.

La légende est de la main d'André Marie Mbida :
« Délégation du groupe des démocrates camerounais , conduite par le président du groupe , André Marie Mbida , député du Cameroun, de retour de chez M. le haut commissaire de la République Française au Cameroun , après avoir été reçue en consultation à 11 du matin , le 11 Mai 1957, en vue de la désignation du Premier Ministre, chef du gouvernement Camerounais. Yaoundé le samedi 11 Mai 1957 »

André Marie Mbida reçu par Monsieur le Président de la République française René Coty et Madame Coty en 1957

André Marie Mbida et ses frères. De droite à gauche : Mvogo Obama Théodore , André Marie Mbida , Martin Melanga

André Marie Mbida n'a jamais conduit de véhicule de sa vie mais il savait monter à cheval.

Le séminariste André Marie Mbida

De droite à gauche : Manga Bile Blaise , André Marie Mbida , Véronique Noah née Evengue et Noah Pius (1975)

André Marie Mbida en 1977, deux ans et demi avant sa mort

Le Parti des démocrates Camerounais en images depuis 1991. Sur ces images on retrouve des responsables locaux et des membres du comité exécutif du PDC en tournée ou en réunion à travers le Cameroun.

A l'image Monsieur Tsoungui Enyegue Samson, Bounoungou Antoine ,Louis Tobie Mbida, Ndi Benoit et Yadji Oumarou responsable local du PDC de Bertoua

Une réunion du PDC : au bout à gauche Monsieur Endeme Robert en chapeau noir, ancien détenu de Mantoum, compagnon de route d'André Marie Mbida

De droite à gauche Louis Tobie Mbida, M.Noah Boniface, Ndzana responsable du PDC à Monatélé, M.Noah Pius, l'ancien député du PDC à l'Alcam (1960) Nogo Eugène

Louis Tobie Mbida et M. le Délégué du Gouvernement Emah Basile.

Christiane Mbida, Louis Tobie Mbida, le ministre Charles Onana Awona, M ; Towa Martien, M. Kyriakydes

Louis Tobie Mbida et son beau-frère M. Anatole Fabien Nkou ambassadeur du Cameroun à Genève époux de Thérèse Ngono Mbida.

De droite à gauche : Monsieur Kyriakydes, Louis Tobie Mbida, Monsieur Charles Onana Awana, Monsieur Emah Basile, le colonel Georges Bambi, Monsieur Anatole Fabien Nkou.

Le couple Mbida et Monseigneur Jérôme Owono Mimboe

1995 Jour de fête :
De droite à gauche : derrière les enfants : Hervé Nkou, Florentine Nga Mbida, Mme Gisèle Ossebi, Mme Claudia Nana, Louis Tobie Mbida, Ludovic Ngouabi, Christiane Mbida, Yoka Ngouabi, Francis Nana, Madame Eteme Oloa.

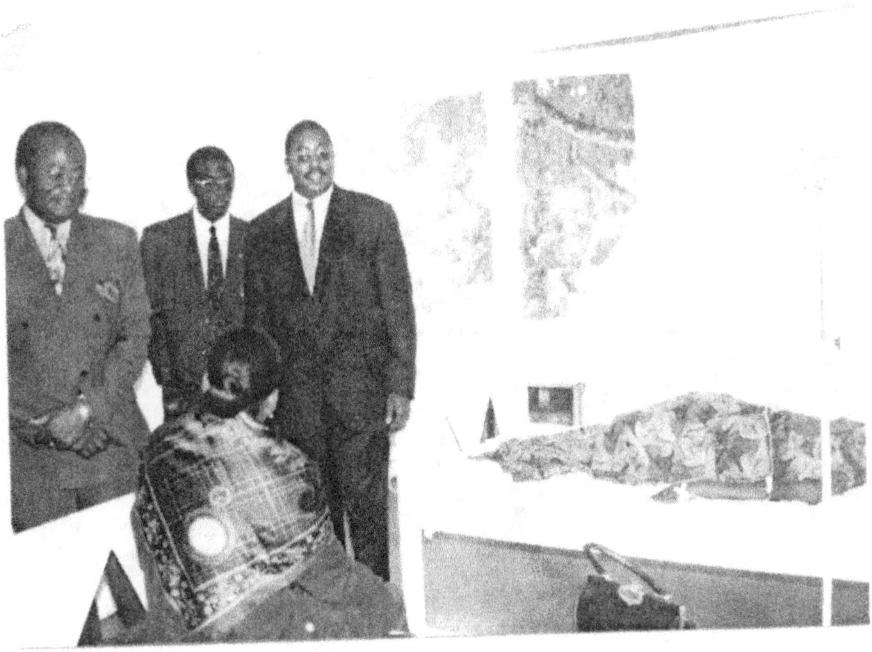

Le ministre de la santé M. Joseph Owona visite le centre médical Mbida en compagnie du Professeur Sosso, doyen de la Faculté de Médecine de Yaoundé. Une chambre de malade à la clinique Mbida à Yaoundé

1995 : Louis Tobie Mbida a reçu du matériel médical en provenance d'Allemagne.

Le ministre de la santé M. le Professeur Joseph Owona qui a accordé à Louis Tobie Mbida une autorisation d'ouverture d'un Institut de formation en soins infirmiers à Yaoundé visite le centre médical Mbida en compagnie du Dr Essama, du Doyen de la faculté de médecine de Yaoundé le Professeur Sosso et du Professeur Nkam chef d'e l'unité de réanimation du CHU de Yaoundé.

Une vue côté route de la clinique Mbida à Yaoundé.

Les collaborateurs de la clinique et les élèves de l'Institut de formation en soins infirmiers Mbida de Yaoundé.

La remise des diplômes de fin de cycle : sur l'image la major de la province du centre issue du centre de formation Mbida

Louis Tobie Mbida souhaite la bienvenue au Professeur Joseph Mbede pédiatre et ministre de la santé qui accorda l'autorisation d'ouverture du centre de formation médicale Mbida en 1994.

De droite à gauche : Monsieur Noah Boniface coordonateur national du PDC et Louis Tobie Mbida (1995)

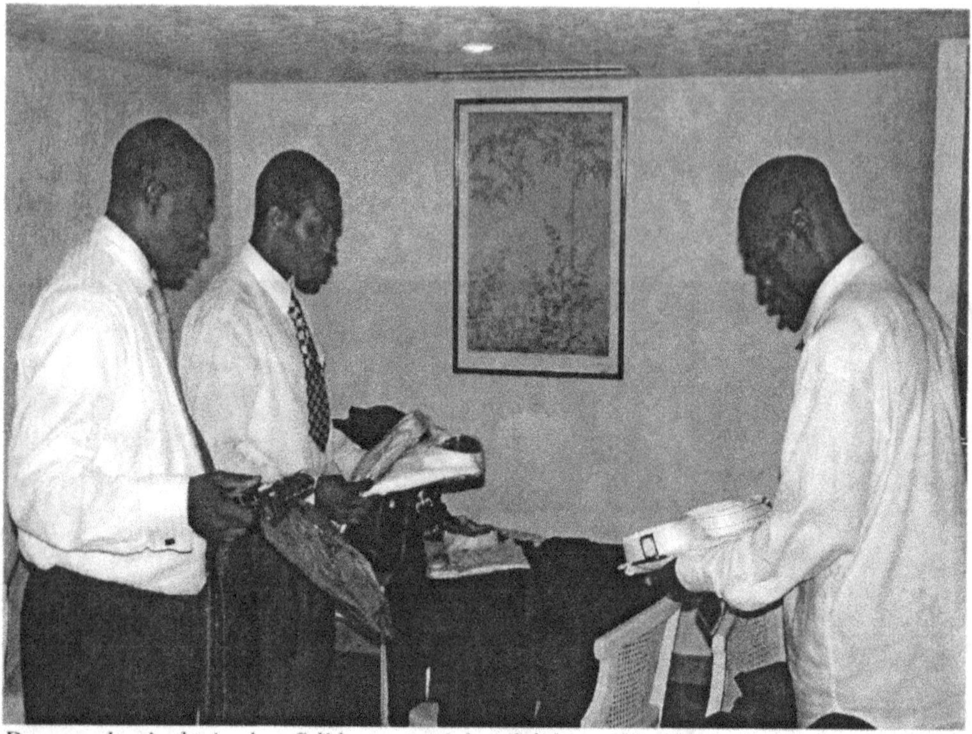

De gauche à droite les fidèles parmi les fidèles : M. Noah Boniface, M. Noah Donatien et M. Eloundou Dracula se changent et s'apprêtent à accompagner Louis Tobie Mbida vers une de ses nombreuses entrevues

Madame Ngono Françoise la secrétaire particulière et Mme Christiane Mbida

De droite à gauche avec des confrères médecin à l'Hôpital Bichat à Paris
Dr Akli Ramdani, Dr Mohamed Djoudrez, Dr Jean Luc Aïm et Louis Tobie Mbida

Louis Tobie Mbida et ses collègues au Laboratoire de Biologie de la reproduction à l'hôpital Bichat

Les étudiants de PCEM2 de Louis Tobie Mbida en biologie moléculaire et cellulaire dans un des amphithéâtres de la faculté de médecine Paris VII

Louis Tobie Mbida médecin en biologie de la reproduction à l'hôpital la Pitié Salpêtrière à Paris XIIIème

De droite à gauche : Christiane Mbida, Louis Tobie Mbida et Mme Marie Sylvangui

Christiane Mbida avec ses tantes et ses oncles congolais de Brazzaville

Mme Marie Sylvangui Mme Mélanie Bambi Mme Gisèle Ossebi

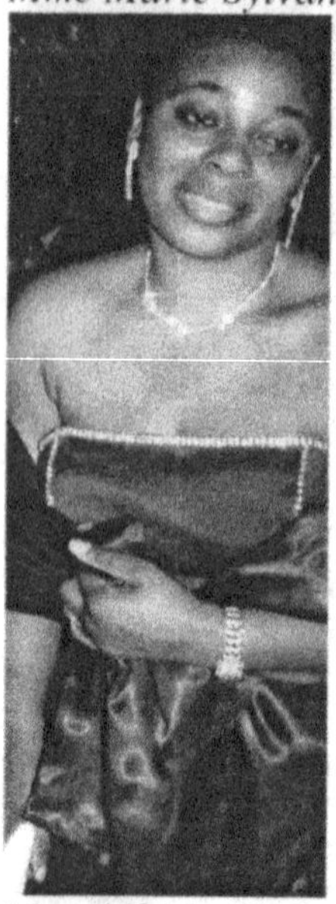

Mme Mbida Christiane

Paris 2007 de droite à gauche
Christiane Mbida, Louis Tobie Mbida

De droite à gauche : Les filles et fils Mbida en janvier 2008 chez Louis Tobie à Paris

Marie Bernadette Mbono Mbida Malwanga, Simon Pierre Omgba Mbida, Alphonse Massi Mbida, Louis Tobie Mbida, Thérèse Marie Mbida Nkou.

De droite à gauche: certains des petits fils et petites filles d'André Marie Mbida en Février2009 chez Louis Tobie en Moselle : André Marie Mbida Nkou, Essele Johann Massi Mbida, Bety Koundy Massi Mbida.

Essele Massi Mbida et André Marie Mbida Nkou à Macheren chez Louis Tobie en février 2009

Bety Massi Mbida et Essele Massi Mbida

De gauche à droite S.E.M. Fabien Nkou, amabassadeur du Cameroun auprès de l'ONU à Génève et André Marie Mbida Nkou.

De gauche à droite Mekry Omgba Mbida et Simon Pierre Omgba Mbida diplomate camerounais à Addis-Abeba (Ethiopie)

De gauche à droite Marie Laure, Kayry – Lor, Paule et Ruth-Shery Omgba Mbida

Louis Tobie Mbida et son beau-frère Francis NAna expert comptable camerounais à Londres

Epilogue

Louis Tobie MBIDA a écrit un livre vérité dans lequel il rappelle certaines des expériences qui ont marqué sa jeunesse et forgé son caractère. Son histoire personnelle et les rencontres réalisées depuis son entrée en politique en 1990 ont nourri ses convictions et tracé sa ligne politique. Il estime que la démocratie est une ouverture vers l'universel, elle est le développement et l'application d'une culture de la tolérance, de la paix, du respect de l'autre et une culture de la contradiction, dans un cadre normatif et légal établi et accepté par la majorité au sein d'une nation.

Il souligne que le Cameroun mérite mieux que 27 ans d'un régime politique sans résultats où le mensonge et le pourrissement de la situation politique, économique, sociale et administrative du Cameroun auront été érigés en système de gouvernement . Il déclare que : si le Président Paul BIYA a su réussir son entrée en politique sur la scène nationale en 1982 il devra aussi réussir sa sortie en 2011. Il rappelle que des Hommes dont le devoir était de servir la République se sont servis de l'Etat mais que la Nation Camerounaise devrait éviter de faire d'eux des martyrs.

Il précise que les hommes et les femmes qui estiment à raison qu'un changement est nécessaire à la tête de l'état du Cameroun et que le Président Paul BIYA pour diverses raisons ne peut plus diriger le Cameroun, devraient commencer à s'organiser et à faire connaître dans le pays et hors du pays leur position. Ces hommes et femmes devraient faire clairement leur choix et faire tomber leurs masques.

Ce n'est pourtant pas faute d'avoir essayé d'aider l'homme BIYA , le chef de l'Etat Paul BIYA aura été acclamé à son accession à la magistrature suprême comme nul autre avant lui , les camerounais l'ont soutenu en 1984,plusieurs étaient prêts à prendre les armes pour le défendre, les camerounais l'ont suivi quand il hésitait en 1987 au moment de rejoindre le FMI , il a été aidé en 1992 alors que le Cameroun était au bord de l'explosion , Louis-Tobie MBIDA fait partie de ces hommes et femmes qui sans être du même parti politique que Paul BIYA l'ont soutenu en pensant à la Paix et à la prospérité du Cameroun . Mais ce n'est plus possible de continuer à le faire.

Cependant après 27 ans d'un régime sans partage mais aussi sans succès et face à l'immense misère, à la désespérance, à la perte des valeurs qui se sont installées au Cameroun il n'est plus possible de continuer à soutenir le Président Paul BIYA .

Pour emprunter des termes au foot-ball que les camerounais connaissent bien, Louis Tobie MBIDA déclare : qu'il faut « Siffler la fin du match , car malgré le temps réglementaire, malgré les prolongations et les tirs au but, le capitaine de l'équipe du Cameroun le Président Paul BIYA et ses coéquipiers en place depuis 1982 ont perdu , ils doivent quitter le terrain parce qu'ils n'ont pas remporté le match contre la misère, ils ont perdu contre l'insécurité, ils ont perdu contre l'injustice, ils ont perdu contre la corruption , ils ont perdu contre la couverture maladie, ils ont perdu contre l'école et l'université gratuite, ils ont perdu contre l'industrialisation du pays, ils ont perdu contre la bonne gestion du pétrole camerounais, ils ont perdu contre le chômage des femmes, des jeunes et des moins jeunes, ils ont perdu contre l'amélioration des conditions de vie dans nos campagnes, ils ont perdu contre l'économie rurale, ils ont perdu contre toutes les mesures sociales, ils ont perdu contre la démocratie mais ils ont gagné le match de l'enrichissement personnel, de la corruption de la cooptation et du népotisme, de l'immoralité, de la méchanceté, de l'insouciance, du mépris et de l'arrogance » Du temps où Louis Tobie MBIDA étaient encore collégien on les auraient traités de « Mouilleurs » et ils auraient été mis à la touche. Même Roger MILLA l'un des meilleurs joueurs mondiaux a fini par prendre sa retraite. Mais au Cameroun le président Paul BIYA qui ne comptent pas parmi les meilleurs chefs d'Etat d'Afrique refuse de prendre sa retraite.

Le Cameroun politique qui se prépare doit faire peau neuve.

Le Cameroun à venir sonne déjà aux Portes de la Nation : toutes les Camerounaises, tous les Camerounais, jeunes et moins jeunes sont nécessaires et attendus pour accompagner le Cameroun nouveau sur ses fonts baptismaux.

Il s'agit d'un sursaut national pour faire du Cameroun pas seulement la « chose publique « res publica » de tous les camerounais » mais vraiment la « cause commune à tous les camerounais ».

A force d'exclure les camerounais du vrai débat politique par des élections tronquées et un choix de personnalités en charge de grands dossiers de la nation selon des critères invariables de cooptation, le Président Paul BIYA a atteint que désormais très peu de camerounais se sentent concernés par le Cameroun.

Il faut que cela change.

- Le chef de l'Etat Paul BIYA n'écoute plus les Camerounais, il n'essaye plus de les comprendre.
- Les camerounais en sont arrivés à une situation absurde : ils font « tout » pour plaire à Paul BIYA afin d'accéder à un poste ou recevoir une gratification mais il y a longtemps que Paul BIYA ne fait « plus rien » pour plaire aux Camerounais.

Des hommes et des femmes porteurs de différence, soucieux d'excellence, luttant contre la désespérance et refusant la déchéance ainsi que la médiocrité, convaincus que seuls la compétence, la performance, la qualité du travail bien fait , la non violence, le respect et la tolérance dans le rapport à l'autre sont les leviers d'un monde de progrès , existent dans le Cameroun de 2009 .Le peuple camerounais et tous les hommes de bonne volonté devraient les aider à émerger .

L'HARMATTAN, ITALIA
Via Degli Artisti 15 ; 10124 Torino

L'HARMATTAN HONGRIE
Könyvesbolt; Kossuth L.u. 14-161053 Budapest

L'HARMATTAN BURKINA FASO
Rue 15 . 167 Route du Pô Patte d'oie 12 BP 226
Ouagadougou 12
(00226) 50 37 54 36

ESPACE L'HARMATTAN KINSHASA
Faculté des Sciences Sociales, Politiques et Administratives
BP 243, KIN XI ; Université de Kinshasa

L'HARMATTAN GUINÉE
Almamya Rue KA 028
En Face du restaurant le cèdre OKB agency BP 3470 Conakry
(00224) 60 20 85 08
harmattanguinee@yahoo.fr

L'HARMATTAN COTE D'IVOIRE
M. Etien N'dah Ahmon
Résidence Karl / Cité des arts Abidjan-Cocody 03 BP 1588 Abidjan 03
(00225) 05 77 87 31

L'HARMATTAN MAURITANIE
Espace El Kettab du livre francophone
N°472 avenue Palais des Congrès BP 316 Nouakchott
(00222) 63 25 980

L'HARMATTAN CAMEROUN
Immeuble Olympia face à la Camair BP 11486 Yaoundé
(237) 458.67.00/976.61.66

www.ingramcontent.com/pod-product-compliance
Lightning Source LLC
LaVergne TN
LVHW021153061026
849535LV00002B/456